KB253830

회재 이언적의 정치사상

회재 이언적의 정치사상

이지경 著

한국학술정보[주]

玉山書院(옥산서원)

1572년 士林의 陳情으로 書院을 創建, 1573년에玉山書院(옥산서원)의 賜額을
받음.

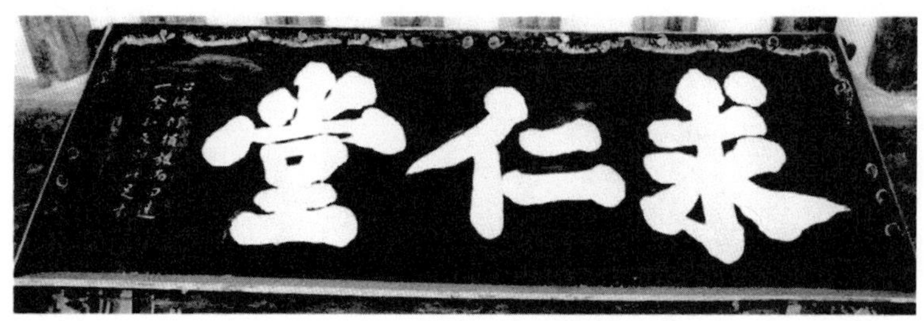

書院의 중심에 위치한 本堂인데 전면의 서원편액은 秋史 金正喜 先生 글씨
임, 여기서 求仁堂은 晦齋 先生의 『求仁錄』 著書에서 취함.

<h1 align="center">玉山書院(옥산서원) 全景</h1>

玉山書院의 주변에는 四山(道德山, 華蓋山, 紫玉山, 舞鶴山)과 五臺(詠歸臺, 濯纓臺, 觀魚臺, 澄心臺, 洗心臺)가 위치하고 있어 名勝地로 이름이 높다.

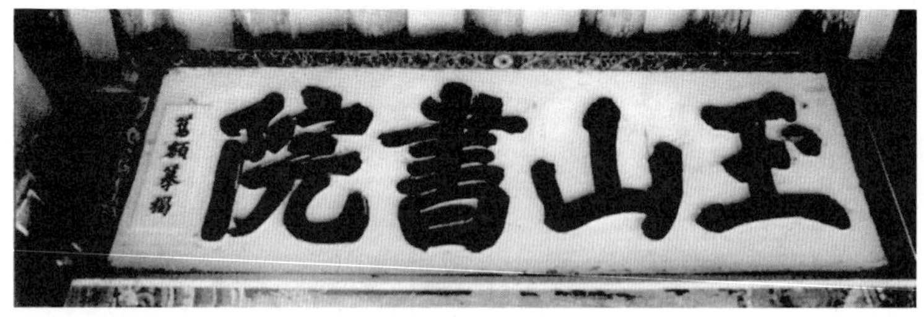

求仁堂 내측에 玉山書院 현판은 鵝溪 李山海 先生글씨임.

晦齋 先生의 著書 原稿(『中庸九經衍義』)

玉山書院

玉山書院(옥산서원) 全景

玉山書院 정문인데 『論語』 學而편의 「有朋自遠方來, 不亦樂乎」에서 취한 것임, 방문객을 반기는 뜻과 德治平天下의 뜻을 담아 盧蘇齋 先生이 이름 붙였다.

『體仁廟』는 書院 본당인 求仁堂 뒤에 자리한 先生의 位牌奉安廟이다. 儒學의 근본인 「仁」을 體得, 實踐한다는 先生의 뜻을 지닌 廟號이다.

敏求란 仁을 구함에
민첩하게 실천한다는 뜻.

朱子自讚 가운데 闇然自修의 뜻.

무변루(無邊樓) : 求仁堂 서쪽 맞은편에 자리 잡은 門樓이다. 제도가 넓고 커서 십 여간의 重玉을 이루고 있다. 『無邊』은 주염계 撰 가운데 「風月無邊」에서 취한 것이다. '求仁堂'과 '無邊樓'의 懸板 글씨는 韓石蜂의 雄筆이다.

神道碑閣: 비각이 玉山書院 경
내에 있는 것이 특징이며,『體
仁廟』서 북편에 서워졌으며 비
문은 高峰 奇大升이 撰 하였다.
碑文의 내용은「寬厚·莊重, 德
은 渾然剛直하셨으며 學과 行을
닦아 忠을 다하다」라는 要旨임.

경각(經閣)：晦齋 先生의 御書와 御筆, 手蹟, 典籍, 內賜本 보관 된 곳이다.

문집판각(文集版閣)：각종 書籍 및 書畵의 板本과 文集板本이 보관되어 있다.

청분각(淸芬閣)과 태극문(太極門) : 서원의 經閣과 獨樂堂안에 위치한 御書閣
이 400여 년간의 비바람에 허물고 관리의 어려움에 중요문화재의 보관이 어
렵게 되었으므로 1972년에 후손들이 뜻을 모아 현대식 藏書閣을 건립 하였
다. 이곳에는 선생의 유물과 각종 전적들이 진열 보관하고 있어서 국내외 학
자들의 연구에 많은 도움이 되고 있다. 정문을 태극문으로 한 것은 선생이
27세 때 저술한 우리나라에서 처음으로 啓展된 철학론변인『太極問辨』
(1517년)이 있어 조선조 성리학 이식과정에서 우주론의 학문적 지침이 되므
로 이를 기념하기 위해 이름 명명 하였다.

玉山書院내　求仁堂 내부 懸板 글씨들.

『獨樂堂』 全景

옥산정사(玉山精舍)

晦齋 先生이 성리학을 공부 하던 별장 玉山精舍(獨樂堂)1532년 創建 (보물 413 호).

계정(溪亭):自然의 道와 融會 하신 곳

仁宗御札과 御書가 보관된 곳

晦齋 先生의 遺品

옥각대(玉角帶)

연적, 벼루, 옥인, 술잔

청분각에 소장된 原稿古本

晦齋 先生의 著書板木

海東名蹟(보물524호,526호)

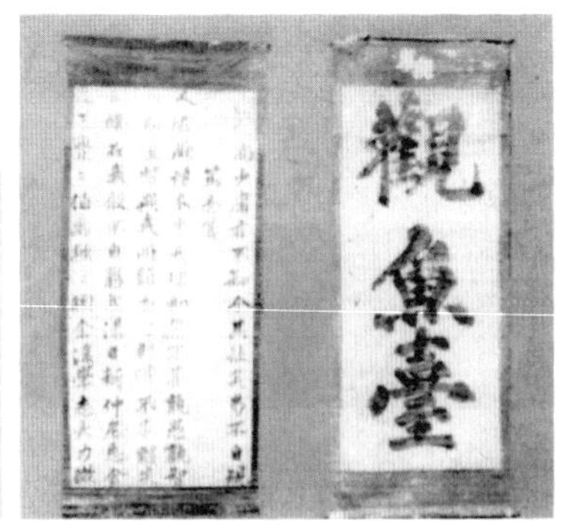

퇴계 이황의 묵향

세심대(洗心臺)

용주(龍秋)

朝鮮朝 中宗8年 1513年에 실시한 司馬試의 합격자 명단으로 乙亥字 活字 本이며, 현재까지 알려진 것으로는 예종 원년(1469)에 실시한 생원진사방목을 성종 7년(1476)에 갑인자로 찍어낸 것이 가장 오랜 것이다.

司馬遷의 史記를 본 따 쓴 현존한 삼국 신라 통일기를 통한 유일한 最古의 正史로 고려 仁宗 때 金富軾 등이 고기유적 혹은 중국의 제사에서 뽑아 편찬 간행된 이래 고려시대에 몇 번이나 판을 거듭했는지는 알 수 없으나 高麗板은 전하지 않고 있다. 여러 가지 판본이 하나도 전하지 않으므로 이 책은 現存本으로 가장 오래된 것이나 이 책의 확실한 간행연대는 미상이고 문헌조사에 의하면 1573년경에 인출된 것인 듯 하다.(玉山書院 淸芬閣에 있음)

海東名蹟

中宗때 書家며 文臣인 申公濟가
우리나라의 歷代名家의 글씨를
모아서 石刻한 것을 括本한 것
인데 탁본에 조금도 훼손된 데
가 없어 완전한 것을 보아 初拓
으로 단정할 수 있다.

晦齋 李彦迪이 手筆로 쓴 책으
로 中庸九經衍義 9冊, 大學章句
補遺 1冊, 續大學惑問 1冊, 奉先
雜儀 1冊, 進修八規 1冊등 모두
13冊으로 續大學惑問 1冊은 玉
山書院 淸芬閣에 보관되어 있고
나머지 12冊은 獨樂堂 御書閣에
原稿가 보관되어 있다.

서 문

政治學이라는 학문을 시작한 지 25년째 박사학위 논문을 수정하고『玉山書院』문중에 산재된 묵향의 내용과『淸芬閣』,『獨樂堂』에 소장된 고문서와 유물을 요약하여 한국학술정보(주) 출판사로부터 책으로 출판 제의를 받았다. 청주사범대학 2년 때(1982) 촌사람으로서 정치학 공부 시작을 반대했던 이정식 총장님 아래서 정치학(정치발전론, 한국정치론, 정치사상)을 배우면서『한국정치사상사』를 연구할 생각으로 중·고등학교 교사의 길을 포기하고 대학 강단에 서기로 결심하였다.

한국외국어대학교 정치외교학과 대학원에 입학하여 지도교수님(고) 김계수 교수님께 한국정치사상 연구 대상과 방법에서 原典의 중요성과 박충석, 부남철 교수님께 정치사상을 배웠다. 그 후 동국대학교 정치학과 대학원에서 유광진 지도 교수님 아래서 한국정치와 한국정치사상사를 공부하면서 1999년 2월에 정치학 박사학위를 받았다. 1992년부터 이정식 선생님 강의 교재를 물려받아 정치학강의 시작하면서 지금까지 "野生士族"으로 고려대학교, 경상대학교, 충북대학교, 청주대학교, 서원대학교에서 동양정치사상, 한국정치사상, 한국정치, 국제정치, 북한학, 정치사상을 가르치고 있다.

2004년 9월에서 2005년 8월까지 한국학중앙연구원에서『세종의 국가경영 연구』로『세종실록』을 윤독하면서 청계산 자락 文衡館 111호 연구실에서 1년간 한국학의 세계화 연구에 많은 관심과 열정을 같이했던 9명의 공동 연구원에게도 감사를 전하고자 한다.

2005년도 한국정치학회회장 업무의 바쁘신 와중에도 늘『한국전쟁사상사』연구의 중요성을 일깨워 주신 청주대학교 양병기 회장님, 고려대학교 유호열 교수님, 대전대학교 유재일 교수님과 함께 사무국 일을 하면서 한국정치학회 많은 업무를 배웠다. 학회일과 부족한 본인에게 고려대학교 북한학연구소 연구 조교수 자리를 배려해 주신 유호열 교수님께 감사의 인사를 전하고자 한다.

정치학 강의 관계로 매주 화요일 청주에서 진주 경상대학교 정치외교학과와 대학원 학생들과 짧고도 긴 학연에 감사한다. 『취서당』 문하를 오가며 선비가의 묵향을 함께한 서양중 교수님의 따뜻한 배려와 『사서삼경』, 『주역』, 『시경』 특강, 붓글씨 쓰는 기초방법의 가르침에 감사드립니다. 주자의 "明高向志"와 중용의 도와 "衣錦尙絅"을 가르쳐 주셨다. 옥산서원 앞 하천을 흘러 넓은 동해로 나아가라는 뜻에서 "玉川"이란 호까지 지어 주셨다. 본 책의 표지 제목도 흔쾌히 써 주셨다. 종강 후 남해 '望雲山' 등산 정상에서 임진왜란의 유명한 해전지를 한눈에 볼 수 있었고 또 다른 학문적 관심 영역을 설정해 주셨다.

1988년 결혼 후 지금까지 정치학도의 어려운 여건 속에서도 공부하는 사람의 뒷바라지를 묵묵히 내조해 온 아름다운 난초와 같은 아내 김미란과 풍족하게 지원하지 못함에도 열심히 공부하며 조종사의 꿈을 가지고 곧 고등학교 입학 할 아들 이민치에게 감사와 즐겁게 놀아주지 못한 미안함을 함께 전합니다.

이 책의 부족한 부분을 보완해 주고 책으로 출판을 제의해 준 한국학술정보(주) 채종준 사장님과 출판사와 청주를 오가며 좋은 책 출판을 위해 처음부터 끝까지 몸을 아끼지 않은 이일로 선생님께도 감사의 인사를 전합니다. 한국정치사상사 연구의 특별한 관심과 애정을 갖고 있는 선후배 '江湖諸賢'의 많은 지도 편달을 바랍니다.

栗陽精舍　求仁堂 書齋에서　著者 李 志 慶

2006년 元曉(첫새벽)을 열면서

목 차

제1장 연구를 시작하면서

제1절 硏究의 目的

朝鮮朝의 政治思想은 理想主義 道德國家 즉, 儒敎的 國家主義에 입각한 統治理念的 성격을 지니고 있다. 그리고 이것이 오늘날까지도 韓國의 政治思想과 政治文化에 큰 영향을 주고 있다는 점에서 朝鮮朝의 政治思想에 대한 연구는 그 필요성이 절실히 요청되고 있다. 그럼에도 불구하고 이에 대한 연구는 韓國政治學 분야에서 상당히 미진하게 이루어지고 있을 뿐만 아니라 심지어 상당부분 누락되어 있는 것이 사실이다. 그 까닭을 살펴보면 다음과 같다.[1]

첫째는 儒學과 漢文 즉 우리 古典에 대한 理解가 깊은 政治學者의 수가 아주 적다는 점이다. 둘째, 朝鮮社會經濟史와 朝鮮政治史에 대한 체계적 研究가 활발하지 못하여 歷史學의 성과로부터 혜택을 충분하게 받지 못했다는 점이다. 셋째, 美國 政治學界에서도 행태주의 이후 오랫동안 思想史 분야가 활기를 잃었듯이, 우리 政治學界에서도 政治科學 또는 政治學의 科學化 분위기에 압도되어 朝鮮朝의 政治思想에 대한 研究가 방치됐다는 것이다. 넷째, 儒敎經典의 解釋能力의 限界 및 資料不足으로 인하여 대부분의 研究가 日本과 中國의 자료를 偏向的으로

---

1) 金學俊, 『韓國政治學事典』(서울: 博英社, 1990), 143쪽; 서정갑, "미국 정치학의 특성과 한국 정치사상의 연구현황," 한국정치학회(편), 『한국정치학회보』 제12집, 1978, 16~11쪽 참조.

引用하는 경향을 보여주고 있다고 할 수 있다.

따라서 朝鮮朝의 政治思想에 대한 체계적 분석은 韓國의 政治學 분야에서 누락·사상되어 있던 공백을 채워 넣는 중요한 研究가 될 수 있다고 판단된다. 그리고 이를 위해서는 적어도 朝鮮朝의 政治思想의 歷史的 展開過程에서 그 단초를 제공하고 思想史的 意味를 지닌 思想家의 研究成果들을 現代的으로 再解釋하는 일이 필수적이다.

본질적으로 朝鮮朝 政治思想은 朝鮮朝 5백 년의[2] 統治理念으로서

---

2) 朝鮮朝 五百年의 政治史에 대한 시대구분은 金萬圭, 『朝鮮朝의 정치사상연구』(인천: 인하대학교출판부, 1982) 93~236쪽 주장을 요약해 보면, 다음과 같이 구분하고 있다. 金萬圭, "朝鮮朝 政治思想 연구: 朝鮮朝 전기의 士禍, 反正과 政治思想의 수정"에서는 朝鮮朝 500년의 정치사를 5期로 구분하고 있다. 第1期는 조선의 開國부터 成宗말까지를 건국기, 第2期는 연산군조부터 壬辰倭亂까지는 統治思想의 수정기, 第3期는 壬辰倭亂으로부터 병자호란을 거쳐 현종 말까지 17세기 80여 년간을 위기극복기, 第4期는 숙종 초로부터 정조말까지의 18세기 100여 년간을 개혁기 또는 實學思想期, 第5期는 순조로부터 朝鮮王朝붕괴 19세기까지를 종교적 社會運動期로 구분하고 있다. 이상과 같이 朝鮮朝 五百年間의 政治史에 대한 시대구분에 대한 定說은 아직 未成熟 단계에 있고, 朝鮮朝 오백 년 정치사에 여러 차례의 政治變動을 어떤 시각에서 조명할 것이며, 政治思想의 특성이 무엇인가를 규명하는 일은 의미 있는 과제일 것이다. 특히, 士禍期 政治 및 思想的 성격에 대한 규명을 시작한 학문적 과제인 것 같다.: 홍순창, "易姓革命과 朱子學的 政治思想의 定着," 한국정치외교사학회(편), 「朝鮮朝 정치사상 연구」(서울: 평민사, 1987), 13~31쪽은 朱子學的 政治思想이 朝鮮王朝 政治社會에서 역사적 전개과정 중심으로 初期·中期·末期 등 3期로 나누어 初期는 朱子學이 전래된 高麗末부터 그것이 정착되기 이전까지의 시기 즉, 李滉·李珥가 나오기 전까지의 시기를 말한다. 中期는 朱子學이 학문적으로나 사상적으로 조선사회에 정착발전한 시기 즉, 李滉과 李珥에서 宋時烈까지 朝鮮朝 朱子學의 황금시대를 말하며, 末期는 宋時烈 이후 한말까지로 구분하고 있다. 이 시기는 연대적으로 볼 때, 13세기 中葉부터 16세기 中葉까지 즉, 高麗 24대 원종(1260~1274)에서 朝鮮朝 13대 明宗(1546~1567)까지의 시기를 고려왕조의 佛敎와 儒敎思想의 사상적 전환시기로 보고 있다.: 이

그 根本目標는 政治秩序를 道德的·倫理的으로 뒷받침하려는 것이었다. 그러나 朝鮮朝 政治思想史에서는 性理學의 解釋을 놓고 派閥이 발생하기도 하였으며, 그것이 士禍로 表出된 경우도 많았다. 그 대표적인 사례가 權力鬪爭的 성격을 띠고 15세기 후반에서 16세기 전반에 나타난 勳舊派와 士林派의 對立이었다. 그리고 이러한 15세기 후반에서 16세기 전반기의 激動的 政治狀況속에서 朝鮮朝의 性理學을 體系化함으로써 道德的·儒敎國家의 틀을 再定立하려 시도한 學者 중의 한 사람이 李彦迪이었다.

本 硏究는 15세기 후반부터 16세기 전반기까지 치열한 權力鬪爭과 政治秩序의 소용돌이 속에서 儒敎的 國家主義의 기틀을 제공하려 시도한 李彦迪의 思想을 體系的으로 硏究하기 위하여 그의 思考底邊에 흐르는

성무, 『조선왕조사1, 2』, 서울: 동방미디어사, 1998에서 조선왕조사 전체를 통사 형식으로 정리했다는 것 외에도 이 책에서 가장 주목할 부분은 시대구분, 조선사를 꿰뚫는 역사학자 나름의 시각이 뚜렷이 드러나는 부분이다. 저자가 규정한 조선왕조사의 성격은 '朱子學을 바탕으로 한 지식인 관료가 지배하는 중앙집권적 문치주의' 이에 이르는 과정에서 王·文臣·土姓양반·외척의 세력관계에 따라 사대부 정치 시대, 훈신정치 시대, 사림정치 시대, 탕평정치 시대, 외척세도정치 시대로 구분하고 있다. 세종의 '집현전'과 '경국대전'을 통해 정착한 문치주의가 君弱臣強의 결과를 가져와 왕조가 과거제도를 통해 토성양반을 사대부층으로 끌어들임으로써 사대부정치가 열린다는 것이다. 그 결과 역설적으로 臣權의 강화를 가져와 세조는 공신과 결탁하여 훈신세력을 제압하기 위해 士林을 끌어들이는 과정에서 조광조를 대변 사림정치가 지배하게 되며, 이 과정에서 피비린내 나는 士禍가 발생한다는 것이다. 그러나 이런 士禍를 통해 양반관료체제 자체가 흔들리게 되고 영조는 老論·小論 등 붕당 간의 조정이나 균형을 통해 왕권을 강화하기 위한 '탕평책'을 시도하면서 온건한 외척을 끌어들인다고 설명하고 있다.: 朝鮮朝 性理學을 政治思想史 입장에서 포괄적으로 연구한 내용은 朴忠錫, 『한국정치사상사』(서울: 삼영사, 1982); 한국사상연구회(편), 『조선유학의 학파들』(서울: 예문서원, 1996), 7~9쪽 참조.

著書와 上疏文 등의 原典을 分析하고, 李彦迪의 思想에서 基軸이 된 君主政治思想을 理論的으로 體系化해 보려는 目的을 담고 있다. 李彦迪은 그 自身이 四大士禍의 마지막인 乙巳士禍의 피해를 입은 經世家로서, 激變의 狀況을 실제로 목도하고 체험하면서 많은 저서를 남김으로써 朝鮮의 建國後 統治이데올로기를 理論的으로 體系化하는 데 많은 영향을 주었기 때문이다. 또한, 政治思想의 측면에서 李彦迪에 대해 體系的으로 分析한 研究가 거의 全無하다는 사실을 고려할 때 그에 대한 研究는 韓國政治思想을 復原하는 데 있어서 필수적인 일이기도 하다.

本考에서는 李彦迪의 政治思想과 時局觀을 理解하기 위해 그의 저술들을 1차 資料로 하였고, 歷史·哲學的 論議에 傾斜되어 있기는 하지만 그에 관련된 단편논문들을 2차 資料로 하여 政治思想의 측면에서 君主政治論을 綜合的으로 體系化하려고 시도하였다. 그리고 그가 儒敎的 國家主義를 宇宙論的으로 뒷받침하고, 이를 實現하기 위한 政治社會的 實踐哲學을 확립하려 시도한 性理學의 基軸人物이었다는 점에 주목하여 그가 同時代의 性理學者들에게 미친 영향도 본 研究의 分析對象으로 설정하였다. 또한 이러한 作業을 통해 本 研究에서는 朝鮮朝 性理學的 系譜와 嶺南士林 世界에서 李彦迪이 차지했던 思想的·知性史的 位相을 把握하고, 그의 思想體系가 담고 있는 意義를 再評價하고자 한다.

제2절 研究對象 및 方法

思想史 研究에서는 分析의 초점이 되는 對象에 따라 相異한 目標가 設定되어야 한다. 예를 들면, 丸山眞男(마루야마 마사오)는 思想史를 세 가지 分野로 나누었다. ① 敎義史(History of Doctrine), ② 觀念史 (History of Ideas), ③ 精神史(Geistesgeschichte)가 그것이다.[3] 또한 石田一良(이시다 이찌로오)는 日本思想史에 대한 자신의 硏究를 土臺로 思想史 硏究의 對象을 ① 고도로 體系化된 思想, ② 로고스(Logos)를 형성하지 못한 이데올로기, ③ 生活方式이 된 思想의 세 가지로 나누고 있다.[4] 아더라이트(Arthur F. Wright)도 1954년 3월 6일 日本 東方學會의 요청에 응하여 京都地部 學術講演會에서 中國思想史 硏究에는 다음의 일곱 가지 方向이 있을 수 있다고 주장하였다. ① 觀念의 歷史, ② 價値史, ③ 知識 選擇狀況의 歷史, ④ 象徵의 歷史(History of Symbols), ⑤ 飜譯, ⑥ 思想的 傳記, ⑦ 思想家의 集團 硏究[5]가 그것이다. 물론 이러한 方法論들은 分類史的 意味를 담고 있는 것들이다.

한편, 政治思想史의 硏究를 具體的으로 수행하기 위한 接近方法의 側面에서도 역시 多樣한 見解들이 제시되어 왔다.[6]

첫째, 特定한 理論的 主題나 特定의 政治思想을 體系的으로 整理, 分

---

3) 丸山眞男, 『思想史の方法と對象』(동경: 창문사, 1961), 6~8쪽.
4) 石田一良, 『日本思想史・文化史の時代區分と轉換期』, 季刊日本思想史, 創刊號, 1976, 134~136쪽.
5) Archur Wright, 『中國思想硏究の新方法』, 동방학 제10집, 1955, 130~137쪽.
6) 김영국(편), 『現代政治學의 對象과 方法』(서울: 法文社, 1981), 22~24쪽; 이택휘, "한국 정치사상사 연구의 방법과 방향," 『故公三 민병태 선생 20주기 추모학술대회 발표논문』 1997, 7~9쪽 재인용.

析하는 體系的 接近(systematic approach)에 의한 政治思想史 研究를 들 수 있다. 이를테면 正義의 問題, 國家理論의 問題, 自由와 平等의 相關關係 問題 등에 관한 體系的 分析 및 整理 등이 이 範疇의 研究方法에 속한다.

둘째, 政治思想의 研究에는 古代로부터 現代에 이르기까지 政治思想의 흐름을 주로 年代期的 展開過程에 따라 考察해 보는 歷史的 接近(historical approach)에 의한 方法이다. 政治思想의 흐름을 通史的 脈絡에서 包括的으로 考察하는 이 方法은 平面的 記述이 主가 되지만 가장 잘 알려진 方法이기도 하다.

셋째, 政治思想史 研究에서 흔히 이용되는 또 하나의 研究方法은 比較論的 接近(comparative approach)이다. 여기에서는 주로 特定의 政治思想이나 政治理論들, 特定人들의 見解, 特定한 傳統들이 相互 比較分析의 對象이 된다.

넷째, 政治思想史의 研究는 많은 경우에 政治思想이 담긴 文獻, 특히 古典의 原文分析에 중점을 두는 文獻的 接近(textual approach) 方法을 活用하기도 한다. 이 方法은 무엇보다도 政治思想에 관련된 古典의 정확한 解釋과 理解를 政治思想史 研究의 中心課題로 삼는 것이다.

그런데 앞의 네 가지 範疇의 研究方法을 위한 基礎資料의 供給이라는 視覺에서 文獻的 接近은 다른 接近들을 위한 先行的 接近임에도 불구하고, 아직까지는 아주 미미한 水準에서 活用될 뿐이다. 또한 比較論的 接近은 대개 體系的 接近이나 歷史的 接近과 함께 사용되거나 相互 補完的으로 援用되는 경우가 많으며, 특히 體系的 接近과 歷史的 接近은 동시에 活用되는 것이 대부분이다. 또한 文獻的 接近은 앞의 세 가지 接近 方法이 實證的 資料를 바탕으로 하여 成功的으로 活用되기 위해서 必須的으로 要請되는 先行的 方法이라고 할 수 있다.

한편, 韓國 政治思想史에 대한 具體的인 研究成果와 관련하여, 朴忠錫 敎授는 그 方法論的 現況을 크게 두 가지 傾向으로 나누고 있다. 그 하나는 經學史 내지는 敎義史的인 研究傾向이며, 또 하나는 어느 特定 時代의 思想家의 思想에 관한 研究라고 할 수 있다. 前者는 一般的으로 敎義史(history of doctrine)라고 하는 것으로, 오늘날 個別科學의 레벨 에서 본다면 學說史라고 할 수 있다. 이 範疇에 속하는 것으로 『朝鮮儒 學史』, 『韓國哲學史』를 들 수 있는데, 이는 주로 哲學分野에서 研究되 었다.

後者는 주로 歷史學의 分野에서 研究되고있는 傾向으로 前述한 바와 같이 어느 特定時代 思想家의 經學思想이라든가 實學思想과 같은 思想 史 中心의 個別的인 研究가 추구되고 있다. 그런데 이러한 研究方法을 좀 더 자세히 검토해 보면, 個別研究의 어려움과 한계에도 불구하고 過 去의 歷史를 參照하고, 古典文獻을 分析[7]하는 동시에, 入手할 수 있는 文件들과 記錄들을 토대로 사실들(facts)을 수정하기 위하여 그들의 生 家 및 書院 등을 찾아 문서를 分析·檢討하고 關聯知識을 가진 人士들 과 面接하였다는 점을 확인할 수 있다.

本 研究는 後者의 觀點에 입각해서 15世紀 後半부터 16世紀 前半期 까지의 時期에 士禍의 소용돌이 속에서 被害를 입으면서도 士林派 性 理學의 礎石을 다졌던 李彦迪을 中心으로 하여 그의 政治哲學과 思想 을 個別的인 方法으로 分析하려는 것이다. 이를 위해 本 研究에서는 위 에서 論議한 分類史的 內容들을 土臺로 丸山眞男(마루야마 마사오)의 ①, ②의 내용과 石田一良(이시다 이찌로)의 ①, ③ 그리고 라이트

---

7) 朴文玉, 『韓國政府論』(서울: 新泉社, 1982), 33~34쪽 참조.

(Arthur F. Wright)의 ①, ④, ⑤, ⑥, ⑦의 項目들을 部分的으로 수용하려 하였다. 특히 硏究主題와 硏究目的의 성격상 政治思想이 담긴 文獻, 특히 古典의 原文分析에 중점을 두는 文獻分析的 方法을 기초로 하여 歷史的 接近法을 주로 하고, 比較分析法과 比較歷史的 方法을 일부 원용하였으며, 敍述的·體系的 方法 또한 활용하였다.

本 硏究의 具體的인 課題로서는 嶺南士林의 系譜形成過程과 士林世界에서 李彦迪이 차지했던 歷史的 位相을 설명하고, 乙巳士禍를 前後한 시기의 政治史的 흐름과 李彦迪의 政治理念을 논의하기 위해 文獻分析을 爲主로 하여 整理하려고 하였다. 또한 本 硏究에서는 高麗末－朝鮮前期 官學派의 宇宙觀과 對比되는 立場을 보여주었던 李彦迪이 宇宙論的 觀點에서 體系化하였던 太極論의 特性을 分析하려고 試圖하였다.

한편, 李彦迪의 君主政治思想 硏究를 위해서는 『中庸九經衍義』의 講學明理論, 心學的 修身論, 經世論, 德化禮治論, 民本主義에 관해 살펴보았으며, 君主의 實踐倫理와 관련해서는 『弘文館上疏』, 『一綱十目疏』를 토대로 논의하였다. 그리고 君主主權의 理論과 實際의 측면에 대해서는 人材登用論, 政治的 리더십에 관한 論議, 國防論, 社會階層論, 政治的 커뮤니케이션 등과 관련된 李彦迪의 著術를 통해 규명하려고 試圖하였다.

이러한 本 硏究의 特徵은 旣存의 硏究成果들에서 看過되어온 政治思想的 側面에 초점을 맞추고 있다는 점이다. 실제로 李彦迪의 思想에 대한 國內의 硏究傾向을 보면,[8] 人性論, 哲學的 槪念中心 論議, 그리고

---

8) 李彦迪의 學問과 思想에 관한 國內硏究 論文의 傾向을 보면, 李丙燾 "李晦齋와 그 學問," 『진단학보 6』 (서울: 1936); 金鐘國, "李晦齋의 無極太極論에 대한 考察," 「동양철학1」 (1961); 李相殷, "無極太極論에 대한 고찰", 학술원 논문집13, (1974); 이원균, "李晦齋의 經世思想과 시무론," 『정중환기념논집』, (1974); ______, "李晦齋의 중용구경연의에 대하여," 『부산수산대 논문집』

歷史的 論議 등에 관한 斷片的 研究가 主流를 이루어왔던 것이 事實이

16, (1976); ______, "李晦齋와 그 정치사상," 『부산수산대 논문집』 29, (1982); 이원제, "晦齋의 조망기당과의 太極論辨에 관하여," 『대구사학』 12. 13, (1977); 유명종, "李彦迪의 哲學思想," 한국철학연구회(편), 『韓國哲學研究』, (1978); 이운구, "李彦迪의 생애와 사상," 『천옥환 기념논문집』, (1979); 金基鉉, "晦齋 李彦迪의 哲學思想," 『民族文化研究』 15, (1980); 김정진, "道學政治의 哲學的 意義와 中庸九經衍義 고찰: 晦齋 李彦迪 선생의 도학사상 중심으로," 『韓國哲學』 9, (1980); 柳正東, "花潭.晦齋.李滉의 性理說전개," 『韓國思想 大系 IV』, (1984); 이동희, "晦齋 李彦迪의 經學思想: 大學章句補遺의 分析," 『韓國學 論集』 11, (1984); ______, "晦齋 李彦迪의 생애와 사상," 계명대학교 한국학연구원, 『한국학논집』 제19집, 1992; 조남욱, "李彦迪의 儒家政治論 研究," 『부산대 통일논총』 5, (1984); 李佑成, "李彦迪 선생의 歷史的 位置와 그 經世思想", 묵민회갑기념사업회, 『國譯晦齋全書』 부록논문, (1974); 이우성, "乙巳士禍의 일고찰-晦齋의 현실대응 방식을 중심으로," 성균관대학교 대동문화연구원(편), 앞의 책, 1992; 서원대학교 사회과학연구소(편), 이지경, "16세기 사림파 정치사상: 회재 이언적을 中心으로," 『사회과학연구』 제8집, 1995; ______, "晦齋 李彦迪의 『求仁』정치사상에 관한 소고," 동국대학교 대학원 신문, 1995년 10월 25일 4면; ______, "晦齋 李彦迪의 왕도 정치사상," 유광진외, 『한국정치의 쟁점과 과제』 (서울: 정익사, 1997); ______, "晦齋 李彦迪의 「大學章句보유」에 관한 연구: 朱子의 『大學章句』 해석에 대한 근원적 비판을 중심으로," 청주대학교 사회과학연구소(편), 『사회과학논총』 제16집, 1997; ______, "晦齋 李彦迪의 『태극문변』에 관한연구," 동국대학교 대학원(편), 『동원논집』 제10집, 1997, ______, "晦齋 李彦迪의 『중용구경연의』에 관한 연구," 서원대학교 사회과학연구소(편), 『사회과학연구』 제11집, 1998; 윤사순, "晦齋의 「仁」思想", 성균관대학교 대동문화연구원(편) 앞의 책, 1992; 금종우·금토수, "회재의 『중용구경연의』의 정치사상연구," 경북대학교 퇴계연구소(편), 『한국의 철학』, 1989. 등이 있으며, 위 논문들은 주로 歷史 및 哲學的 關心에 論文의 주내용을 담고 있다. 그러나 정치학 입장에서 정치사상을 연구한 학위연구논문으로는 李志慶, "晦齋 李彦迪의 政治思想研究," 한국외국어대학교 석사학위논문, 1992이 있으며 위 연구 경향을 보면 대부분 역사, 철학적 성격이 강한 연구논문들이며, 정치학 입장에서 한국정치 사상사적 연구논문은 희소한 편이다.

다. 16世紀 前半期는 士禍 등 權力鬪爭으로 점철된 時期였고 論爭主役들의 目標도 政治秩序의 確立에 있었음에도 불구하고 지금까지의 研究에서는 歷史·哲學·文學 中心의 斷片的 研究가 주류를 이루고 있었던 것이다. 그러나 本 研究은 李彦迪의 君主 政治思想을 中心으로 그의 政治思想이라 할 수 있는 君主의 修身論, 君主의 經世論, 君主 主權論의 理論과 實際를 中心으로 論議하려 試圖했다는 점에서 旣存의 研究들과는 性格이 다르다. 또한 本 研究은 李彦迪에 대해 李丙燾 博士가 最初로 研究論文을 發表한 1936年부터 지금까지 旣存學者들의 研究論文들을 參照하되, 1차 資料를 통해 價値中立的 立場에서 李彦迪의 君主政治思想을 再評價하려 했다는 점에서 一定한 意味를 갖는다고 본다.

제2장 李彦迪의 思想史的 背景

제1절 朝鮮朝 性理學의 系譜와 嶺南士林의 形成過程

士林이란 용어가 공식적으로 등장한 시기는 15세기 후반 中宗朝 趙光祖 一派가 정계에 진출한 이후였다.[1] 즉, 成宗朝의 金宗直 一派를 비롯한 四大士禍 때 被害 側의 新進士類를 지칭하는 것이다. 高麗末期 권문세력의 지배에 대응하는 세력으로 新興士大夫가 성장하였듯이 士林派는 15세기 朝鮮朝 초기 易姓革命 지지파인 勳舊派의 집권에 대응세력이었다. 그리고 士林派는 吉再, 金宗直으로 이어지는 嶺南 地方의 在地士類 중소지주 계층 중심으로 형성되어 갔는데 그 系譜는 高麗 王朝 末期에 圃隱 鄭夢周의 「義理精神」을 계승하고 있다.[2]

이러한 15세기 嶺南士林派의 학문적 경향을 보면 孔子·孟子·朱子의 道學思想을 담고 있는 『小學』과 『家禮』를 교육하고, 그 倫理的 理想을 修身의 기초로 삼아 「德化禮治」를 몸소 실천하고, 「冠婚喪祭」에 있어서는 『朱子家禮』를 모범으로 삼았다. 또 정치적 성향의 측면에서는 勳舊戚臣勢力에 대항하면서 正統儒學의 정신을 계승하여 이를 정치적 실천 윤리로 구체화 하려는 의지를 表出 하였다. 그리고 15세기 戊午·

---

1) 『中宗實錄』, 卷22, 10년 8월 壬戌條, 史臣曰 …… 朝廷不靖, 士林反目, 其禍階慘 矣 …… 〈중략〉, 中宗 12년 12월 10일 辛酉條, 士林之禍 …… 〈중략〉 …… 중종 14년 7월 壬子條, 趙光祖曰 …… 廢朝士林之禍慘酷 …… 참조.
2) 朝鮮朝 初期 性理學의 脈과 嶺南系列 士林派의 儒賢淵源 系譜圖

甲子의 兩大士禍로 金宗直 일파가 타격을 받자 士林의 세계는 士族의 성장으로 士姓中心으로 門閥貴族이 그 학풍을 이어갔으며, 金宏弼, 鄭汝昌, 金安國, 등으로 이어져 내려오다가 16세기에 와서 李彦迪·李滉 등에 의해 마침내 嶺南學派의 脈이 확립되었다.3)

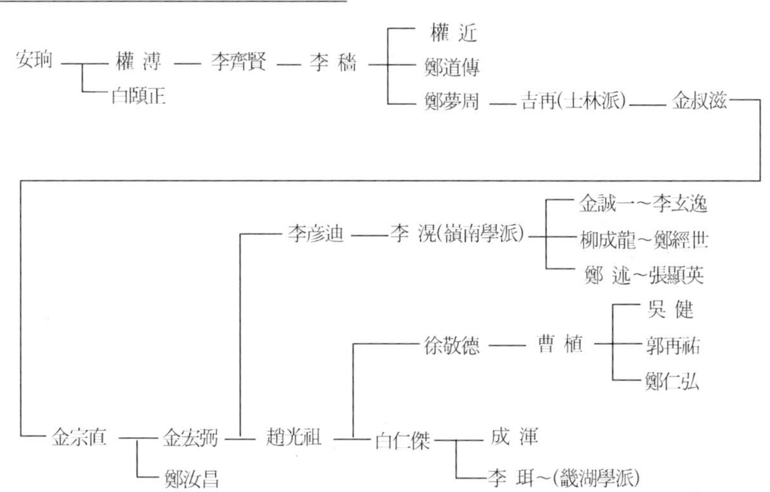

〈출처〉 1) 금장태, 고광식, 『儒學近百年』(서울: 박영사), 558쪽. 2) 최완기, 『韓國性理學의 脈』(서울: 느티나무), 37쪽. 3) 한양서원(편), 『典古大方』(경성: 대동인쇄소, 1925). 卷三, 誌 2-15. 4) 李樹健, 『嶺南士林派의 形成』(경산: 영남대학교 출판부, 1984), 235～236쪽.

3) "先秦儒家의 士意識에 관한 연구," 유교학회(편), 『儒敎硏究』, 제6집, 1993; 李樹健, 『嶺南士林派의 形成』(경산: 영남대학출판부, 1984), 18～19쪽; 李志慶, " 16세기 士林派 政治思想硏究," 서원대학교 사회과학연구소(편), 『사회과학연구』 제8집, 1995, 175～182쪽; 한국사상연구회(편), 『조선유학의 학파들』(서울: 예문서원, 1996); 이우성, "이조 유교정치와 士林의 존재," 『창작과 비평』(서울: 창작과 비평사, 1982); 윤사순, "士林派의 선비정신," 『한국유학사상론』(서울: 열음사, 1986); 권인호, 『조선중기 士林 사회·정치사상』(서울: 한길사, 1995); 손문호, "朝鮮朝 士林의 政治思想硏究," 정신문화연구원(편), 『정신문화 연구』 가을 호, 1983, 93～107쪽; 금장태, "영남 性理學의 전통과 쟁점," 영남대학교 민족문제 연구소(편), 『민족문화논

실제로 李彦迪·李滉 등은 「理氣哲學」을 기반으로 하는 朝鮮朝 道學思想의 定立하였을 뿐 아니라 嶺南學派를 發展시켰던 중심인물들이다. 이들은 中國의 孔子·孟子·朱子의 正統儒學思想을 宇宙論적으로 재해석하여 朝鮮朝 통치이데올로기의 토대로 삼으려 하였다. 곧 성리학적 사상을 모태로 하여 유교적 덕치국가의 체계화에 주력하였던 것이다.4)

高麗末·朝鮮朝 전기 性理學의 특징은 의리와 학문의 정신 즉, 行과 知의 문제로 요약된다. 대개 性理學의 유입정맥은 高麗末의 鄭夢周로 인정하는 것이 일반적이다. 이는 그 당시 성균관이 대사성이었던 李穡이 學官 鄭夢周의 강의를 듣고 "夢周의 理를 論함이 橫說하나 다 理致에 합당하므로 미루어 東方理學之祖로 삼아야겠다"는 입장을 취하고 있는 데서도 알 수 있다.5) 여하튼 鄭夢周의 義理精神은 다음 吉再에게 전해지고, 吉再는 金叔滋에게, 金叔滋는 그 아들 金宗直에게 金宗直은 金宏弼에게, 金宏弼은 다시 趙光祖에게 각기 傳함으로써 드디어 趙光祖의 至治主義 政治로까지 계승되었던 것이다. 물론 趙光祖의 포부는 姦臣들의 모반으로 인해 꺾이고 말았지만 그가 강조한 義理精神과 개혁정치는 그 뒤 오늘날까지도 면면히 계승되고 있다.

다음은 性理學의 학문적 계통을 살펴보자. 위에서 말한 의리적 學脈은 사실상 학문으로서의 性理學의 체계와 심오함보다는 인간적 도리와

총』 제11집 1, 1990, 227~240쪽. 등 참조.
4) 高麗末 新興士大夫들의 政治思想에 관한 연구로는 孫文鎬, "高麗末 新興士大夫들의 政治思想研究: 유교적 국가주의 중심으로," 서울대학교 박사학위 논문, 1989를 그 대표적 연구로 볼 수 있으며 조선이 절대君主국가라는 전제하에서 君主權의 변동에 초점을 맞추었고 그 정치사를 정리한 李達淳, 『朝鮮王朝政治研究: 한국정치사 I』 (수원: 수원대출판부, 1990)도 중요한 연구성과물이다.
5) 이 색, 『고려사열전』 卷34에서 鄭夢周를 「東方理學之祖」로 설명함.

강직성에 있는 것으로 그들의 捨生取義의 정신적 실천적 면을 중시하여 본온 것이다. 그러나 性理學은 철학적 학문이므로 그러한 의리의 학문적 근거와 체계수립도 그 실천에 못지않게 중요한 것이다. 사실 程子·朱子의 性理學은 그 이전의 漢唐의 老·佛兩家哲學을 深究 批判함으로써 유가의 人文精神을 이론적으로 체계화 한 것이다. 그러므로 程子·朱子性理學이 朝鮮朝에 들어와서는 高麗祖의 道佛의 弊害를 一掃함으로써 새로운 지도이념으로 前者의 超人文精神을 현세적 인문으로 전환하여 人倫의 의리를 천명하였던 것이다.

이에 그 선두로 나타난 것이 鄭道傳의 『佛氏雜辯』과 心氣理篇의 斥佛論이요, 그것을 다시 주해한 것이 權近의 『入學圖說』이다. 그리고 그 다음 徐敬德의 主理的 哲學과 李彦迪의 主理的 哲學이 중심이 되어 朝鮮朝 초기 性理學의 초석으로서 主理·主氣의 선구 역할을 한 것이다. 또한 朝鮮朝 中期에 이르러 開花結實된 李滉의 理氣互發思想에 입각한 『聖學十圖』와 李珥의 氣發理乘一途思想에 근거한 『聖學輯要』의 두 가지는 朝鮮朝 性理學의 상아탑으로서 세계에 자랑할 만한 위대한 공적이었다. 여기서는 人文의 입장에서 道佛의 超人文과 法家의 反人文을 철저히 배격한다. 더욱이 性理學은 朝鮮朝의 國是와 國學이 됨으로써 이제까지는 主로 佛學에서 다루었던 心學의 문제가 이제 儒學의 가장 주요 문제로 되어 四端七情과 人心道心의 心性論이 극성을 이룸으로써 중국의 朱子學을 훨씬 능가하게 되었던 것이다. 게다가 李滉의 居敬窮理와 眞知實踐, 李珥의 窮理眞性과 實事實學의 사상은 性理學이 다만 科擧用의 官學에만 머문 것이 아니고, 正人論 明義理 厚民生의 學으로서 발전되었는데 이는 삼국시대나 고려시대 그리고 朱子 이후의 中國에서는 찾아볼 수 없는 가장 커다란 업적이라 하겠다.

李滉의 主理思想을 이은 嶺南學派는 그의 理尊情神을 철저히 옹호 발전시키고 金宗直, 金宏弼 등의 義理思想을 학문적으로 硏鑽함으로써 敎化醇風에 크게 공헌하였다. 또한 李珥의 主氣思想을 이은 기호학파는 그의 理通氣國思想을 계승하여 인간의 고귀성을 밝힘으로써 湛然心體의 涵養에 往重함으로써 역시 사회정화에 크게 이바지하였다. 그리고 主理와 主氣의 止揚을 목표로 한 中間派도 역시 위의 兩派에 못지않게 社會敎化에 주력하였다. 특히 高麗末 性理學的 義理精神은 死六臣과 生六臣으로 드러나 후세의 모범이 되었고, 朝鮮朝 전기의 잇따른 士禍는 고려 말 조선전기, 官學派, 節義派, 士林派의 갈등은 권력투쟁에서 복합적 양상으로 나타나고 있다. 여기서 李彦迪은 主理的 입장인 趙光祖와 李滉의 思想的 맥락을 이어주는 관절적 위치에 있는 중요한 性理學者라 할 수 있다.[6]

제2절 李彦迪의 生涯와 政治史的 背景[7]

1. 學問的 背景

性理學思想이 高麗末 1290년 「忠烈王 16년」 安珦에 의하여 傳來된

---

6) 배종호, "朝鮮朝 性理學의 思想史的 특질," 율곡사상 연구회(편), 『韓國 思想의 本質과 栗谷學』, 1984, 102쪽: 김충렬, "朝鮮朝 性理學의 형성과 그 正脈" 성균관대학교 대동문화연구원(편), 『대동문화연구』 제13집, 13~20쪽: 성낙훈, "조선시대 性理學의 발달," 『한국사상논고』 (서울: 동화출판사, 1979) 등 참조.
7) 玉山書院 淸芬閣建立委員會(편), 『晦齋先生과 玉山書院』 (경주: 1972), 1

44

후 性理學을 硏究하는 學者가 漸次 많아졌으나, 2세기를 지나서 李滉·李珥에 이르러서야 비로소 全盛期를 이루었다고 할 때 李彦迪은 이에 先驅的 役割을 하였다. 또한 李彦迪은 金宏弼, 鄭汝昌, 趙光祖, 李滉과 함께 東方五賢으로 稱道되고 있다. 이들 모두는 16세기의 士林의 領袖들이다. 朝鮮朝에 있어서 朱子學이 유교정치체제와 수용에 있어서 朝鮮朝 朱子學이 朝鮮朝 朱子學으로 체계화된 것이 16세기 후반 李滉의 단계에 이르러서였다고 할 수 있다. 따라서 이렇게 본다면, 朱子學의 전래 이래 그것이 체계화된 朝鮮朝 朱子學으로써 정착하는 데에는 약 200여 년의 기간이 소요되고 있는 것이다. 물론, 朝鮮朝의 朱子學 수용과정을 검토함에 있어서 金宗直(1431~1492), 金宏弼(1454~1504), 趙光祖(1482~1519), 그리고 그 후의 徐敬德(1489~1546), 李彦迪(1491~1553) 등의 朱子學 硏究의 경향이 어떤 것이었느냐 하는 점이 결코 간과될 수 없다.[8] 그러나 前者三賢은 많은 저서를 남기지 못했다. 따라서 李彦迪은 士林派의 정치적 이데올로기를 理論的으로 體系化하는 데 기여하였다.

  李彦迪의 思想은 孔子·孟子·朱子思想을 中心軸으로 하여 正統儒學

9~24쪽: 성균관대학교 대동문화연구원(편), 『李晦齋의 사상과 그 세계』(서울: 성균관대학교 출판부, 1992), 345~429쪽: 驪州李氏 族譜 卷一, 驪州李氏 上系 分派圖 및 年譜, (대전: 회상사, 1984), 22~48쪽: 성균관대학교 대동문화연구원(편), 앞의 책, 1992, 347~429쪽: 이지경, "晦齋 李彦迪의 政治思想硏究," 한국외국어대학교 대학원 석사학위논문, 1992, 88~98쪽: 이운구, "李彦迪의 생애와 사상,"『천옥환 회갑기념논집』, 1979; 이동희, "晦齋 李彦迪의 생애와 사상," 계명대학교 한국학연구원(편), 『한국학논집』 제19집, 1992, 143~163쪽: 李樹健, "晦齋 李彦迪 가문의 사회·경제적 기반," 영남대학교 민족문제연구소(편), 『민족문화논총』 제12집, 1995, 21~70쪽. 등을 根據로 해서 解釋을 添加.
 8) 박충석·유근호, 『朝鮮朝의 정치사상』(서울: 평화출판사, 1987), 28~39쪽.

과 周廉溪의 學, 특히 朱子學을 바탕으로 하여 이루어진 것이다. 그것은 李彦迪이 28세경 曹漢輔와 往復한 有名한 『太極論辨』에서 이미 두드러지게 나타난다.9) 이것은 嶺南儒學의 開宗이 된 卓越한 哲學論文이거니와 朝鮮朝 最初 哲學的 論爭이었다. 曹漢輔 老莊的·禪的要素를 철저히 배제하고 朱子의 宇宙觀에 근거하여 論爭한 『太極論辨』은 後日 退溪에게 영향을 주어 李滉과 奇大升과의 『四端七情』 논쟁의 철학적 기초가 되었다. 나아가서는 朝鮮朝 性理學 特性에서 朱子와 周廉溪의 宇宙觀을 정착시키고, 도교의 배척을 이론적으로 논술한 중요한 사싱직 토대가 되었다. 그것은 단순한 朱子學의 論理를 驅使한 것이 아니라 깊은 사색과 참된 수양의 결과라 하겠다.10)

朝鮮王祖 前期의 政治思想은 中國의 孔子·孟子·朱子의 正統的 儒敎文化를 전적으로 받아들이면서 그것을 獨自的 立場에서 把握하려는 李彦迪의 학문 속에 있고, 「修身齊家治國平天下」를 生活化하려는 당시 士林派들의 政治的 進出을 隋伴한 士林 이데올로기의 반영이었다고 할 것이다.11) 15·16세기 朝鮮王朝 社會는 性理學의 학문적 분파인 士林派가 하나의 政治勢力으로 등장하였다.12) 李成桂의 易姓革命에 동조세력인 勳舊派와 대립하면서 그 과정에서 大土地所有者인 勳舊派와 지방

---

9) 李彦迪 『晦齋集』 卷5, 「書忘齋忘機堂無極太極說後」 참조.

10) 이우성, "李彦迪선생의 역사적 위치와 그 경세사상," 묵민회갑기념사업회 (편), 『國譯晦齋全書』 첨가논문, 1974, 867~869쪽.

11) 이지경, 앞의 글, 1992, 33~44쪽; 이지경, "晦齋 李彦迪의 『大學章句補遺』에 관한 연구: 朱子의 『大學章句』 해석에 대한 근원적 비판을 中心으로," 청주대학교 사회과학연구소(편), 『사회과학논총』 제16집, 1997 235~257쪽; 이동희, "晦齋 李彦迪의 經學思想: 大學章句補遺의 分析," 권정안외, 『朝鮮朝 儒學思想의 探究』(서울: 여강출판사, 1988), 71~94쪽 등을 참조.

12) 이태진, "16세기 士林의 역사적 성격," 『대동문화연구』 제13집(서울: 성균관대학교 대동문화연구소, 1979), 106쪽.

의 新興中小土地所有者인 士林派와의 투쟁이 士禍라는 歷史的 사건으로 나타난다. 그러한 가운데 思想的으로 性理學이 정착의 뿌리를 확고히 하게 되는 시기가 되었다.[13]

士禍期 勳舊派에 대항하는 재야의 時代的 精神을 代辯하는 知性이 곧 士林이며 그들의 義理精神이 곧 士林精神이다. 즉, 15세기 후반에 기성의 집권세력인 勳舊派의 權貴化에 대한 방지 및 비판세력으로 등장한 것이 士林派였다.

여기서 士林의 연원과 學脈을 보면, 李成桂의 朝鮮朝 建國이라는 易姓革命에 반대하여 高麗風의 節義를 土養으로 자란 鄭夢周의 義理精神은 「東方理學의 祖」로써[14] 士林의 儒學思想은 돋보이게 했다. 그 후 端宗 復位를 둘러싼 死六臣·生六臣으로 나타난 士林의 節義精神은 「신하는 신하답게」(臣臣) 행동해야 하는 儒敎 正統의 大意名分인 「正名」 思想에 입각하여 非理와 不義를 배척하고, 옳은 것을 위하려는 生死를 實踐的 표상으로써 드높이던 그때 이미 嶺南의 士林이 진출하기 시작하였다. 鄭夢周의 節義·名分精神을 이어받은 吉再는 士林에 들어가 講進하여 後學을 위해 「文風進興」에 힘썼고, 그의 학문은 金叔滋에 전수되었다. 金叔滋는 그의 子인 金宗直에 學統을 전하였고 마침내 金宗直은 朝鮮朝 新進士林의 領袖로서 指導的 役割을 한 것이다.

成宗代에는 있어서 在野의 士林을 興起시켰던 金宗直의 學問을 이어받은 많은 後學들 가운데 金宏弼과 鄭汝昌(1450~1504)은 더욱 學行에 篤實하였다.[15] 이러한 士林學脈의 正統學派는 지역과 학문적 주장에

---

13) 윤사순, 『韓國性理學과 實學』 (서울: 열음사, 1992), 38쪽.
14) 이 색. 앞의 책, 참조.
15) 윤사순, 『韓國의 性理學과 實學』 (서울: 열음사, 1992). 38쪽; 조남욱, "朝鮮朝 士林의 정치의식에 관한 연구－士禍와 의리사상을 중심으로," 성균관

의해 크게 두 가지 계통으로 나누어진다. 그 하나는 李彦迪을 중심으로 한 主理派이며, 또 하나는 徐敬德을 中心으로 한 기호학파로 불리는 主氣派였다. 여기에서 鄭夢周 - 吉再 - 金叔滋 - 金宗直 - 金宏弼 - 李彦迪 - 李滉 - 曹植으로 이어지는 朝鮮朝 嶺南學派의 學風이 士林精神으로 확립된 것이다.

2. 李彦迪의 生涯와 性理學의 學風

李彦迪은 朝鮮王朝 前期 中宗·仁宗·明宗·三代에 활동한 性理學 思想家로서 휘는 彦迪(처음 휘는 迪이었으나, 후에 中宗의 명에 의하여 彦자를 더하였음)이요, 자는 復古, 호를 晦齋 또는 紫溪翁이라 하였으며, 그 선대는 驪州사람이며 鄕貢進士 世貞[始祖]의 후손이다. 그 高祖의 휘는 權이고 벼슬은 副司直이고, 曾祖의 휘는 崇禮로 兵曹參判을 贈職하였으며, 祖의 휘는 壽會이니 訓練院 參軍인데 吏曹判書를 贈職하였고, 父의 휘는 蕃으로 成均生員인데 議政府 佐贊成을 贈職하였다. 1562년 선조 2년 8월에 시호는 文元(여기서 文은 「道德博文」, 元은 「主義德行」을 뜻함) 본관은 驪州로서 1491년(성종 22년) 11월 25일 당시 慶州府(현재는 慶北 慶州君 江東面 良洞里)에서 아버지 成均生員 蕃과 어머니 孫氏 부인(精忠出氣 敵愾功臣 鷄川君 孫昭의 따님) 사이에 맏아들로 세상에 태어났다.

李彦迪의 활동 시기는 역사적으로 15세기 후반에서 16세기 전반기에 해당된다. 이 時期의 朝鮮朝 社會는 정치질서의 동요와 변화가 심한 권

대학교 대학원 석사학위논문, 1983, 14~15쪽; 士林의 학맥형성과 思想的 계보의 연원에 관해서는 한양서원(편), 앞의 책 卷3, 1925, 2~15쪽 참조.

력투쟁의 격변기였다. 이와 함께 통치 질서도 심한 동요와 변화를 보여준다. 이 시기의 역사적 상황을 보면 다음과 같다. 첫째, 科田法으로 건국의 기초를 잡았던 土地制度가 職田法으로 바뀌어졌다가 이 시기에 오면 그것마저 폐지되고 권력 엘리트(Elite)에 의한 大土地所有가 점차 많아지게 되고 동시에 국가는 토지에 대한 통제력을 거의 상실하였다.

둘째는 兵農一致의 原則 下에 조직된 建國 이래의 軍事制度가 破綻을 일으켜서 많은 일반 兵役義務者들로부터 兵役에 복무하는 대신 「軍布」라는 병역세를 징수하여 국가경비에 충당하는 동시에, 동원된 군사에게만 고통을 더욱 증가시켜 놓았다. 말하자면 의무병제를 유지할 수 없었던 반면 모병제와 같은 새로운 제도가 옳게 수립되지도 않아 軍政은 엉망이 되어가고 있었다. 이러한 토지제도, 군사제도가 문란해지면서 다시 정치적으로 상당한 변화가 나타난다. 그것은 權臣·戚臣들을 주축으로 하는 소위 「勳舊派」 귀족이 중앙정부에서 세력을 펴고 王權은 相對的으로 弱化되고 있는 것이다. 연산군의 추방과 中宗의 옹립 모두 臣權中心의 주동으로 이루어지면서 王權은 매우 견제를 받는 처지에 놓이게 되거니와 또한 이 시기에 등장하는 「비변사」가 차차 의정부를 대신하여 실권을 장악하게 됨으로써 그러한 추세를 더욱 가속화시켰다.

이러한 역사적 상황 아래에서 주목할 사실은 新進士林派系 측의 진출이다. 이 士林派는 대개 지방 중소 지주계층의 출신으로 學問과 덕행을 닦아 新進官僚로서 활동하는 양심적 학자, 지식인들이다. 이들은 道德과 절개, 의리를 숭상하고 명분과 체통을 존중하며, 勳舊派 귀족과는 이미 체질적으로 다를 뿐만 아니라 정치·사회적 처지로 대립관계에 있었다. 이러한 士林派는 15세기 말부터 이미 대두해 왔거니와 勳舊派

와 정치적 투쟁에서 여러 차례의 좌절과 일방적 참화를 입었다.[16) 李彦迪도 이때 士林派의 대표적 인물로서 15세기 후반에서 16세기 전반기에 복잡 다양한 세상을 살았던 思想家이며, 政治家였다. 즉, 1498년 8세 때 戊午士禍가 발생, 弔義帝文의 발단으로 盧思愼, 李克敦, 尹弼商 등에 의해 金宗直, 金馹孫, 李穆 등을 사약케 했다. 先生은 겨우 10세에 早失父하고, 2男 1女의 맏아들로 30이 갓 넘은 어머니인 孫氏 부인 슬하에서 어려운 환경 속에 자랐지만 모친의 訓道를 받아 勉學에 전념을 하였다. 12세 때에 외삼촌인 孫仲暾先生을 따라 그의 任地인 梁山, 金海, 尙州 등 지에 다니면서 배웠다. 1504년(연산군 10년) 14세 때에는 聖賢의 학문에 뜻을 두었고(이때 1504년, 甲子士禍로 연산군 생모 윤비의 죽음을 발단으로 연산군, 任士洪 등에 의해 鄭汝昌, 金宏弼 이 兩大 士禍로 죽음), 18세 부인 咸陽 朴氏를 맞았다.

1513년 (중종 8년)23세에 生員에 『利口覆邦家賦』를 지어 합격했는데, 그 내용을 보면 척당과 권신들에 의해 몽롱해진 임금을 깨우치고 탐관오리들에게 옳은 생각, 바른말을 가려서 처신토록 해야 한다는 풍자적이면서도 당시 정치·사회적 권력투쟁을 비판한 時國觀의 내용이었다. 이듬해, 別時文科에 급제하니 당시 考試官이었던 金安國이 先生의 第文을 보고 칭찬하였다. 이에 權知敎書館 副正字를 거쳐 이듬해 慶州 州學校官에 임명되고, 1515년(25세)에 楊州石氏를 아내로 맞이하여, 1516년 26세 때 아들 全仁을 낳았다.

李彦迪은 1517년(27세)에 元祖 五箴을 지었는데 畏天, 敬身, 改過, 養心, 篤志箴으로써 성학에 대한 뜻을 굳히면서 校書官 副正字, 正字가 되었다. 이때 進士 曹漢輔와 進士 孫叔暾에게 無極太極說에 대한 비판

---

16) 이우성, 앞의 글, 1974, 867~868쪽.

을 한 『太極論辨』이 있다. 이 哲學的 論爭은 朝鮮朝 최초의 철학적·학문적 논쟁의 의미를 지닌 것으로 曹漢輔는 禪學에 대해 강설하고 曹漢輔는 陸象山학설에 젖어 있어 후인들이 맹목적으로 따라 갈 것 같아 無極太極에 대한 4편을 가지고 老學者들이 마침내 인정을 하게 되었다. 李滉은 李彦迪이 약관에 지은 이 글을 읽고 깊이 깨달은 바가 있어 스스로 後學이라고 하였다. 이어 正字를 지나 28세 되던 12월에 祖父(휘는 壽會)가 88세 고령으로 죽자 고향에 돌아가 承重으로서 3年喪을 치르고, 1519년(29세) 때 祖父 상중(喪中)에 己卯士禍가 발생하였다. 주초위왕이 발단이 되어 南袞, 沈貞, 金安老, 洪景舟 등에 의해 趙光祖(당시 사헌부 대사헌), 柳仁淑, 朴世熹, 洪彦弼 등 75명이나 禍를 입었다.

31세 되던 8월에 다시 벼슬길에 올라 31세 때 弘文館 博士, 32세 때 侍講院 說書, 33세 때 成均館 典籍을 지나 兵曹佐郎·吏曹佐郎·司憲府 掌今이 되었다. 이에 내직으로 돌아가 35세 때에 司憲府持平, 兵曹正郎으로서 慶尙道御使가 되고 吏曹正郎, 37세 때 侍講院文學, 司憲府掌令, 奉常寺 僉正, 內資寺 副正, 成均館 司成을 역임하고 8月에 慶尙道 御史가 되고, 11月에 母 부인을 모시기 위해 다시 密陽府使가 되어 2년간 재임 후 38세 때에 奉常寺僉正 40세 때 司諫院 司諫이 되었다. 1531년(중종 26년) 41세 때 沈貞, 李沆에 의해 귀양 가 있던 金安老에 대한 기용 문제가 조정에서 논의되었다. 金安老는 당시 정치인들 사이에 평판이 좋지 못하였기 때문에 훈척계열과 士林 양쪽에서 배척받고 있었다. 그러나 金安老를 기용하여 自波세력을 조정에 扶植 하려던 正言 蔡無擇은

> 東宮(世子)이 孤單하니 마땅히 이 사람(金安老)이 輔佐해야만 될 것이다.[17)

라고 하였다. 이에 大司憲 沈彦光 등이 그 말에 따라 附同하니 온 조정이 이에 따라 가는지라 李彦迪은 홀로 金安老가 小人임을 지적하여 그 불가함을 역설하였다. 이후 金安老가 귀양에서 방면되어 정계에 복귀하게 되자 李彦迪은 「沈貞을 내쳤으니 다시 沈貞과 같은 자가 들어와도 안 되는데 沈貞보다 더 심한 자가 들어오니 그 화가 마침내 클 것이다. 하면서 우려하였다.

李彦迪과 沈彦慶 형제가 나눈 대화에는 公論에 입각한 정치 운영을 통치원리로 삼고 있던 士林派의 대표적 인물이었던 그가 勳戚勢力의 비정상적인 정국운영에 비판적인 자세로 대응하였음이 잘 나타나 있다.

沈彦光: 司藝는 어찌 金安老가 小人임을 아십니까?

李彦迪: 安老가 慶州府尹으로 있을 때에 그 마음가짐과 일처리 함을 자세히 보니 참으로 小人의 情狀이 있었습니다. 이 사람이 제 所願을 이루게 되면 반드시 나라를 그르칠 것입니다.

沈彦慶: 安老가 비록 들어오더라도 어찌 權柄을 맡기겠는가. 다만 東宮만 도울 뿐이지요.

李彦迪: 그렇지 않습니다. 저 사람이 만약 들어온다면 얼마 안 가서 반드시 國權을 쥐고 제 마음대로 用事할것이니 누가 감히 그를 막을 사람이 있으리요. 또 東宮은 一國 국민이 모두 囑望하는 바인데 어찌 金安老가 들어와야만 편안하겠습니까?[18]

이러한 그의 자세는 이후에 그들에게 배척받는 계기가 되었다. 勳戚 系列의 신하들이 조정에서 언급하기를

---

17) 晦齋 李彦迪 先生 行狀 (李滉撰述) 참조.
18) 晦齋 李彦迪 先生 行狀 (李滉撰述) 참조.

李某(李彦迪)가 朝廷에 있으면 金安老는 들어오지 못할 것이다.[19]

이와 같은 점에서 볼 때 李彦迪은 金安老의 정계 복귀를 반대하는 士林의 公論을 주도한 인물 중의 한 사람이었다. 따라서 중앙정계의 진출을 시도하려는 金安老의 입장에서나 李彦迪을 중앙정계에서 제거하지 않을 수 없었다. 이에 李彦迪을 成均館 司藝로 좌천 시켰다가 이후 파직하였다. 그 후 李彦迪은 金安老가 중앙정계에서 실세로 행세하던 6년 동안 향리에서 은둔 생활을 하였다. 이 일은 官歷이 짧아 널리 알려지지 않았던 그를 사림의 公論을 주도하는 인물로 부각시켜 주는 계기가 되었을 뿐만 아니라 그의 현실 대응자세의 일면을 보여주는 좋은 계기가 되었다.

1532년 42세 때 紫玉山中(경주시 안강읍 옥산리)에 玉山精舍 獨樂堂(現在 보물 제413호)을 짓고 6년 동안 자연과 책을 벗 삼아 哲學的 思索에 잠겼으며, 1537년(중종 32년) 47세 되던 해 11월 이르러 金安老가 死하자 다시 官職에 再登用하여 掌樂院 僉正 宗薄寺 僉正, 弘文館 副校理, 校理, 弘文館 應敎, 春秋館 編修館을 거쳐 48세 때 議政府 檢詳이 되었다. 3月에 淸白史에 加資가 되고, 이어 軍器寺正, 弘文館 직제학, 兵曹參知를 역임하고, 全州府尹으로 있을 때 憂國之念으로 상소문『一綱十目疏』를 올려 그 당시 王道의 德과 禮를 강조하고 君과 臣의 조화에 의한「有德者 君主論」으로써 民에 대한 敎化의 君主政治强化를 강조하였다.

이어 내직으로 49세 때 兵曹參判, 世子右副賓客, 世子右賓客, 50세 때 禮曹參判, 成均館 大司成, 司憲府 大司憲을 역임하고, 1541년 51세 때

---

19) 晦齋 李彦迪 先生 行狀 (李滉撰述) 참조.

世子副賓客이 되었다가 다시 弘文館 副提學, 漢城判尹, 議政府 參贊이 되고, 1542년 刑·禮曹判書, 議政府 右參贊, 司憲府 大司憲 그해 11월에 임명되었다.

1547년 乙巳士禍로 인해 李彦迪도 57세 때 9월 평안도 江界에 유배되었다. 그곳에서 6년 동안 많은 저술을 남겼으며, 이것은 李彦迪의 후기 君主政治思想에 해당되는 著書들로써 특히 『大學章句補遺』, 『續或聞』, 『奏先雜儀』, 『求仁錄』, 『進修八規』, 『中庸九經衍義』(未完成) 등 방대한 著述을 남겼다. 1553년(명종 8년) 11월 23일 心身이 危化하여 天涯邊方의 謫所에서 향년 63세에 일생을 마쳤다.

이에 侍奉中이던 아들 潛溪公(휘 全仁)이 12월 12일에 강계를 떠나 이듬해 2월에 고향에 와서 11월에 흥해군의 남쪽 達田理 禱陰山 기슭 先塋下에 안장하였다. 그 후 潛溪公은 李彦迪의 著述을 혈성으로 수집하여 李滉선생에게 나아가 行狀을 받는 데 애쓰는 한편 明宗 21년(1566년)에는 李彦迪의 『進修八規』를 왕에게 전달하는 등 孝誠을 다한 결과 13년 만에 復爵의 명이 내렸다. 1569년 (선조 2년)에는 文元의 시호를 내리고, 1572년(선조 5년)에 경주부윤 李齋閔이 향중 士林의 소원을 쫓아 「四山五臺」 위에 玉山書院[20]을 건립하여 선조 6년 1573년 12월에 나라에서 賜額이 있었다. 그리고 1610년(광해군 2년) 8월에는 가묘에 사제가 있었고, 9월에는 文廟에 從祀하였다.

---

20) 『玉山書院』에 관해서는 李彦迪의 사회, 경제적 기반에 관한 자세한 내용은, 이수건, 앞의 글, 1991; 이수환, "영남지방 서원의 경제적 기반: 소수·玉山·도산서원을 中心으로," 영남대학교, 민족문제연구소(편), 『민족문화논총』 제2·3집, 1980; 민병하, "조선서원의 경제구조," 성균관대학교 대동문화연구원(편), 『대동문화연구』 제5집, 1968; 이수환, 『옥산서원지』 (경산: 영남대학교출판부, 1993) 등을 참조.

54

李彦迪의 士林派에서 학문적 위치는 士禍期의 性理學 思想에 있어서 주로 徐敬德과 李彦迪의 학문에 의해 대표적인 위치를 차지하고 있으며, 四大士禍[21]를 生涯一代에 몸소 체험한 이가 바로 李彦迪이며, 朝鮮朝 性理學의 全盛期를 인도한 主理派의 先驅者이며 …… 〈중략〉 嶺南學派의 宗匠인 李退溪(禮安人)를 자극하여 李滉 이후 主理派는 柳成龍, 金誠一, 鄭逑, 李瀷, 曹植, 吳建 등 後學者에 의해 嶺南學派로써 계통을 이어왔고 日本 學系에도 큰 영향을 주어 近世日本儒學에 主流[22]를 형성하였다. 「退溪는 李彦迪을 精詣의 見, 獨得의 妙가 있다」하여 더욱 그의 「立言垂後」의 일사로써 哲學者의 儒學者로 추인하여 鄭汝昌(세종 32년 경오생 연산군 13년 갑자 후), 金宏弼(단종 2년 갑무생 연산군 10년 갑자 후), 趙光祖(성종 13년 임인생 중종 14년 을묘 후)의 三賢·李滉과 아울러 稱하는 東方五賢의 一人이 되게 하였다. 이러한 점으로 보아 李彦迪의 朝鮮儒學史上에 處한 地位 뿐만 아니라, 朝鮮王朝의 統治理念인 儒敎的 絶對君主國家라는 전제下에서는 朝鮮의 德治國家建設에 그의 공헌은 지대하며 매우 중요한 의미를 갖고 있다.

이상과 같이 초기 性理學의 脈과 영남계열 士林派의 발전과정에 있어서 그 기원은 漢文學의 시조 崔致遠과 儒學의 원조 薛聰에서 비롯된 후 고려의 崔冲, 金富軾, 安珦, 李齊賢, 鄭夢周, 李崇仁 등으로 이어졌다. 朝鮮王朝가 건설되면서 儒學이 국교로 채택되었기 때문에 그 성행은

---

21) 李彦迪의 乙巳士禍와 晦齋 李彦迪의 현실대응 방식에 관해서는 이우성, "乙巳士禍의 일고찰," 성균관대학교 대동문화연구원(편), 1992, 317~343쪽을 참조.
22) 윤사순, 앞의 책, 1992, 34~45쪽: 이병도, 『한국사대관』 (대구: 동방도서, 1983), 132~147쪽: 이기백, 『한국사신론』 (서울: 일조각, 1981), 189~195쪽: 유명종, 『韓國思想史』 (대구: 이문사, 1981), 291~295쪽. 참조.

필연적이었다. 고려조에서 朝鮮朝로 교체되는 왕권교체의 변혁은 지배
세력의 판도를 뒤바꾸어 놓았다.

高麗王朝에 충절을 바친 鄭夢周의 학통은 吉再로 이어져 私學의 기
틀을 형성하면서 드디어 金淑滋·金宗直 부자에게 계승되어 士林派의
學脈의 줄기를 이루었다. 金宗直 문하에서 金宏弼·鄭汝昌 같은 학자의
출현으로 士林派 세력은 嶺南지역에서 전국적으로 확산되어 갔다. 嶺南
士林派가 서서히 중앙정계로 진출하자 기성관료세력인 勳舊派에 의해
戊午·甲子士禍가 유발되자 士林派 세력은 다소 주춤한 듯 했다. 그러
나 士林派 세력은 꾸준히 자기성찰을 계속하여 趙光祖·金安國에 이르
러 절정을 이루었다. 같은 士林계열의 李彦迪과 金安國의 기반 위에서
한국의 대표적 학자 李滉이 나타나 거대한 學脈의 거봉인 嶺南學派를
주도했다. 때를 같이하여 曹植은 金宏弼, 鄭汝昌의 학풍을 토대로 嶺南
學派에 한 축으로 등장했다.

이와는 달리 李滉과 거의 동시대에 李珥가 태어나 그와 학문적 쌍벽
을 이루었다. 李滉이 嶺南에 살았던 관계로 그의 학설을 계승한 학자들
을 嶺南學派라 하였고, 李珥가 京畿道 출신이었으며 그의 학풍을 따르
는 학자들이 주로 京畿道와 忠淸道에 많았던 관계로 畿湖學派라 하였
다. 李滉이나 李珥가 생존하였을 때는 이러한 학파는 생각지도 못했다.
그러던 것이 정치적으로 학파와 문벌의 차이와 老少, 新舊의 충돌로 동
인, 서인의 두 개의 分派로 나누어졌다. 대체로 東人은 嶺南學派 소속
학자가 주류를 이루었고, 西人은 전부가 畿湖學派와 관계를 가졌다. 그
후 東人은 南人, 北人으로, 西人은 老論과 少論으로 다시 分派하여 대
립 반목을 하였다. 한편, 鄭道傳, 權近, 河崙 등 재경관료와 성균관 내
지 집현전으로 이어지는 官學派의 학자들, 세조 등극을 전후하여 득세

한 勳舊派 학자들로 뚜렷한 學脈을 이루고 있었다.

한편 士禍의 참상을 목도한 일부 학자들은 정계에 참여함을 꺼려 士林으로서 산림에 은거하여 학문연구에 몰두하는 기풍이 일어나 性理學적 學脈과 관계없이 독자적인 학술을 창안하거나 書, 畵 등 예술 분야에 일가견을 쌓는 학자도 많았다. 특히 儒學이 공리공존에 빠져 朝鮮朝 五百年을 통한 불치의 고질이 되자 일부 儒學者들은 민생을 바탕으로 한 實事求是學派의 획기적인 系譜를 형성하였다. 얽히고설킨 학파와 學脈 가운데 영남 출신 학자들은 직·간접으로 관련하여 그 學脈을 주도하거나 발전을 계승시켜 나갔다. 朝鮮朝 性理學의 연원인 鄭夢周(榮川), 李崇仁(星主), 吉再(善山), 같은 節義派 대표가 영남출신이었고, 士林派의 종주 金宗直(密陽) 부자와 李彦迪(慶州)·金宏弼(玄風)·鄭汝昌(密陽), 등이 향토와 직접적인 관련이 있다. 李彦迪, 李滉, 金宏弼, 鄭汝昌, 趙光祖 가운데 趙光祖를 제외한 네 사람이 嶺南出身이다. 또한 嶺南學派의 한 축을 이룬 曹植도 본관이 창녕이고 金海와 진주를 중심으로 살았으며, 李彦迪은 趙光祖와 李滉을 연결하는 性理學 初期의 士林派 形成 및 學脈에 중요한 歷史的 位置를 점유하고 있다.

제3장 李彦迪 思想의 哲學的 基礎

제1절 麗末鮮初의 性理學 思想의 特性

麗末鮮初의 性理學思想의 한국적 수용발전과정을 보면 충렬왕 16년에 安珦(1243~1306)이 중국연경에 이르러 朱子의 저술을 보고 이를 베껴 가지고 돌아온 것이 『朱子書』 전래의 처음이라 한다. 安珦으로부터 麗末의 鄭夢周, 鄭道傳에 이르기까지 13세기 말부터 14세기 말까지를 朱子學的 性理思想의 수입기라고 할 수 있다.[1] 高麗末·朝鮮初 이후 정치세력으로 크게는 官學派, 節義派, 士林派로 분류할 수가 있다. 그들 중 온건파의 대표적 인물은 李穡(1328~1396), 鄭夢周(1337~1392)와 吉再(1353~1419)를 들 수 있고, 官學派의 핵심세력으로서 李成桂 혁명파의 官僚로서 鄭道傳(1342~1398)과 河崙(1347~1416)과 權近(1352~1409)을 대표적 인물로 볼 수 있다. 이들 중 鄭道傳, 河崙, 權近은 朝鮮 建國後 체제정비를 주도했다는 점에서 '官學派'라 부를 수 있고, 李穡, 鄭夢周, 吉再는 高麗에 대한 忠節을 지켰다는 점에서 '節義派'라 부를 수 있다. 이러한 政治史的 背景과 高麗末~鮮初의 性理學者들의 정통성 問題는 16세기 이후 性理學이 초창기 官學派의 性理學 著述을 읽고, 영향을 받았고, 그들의 先·後 學者들의 넓은 사제관계로 인해 그들의 사상적 흐름의 16세기까지 영향을 주고받았다고 할 수 있다.[2] 麗末鮮初 性理學

---

1) 유승국, "한국유학사상개설," 李滉·李珥/이상은·이병도 외 (譯), 『한국의 유학 사상』 (서울: 삼성출판사, 1981), 25쪽.

의 特性으로서 宇宙觀을 中心으로 여기서는 官學派의 性理學的 사유의 핵심인 宇宙論에서 理·氣論的 宇宙觀은 어떤 특징을 담아내고 있는지 살핌으로써 鄭道傳·權近·河崙 등 官學派의 宇宙觀을 알아보고 그 후 士林派 李彦迪의 宇宙觀과의 關係를 고찰해 보고자 한다.

1. 鄭道傳의 宇宙觀

鄭道傳은 高麗末 易姓革命을 통해 朝鮮朝를 成立시키는 過程에서 三國時代 이후 高麗朝에 이르는 동안의 佛敎를 中心으로 한 三敎合一的 思想의 風土를 당시로는 처음 소개된 性理學으로 代替시켜 새로운 轉機를 마련함으로써, 儒學思想이 오늘날까지도 韓國社會의 全般에 그 影響力을 持續시키는 데 그 端初를 提供한 사람이다. 이처럼 그는 性理學을 이 땅에 着根시키고저 儒佛을 중심으로 하는 당대의 思想界의 흐름을 주의 깊게 把握한 結果를 토대로 闢佛論的 論證을 展開함으로써 그 흐름을 主導해 나갔고, 나아가 이를 基盤으로 社會改革을 實踐했던 것이다. 당시 成均生員 朴礎(年代未詳) 等의 上疏文에 "鄭道傳은 天人性命의 淵源을 발휘하고 孔子·孟子·程子·朱子의 道學을 창도하여 佛敎 百代의 속임수를 打破하고 三韓 千古의 迷惑을 깨우쳐서 異端을 排斥하고 邪說을 止息시키며 天理를 밝히고 人心을 바르게 했으니 우리나라의 眞儒는 鄭道傳이었다. 따라서 鄭道傳의 宇宙觀 특성을 考察해 보고자 한다.[3]
官學派 性理學은 무엇보다도 理를 存在論的 실재, 形而上學的 실체로 긍정한다. 이들에 있어서 理는 太極과 일치하며, 理二太極은 다시 孔子

---

2) 유초하, "朝鮮 性理學의 理論的 定礎," 한국사상연구회(편), 『朝鮮儒學의 학파들』(서울: 예문서원, 1996), 25~28쪽 참조.
3) 鄭道傳, 『三峰集』 卷14 참조.

이전부터 절대자로 상정되어온 여러 개념들과 일치한다.4) 이러한 主理論的 形而上學의 선두朱子는 鄭道傳이다.

鄭道傳이 모든 우주만물의 根源으로 本體를 무엇으로 보고 있는가 하는 問題를 아래 문장을 그 기점으로 하여 찾아보도록 하고자 한다.

"대개 天地萬物이 있기 전에 畢竟太極이 먼저 있어, 天地物의 理가 그 가운데 이미 渾然히 갖추어져 있다. 그러므로 「太極이 兩義를 낳고 兩義가 四象을 낳는다」라고 하였으니, 마찬가지로 變化가 모두 이것으로부터 나온다."5)

여기에서 현상세계가 무엇에 근거하여 생성되어 나타났는가하는 것을 설명한 글로 本體라는 용어가 사용된다. '本體'란 用語가 일반 사상 사물들이 存在하기 위해서는 반드시 依在해야 하는 어떤 궁극적 實體인 동시에 자신의 存在를 위해서 다른 어떤 것에도 의존하지 않는 것을 표현한 것이라 한다면, 여기서 鄭道傳이 현상세계의 모든 事物들이 '太極'에 의뢰하여 生한다고 한 것은 분명 現象事物을 근거 지우는 存在를 '太極'으로 상정하고 있음을 뜻한다 하겠다. 그런데 위의 문장을 내용별로 분류해 보면, 다음 몇 가지 問題들을 생각해 볼 수 있다.

첫째는 '太極'이 과연 최고의 存在개념인가 하는 問題인데, 鄭道傳은 천지만물이 생성되기 이전에 '太極'이 있었다고만 할 뿐 그것이 바로 만물의 궁극적인 本體라는 것을 명시하지는 않고 있다. 따라서 性理學

---

4) 유초하, 앞의 글, 1996, 28쪽 참조.
5) 鄭道傳, 『三峰集』 卷9 佛氏雜辨 佛氏眞假之辨: 「蓋未有天地萬物之前 畢竟 先有太極 而天地萬物之理 已渾然具於其中 故曰太極生兩儀 兩儀生四象 千 變萬化 皆從此出」.

내에서 최고의 存在로 問題視 해온 '太極' 이외에 '無極'에 대하여 鄭道傳의 견해가 무엇인지 일단 제기해 볼 수 있을 것이다.

둘째는 窮極的 存在인 本體가 그 본질에 있어 관념적인 存在인가 아니면 質料的인 성격을 지니고 있는가 하는 問題이다. 이를 性理學 내에서 '理'와 '氣'의 개념을 가지고 설명하고 있는데, 이에 대해 鄭道傳은 어떠한 입장에 서있는지 알아보아야 할 것이다. 또 이와 함께 그 본질이 구체적으로 지니는 성질도 아울러서 살펴져야 할 것이다.

셋째로 "太極生兩儀" 구절에서 볼 수 있듯이 '生'의 의미와 관련된 本體의 生成作用에 대한 問題가 있다. 따라서 鄭道傳은 이에 대해 어떻게 생각하고 있는지 '太極의 動靜'에 대한 해석問題와 결부시켜 설명되어져야 할 것이다.

넷째로 '太極'이 '天地萬物의 理를 갖추고 있다'고 한 내용을 통하여, 鄭道傳의 '一'로서의 '太極'과 '多'로서의 '理'들의 관계에 대한 견해와 함께 '多'로서의 理에 대한 종류를 살펴볼 수 있을 것이다.

그러면 이상에서 제기된 問題들을 중심으로 鄭道傳의 '太極'에 대한 견해를 하나씩 살펴보도록 하겠다.

存在의 최고개념으로서의 '太極'과 '無極'의 관계에서 본래 이 '太極'이라는 用語는 『周易』 繫辭傳에 처음 나타나는 用語6)로서, 앞의 鄭道傳의 글에도 인용되어 있다. 또 이 '太極'이란 말은 '莊子'에도 나타나는데7) 여기서는 '無極'이라는 用語8)도 함께 사용하고 있다. 따라서 漢唐

---

6) 『周易』 繫辭傳 上 11章; 「易有太極 是生兩儀 兩儀生四象 四象生八卦 八卦
   定吉凶 吉凶生大業」.
7) 莊子 大宗師; 「夫道有情有言 無爲無形 …… 生天生地 在太極之先而不爲高」.
8) 앞의 책; 「子桑戶 孟子反 子琴張三人相與友曰 …… 能登天遊霧 撓挑無極
   相忘以生 所无終窮」.

時代에는 이러한 道家의 本體觀에 影響받아 `十三經注疏`에서는 繫辭傳의 `太極生兩儀`에 대한 해석을 `太極은 无稱을 稱하는 것`[9]이라고 하여, `無`에서 `有`가 생성된다는 뜻으로 받아들이고 있다. 그 이후 宋代에 들어와 周濂溪(1017~1073)가 『太極圖說』에서 `無極而太極`이라 하는 말로 本體觀을 이해하는 源頭處로 삼았는데, 이때 `無極`과 `太極`의 관계가 표현된 `無極而太極`이란 용어에서 `理`에 대한 뜻이 분명치 않아 `太極` 위에 또다시 `無極`의 최고 存在가 있는 것인가 생각할 수 있는 餘地를 남겨 놓았다. 결국 이 `無極`과 `太極`의 관계에 대한 問題는 後에 論難이 제기되는데, 이것이 바로 `朱陸論爭`이라고 일컫는 朱子(1130~1200)와 陸象山(1139~1193) 間의 論爭이다. 朱子는 陸象山과 함께 `太極의 밖에 다시 無極이 있는 것은 아니다`[10]고 하여 太極 위에 또다시 `太極`의 根源으로서의 `無極`을 설정하고 있지는 않다. 그러나 陸象山은 周濂溪가 사용한 것은 잘못된 것이라고 보고 있는 반면에, 朱子는 周濂溪의 `無極而太極`이라는 용어를 통해야만 `無極`이 本體로서의 `太極`의 性格을 表現하는 데 必須不可缺한 說明이 된다는 것을 陸象山에게 말하고 있다. 즉 그는 陸象山과의 논쟁에서,

> 無極을 말하지 않으면, 太極은 한 事物처럼 되어 모든 變化의 根本이 되기에 부족하고, 太極을 말하지 않으면 無極이 空虛한 無로 떨어져 버려서 모든 變化의 根本이 될 수가 없다.[11]

라고 하여, `無極`과 `太極`은 서로 다른 別物이 아니라 같은 것으로,

---

9) 十三經注疏 周易注疏 `易有太極 是生兩儀`條에 대한 韓康伯의 註 參照;「天有必始於无 故太極生兩儀也. 太極者 无稱之稱」.
10) 朱子, 『性理大全』 卷1 太極圖:「非太極之外 復有無極也」.
11) 朱子, 『朱子大全』 卷36書 答陸子靜.

단지 '無極'은 '太極'의 성격에 대한 표현으로 없어서는 안 될 用語라고 하는 立場을 분명히 表明하고 있다.

그러면 鄭道傳은 本體로 상정한 '太極'을 '無極'과의 관계에 대해 어떠한 견해를 보이고 있는가? 鄭道傳은 '無極'과 '太極'의 관계에 대하여 그의 文集중에 단지 한 곳에서만 周廉溪의 『'太極圖說』에서 引用된 文句로 생각되는 '無極太極之眞'[12]이라는 表現을 使用하여 설명하고는 있지만, 이것만 가지고서는 兩者의 關係에 대한 설명이 不充分하다. 따라서 이 '太極'과 '無極'과의 問題에 대해 鄭道傳의 見解는 그 자체만으로는 알아보기 어려우므로 이 問題를 해명하기 위해서 李彦迪과 曹漢輔의 論爭을 보기로 한다.

훗날 『太極論辨』이라 하여 韓國 性理學 內에서의 初有의 論爭이라 할 수 있는 바로 이 '無極而太極'에 대한 問題를 李彦迪이 曹漢輔와 論爭을 할 때, 그는 曹漢輔에게 다음과 같은 말을 하였다.

> 우리(儒家)의 虛는 虛하나 있는 것이고, 저들(異端)의 虛는 虛하나 없는 것이다. …… 無極이라 한 것은 다만 이 理의 妙가 影·響·聲·臭가 없음을 形容하여 말한 것이지 저들이 말하는 無와 같은 것은 아니다.[13]

李彦迪의 本體의 性格을 '虛'이지만, 異端인 佛敎의 本體觀의 내용이 '虛無'의 성격을 지니고 있음에 비해 儒家의 것은 '有'의 성격을 지니고 있어서 그것에 대한 표현으로 '無極'이라는 용어를 사용하고 있다. 이처럼 李彦迪은 '無極'을 '太極'과는 다른 別物로 생각하지 아니하고, '太極

---

12) 鄭道傳, 『三峰集』 卷9 佛氏雜辨 佛氏輪廻之辨 참조.
13) 李彦迪, 『晦齋集』 卷5 答忘機堂 第二書 참조.

을 本體로 하는 朱子의 見解와 일치하고 있음을 알 수 있다.

　三鄭道傳은『佛氏雜辨』에서 李彦迪의 글과 같은 내용을 가지고 本體가 지니는 성격을 설명하고 있다. 즉 그는,

　　　儒家와 釋氏의 道는 文字의 句節 句節은 같으나 일의 內容은 다르다. …… 그러나 우리의 虛는 虛하되 있는 것이요, 저들의 虛는 虛하여 없는 것이다.14)

　라고 하여, 儒敎와 佛敎와의 本體觀을 비교하는 가운데 그 本體의 성격을 불교의 ‘無’에 대해 儒敎의 것을 ‘有’로 규정짓고 있다.

　鄭道傳이 道家의 ‘虛’는 ‘虛하되 있는 것’이라고 한 설명은 앞에 李彦迪의 것과 같은 내용이어서, 그 내용이 李彦迪의 말에서 보이는 것처럼 ‘無極’을 表現하고 있음을 한눈에 알 수 있다. 이렇게 보면 鄭道傳도 朱子뿐 아니라 後代의 主理論者라고 일컬어지는 李彦迪과도 그 견해를 같이 하고 있어서, ‘無極’은 ‘太極’의 성격에 대한 表現으로 ‘無極’을 ‘太極’에 先在하는 別物로 생각해서는 안 된다는 立場을 지니고 있음을 분명히 알 수 있다.

　이상에서 鄭道傳의 本體에 대한 규정을 ‘太極’과 ‘無極’의 關係를 통해 그의 말들을 再構成하여 살펴보았다. 이제 여기서 그는 ‘無極’이 ‘太極’에 앞선 別物로 存在하여 ‘太極’을 생성하는 것이 아니라, ‘無極’은 단지 ‘太極’의 성질에 대한 表現이라 봄으로써, ‘太極’이 ‘有’의 성격을 지닌 最高의 存在概念으로 규정하고 있음을 알았다. ‘太極’의 本質問題와 理氣와의 關係에서 ‘太極’의 본질문제에 대한 규정을 歷史的으로 살

─────────────────

14)　鄭道傳,『三峰集』卷9 佛氏雜辨 儒釋同異之辨:「儒釋之道 句句同而事事異 …… 然此之虛虛而有 彼之虛 虛而無」.

64

퍼보면, 漢唐時代의 主疏學者들은 앞서 본 道家에 影響을 받아 대체로 '元氣'의 混一된 狀態로 解釋함으로써 氣一元論的으로 생각하였으나[15], 程伊川(1033~1107)의 思想에 影響을 받은 朱子는 '太極'에 대해 '理'로 解釋함으로써[16] 이 太極의 본질에 대한 해명은 곧 '理氣'의 問題와 밀접한 관계를 갖게 된다. 따라서 韓國의 性理學에서도 '太極'의 본질에 대해 '理氣'로 해석하는 差異에 따라 主理論과 主氣論의 分派가 이루어졌음은 周知의 事實이다.

이처럼 이 '太極'의 本質에 대한 問題는, 이로 인하여 學派를 이룰 만큼 存在에 대한 根據를 定礎시키는 源頭處가 되는 重大한 問題라 하겠다. 왜냐하면 太極이 '理'인가 '氣'인가 하는 解釋의 差異는 萬物의 根源이 原理的인 法則이냐 아니면 事物을 이루는 어떤 原質的인 요소냐 하는 규정에 대한 갈림길이 되기 때문이다.

그러면 이 問題에 대한 鄭道傳의 입장은 어떠한지 살펴보기로 한다. 이 問題에 대한 것도 앞에서의 '無極'과의 關係에 있어서와 마찬가지로 체계적인 설명이 되어있지 않으므로, 그의 文獻에 散在되어 있는 文章들을 再構成하여 알아보고자 한다. '心氣理篇'을 보면,

"아, 穆穆한 그 理여! 天地보다 앞에 있어, 氣는 理로 말미암아 생기고 心도 또한 표부되었도다."[17]

라고 하여, '理'를 '氣'와 '心'의 關係에서 '理'가 '氣'나 '心'의 存在근거

---

15) 十三經主流 周易主流 '易有太極 是生兩儀'條 孔疑達疎 參照:「正義曰 太極謂 天地末分之前 元氣混而爲一卽 是太初太一也. 故老子云 道生一 卽此太極是也」.
16) 朱子,『性理大全』卷26 總論太極.「朱子曰 太極只是一箇理宇」.
17) 鄭道傳,『三峰集』卷10 心氣理篇 참조.

가 되며, 따라서 '氣'나 '心'보다 더욱 본질적이라고 하는 것을 대화체 형식으로 나타낸 글이다. 이 글을 앞에 '太極'에 대한 問題제기로써 살펴 본 天地萬物 以前에 반드시 먼저 太極이 있고, 天地萬物의 理가 그 가운데 이미 渾然히 갖추어져 있다고 한 글[18]과 비교하여 보면 다음과 같다. '理'와 '太極' 양자는 모두 天地萬物보다 앞서 있는 存在이고, 아울러 '理'는 '氣'나 '心'을 生한다고 하여 '氣'보다 '理'를 優位에 두고 있음을 보면 本體로서의 '太極'은 '氣'의 성격을 지니지는 않았음을 알 수 있다.[19] 그렇다면 鄭道傳은 '太極'을 原理로서의 '理'로 규정하였다는 말인가?

이 問題를 알아보기 위하여 잠시 '無極'과 '太極'의 관계를 다시 살펴보기로 한다. 鄭道傳은 本體인 '太極'의 내용을 '虛하나 有한 것'이라 表現했음을 앞에서 보았는데, 이때 '虛'의 내용에 해당하는 개념을 '道'라고 정의하고 있었다.[20] 그런데 鄭道傳은 '道는 理로써 形而上者'[21]라고 하여, '道'를 '理'라고 규정하고 있다. 이로 볼 때 鄭道傳은 本體로서의 '太極'은 形而上者인 '道'로써 '理'를 일컫고 있음을 알 수 있다. 따라서 鄭道傳의 本體觀은 '太極'으로서, 이는 곧 '無極'을 그 표현내용으로 하는 無形的인 '有'로서의 原理的 性質을 지닌 '理'라고 하겠다.

그러면 다른 한편으로는 鄭道傳은 本體의 작용에 該當하는 '太極'의 動靜에 대한 問題는 어떻게 설명하고 있는가? 앞서 問題提起한 것 중에 세 번째 것인 '太極生兩儀'에 대하여, 鄭道傳은 '太極이 動靜하여 陰

---

18) 註10 參照.
19) 韓永愚, '鄭道傳 思想의 硏究'(改訂版) 서울대 1993, 83쪽 參照.
20) 註8 參照.
21) 鄭道傳, 『三峰集』卷9 佛氏雜辨 佛氏昧於道器之辨: 「道則理也, 形而上者也 器則物也, 形而下者也」.

66

陽을 生한다'22)고 설명하고 있다. 그런데 그는 위에서 살펴본 것처럼 太極을 理로 보고 있으니 '太極'의 動靜은 곧 '理'의 動靜이라 할 것이고, 또 네 번째로 問題提起한 '太極이 天地萬物의 理를 갖추고 있다'고 한 내용도 理의 '一'과 '多'에 대한 問題가 된다. 따라서 鄭道傳의 宇宙觀을 요약해 보면 다음과 같다.23)

첫째로 鄭道傳은 現想事物의 本體를 '太極'이라 보고 있는데, 이때 '太極'은 '無極'과의 관계에 있어서 朱子가 陸象山과의 論爭을 통해, 또 李彦迪이 '無極而太極'에 대한 曹漢輔와의 論爭에서 보여주었던 것처럼, 분명히 '太極' 이외에 '無極'이라는 別物을 인정하지 않고 단지 '無極'은 '太極'의 表現이라고 解釋하고 있다.

둘째로 지금까지의 鄭道傳의 本體觀에 대한 硏究들이 모두 鄭道傳의 說을 闢佛論이나 社會思想의 硏究 側面에서 斷片的으로 인용 또는 分類的인 방법을 使用하여 說明하고 있음으로 해서 '太極'에 대한 본질이 '氣'가 아닌 '理'로 규정하고 있다. 아울러 鄭道傳은 '太極'으로서의 '理'의 성격에 대해 그 本體가 無形·無爲의 特徵을 지니고 있다. 이런 내용도 분명히 朱子의 宇宙觀을 追從하는 것이다.

셋째로 鄭道傳은 '理'를 本體로서 뿐 아니라, '用'의 側面을 言及하여 '理'가 動靜하여 '氣'에 影響을 미친다고 보는 '理發'을 주장하고 있다. 따라서 그가 비록 朝鮮朝 中期에 '理發說'을 주장하여 四端七情論爭의 端緒를 이룬 李滉에서처럼 緻密한 論證的인 面은 보여주지 못한다 하더라도 분명 '理發說'의 先驅가 되고 있음도 알 수 있다. 즉 그는 四端七情論에 의해 그 이후 朝鮮朝 性理學派가 主理論과 主氣論으로 나누

---

22) 앞의 책, 佛氏輪廻之辨: 「太極有動靜而陰陽生」.
23) 장성재, "삼봉의 태극에 대한 이해와 그 성격." 동국대학교 대학원(편), 『연구논집』 제20집, 1990, 59~62쪽.

어지는 가운데 主理論的 立場을 表明하고 있는 最初의 人物로 記錄되어야 할 것이다. 또는 이것은 종래에 權近이 '四端理發 七情氣發'을 主張한 最初의 人物로 알려져 왔지만, 이와 관련하여 시대적으로 이보다 앞선 鄭道傳이 그 先驅가 된다는 것도 고려되어야 한다고 생각한다. 하지만 鄭道傳은 '理發'에 대한 언급만 있을 뿐, 이에 대한 論理的 解明이 없음은 아직 그의 性理學說이 朝鮮朝 中期以後의 李彦迪과 曹漢輔의 主理에 대한 論爭에 비해 아직 成熟되지 못한 面貌를 보여주는 것이라 하겠다.

넷째로 그는 '理'의 一과 多의 問題에서 '理一分殊'나 '分殊之理'의 用語는 使用하지는 않고 있지만, 그 內容을 이루는 說明들이 앞에서 본 것처럼 여러 곳에서 朱子의 說과 比較하여 보면 朱子와 같은 논리적 체계를 지니고 있음을 알 수 있다. 따라서 '分殊之理'를 朱子에서처럼 '所以然'과 '所當然'의 理로 나누어 보고 있다. 그러나 이때 鄭道傳은 純粹한 感情의 發露인 '四端'의 情도 '理'의 範圍 내에 包含시키고 있는데, 이러한 惻隱·羞惡·是非辭讓의 마음은 形而下의 現象世界에서 드러나기 때문에 이 '情' 자체를 理라고 하는 것은 분명 잘못된 見解라고 指摘될 수 있을 것이다. 한편 그는 統體로서의 '理'가 '分殊之理'로 分化될 때 全體的인 것이 나누어져 '一理'로서의 本性을 잃는 것이 아니라 分化된 '分殊之理' 속에 全體的인 것이 그대로 包含되어 있음을 보여주고 있다.[24]

이상에서 그의 '太極論'에 대한 理解를 '太極'과 '理'의 內容을 中心으로 살펴볼 때, 鄭道傳의 文集에 收錄된 內容들은 비록 斷篇的으로 散在되어 있지만, 이것은 서로 一貫性있게 連結된 體系로 이루어져 있음을

---

24) 장성재, 앞의 글, 1990, 60~62쪽.

68

알 수 있다. 따라서 後來에 鄭道傳의 性理學說이 宋代 性理學을 단순하게 模倣하여 體系性이 없는 단편적인 내용으로 이루어졌다고 理解되어 온 것은 拂拭되어져야 마땅할 것이다. 또 그의 思想이 旣存에 알고 있는 것처럼 朱子의 說을 充實히 따르고 있음도 確認할 수 있다. 그러나 그중에 '太極'의 '動靜'에 대한 問題에 있어서 '理發設'을 主張한 內容은 再三 强調하지만, 鄭道傳이 陽村이나 李滉에 앞서서 主理論을 主張한 것으로 記錄되어져야 할 것이다.

그러면 여기서 고찰된 내용이 앞으로 어떤 側面의 硏究와 관련되어질 수 있는지 생각해 보도록 한다.

우선 韓國思想史的 側面에서 생각해 볼 때, 朝鮮朝 前期의 思想的 傾向이 아직 뚜렷하게 밝혀지지 않고 있어서 그 이후의 思想的 脈과 관련시키지 못하고 있다. 따라서 이 問題를 解決하기 위해 鄭道傳의 學說에서 陽村·秋巒 그리고 李滉에 이르는 思想的 傾向과 關聯性을 살펴볼 必要가 있다.

또 鄭道傳 자신의 思想과 관계해서는, 그의 이러한 '主理論'的 傾向에 立脚하여 旣存에 硏究되어진 그의 社會思想과 關佛論에 대한 問題를 또 다른 角度에서 살펴볼 수 있다. 즉, 社會改革思想은 朝鮮朝後期의 實學思想에서 보여주는 것처럼 대체로 '主理論'에서 보다는 '主氣論'的 傾向에서 이루어지고 있다고 여겨져 왔는데25), 앞에서 살펴 본 鄭道傳의 '主理論'的의 傾向에서의 社會改革思想과 比較하여 살펴보는 作業도 뜻이 있는 일이 될 것이다.

關佛論的 論證에 있어서도 鄭道傳 自身이 定立한 '理'를 重視한 '主理

---

25) 尹絲淳 "實學思想의 哲學的 性格," 『韓國儒學論』 (서울: 玄岩社) 311~319
쪽 參照.

論的 觀點을 가지고 있으므로, 이 관점에 따라 佛敎 敎理에 대한 批判的 立場이 분명히 서 있다 하겠다. 따라서 그 批判理論의 內容이 비록 宋代 性理學者들의 것을 그대로 模倣한 것[26]이고, 佛敎敎理 自體에 대한 批判에 目的이 있기보다는 高麗社會에 대한 改革을 하기 위해 이것의 精神的 基盤을 이루는 佛敎를 批判하기 위해 性理學을 手段으로 使用했다[27]고 하더라도, 이것은 朝鮮朝 前期까지의 佛敎界의 佛敎理論에 대한 批判的 見解를 보여주고 있는 것이다. 그러므로 이에 대한 硏究는 단순히 儒佛思想의 優劣論的 敎理의 對決的 側面에서 끝나는 것이 아니라, 오히려 當時의 佛敎的 傾向을 鄭道傳의 '主理論'的 傾向과 對比시켜 살펴봄으로써 韓國의 傳統思想의 兩大 軸인 儒佛思想이 지녀온 問題들과 이에 대한 論證을 全般的으로 파악하는 데 重要한 端緖가 된다.

2. 權近·河崙의 宇宙觀

權近은 한국 性理學의 흐름에서 처음으로 性理學에 대한 이해를 독자적인 입장에서 체계적이고 종합적으로 시도한 인물이었다. 여기서 그의 思想史的 위치를 감안하면서 『入學圖說』에 나타난 宇宙觀에 대한 形而上學的 견해를 중심으로 그의 性理學의 構造와 특성을 고찰하고자 한다.[28] 그는 『入學圖說』 첫 머리에 제시된 「天人心性合一之圖」이고 그 다음이 「天人心性分釋之圖」이다. 이 두 그림에 대한 해설을 통해서 그의 宇宙觀을 살펴보고자 한다. 權近은 이 두 그림에서 우주만물의 根

---

26) 琴章泰, "鄭道傳의 闢佛思想과 그 論理的 性格," 『東喬閔泰植博士古稀紀念 儒敎學論叢』, 52쪽.
27) 韓永愚, 앞의 책, 258~259쪽.
28) 정대환, 『朝鮮朝 性理學 硏究』 (춘천: 강원대학교출판부, 1992), 47쪽.

70

源으로서 天을 내세우고, 天을 설명하고 있다. 「詩經」의 '하늘의 명(天命)'과 鄭道傳의 '理'를 '하늘'로 바꾸어 표현하고 '理'와 일치하는 그 '하늘'을 나타내는 글자가 유일성과 위대성을 뜻하는 要素들의 결합으로 이루어졌다고 설명한다.

'하늘은 오직 하나인 것(一)이고 큰 것 (大)이다.'[29]

이 중 '유일성' 곧 '하나임'은 存在의 절대성을 드러낸다. 오직 하나만 있는 까닭에 "하늘의 理는 그에 맞설 것을 갖지 않으며, 하늘의 存在는 바깥(外)을 지나지 않는다." 또한 하늘은 存在 일반의 根源이다. 즉 "하늘은 온갖(萬) 서로 다른 것들은 근본(本)이다." 각 사물의 생성에서 몸(形)을 이루는 氣는 막히고 뚫림(通), 치우치고(偏), 똑바름(正)의 차이가 있으나 본성(性)을 이루는 理는 차이가 없다. 인간을 포함한 온갖 사물은 각각을 이루는 氣의 모습과 구조에 대응되도록 일정한 본성(性)을 하늘의 命으로 부여받는다.[30]

'모든 사물의 性命은 하나의 太極 가운데서 흘러나온다.'[31]

오직 하나만 있어서 맞설 것이 없는 理에 비해 유한하고 상대적인 氣는 나중에 存在한다.

'氣는 形而下의 것이다. 形而下의 理가 있고 나서야 이 氣가 있

---

29) 權近, 『入學圖說』, 「天人心性分釋之圖」.
30) 유초하, 앞의 글, 1996, 30쪽.
31) 權近, 앞의 책, 같은 곳.

게 마련이다.'32)

따라서 "氣를 말하고 理를 말하지 않는 것은 存在 일반의 드러난 측면만을 알고 그 根源을 알지 못하기 때문이다."라고 權近은 말한다.

이처럼 鄭道傳·權近의 理·氣論에서는 『周易』의 宇宙觀과 周敦頤의 『太極圖說』 및 程子·朱子의 理氣說을 바탕으로 이루어진 것임을 알 수 있다. 또한 이러한 이론들이 16세기 李彦迪·李滉 이후 主理的 理氣論에서 훨씬 정교하게 입론되는 理·氣의 存在論的 동시성이나 氣 생성의 간접성 같은 것은 언급하지 않았다. 이 점에서 그들은 후세의 主理論的性理學者들보다 더욱 분명하게 理가 氣에 대해 存在論的으로 우월하다고 상정한 셈이다.

河崙에 있어서도 理와 性이 善에 일치하는 것은 마찬가지이다.

> "하늘의 理가 사람의 마음에 내재하는 것을 性이라 한다. 仁義禮
> 智信은 그 이름이다. 하늘에 있으면 理이고 사람에게 있으면 性이
> 지만 그 내용은 같다."33)

道心과 人心에 대한 그의 입론 방식은 權近과 달리 단순하다. 양자를 곧바로 理와 氣로 대응시키는 것이다. 순 임금에게 명을 내리면서 "人心은 위태롭고 道心은 희미하다"라고 한 것은 理와 氣가 마음속에 뒤섞여 있는 것을 구분하여 말한 것이다.34) 그는 또한 理를 향한 경건한 자세를 지니면 개인적 삶이나 정치적 지위에 있어 좋은 결과가 온다고 믿기도 한다.

---

32) 鄭道傳, 『心氣理篇』, 「氣難心」 參照.
33) 河崙, 『浩亭集』 卷2, 『性說』.
34) 앞의 책, 卷2, 『心說』.

　　"공경하는 마음이 게으른 마음을 이기면 길하고, 게으른 마음이
공경하는 마음을 이기면 멸망에 이르며. 의리가 욕구를 이기면 남
들이 따르고 욕구가 의리를 이기면 흉하다 …… 의리를 바르게 하
되 이익을 도모하지 않으며, 도를 밝히되 그 공을 계산하지 않아야
한다."[35]

　　河崙의 관점에서 사물인식은 道德性을 실현하는 것과 같으나 인식의
내용은 理이며, 理는 곧 善이기 때문이다.

　　"오늘 한 가지 사물에 나아가고 내일 한 가지 사물에 나아가, 오
늘 한 가지 선을 실천하고 내일 한 가지 선을 실천하여 하루하루
삼가 나아가면 온전한 사람이 될 것이다."[36]

　　그들의 宇宙觀·人性論에는 가치관적 태도가 강하게 투영되어 있고,
그 가치의식은 理論의 論理性·體系性에 흠집을 남길 만큼 비약과 단
순화를 초래하는 것으로 보인다. 理에 대한 先理論的 긍정은 인간 본성
및 사회적 실천과 긴밀히 연관된다. 官學派 性理學의 관점에서 사회적
삶이란 인간의 주체적 선택이나 고안물이 아니다. 다시 말하자면 인간
은 본성적으로 人性論的 존재이다. 인간관계 내지 원리, 곧 윤리는 인
간의 선험적 본성이다. 이런 점은 그들이 논리적 정밀성이나 적합성보
다 사회적·생활적 善 지향을 중시했다는 것이다.[37]
　　결국 官學派 初期 性理學者들은 理의 形而上學的 실체성을 강력히

---

35) 앞의 책, 卷2, 『議政府想規說』.
36) 앞의 책, 卷2, 『名子說』 여기서 '사물에 나아간다는 것'(格物)은 그에게 있
　　어 '사물의 이치를 깨우친다는 것'을 뜻한다.
37) 유초하, 앞의 글, 1996, 41~42쪽.

긍정했으며, 氣에 대한 理의 存在論的 우월성·능동성을 뚜렷이 天命했다고 볼 수 있다.

제2절 李彦迪의 太極論[38]

李彦迪이 朝鮮朝 前期의 嶺南士林세계에서 중요한 위치에 있음에도 불구하고 그에 대한 연구는 매우 미비한 상황에 있고, 특히 朝鮮朝 四大士禍는 朝鮮朝 파워엘리트(Power Elite)인 勳舊派와 士林派의 권력투쟁임에도 불구하고, 政治學的 시각(Political Perspectives)에서 士禍에 대한 연구도 초보단계에 있다.

李彦迪은 『太極論辯』의 그의 經學思想을 理論的 體系化 하는 作業과

---

38) 李彦迪의 『太極論辨』에 관한 연구논문으로는: 김기현, "晦齋 李彦迪의 哲學思想," 고려대학교, 『민족문제연구』 제15집, 1980; 김길환, "李彦迪의 심학관과 太極觀," 『朝鮮朝 儒學 思想研究』 (서울: 일지사, 1980); 김종국, "李彦迪의 無極 태극론에 관한 고찰," 『동양철학』, 1961; 유명종, "李彦迪의 哲學思想" 한국철학회(편), 『한국철학사상』, 1978; 유정동, "李彦迪과 曹漢輔와의 「無極而太極」에 관환 논변," 성균관대학교 대동문화연구원(편), 『한국사상대계IV』, 1984; 이완재, "晦齋의 조망기당과 태극논변에 관하여," 『대구사학』 12·13집, 1977; 이지경, "晦齋 李彦迪의 政治思想研究" 한국외국어대학교 대학원, 석사학위논문, 1992; 정대환, "16세기 전반기 한국 性理學의 천인관," 고려대학교 대학원 박사학위논문 1990; 옥산서원 청분각 건립위원회(편), 『晦齋先生과 玉山書院』, 1972, 33~67쪽, 이완재, "「無極·太極 論辨」에 관하여," 성균관대학교 대동문화연구원(편), 『李晦齋의 思想과 그 世界』 (서울: 성균관대학교 출판부, 1992), 65~110쪽: 정대환, "李彦迪의 천인관," 『朝鮮朝 性理學연구』 (춘천: 강원대학교 출판부, 1992), 196~207쪽. 등의 논문을 참조

74

그의 사상을 朝鮮朝에 수용되는 과정에서 宇宙觀에 대한 최초의 哲學的 論爭을 제기하였다는 점에서 그 중요한 문헌적 가치가 있다고 볼 수 있다. 이러한 論爭의 배경에는 宋代 朱子와 陸九淵, 陸象山 형제의 태극논쟁을 始發로 하여, 朝鮮朝 儒敎思想의 理論的 體系化 과정에서 曹漢輔, 孫叔暾의 태극논쟁을 보고 그들의 사상을 비판하기 시작하였다.

그 후 16세기 후반부 李滉과 奇大升의 四端七情論의 사상적 논쟁이나 朝鮮朝 파워엘리트(Power Elite)들의 학문적 논쟁도 바로 李彦迪의 사상에 기초하고 있다. 물론 朱子와 周廉溪의 宇宙觀을 이론적으로 체계화한 사람은 李滉이었다. 그는 孫叔暾, 曹漢輔의 입장과 李彦迪의 입장, 答忘機堂書, 李彦迪의 비판 등을 소개, 분석하여 그들의 經學的 宇宙觀을 理論的으로 體系化한 것이다.

1. 中國 宋代 思想家들의 無極・太極辨의 由來와 그 意義[39]

宋明 道學의 始祖라고 부르는 周廉溪의 『太極圖說』의 첫머리에 「無極而太極・太極動而生陽 ……」이라고 적혀있다. 이 「無極而太極」이란 말의 「無極」두 字에 대하여 朱子 當時에 朱子와 陸象山 사이에 論爭이 벌어진 일이 있었고, 그 뒤 많은 理學者들이 이 「無極」두 字에 疑義를

---

39) 李相殷 "晦齋 先生의 哲學思想 – 「無極太極論辨」의 紹介와 分析," 묵민회갑 기념사업회(편), 『國譯晦齋全書』 첨가논문, 1972, 883~890쪽; 시마다겐지/ 김석근, 이근우(역), 『朱子學과 陽明學』 (서울: 까치, 1986), 41~68쪽, 128~142쪽.; 이지경, 앞의 글, 1997, 163~200쪽; 吉田介平, 『陸象山と王陽明』, (동경: 硏文出版, 1990), 31~162쪽에서 陸象山의 태극논의에 관한 내용을 참조하고, 고려 말 조선 초 삼봉 정도 전의 '太極'에 대한 이해의 논문으로는 장성대, "삼봉의 태극에 대한 이해와 그 성격," 동국대학교 대학원(편), 『대학원 연구논집』 제20집, 1990, 43~64쪽 등 참조.

가지다가, 마침내 清代의 考證學者 黃海木에 이르러 그 그림을 周廉溪가 陳博으로부터 얻은 것인데, 그것을 方士들이 本名「無極圖」라고 불렀던 것이라고 고증을 하여 놓았다.

當初에 陸象山이 朱子에게 편지를 하여 『太極圖說』은 『通書』와 같지 않으니 아마도 朱子가 지은 글이 아니거나, 學問이 성숙하지 못한 때의 글이거나, 그렇지 않으면 他人의 것을 뒷사람들이 모르고 朱子의 것이라고 한 것 같다고 지적하였다. 『通書』에는 理性命章에서「中焉止矣·二氣五行·化生萬物·五殊二實·二本則一」이라고 하였다.「一」이니「中」하는 것이 즉 太極인데 그 위에「無極」字는 加하지 않았고, 動靜章에서도「五行·陰陽·太極」을 말하면서 역시 無極이란 글은 없다고 하였다. 가령 『太極圖說』이 참으로 朱子가 傳한 것이라 하더라도 아마 젊었을 때 지은 것이거나 『通書』를 지을 때는 이미 그의 『太極圖說』 說이「無極」을 말하지 않은 것일 것이다」라고 하며「無極」두 字에 대하여 의문을 일으켰다.

이에 대해 朱子의 『朱子大全』에서는

"太極篇 첫머리 말을 貴下는 매우 못마땅하게 생각하나 그러나 이것을 알아야 합니다. 無極이라 말하지 않으면 太極이 하나의 물건과 같아 萬化의 根이 되기에 不足하고 太極이라 말하지 않으면 無極이 空寂에 빠져 萬化의 根이 될 수 없습니다. 오직 이렇게 말해야 그 말이 정밀하여 미묘하기 끝이 없는 것입니다 …… 〈중략〉 …… 또 太極의 說은 저는 생각하기를 朱子는 學者가 태극을 別個의 한 물건으로 오인할까 念慮하여 無極二字를 붙여서 밝힌 것이라고 합니다. 이것은 先賢의 立言한 本意를 미루어 볼 때 重複됨을 꺼려하지 않고 그렇게 한 것이니 거기에는 깊은 뜻이 있는 것입니다. 그런데 來信에 저를 太極을 하나의 물건처럼 본다고 하였으니 이것은 朱子의 요지가 아닐 뿐 아니라 저의 淺陋한 妄說에 對해서 그 뜻을 잘 살피지 못한 말씀입니다. 또 말씀하시길 「無極」字를 붙여 놓으면 虛無·好高의 패가 있다고 하시는데 그러면 尊兄의 이른바 太極은 形器가 있는 物입니까 形器가 없는 物입니까? 만약 形이 없고 理만 있다는 것이라 한다면 「無極」이 즉 「無形」이요 太極이 즉 「有理」임이 明白한데 어찌 「虛無·好高」가 될 수 있겠습니까?"[40]

고 하였다. 이러한 棱山과 朱子와의 辨論을 보고 陸象山은 그 형을 대신하여 자신의 변론을 계속했다. 그는 朱子의 말을 反駁하여 말하기를,

"대저 太極이란 實로 그 理가 있는 것이나 聖人이 따라서 發明했을 뿐이다. 空言하여 後人으로 하여 곧 입씨름과 紙筆로 말장난이나 하라고 한 것은 아니다. 그것이 萬化의 근본이 됨은 본래 定해 있는 것이다. 그것이 근본이 되고 못되고 될 수 있고 없고가 어찌 사람이 말하고 아니함에 달렸겠는가?"[41]

라고 하여 無極二字는 加할 필요가 없는 것을 加했다고 朱子의 해석을 空然한 말장난이라고 평하였다. 이에 대하여 朱子는 이렇게 답하였다.

"伏羲가 易을 짓고 文王이 易을 演繹하였으나 다 太極을 말하지 않았는데 孔子가 말하였고 孔子가 易을 贊하여 太極을 말하였으나 無極은 말하지 않았는데 朱子가 말하였다. 先聖과 後聖이 같은 한

---

40) 朱子『朱子大全』, 卷三十六. 내용은 이상은, 앞의 글, 1974, 883~884쪽 재인용.
41) 陸象山, 『陸象山先生全集』 卷二, 「與朱之晦一」 참조.

줄거리를 이어 온 것이 아닌가? 만약 이點에 있어서 太極의 眞體
를 또렷이 실현하였다면 말을 아니 한다 해서 적은 것이 아니고
말을 한다고 해서 많은 것이 아니다. 이처럼 紛紛할 것까지야 없지
않은가?"[42]

라고 하면서 우선 辨論態度에 一針을 놓고 다음 내용에 對하여,

"大傳에 이미 「形而上者謂之道」라 하고 또 「一陰一陽之謂道」라
고 하였으니 이것이 어찌 陰陽으로써 形而上이라고 한 것이겠는가?
바로 一陰一陽은 비록 刑器에 屬하지만 그러나 一陰一陽하는 所以
는 곧 道體의 지극함을 말해서 太極이라고 하고 太極의 流行을 말
해서 道라고 한다. 비록 두 이름이지만 두 體가 있는 것은 아니다.
朱子가 無極을 말한 까닭은 바로 그것이 方所도 없고 形狀도 없으
면서 物이 있기 前에 있고 物이 있은 後에도 存立해 있지 않은 곳
이 없으면서 또 처음부터 소리·냄새·그림자를 말할 수 없다 해
서 그런 것이다.[43]

고 답하였다. 이에 대하여 陸象山은 또 다음과 같이 반박한다.
나는 尊兄이 太極을 實見하지 못했다고 본다. 만약 實見했다면 우리
無極字를 加할 必要가 없는 것이오 아래에 「眞體」란 字를 더 붙을 必
要가 없다. 위에 「無極」 字를 加하면 이것은 床上疊上이 되는 것이오
아래에 「眞體」 字를 加하면 이것은 屋下架屋이 되는 것이다. 또 貴下는
말하기를 「極」이란 것은 그것이 究竟·至極하여 이름 지어 부를 수 없
기 때문에 太極이라 했다고, 마치 天下의 至極을 다 들어도 이에서 더

---

42) 朱子, 『朱子大全』, 卷三十六 참조.
43) 朱子, 『朱子大全』, 卷三十六.

한 至極이 없다는 말과 같다고 하였다. 설령 그렇다 하더라도 위에 無極 두 자를 加할 必要는 없는 것이다. 만약 그 「無方所·無形狀」한 것을 말하려고 한다면 마땅히 傳의 「上天之載」란 말에 對하여 「無聲無臭」라고 贊하듯이 하면 되는 것이지 어찌 太極위에 無極을 加해서 되겠는가? 繫辭에 「神無方」이라 했다해서 어찌 「無神」이라 말할 수 있으며 「易無體」라고 했다해서 어찌 「無易」이라고 말할 수 있겠는가? 老氏는 無爲로써 天地의 始를 삼고 有爲로써 萬物의 母를 삼고 「常無」로써 妙를 보고 「常有」로써 微를 보나니 無字를 위에 얹어놓는 것은 바로 老氏의 學이다. 어찌 숨길 수 있겠는가?

> 中庸에 「中은 天下의 大本이오 化는 天下의 達道이다. 中和를 이루면 天地가 자리 잡고 萬物이 길러 난다」고 하였으니 理致는 지극한 것이다. 이밖에 어찌 다시 太極이 있겠는가?
> 만약 陰陽으로써 形器라하여 道가 될 수 없다고 한다면 이 말은 잘 알 수 없다. 易의 道란 一陰一陽일 따름이다. 先後·始終·上下·進退·往來·闔闢·盈虛·消長·尊卑·貴賤·表裏·隱顯·向背·順逆·存亡·得喪·出入·行藏 어느 것이나 一陰一陽이 아닌 것이 있는가?[44]

朱子와 陸象山의 論辨에서 「無極以太極」에 관한 陰陽이 道인가, 陰·陽하는 까닭이 道인가에 관한 朱子의 주장을 보면,

> "만약 無極이라는 표현을 사용하지 않는다면 太極은 마치 사물처럼 되는 모든 변화의 根本, 즉 일체 사물(朱子의 경우 사물은 일

---

44) 陸象山, 『陸象山先生全集』 卷二, 「與朱元晦二」 참조.

을 포함한다)의 근원이라는 자격이 없어지게 되고 거꾸로 또 太極이라는 표현을 쓰지 않는다면 無極이 단순히 공허한 무로 떨어져 버려서 역시 모든 변화의 근본이 될 수 없다. 무극이라는 형태가 없는 것이며, 太極이란 이로서 존재함 有를 나타낸다. 周廉溪 先生은 학문하는 사람이 太極을 어떤 사물처럼 오해하지는 않을까 염려했으므로 일부러 '無極'이라는 두 글자를 덧붙여서 그 점을 명확히 했던 것이다."45)

이에 대해서 陸象山은 『易經』, "계사전"의 형이상하저인 것을 道라고 하였다.(形而上者, 謂之道, 形以下者, 謂之器) 그리고 '一陰一陽謂道'라고 하는 두 문장을 근거로 하여, 이미 一陰一陽이 形而上學的인 것이라고 한 이상 太極도 당연히 그러하며, 『易經』 '계사전'이 출현한 이래 지금에 이르기까지 太極을 '어떤 사물인 것처럼' 오해한 사람이 있었다는 얘기는 들어 본적이 없다고 주장한다. 朱子의 주장은 "사물이 있기 전부터 존재하며, 일찍이 사물이 있은 후에도 서 있지 않은 때가 없다. 陰陽의 바깥에 존재하지만 일찍이 陰陽의 운행 가운데 행해지지 않은 때가 없다. 전체를 관통해서 존재하지만 소리, 냄새, 그림자, 울림이 없다." 이러한 주장에 대하여 陸象山은 이 말을 격렬히 공격하여 다음과 같이 말한다. 또 이런 朱子에 대해 陸象山은 다음과 같이 공격하였다.

"陰陽은 형이하학적인 氣이며 道일 수 없다는 귀하의 주장에 대해서는 절대로 승복할 수 없다. '이 道라는 것은 一陰一陽일 뿐이다.'(『易經』) 앞과 뒤 , 처음과 끝, 움직임과 고요함, 어두움과 밝음, 위와 아래, 나아감과 물러감, 옴과 감, 열림과 닫힘, 가득한 것과 텅 빈 것, 없어짐과 자라남, 높음과 낮음, 귀함과 비천함, 겉과 속,

---

45) 朱子, 『朱子大全』, 卷三十六 참조.

보이지 않음과 드러남, 좋음과 등짐, 따름과 거슬림, 있음과 없음, 얻음과 잃음, 나옴과 들어감, 나아가서 일을 행함과 물러나서 숨음, 어느 하나 一陰一陽이 아닌 것이 있을까. 홀과 짝이 서로서로 찾아서 한없이 변화한다. 그래서 ‘그 道라는 것은 자주 옮아 다니며 변동하며 머물지 않는다 ……’고 말하는 것이니 …… 또 ‘옛날 성인이 易을 만들어 이로써 만물의 이치에 따르려 한다. 그리하여 하늘의 道를 세워서 음과 양이라 하고, 땅(地)의 道를 세워서 온유함과 강건함이라 하고, 사람의 道를 세워서 仁과 義라고 한다.’(『易經』) …… 그런데 지금 陰陽은 道가 아니며 형이하학적인 氣에 불과하다는 것이 귀하의 주장인데, 形而下, 形而上의 구분을 잘못하고 있는 것은 귀하인가 나인가, 과연 어느 쪽일까?"46)

이에 對이하여 朱子는 答辨하기를,

"老氏의 有無를 말하는 것은 有와 無를 둘로 하는 것이오 朱子가 有無를 말하는 것은 有와 無를 하나로 하는 것이다. 좀 더 자세히 알아보기 바란다. 쉽사리 호평할 일이 아니다. 「中也者天下之大本」이란 말은 喜・怒・哀・樂의 未發에서 이 理가 渾然하여 편기함이 없음을 가지고 말하는 것이다. 太極은 물론 편기함 없이 萬化의 本이 된다. 그러나 그 이름을 얻은 것은 절로 至極한 極이라 해서, 또 兼하여 標準의 뜻을 가지기 때문이요 처음부터 「中」이라 해서 그 이름을 얻은 것은 아니다. 만약 陰陽으로써 形而上이라 한다면 形下의 것은 또 무슨 물건인가? 나는 이렇게 말한다. 무릇 形이 있고 象이 있는 것은 다 器다. 그 器가 된 所以의 理가 즉 道이다. 來書에 이른 바 始終・晦明 …… 等屬은 다 陰陽이 만들어낸 器이다. (皆陰陽所爲之器) 다만 그 器가 되는 所以의 理는 例컨데 눈의 明과 귀의 聰

---

46) 陸象山, 『陸象山先生全集』 卷二 與朱元日二. 참조.

과 父의 慈와 子의 孝와 같은 것이니 이것이 道이다."47)

以上이 大體로 朱子와 陸象山 사이에 「無極而太極」에 대한 辨論의 內容이다. 이러한 辨論 內容을 요약해 보면 세 가지로 요약해 볼 수가 있다.48)

첫째, 「無極」이란 말이 과연 老子의 「天地萬物生於有・有生於無」라 한 「無」의 思想에 根據한 것이냐, 아니냐 하는 문제이다.

둘째, 「極」의 풀이를 어떻게 하느냐 하는 문제이다. 陸象山은 極을 「中」으로 풀이하여 「大中至正」의 「大中」으로써 太極을 해석한다. 이에 반해서 朱子는 「極」을 「至極」의 뜻과 「標準」의 뜻으로 「極」을 풀이한 것은 周廉溪의 「主靜立人極」이란 말에 비추어 보아도 타당한 해석이 된다. 人極을 人道의 標準이라 할 수는 있어도 人道의 大中이라 할 수는 없기 때문이다.

셋째, 形而上・形而下의 구별 즉 道와 器의 區別의 문제이다. 陸象山은 「易之爲道一陰一陽而己」라 하여 一陰一陽하는 것은 즉 道라고 解釋하니 이것은 陰陽을 形而上으로 보는 것이다. 그러나 朱子는 程伊川의 易傳에 따라서 一陰一陽은 氣니 形而下요 「所以一陰一陽」 하는 것은 理이니 形而上이라고 한다. 道는 一陰一陽하는 所以이다. 그리하여 朱子는 太極은 理요 陰陽은 氣라고 分明하게 理・氣를 갈라서 놓고 이 理는 一陰一陽하는 氣속에서 內在해 있으면서 그것의 所以가 되는 同時에 또 氣를 초월해 있는 形而上의 存在라 하였다.

그러면 朱子와 陸象山의 無極而太極의 해석이 왜 이렇게 달라지는가? 그것은 두 사람의 학문적 立場 다르기 때문이다. 陸象山은 「心卽理」

---

47) 朱子 『朱子大全』, 卷三十六 참조.
48) 이상은, 앞의 글, 1972, 886~889쪽 참조.

를 主張하는 學者인데, 「心卽理」를 主張하는 학문은 人間의 주체적 활동을 강조하는 만큼 人間의 立場에서 이 宇宙를 설명하려 한다. 그래서 人心이 宇宙의 中心 위치에 놓이고 人間活動을 中心으로 宇宙도 說明하려든다. 그래서 「宇宙內事」가 모두 나의 「分內事」라 하고, 「六經이 모두 나의 注脚이라」고 말하는 것이다. 이 때문에 陸象山은 孟子의 「先立乎其大者」를 重要視하여 「立大本」 하는 것을 강조하고, 학문도 尊德性面을 치중하고, 朱子의 格物窮理하는 道問學의 길을 支離事業이라고 하는 것이다.

그러나 朱子는 「心卽理」를 主張하는 學者이다. 性卽理를 主張하는 學問은 宇宙의 全體 이해를 목표로 하는 만큼 宇宙의 見地에서 人間을 본다. 그러므로 理와 氣를 人間이나 萬物에 다같이 적용하여 같은 원리로 풀이하려 한다. 中庸의 天命之謂性의 性을 說明할 때 人間의 性으로 局限시키지 않고 「天以陰陽五行, 化生萬物, 氣以形成, 理亦賦焉. 於是人物各得其所賦之理, 以爲建順五常之德, 所謂性也」라고 하여 人·物의 性이라고 註解한 것도 이런 까닭이다. 이러한 「性卽理」의 立場과 「心卽理」의 立場이 서로 다르기 때문에 理와 氣, 形上과 形下의 해석도 달라진다.[49] 이러한 단계에서는 아직 그 의미가 완전히 드러내는 데에는 이르지 못하고 明代의 王陽明과 그 학파에 이르러 명백해 진다.

---

49) 이상은, 앞의 글, 886~889쪽 참조.

2. 孫叔暾·曹漢輔 無極太極辨과 李彦迪의 無極太極辨

1) 朝鮮朝 最初의 哲學的 論辨

士禍期 士林의 性理學思想은 주로 徐敬德과 李彦迪의 學問에 의하여 대표된다. 徐敬德의 思想은 주로 『原理氣』, 『理氣說』, 『太虛說』, 『鬼神死生論』, 『皇極經世數解』[50) 등의 저서를 통해서, 李彦迪의 思想은 『太極問辨』, 『大學章句補遺』, 『求仁錄』, 『中庸九經衍義』(未完), 『關西問答』 등의 저서와 「書忘齋[51) 忘機堂[52) 太極說後」 등에서 잘 나타난다. 이 두 사람 사상의 공통점은 우선 양자가 다같이 理氣說에 의한 宇宙論的 형이상학을 본격적으로 파고들었다는 데 있다. 徐敬德의 『太虛說』 등이 그러한 것이고, 李彦迪의 「太極說」이 그의 학문적 축척과 특색을 보이는 것이라고 이미 李滉도 지적한 바이다.[53)

徐敬德과 李彦迪의 宇宙論 연구에 다른 점이 있다면, 宇宙의 生成내지 始元에 대한 견해 및 그에 대한 설명방법이 다를 뿐이다. 徐敬德에 의하면 宇宙의 생성은 恒有하는 一氣의 「聚散·屈伸」에 불과하며,[54)

---

50) 금장태, "화담 서경덕,"『동아일보』, 1997년 10월 27일자, 15면, 새로 쓰는 선비론 특별기획 논문 참조.

51) 忘齋는 孫淑暾의 號이며, 孫昭(李彦迪의 외조)의 아들이며, 성종 20년 (1489) 현량과 진사에 합격하였다. 中宗 때 反佛疏를 올려 佛敎를 배척하였다.

52) 忘機堂은 曹漢輔의 이름이며, 朝鮮 中宗 때 司馬試(進士科)에 합격하였다. 그는 초기에는 楊朱統 학설에 관심을 가졌고, 후기에는 宋代 老莊사상의 영향을 받아 반朱子학적 태도를 취한 性理學者이며, 李彦迪 28세 때 그는 70여 세에 가까운 듯 하다: 김만규,『조선조의 정치사상연구』(인천: 인하대학교 출판부, 1982), 176쪽 참조.

53) 李滉,『退溪集』, 卷49, 晦齋先生行狀, 참조.

84

宇宙의 始元은 역시 「太虛」이라는 氣의 無形한 상태에 불과하다.[55] 徐敬德의 宇宙論은 다분히 張橫渠나 郡康節의 그것과 유사하다. 그러나 李彦迪의 宇宙觀은 程子朱子系統의 철학이다. 李彦迪에 의하면 宇宙의 생성은 어디까지나 「理」와 「氣」의 合에 의한 것이며, 宇宙의 始元은 理로서의 「太極」에 연유한다.[56] 이렇게 徐敬德과 李彦迪은 서로 철학의 궤도와 내용을 달리함으로써 서로 다른 이론을 전개하였지만, 理氣說에 의한 宇宙論的 형이상학을 본격적으로 탐구하였다는 점에서만은 서로가 다르지 않다.[57]

이러한 士林의 哲學은 고려의 佛敎가 朝鮮朝의 儒敎的 國家로 바뀌게 되기까지는 상호 전환되어 가는 시간이 필요했고, 이 시기의 初期 人物로써 鄭夢周, 權近, 鄭道傳을 들 수 있으며, 儒·佛·道 비판에 관한 저서로 처음 나온 것이 鄭道傳의 『佛氏雜辨』이었다. 이것은 儒敎입장에서 佛敎와 道敎를 비판한 것으로는 한국 최초의 것이라는 데 그 意義는 있다고 생각된다.

이후로 金宏弼, 鄭汝昌, 趙光祖와 같은 학자들이 배출되었으나 학자 간의 眞理를 놓고 서로 論辨한 일은 없었다. 그러나 李彦迪은 일찍이 性理學에 뜻을 두고 27세에 畏天, 養心, 敬身, 改過, 篤志 등 「元朝五箴」을 지었으며, 而立에는 立箴을 지어 守操省察과 懲忿窒慾의 存養에 心血을 기울여 왔으나 특별한 師傳은 없었다. 그의 性理學은 주로 曹漢輔와의 往復書속에서 無極而太極을 論하였다[58]. 李彦迪의 太極觀은 朱子

---

54) 徐敬德, 『花潭集』, 卷2, 理氣說 및 鬼神死生論 참조.
55) 앞의 책, 卷2, 原氣 및 太虛說 참조.
56) 李彦迪, 『晦齋集』, 卷5, 書忘齋忘機堂無極太極說後 참조.
57) 윤사순, "조선 전기 성리학의 사상적 기능-그 사회사상적 기능에 치중하여," 『韓國儒學論究』 (서울: 현암사, 1980), 40쪽.
54) 李彦迪, 『晦齋文集』 十三卷中 第五卷 속에 答忘機堂書 四篇이 있는데 李彦

의 理論에 立脚하여 無極의 개념을 疏忽히 하려는 立場에 서 있다. 李彦迪은 그의 『晦齋文集』 卷五 「書晦齋 忘機堂 無極太極說後」에서 "대체로 어찌 太極이란 말 위에 다시 이른바 無極이란 말이 있을 수 있겠느냐" 하면서 太極에 焦點을 맞추어 이 理致는 至高至妙하여 그 實體가써 寄萬된 바인즉 至近至實한 것이라고 하였다. 만약에 이 理致를 冥茫虛遠之地에서 찾으려고 한다면 空寂의 異端에 빠지지 않을 수 없을 것이다. 그러니 이른바 無極而太極이란 것은 道의 末始有物을 形容함으로써 萬物之根底로서 朱子가 잘 發揮한 道體라고 한 것이다. 여기서 李彦迪은 異端空寂에서 講求하지 말라고 하였지만 일찍이 宋末에 朱晦庵과 論難을 벌였던 陸象山은 無極을 老子所謂無名天萬天地之始에 그리고 太極은 老子所謂有名萬物之始에 비유한 것은 몹시 合當한 論理로 여겨진다.

本 研究에서는 『太極論辨』에서 孫叔暾과 曹漢輔와의 「書忘齋忘機堂無極論辨」의 1편과 「答忘機堂書」의 四通을 중심으로 李彦迪의 太極哲學을 『太極問辨』 속에 考察하고자 한다.

2) 孫叔暾과 曹漢輔의 無極太極辨과 李彦迪의 無極太極辨

孫叔暾은 陸象山의 이론을 계승한 것으로 李彦迪이 이해한다. 즉 李彦迪은 중국 朱子의 學問的 正統을 계승하고 있다. 그는 현상세계의 배

迪이 27세 때에 忘機堂曹漢輔를 상대로 낸 書札이다. 主內容은 無極太極을 論한 것으로서 朝鮮儒學思想 往復論爭의 書間이며, 一大論文이다. 往復討論을 벌인 동기는 中宗 12年(1517) 그가 27세 때에 李彦迪의 外叔 孫仲暾과 忘機堂 사이에 往復했던 無極太極을 보고 書忘機堂 無極太極說後라는 論文에서부터 發端이다.

후에 온갖 사물의 존재 및 생성근거가 되는 하나의 形而上學的 實在로서 太極을 인정한다[59]. "삼가 고찰하건대 孫叔暾의 無極太極에 대한 辨說은 대개 陸象山으로부터 나온 것인데 지난날의 朱子[60]가 이미 자세하게 論辨하였으므로 어리석은 이 사람이 감히 더 말할 수 없다[61]고 하여 曹漢輔는 周廉溪의 旨義에 입각한 것으로 보이나 그 論旨에 비추어 지나치게 高遠하다" 고 하면서 曹漢輔의 평생 학술의 잘못된 곳이 바로 공허에 빠진 데 있다고 지적하고 李彦迪은 다음 3가지를 비판하고 있다.

첫째, 「無極太極」에 관한 것이다. 周廉溪의 표현인 이 〈無極而太極〉은 『太極圖說』이 발표된 이후 陸象山에 의해 최초의 反論을 받은 바 있으나, 대체로 朱子의 견해가 正統儒家의 이론으로 정착되어 왔다. 李彦迪은 朱子의 관점에서 曹漢輔의 주장을 辨析하게 된다. 대개 無極과 太極을 현실적으로 限해 있는 하나라는 것까지는 동의가 가지만 論理上으로 分內分外가 무시되어 名數之末에 집착되어서는 아니 되며, 大本과 達道가 혼연히 하나라는 것은 可當하지만 體用, 動靜, 先後, 本末의 論序가 무시될 수 없다는 것이다.[62]

---

59) 李彦迪 , 『晦齋文集』 卷五, 書忘機堂無極說後.

60) 시마다겐지/김석근. 이근우(역), 『朱子학과 陽明學』 (서울: 까치, 1985), 94~142쪽; 이동희. "朱子學의 철학적 특성과 그 전개 양상에 관한 연구," 성균관대학교 대학원, 박사학위논문. 1990 참조함. 朱子의 『大學章句』에 관한 연구로는 이동희, "朱子의 『大學章句』에 대한 연구." 동양철학연구회 (편), 『동양철학연구』 제2집, 1981; 朱子의 大學章句에 대한 李彦迪의 비판으로서 이지경, "李彦迪의 『大學章句 補遺』에 관한 연구 - 朱子의 『大學章句』 해석에 대한 근원적 비판을 中心으로," 청주대학교 사회과학연구소 (편), 『사회과학논총』 제16집, 1997, 235~257쪽 논문 참조.

61) 李彦迪, 『太極論辨』: 書忘齊忘機堂 無極太極說後에 보면 「謹按忘齊 無極太極辨基說, 蓋出於陸象山 而者 朱子辨之詳矣」 참조.

둘째는 「中正仁義」이다. 이것은 無極太極에 대한 周廉溪[63]의 體得工夫인데 曹漢輔는 이것을 망각하고 無極太虛의 體를 가지고 吾心의 主로 삼는 데 대한 바탕의 비유로 天에 오르는 데 계단이 없으며 海를 건너는 데 다리가 없다[64]라고 하였다.

셋째, 寂滅에 관한 것이다. 「太虛의 體는 본래 寂滅하다 하는 滅을 가지고 太虛의 體를 설명하는 것은 결코 儒者說이 아닌 것이라고 주장한다.[65] 周廉溪·張載 이후 朱子學說에 無나 虛의 거론은 거의 없었고 老·佛의 有無·虛實과는 엄격하게 구별되어 왔다. 한국에 있어서 이것을 李彦迪이 분명하게 다루었다는 데 중요한 의미가 부여된다. 이상과 같이 「書忘齋忘機堂無極太極說後」에서는 無極太極의 存在와 當爲의 양면을 朱子學說에 기초하여 비판을 하고 있다.

李彦迪의 最初의 글인 「書忘齋 忘機堂無極太極說後」 내용을 보면 다음과 같다.

"대저 이른바 無極而太極이라고 한 것은 이 道가 처음부터 어떤 物體가 있는 것이 아니면서 實은 萬物의 根柢가 된다는 것을 形容한 것이다. 이것은 朱子가 道體를 환히 드려다 보고 常情을 뛰어넘어 용감히 나아가 前人이 敢히 말하지 못한 道理를 말하여 後來의 學者로 하여금 太極의 妙가 有와 無 어디에도 속하지 않고 方

---

62) 李彦迪, 『太極論辨』, 「其曰太極卽無極也則是矣 …… 安有得其渾然則吏無論序之可論 ……」.
63) 儒敎사전편찬위원회(편), 앞의 책, 1990, 1429~1430쪽; 周廉溪의 「通書」 및 사상에 관해서 자세한 내용은 고강옥, "周廉溪의 『通書』 硏究," 고려대학교 대학원, 박사학위 논문, 1987. 참조.
64) 李彦迪, 앞의 책 「若論工夫則只中正仁義 …… 遽慾以無極」.
65) 李彦迪, 『太極論辨』, 「其曰太虛之體本來寂滅, 以滅字說太虛體, 是斷非吾儒之說矣 ……」.

體에 떨어지지 않음을 깨닫게 한 것이니 이는 진실로 千聖以來의 不傳의 秘를 얻은 것이다. 어찌 太極위에 또 이른바 無極이란 것이 있다고 해서 그런 것이 있겠는가? 이 理는 비록 至高·至妙한 듯하나 그 實體에 붙어 있는 所以를 찾아보면 또한 지극히 가깝고 지극히 實한 것이다. 만약 이 理를 講明하고자 하여 창연·허원한 곳에만 求하고 至近至實한 곳에서 求하지 않는다면 異端의 空寂에 빠지지 않을 者 없을 것이다. 이제 忘機堂의 說을 보면 그 이른바 「太極卽無極」이라 한 것은 옳은 말이나 「어찌 有를 論하고 無를 論하며 안과 밖을 나누고 名數의 末에 拘碍해서 되겠는가?」 한 것은 지나친 말이다. 「그 이른바 그 大本을 얻으면 人倫日用에 酬酌萬變하더라도 일마다 다 達道가 아님이 없다」고 한 것은 옳은 말이나 「大本과 達道가 확연히 하나인데 어디서 다시 無極과 太極, 有中과 無中의 구별을 論할 곳이 있겠는가? 한 것은 지나친 말이다 ……〈중략〉…… 이제 曹漢輔의 說은 이런 工夫를 모두 던져 버리고 문득 無極太極의 體로서 吾心의 主로 삼고 天地萬物로 하여금 나를 向해 圓滑히 運用하게 하려고 하니 이것은 하늘로 올라 가려고 하면서 사다리는 없어도 좋다는 것이며, 바다를 건너려고 하면서 다리(橋) 걱정은 아니하는 것과 같다. 마침내 虛遠한 지경에 빠져 얻는 바 없을 것은 뻔한 일이다."[66]

李彦迪은 이 글에서 曹漢輔 太極위에 따로 無極의 眞을 세워 놓고 그것의 "靈妙 한 體"를 體認하는 데만 힘쓰고 形而下의 世界의 일인 人倫日用의 修養工夫를 등한히 하며, 至高至達한 것에만 太極의 理를 求하고 至根至實 한 곳에서는 그것을 求할 줄을 모르며, 大本과 達道가 一致되는 것만 强調하고 그것이 體와 用, 動과 靜, 先과 後, 本과 末이 혼동할 수 없는 구별이 있음을 無視한다.」고 評하였다. 그는 曹漢輔가

---

66) 李彦迪, 『太極論辨』 서문 참조.

「太極의 體는 本來 寂滅한다」고 한 말을 特히 지적하여 「滅」字를 寂
字 밑에 使用한 것은 「吾儒」의 說이 아니라고 하였다. 上天의 일이 無
聲無臭한 것은 寂이라 할 수는 있지만 그러나 그 至寂한 가운데 이른
바 於穆不己한 것이 있어서 化育 流行하여 上下에 昭著하여 鳥飛魚躍
의 現象을 드러내는 것인데 어찌 거기에 「滅」 자를 붙일 수 있겠는가
라는 것이다. 여기서 그는 曹漢輔의 禪味를 배척하려고 했던 것이다.67)

3) 李彦迪의 太極論

李彦迪은 太極을 다음과 같이 말한다.

"무릇 이른바 太極이라고 하는 것은 …… 〈중략〉 …… 하늘의
덮은 바요, 땅의 심은 바며, 日月의 비치는 바요, 神의 그윽한 바이
며, 風雷의 변하는 바요 江河의 흐르는 바이며, 性命의 바른 바요,
倫理의 나타나는 바이며, 本末上下가 一理로 貫通하여 實然하지 않
음이 없어서 변동시킬 수 없는 것이다."68)

이 가운데 一理라는 표현은 性卽理의 입장을 견지한 것으로 생각된
다. 또 無極에 관해서는 다음과 같이 말한다.

"朱子의 이른바 無極이라고 하는 것은 正하여 方所도 없고 形狀
도 없다. 無物之前에 있으면서 有物之後에 서지 않음이 없고, 陰陽
의 밖에 있으면서 陰陽의 가운데 行하지 않음이 없고, 全體를 通貫
해서 있지 않은 데가 없으니 즉 애당초는 聲臭 影響으로는 말할

---

67) 이상은, 앞의 글, 1972, 891~892쪽.
68) 李彦迪 『太極論辨』의 「答忘機堂第一書」 참조.

수가 없는 것이므로 老氏의 無로부터 나와서 有로 들어간다는 것
과 釋氏의 이른바 空과는 같지 않다."69)

여기서 특별히 강조된 것은 周敦頤의 無極의 無를 老子의 無와 釋迦
의 空과 구별한 점이다.

李彦迪은 〈無極而太極〉에 대해서 또 다음과 같이 말하고 있다.

"무릇 이른바 無極而太極이라고 하는 것은 이 道의 物 이전을
형용한 것이며 實은 萬物의 根抵가 되는 바이다. …… 뒷날의 학자
로 하여금 太極의 妙를 밝게 보아서 有無에 붙잡히지 않고 方體에
떨어지지 아니하여, 千聖 이래로 不傳의 비밀을 眞得하게 하는 것
이니, 그 어찌 太極의 위에 無極이 다시 또 있으랴."70)

이상과 같이 李彦迪은 中國 朱子의 학문적 정통을 계승하고 있다. 그
는 "현상세계의 배후에 온갖 사물의 존재 및 생성근거가 되는 하나의
形而上學的인 실재로서 太極을 인정한다 …… 〈중략〉 …… 그러나 曹
漢輔는 太極이 현상세계로부터 독립되어 효율적으로 존재하는 것으로
인식하고 있는 데 반하여 李彦迪은 太極이 현상세계의 사물 속에 항상
절제적으로 표상되어 각 사물들의 내재적 질서 조리로 개별화되어 있
다고 생각하기 때문이다 …… 즉, 太極 一理의 작용이며 聖人은 각 사
물들의 개별적 本性을 적극 인정하에 太極이라는 보편적 정신의 代行
的 의식 속에서 인간과 각 존재자들의 조화롭게 생성되어 나간다고 인
식"71)된다는 것이 李彦迪의 萬物一體論이다.

---

69) 李彦迪, 앞의 책 참조.
70) 李彦迪, 앞의 책 참조.
71) 尹絲淳, 『한국의 사상』 (서울: 열음사, 1984), 175~176쪽.)

李彦迪의 太極哲學이 朝鮮朝 性理學 思想으로써 그 의미는 어떠한 것일까? 그것은 政治社會史的인 측면에서 볼 때 당시 훈구세력에 대립하여 새로운 지도이념으로써 士林哲學을 이론적 통치이데올로기로 정립하는 데 기여했다는 의미를 갖는다고 볼 수 있을 것이다. 그러나 그보다 더욱 "李彦迪이 正統朱子學의 입장에서 曹漢輔의 사상을 非朱子學的 '異端'으로 배척하고 朱子學을 朝鮮朝 儒學思想으로 굳혔다는 데에 의의가 크게 주어지는 것처럼 보인다. 이는 李彦迪에 대한 李滉의 평에서 잘 드러난다. 이후 그와 같은 "異端"이 철저히 억압되는 가운데 朱子學 일변도의 흐름을 우리는 익히 알고 있다. 결국 그의 性理哲學도 그 사색의 정밀성과 아울러 朝鮮朝 性理學者들이 論爭"72)을 주로 朱子의 설에 부합하느냐의 여부를 놓고 벌였던 것과 같은 論爭의 시초를 이룬다는 점에서 이중적으로 평가될 수 있을 것이다.

또한 그와 孫叔暾, 曹漢輔와의 論爭은 16世紀 李滉과 奇明彦의 四端七情73) 論辨의 기초적 시발점으로 평가되고 있다. 그렇다면 李彦迪 思想과 談論을 폈던 曹漢輔의 思想은 어디에 있는가를 알아보자. 不幸히도 李彦迪보다 앞서 往復討論이 있었던 李彦迪의 外叔父인 孫仲暾과 曹漢輔에 관한 傳記가 確實치 못할 뿐 아니라 遺著도 없다고 하니 韓國性理學으로 봐서는 一大 損失이 아닐 수 없다. 다만 李彦迪의 글 속에서 相對方의 말을 引用한 속에서 曹漢輔의 立場을 推理할 수밖에 없다. 그 中 두 가지만 들어보면,

① 「其曰太虛之體本來寂滅, 以滅字太虛體, 是斷非吾儒之說矣」(그 말
   하되 太虛의體는 본래부터 寂滅이라 滅글자로써 太虛의 本體를

---

72) 윤사순, 앞의 책, 177쪽.
73) 琴章泰, "高峯 奇大升," 『동아일보』, 1997년 11월 8일자, 19면 참조.

말하고 있으니 이것은 吾儒가 아닌 學說을 斷定한 것이다)

② 「今如來敎所云, 無則不無, 而靈源獨立, 有則不有, 而還歸澌盡, 是專以氣化而語 此理之有無, 豈云知道哉」.[74] (이제 來書에 이른바 「無라고 하면 無가 아니어서 靈源이 獨立하여 있고 有라고 하면 有가 아니어서 澌盡에 돌아간다」는 것은 이는 오로지 氣化를 가지고 이 理의 有無를 설명하는 것이니 어찌 道를 안다고 하겠습니까.

"①은 寂滅이란 말을 果敢히 使用하였고, ② 無則不無, 有則不有는 色空不異의 論理가 底邊에 깔려 있는 것으로 미루어 道家와 禪學的인 價値觀을 重視했던 人物인 것을 알 수 있다. 한 마디로 無極而太極에서 無極의 眞諦를 認定하면 道・佛의 立場이요 太極의 比重을 높이면 儒家의 立場에서 實理論을 倡導한 것"[75]이라고 말할 수 있다. 하여간 太極의 朱子的 이해는 朝鮮朝의 性理學에 미친 影響이 至高至大했다고 말할 수 있다. 앞에서도 언급한 바와 같이 徐敬德의 氣論과 李彦迪의 太極之理는 退溪에게 傳授되어 후일의 主理氣哲學을 낳게 한 學統을 이룩하게 된 것이다.

李彦迪의 『太極論辨』은 특히 朱子學을 바탕으로 이루어진 것이다. 曹漢輔의 老莊的 禪的 要素를 철저히 배제하고 「斯道」의 本源에 대한 闡明으로 儒敎的 哲學을 정립해 놓은 『太極論辨』은 후일 李滉에 영향을 미쳤고, 嶺南儒學의 개종이 된 탁월한 철학적 논문이거니와 그것은 단순히 朱子學의 倫理를 구사한 것이 아니라 깊은 사색과 많은 수양과 문단 없는 연찬(硏鑽)을 通하여 朱子學을 心融神會로 完全 消化한 뒤

---

74) ① 書忘齋忘機堂無極太極說後, 참조. ② 李彦迪 '앞의 책', 「答忘機堂 第一書」, 참조.

75) 成校珍, "朝鮮性理學史 敍設" 효성여자대학교 현대사상연구소(편), 『現代思想研究』 제2집, 1991, 73쪽.

에 自己가 「把得」한 原理로써 思想의 世界를 재구성한 것이다. 이러한 李彦迪의 「把得」은 그의 理論 展開過程 속 獨創性에서 오는 新鮮한 感覺과 진실성을 풍겨주는 내용이라 할 수 있다.[76]

이상과 같이 『太極論辨』은 5가지 문단으로 요약할 수 있다.

① 孫叔暾과 曹漢輔의 見解를 槪評하였고,
② 無極·太極과 儒家的 修道方法에 대한 李彦迪 自身의 견해를 밝히고,
③ 曹漢輔의 견해를 條目을 들어 분석 비판하였고,
④ 曹漢輔의 견해에 대한 오류를 지적하였고,
⑤ 異端의 폐해를 지적하고 曹漢輔가 儒의 正道로 回歸할 것을 바라며 끝을 맺고 있다.[77]

李彦迪의 無極太極辨 全體의 글을 통하여 李彦迪은 朱子學의 正脈을 계승한 것을 보여준다. 그 正脈이란 다름 아닌 理氣二元論的인 宇宙觀·人生觀에 근거하여 道義의 主體인 人間의 自我認識 (盡心知性)을 道의 體得과 實踐을 통해서 해야 하며 道의 체득을 위해서는 「居敬」과 「窮理」 양면의 병행적 공부가 필요하다는 사상이다. 그런데 道의 체득에 있어서 먼저 올바른 宇宙觀·人性觀을 가져야 하고, 바른 宇宙觀·人性觀을 가지려면 우선 周廉溪의 太極 圖說에서 말한 「無極而太極」의 理論을 올바로 이해해야 된다고 李彦迪은 생각한다. 왜냐하면 道의 大源은 天에서 나온 것이요, 道의 大源으로서의 天은 즉 「無極而太極」이란 말의 해석이 朱子 당시부터 많은 논란이 있었다. 즉, 朱子와 陸象山

---

76) 이우성, 앞의 글, 1973. 참조.
77) 이완재, "無極·太極論辨에 관하여," 성균관대학교 대동문화연구원(편), 앞의 책, 1992, 68쪽.

94

과의 論辨이 그것이다. 이 論辨에서 문제되었던 점은 최초에는 無極 두 字가 朱子 自身의 말이 아니라 老子에서 빌려 온 道家의 文字라고 배척하는 데서 發端되었다. 단순한 文字用語의 문제에 불과 했던 것이나 朱子가 그것을 빌려 온 것이 아니라 朱子 自身이 道의 體를 설명하기 위해서 使用한 말이라 하면서, 「無極」이라 말하지 않으면 太極이 하나의 물건과 같아야 萬化의 根이 되기에 不足하고, 太極이라 말하지 않으면 無極이 空寂에 빠져 萬化의 根이 될 수 없다는 해석을 내리면서부터 本體論的인 哲學문제로 전환되었다. 「有無」의 문제, 理와 氣, 形而上과 形而下, 道와 器의 구별의 문제, 「極」의 意義로서의 「大中·大本」과 極至·標準의 문제로, 용어 중에는 학문적 경향인 尊德性과 道德學의 문제에까지 발전하였다.[78]

그 다음으로 발견되는 공통점은 이들 兩人의 학문태도이다. 이들은 다같이 기성학설에 구애되지 않고 독자적인 입장에서 학문을 한다. 徐敬德은 張橫渠나 邵康節 思想의 영향을 받은 듯하지만, 그 영향을 받았다는 믿을만한 증거는 찾아볼 수 없다. 세상에 알려진 그의 학문연원이란 고작 14세 때 松京(開成)의 無名讀書者의 인도로 학문을 출발하였다는 것뿐이다.[79] 더욱이 그의 문헌을 찾아보면, 모든 철학문제에 있어서 한결같이 어느 누구에 의지함이 없이 독자적인 사색으로 일관한다. 독자적인 사색을 자신의 책임하에 정연히 논술하는 것이 徐敬德의 학

---

78) 李彦迪, 『太極論辨』, 答忘機堂第三書, 「來敎於無極上去遊心二字, 於其體至寂下去一滅字, 是不以愚言爲鄙 有所許授 幸甚幸甚 ……」, 朱子曰, 「老子之言有無, 以有無爲二, 周子之言有無, 以有無爲一, 正如南北私火之相反, 不信」. 「又曰主敬存心上遠天理, 比語固善, 然於上遠天理上, 去次下學人事四字 …… 是釋氏覺之說, 烏可諱哉 ……」.
79) 徐敬德, 『花潭集』 卷3 참조.

문태도이다.[80] 李彦迪 역시 그의 학문궤도를 程子·朱子 系統에 두었지만, 그렇다고 程子·朱子를 결코 맹종하지는 않았다. 그의 대체적인 입장이 程朱의 그것일 뿐 구체적으로는 자신의 입장을 자유롭게 택한다. 그의 『大學章句補遺』가 그러한 例證의 으뜸가는 것이다. 그는 『大學』의 章句가 程朱에 의하여 많이 정비되었음을 충분히 인정하면서도 程朱의 그것만으로는 아직도 未盡하다는 판단 아래, 朱子의 章句를 修訂한다.[81] 그러면서 그는 「비록 朱子가 다시 나오더라도 역시 이것(자기의 뜻)을 택할 것이라」[82] 확신한다. 이것은 李彦迪의 自主的 學問態度라 할 수 있다.

이상과 같이 李彦迪은 그의 「無極太極辨」 全體의 글을 통하여 朱子學의 宇宙觀을 계승 발전한 것으로 볼 수 있으며, 曹漢輔의 논리는 陸象山의 論理를 계승한 것에 대한 오류를 비판한 글임을 알 수 있다. 中國 宋代 思想家들의 宇宙觀에 대한 학문적 논쟁이 朝鮮朝로 수용과정에 있어서 朝鮮朝 논쟁의 시초가 李彦迪과 曹漢輔의 哲學的 太極에 관한 논쟁이라고 볼 수 있으며, 이것이 학문적 연구 가치의 중요성이라고 할 수 있다. 李彦迪은 이러한 宇宙觀을 바탕으로 보다 강력한 帝王權體制를 확립하기 위하여 체제강화를 위한 宇宙論을 주장하였다.

---

80) 윤사순, 앞의 글, 41쪽.
81) 李彦迪 『大學章句補遺』에 관한 연구로는 이동희, "晦齋 李彦迪의 經學思想: 『大學章句補遺』의 분석," 조남욱 외, 『조선유학사상탐구』 (서울: 여강출판사, 1988), 50~94쪽; 이지형, "회재의 경학사상: 『大學章句補遺』, 중용구경연의." 성균관대학교 대동연구원(편), 『李晦齋의 사상과 그 세계』 (서울: 성균관대학교 출판부, 1992), 7~40쪽; 이지경, "晦齋 李彦迪의 『大學章句補遺』에 관한 연구: 朱子의 『大學章句』 해석에 대한 근원적 비판을 중심으로," 청주대학교 사회과학연구소(편), 『사회과학논총』 제16집, 1997, 235~257쪽 참조할 것.
82) 李彦迪 『大學章句補遺』 序 참조.

이상으로써 李彦迪의 下學上達을 본령으로 하는 性理學의 宇宙觀에서의 발전의 특색이 짐작되는 동시에 朱子와 陸象山 思想의 宇宙觀에 관한 論辨을 꿰뚫고 있음을 알 수 있다.

朝鮮朝 朱子학의 사상사적 특성을 보면 高麗末·조선전기 16世紀 전후반기까지의 흐름을 파악하는 것이 매우 중요할 것 같다. 朱子학적 宇宙觀이 어떻게 수용되었으며 高麗末 官學派에 의해 전래되어 李滉에 이르러 이론적으로 체계화되기까지 宋代 朱子학과 朝鮮朝 朱子학이 어떠한 특성을 가져왔는지 朝鮮朝 政治思想史를 음미하려고 할 때 매우 중요한 것 같다. 周廉溪는 『太極圖說』에서 「太極이 動하여 陽을 生하고 …… 二氣가 교감하여 만물을 化生하니 만물이 生하고 生하여 변화가 無窮하다」고 한 뜻에서 보면 發論(Emanations theory)적 宇宙論의 성격을 가지고 있다고 할 수 있다.

이러한 『太極圖說』은 뒤에 朱子學的인 宇宙論의 기본적 패턴(pattern)을 이룬 사상인데 특히 「理」의 理論에 결정적 영향을 끼치고 있다. 그 내용인즉 周廉溪는 「無極而太極」이라 하여 「無極」이라든가 「太極」이라는 것이 宇宙의 궁극자라는 것은 말하였으나 「太極」이 곧 「理」라고는 말하지 아니하였다. 그런데 朱子는 「太極」은 「天地萬物之理」라 하여 결국 朱子學에서는 本末의 發出論的 性格이 희박해지고 「理」를 궁극적인 근원으로 하는 宇宙論에로 전환되게 되었다.

이제 「太極」을 「理」라고 할 때 「理」의 性格을 보면 朱子學에서는 아직 天地가 있기 전에 필경 먼저 「理」가 있었다 하여, 「理」를 천지만물을 초월한 궁극적 근원이라고 하는 동시에, 「理」는 「氣」와 함께 만물에 내재하여 「性」이 된다고 함으로써, 「理」는 초월적 성격을 가지고 있는 동시에 내재적 성격을 가지고 있다고 할 수 있다. 그런데 朱子학에서는

「理」가 사물에 내재했을 때에는 動靜變合의 원리로서 자연법칙이 되고,「本然의 性」으로서 인간에 내재하였을 때에는 인간이 지켜야 할 내재적 규범이 된다고 한다. 따라서 朱子학에 있어서 「理」는 物理인 동시에 道理가 되는데 「理」는 하나이나 자연법칙과 道德規範(=內面的 規範)은 「理」에 의하여 연속되어 있다.

이와 같이 高麗末·朝鮮朝 16世紀 전후 朝鮮朝 朱子학의 사상사적 특성은 官學派의 宋代 朱子학적 宇宙觀에서 「理」의 우월성 강조, 李彦迪의 「理」,「氣」구분에서 「理」의 강조, 李滉의 「理」의 초월성과 내재성의 논리, 또는 宇宙觀 내지는 인간론을 내재적으로 수용·이해하였다. 李滉 이후 朝鮮朝 통치원리는 朱子에서 李滉에 이르기까지 보편주의적 철학체계를 배경으로 이론화하였다.83)

16世紀 이후 朝鮮朝 性理學의 특징을 요약해보면,

첫째, 理와 氣를 철저히 구분하고, 理의 본체론적 실재성, 곧 형이상학적 실체성을 긍정하며, 氣에 대한 理의 우월성을 강조한다.

둘째, 理의 자기 운동과 그 운동을 통한 자기발현 및 氣 생성의 능력을 긍정한다.

셋째, 理는 모든 선의 원천이며, 그 자체로 순수히 선하다는 것이다84). 李彦迪, 李滉, 李珥 등의 학자에 의해서 16世紀에 主氣說과 主氣說이 대립을 하지만 理의 본체론적 실재성을 긍정하는 主理的 경향은 조선 성리학의 宇宙論적 특성으로 일반화되고 있다.

李彦迪의 宇宙論이라 할 수 있는 『太極論辨』과 曹漢輔 論爭의 性理學史的 意義를 찾아본다면 韓國儒學史上 일찍이 볼 수 없었던 朝鮮朝

---

83) 박충석, 『韓國政治思想史』 (서울: 삼영사, 1982), 243~244쪽.
84) 유초하, 앞의 글, 1997, 42~43쪽, 참조.

최초의 哲學的 대논쟁이었다. 그 주된 내용은 性理學의 핵심이 되는 宇宙論에서 無極而太極觀을 위시하여 虛無寂滅論의 省察과 下學上達에 관한 문제 등이었다.

물론 宋代에도 朱子와 陸象山 사이에 이와 비슷한 論爭이 있었지만, 그에 비하면 論辨의 內容이 달라졌던 바, 「道體의 認識과 道의 實踐을 어떻게 하는 것이 바르냐」는 보다 적극적이고 절실한 문제에 집중되었다.85) 李彦迪은 程子·朱子學的 正統性理學의 맥락을 계승하는 입장이었고, 曹漢輔는 老拂의 色彩를 띤 立場에서 論爭을 거듭하였던 것으로 보인다. 만일 曹漢輔도 李彦迪처럼 純粹 程子·朱子學的 입장에 있었다면 그러한 哲學的 對話가 없었을지도 모른다. 그러나 그것이 동일하지 않았기 때문에 상호 절실하고 심각한 理學的 理論을 전개하였다고 생각된다. 한편 曹漢輔의 견해나 그가 사용했던 文句를 볼 때 老佛的 異說에 一脈相通하는 바가 있다 하더라도 스스로 道家나 佛家의 學說에 근거한 것이라고 표면화시키지 않고 李彦迪의 答書를 이해하는 듯한 態度를 취함으로써, 李彦迪의 論辨이 더욱 적극화된 것으로 보인다. 오히려 老佛的 異端之說에 치중되어 있다고 비난한 것은 李彦迪의 입장이었다.

결국, 本體를 체득한 듯한 老大家라 하더라도 老佛的 異端之說에 입각하여 自說만 고집하는 경우가 아니라면, 李彦迪의 정연한 程朱學的 儒學論理에 이길 수가 없었던 것으로 나타난다. 뿐만 아니라 李彦迪은 本體에 관한 氣論的 太極說이라던가 陸象山의 心學的 學說에도 批評을 가한다. 이런 당시의 性理學의 異說의 도전을 받기 시작함에 있어서 程子·朱子學的 입장에서 이를 지킨 이가 바로 李彦迪이라고 볼 때86),

---

85) 이상은, 앞의 글, 1974, 905쪽.

그의 朝鮮朝 性理學的 貢獻과 위치는 뚜렷한 것이라 아니할 수 없다.

  말하자면 李彦迪은 曹漢輔와의 論辨을 통하여 朝鮮朝 程朱學을 定立하는 데 결정적인 역할을 함으로써 그 土着化를 가능하게 한 사람이라고 할 수 있다.[87] 성리학에 있어서 宇宙와 人間心性의 근원을 철학적 입장에서 탐구하는 학문인데, 朝鮮朝 성리학에는 二大流派가 있었다. 즉 主理派와 主氣派가 그것이다. 여기에 「無極·太極」, 「理·氣」라는 것은 宇宙와 인간 심성의 근원이 되는 本體的 槪念으로서, 朱子는 理와 氣는 「相卽不離」의 관계에 있다하여 理氣二元論의 입장에 서 있었다. 하지만, 朱子는 理는 氣가 움직이는 토대가 되는 동시에 氣를 主宰한다고 보았기 때문에, 결국 朱子는 理를 보다 중요시하는 主理派에 속한다고 할 수 있다. 李彦迪도 「理는 氣에서 떠나지 아니하나, 또한 氣에 혼잡 되지도 아니한다.」고 하였으니, 또한 朱子와 마찬가지로 理氣二元論임을 알 수 있고, 「理가 있은 연후에 氣가 있다」 하였으니, 氣보다 理를 중시하는 主理論의 입장에 서 있었던 것을 짐작할 수 있다. 대개 主理派의 학문 경향은 개개 사물의 법칙을 인식하기보다는 宇宙의 근원이 되는 生命力에 인식을 더욱 강조하고, 나아가 生命力에 근본을 둔 인간의 도덕적 의욕을 중요시했던 것이다. 이와 같은 李彦迪의 理氣二元論에 입각한 主理的 경향은, 朱子의 學統을 계승하면서 主理論의 祖宗이 되었다.[88] 또한 朝鮮朝 性理學史에 있어서 居敬窮理的 學行을 간직하며 無極而太極을 性理學의 핵심문제로 삼기 시작한 것도 李彦迪에

---

86) 김충렬, "李彦迪의 철학사상 논평," 유명종, 『한국철학연구: 中券』, 1978, 193쪽; 한국철학회(편), 『한국철학사: 中券』 (서울: 동명사, 1989), 206~216쪽.
87) 유정동, "李彦迪 철학사상의 위치," 『한국철학연구: 中券』, 1978, 194쪽.
88) 옥산서원 청분각 건립위원회(편), 『晦齋先生과 玉山書院』, 1972, 29~30쪽.

서 비롯된 것으로 이해되며 李滉, 李珥의 性理學의 展開도 李彦迪의 논리를 深化시킨 것으로 보인다. 이처럼 李彦迪의 無極太極에 대한 性理學的 批判論爭과 曹漢輔와의 4회에 걸친 論辨은 朝鮮朝 최초의 性理學的 宇宙觀에 관한 大論爭으로 높이 평가되는 것이라 하겠다. 高麗末 朝鮮朝 초기에 鄭道傳은 「佛氏雜辨」을 지어 佛敎를 배척하는 이론적 근거를 제시하였다. 그 후 朝鮮朝 초기 性理學的 특성에서 李彦迪과 曹漢輔와의 『太極論辨』의 도교와 佛敎적 宇宙觀에 관한 철학적 논쟁을 李滉은 老莊을 배척한 이론에 영향을 주었고 우리의 도를 천명한 老佛을 배척한 다음 朱子학과 대립되는 陽明學的 儒學을 이단시하였고 程子·朱子의 성리학으로 정통성을 확립하였다. 李彦迪의 無極·太極辨의 宇宙觀은 조선시대 성리학에서 최초의 본격적 논쟁이었다는 점에서 중요한 의미를 가지며, 이를 통하여 성리학의 이론적 심화에 하나의 전환점이 마련되었음을 볼 수 있다.[89]

儒學은 본래 修己安人의 실천적 학문임을 표방해 왔다. 비록 性理學의 발달로 인해 형이학적인 내용이 많이 첨가되었지만 그 본령은 여전히 修己와 安人에 있다. 따라서 性理學이란 修己와 安人에 대한 형이상학적 정당화라고 할 수 있으며, 이런 시각에서 보면 李彦迪의 太極觀도 결국 그의 心性觀이나 經世觀의 형이상학적 기초를 이룬다는 데 그 의의가 있는 것이다.[90]

李滉이 理를 氣보다 우위에 놓음으로써 사회적으로 人道主義思想과 道義관념을 확립하는 데 지대한 영향을 미치게 되었다. 李珥의 理氣論은 추상적 원리를 사회경제의 현실에 조명하였으며, 더 나아가 주어진

---

89) 금장태, "嶺南 性理學의 傳統과 爭點" 영남대학교 민족문제연구소(편), 『민족문화논총』 제11집, 1990, 229쪽 참조.
90) 정대환, 앞의 책, 1992, 208쪽.

현실을 받아들여 보다 眞善·眞美한 방향으로 이끌어 이상적 상태로 승화시켜 가는 논리이다. 이 내면적 심성론이 趙光組의 道學의 확립을 보게 되었고, 이러한 道學은 李彦迪을 중간 매개로 하여 李滉, 李珥에 이르러 성리학적 이론체계를 확립했다. 또 임진왜란과 병자호란의 兩大 국난을 겪은 후에 내적인 성실성만 가지고는 현실적 국제사회에 생존할 수 없게 됨을 자각하게 되어, 내실과 더불어 외실을 거두어 국력을 배양하고 실천을 숭상하는 방향으로 눈을 돌리게 되었다. 이것이 조선 후기에 일어나게 되는 실학사상이요, 점차 서구에서 들어오는 정치세력과 과학사상을 매개로 하여 실학사상은 개화사상으로 연결되었다. 그러나 주체성이 없는 개화는 무의미한 것이요, 능력이 없는 주체는 생존할 수 없게 된다. 따라서 朝鮮朝 性理學은 의리사상, 節義學派로 주체의식과 민족적 자주성을 고무하게 되었으며, 구한말 일본세력에 대해서는 의병정신, 독립운동으로 그 힘을 발휘했던 것이다. 李恒老 문하의 성리학자 崔益鉉과 柳麟錫을 위시한 전국적 의병활동은 韓國 性理學의 영향아래 이루어진 것이다.[91]

---

91) 柳承國, 앞의 글, 1981, 25쪽~40쪽 참조.

제4장 李彦迪의 政治思想

제1절 君主의 修身論

李彦迪의 學問과 思想은 시종 君主의 心學的 修身論으로 일관되었다. 그는 「人主의 學은 마땅히 二帝三王의 학을 爲主로 할 것이며, 二帝三王의 學은 오직 心學뿐이다.」고 하였다. 그는 「明德治心」의 學을 尊信하였고, 「專精窮理」를 道德 修業의 方法으로 삼았다. 治心은 心을 바르게 하는 것이므로 心學에서 正心은 매우 중요시된다. 왜냐하면 "君主의 人心의 正·不正이 국가의 興亡盛衰"[1]와 관계가 있고, 朝鮮王朝가 儒敎的 君主政治를 표방 君主는 「德化禮治」를 기본으로 民의 敎化로 인한 心學의 「修己治心」의 性理學은 중요시되고, 治者의 「兼善天下」가 「修身齊家治國平天下」의 理念이요, 목표이기 때문에 더욱더 강조된 것 같다. 心學哲學과 王道政治에서 君臣有義의 계서적 秩序는 實踐的 의미를 갖고 있으므로 그 중요한 의미를 지닌다.

그렇다면 朝鮮朝 政治思想에서 이러한 心學哲學이 中宗·明宗의 統治時代에 강조되는 이유는 어떤 연유에서 일어나는 것인가? 그 政治的 배경은 무엇일까? 尹南漢에 의하면 士大夫가 士禍로 인하여 士風이나 道學風이 타락되고 위축되었던 것과 같은 여러 현상은 그만큼 朱子學의 窮理的 方向을 퇴화시키고 存義의 方向을 더욱 강조하였다고 한

---

1) 金吉煥, 『朝鮮朝 儒學思想研究』 (서울: 일지사, 1986), 31쪽.

104

다.[2] 또한 吳鐘逸에 의하면 1520년대를 전후하는 시기에는 연산군의 학정과 中宗反正을 거쳐 오는 동안 王政의 문란과 거듭되는 사림의 피해로 士林 속에 묻히는 처사들을 낳게 하였고, 이 시기의 학문적 특색으로는 朱子學의 朝鮮朝 토착화 과정으로써의 朱子學의 心學化 현상을 그 특징으로 하고 있다[3].

이 두 가지 견해는 心學化 현상의 원인과 士林의 현실의 원인을 士林의 현실에 대한 소극적 자세에 의한 것으로 풀이하는 데 일치하고 있다. 그러나 이러한 견해로 그 원인을 규정한다면 그것은 기묘사림이 지니는 드높은 價値志向性이나 實踐志向性과 괴리가 된다고 생각한다. 오히려 어느 性理學자들보다도 강한 士林의 義理 具現精神이 현실과의 마찰로 인하여 더욱 강화되고, 이에서 그들이 경세의 근간으로 修身을 心性修養的으로 內面化하는 것으로 보인다. 그것은 李彦迪의 著述과 上疏文을 분석하면 선명히 드러날 것이다. 왜냐하면 士林의 중앙 진출기에 그 또한 至治·王道를 표방하면서 國政에 참가하였고, 전술한 바와 같이 당대인으로는 독특한 학문적 체계는 당대의 心學思想을 가름해 볼 수 있는 시금석적 성격을[4] 지닌다고 볼 수 있기 때문이다.

李彦迪의 學問과 思想은 시종 心學的 修身論으로 일관하였고, 그는 「明心」, 「治心」의 學을 尊信하였으며, 專精窮理를 進德修業의 方法으로 삼았다. 王道의 治心은 心을 바르게 하는 것이므로 心學에서 正心을 주요시하

---

2) 윤남한, 『조선시대의 양명학 연구』(서울: 집문당, 1982), 20쪽. 王陽明은 心學을 「聖人의 學은 心學」이라고 정의하고 있다. (『王陽明全書』, 卷7, 誌 13～14.; 송재운, "왕양명의 심학 연구," 동국대학교 대학원 박사학위논문, 1985. 9～16쪽, 참조.

3) 오종일, "양명학전습록, 전래고," 『철학연구』 제5집, (서울: 고려대학교, 1978), 82쪽.

4) 김길환, 앞의 책, 1986, 33쪽.

였다. 이러한 心學의 要諦는 여덟 개의 條目으로 풀이하였다. ① 明道理,
② 立大本, ③ 體天德, ④ 法往聖帝王之學, ⑤ 廣聰明, ⑥ 施仁政, ⑦ 順天
心, ⑧ 致中和가 그것이다.5) 이와 같이 李彦迪의 心學哲學은 修己治心의
중요성으로 일관되어 있다. 여기서는 仁·政論과 致中和 사상을 中心으로
君主의 修身論的 觀點에서 살펴보기로 하겠다.

1. 君主修身明理의 道

李彦迪이 사용하고 있는 道理의 개념은 道라는 뜻을 지닌다. 道란 다
른 것이 아니라 日用事物의 當行의 理致이다. 그리고 이 도리는 性의
德으로서 心에 갖추어진 것이기 때문에 物이 지니지 않음이 없고 때로
그렇지 않음이 없다. 이른바 잠시도 떠날 수 없는 것이다. 따라서 道理
란 高遠하게 존재하는 것도 아니고 어떤 궁극적인 대상물로 존재하는
것도 아니다. 心學에서 중시하는 것은 主體化된 道理이며 즉, 心學의
修身化를 의미한다.6) 日用의 가장 가까운 것으로 말하면 君臣間에 君
臣의 道理가 있고, 父子間가에 父子의 道理가 있고, 夫婦, 長幼, 朋友로
부터 出入·起居·應物·接物에 이르기까지 또한 道理가 있지 않음이
없다.7)

이 道理는 천부적으로 인간에게 부여된 것이며, 결코 후천적으로 주
어지는 것이 아니다. 道理가 천부적 선천적인 것이므로 그것을 昭明하

---

5) 김길환, 앞의 책, 1986, 33~47쪽.
6) 김길환, 앞의 책, 1986, 33~35쪽.
7) 李彦迪, 『晦齋先生文集』, 卷8, 「若夫帝王修齊治平之要, 古今理亂興亡之變, 人
　　材道術邪正是非之辨, 天命人心至就離合之幾, 皆有至著至微之理, 具於經訓史
　　策之中, 苟不講而明之有所眩惑, 則又何以明大道而定取舍, 子以建中於民乎,
　　是故帝王之學莫先於窮理」.

게 自覺體認하면 곧 天人合一된 경지 天地와 同參하고 化育을 돕는 경지에 부합된다.

그러나 비록 천부의 聖德을 구유하고 道理가 있다고 하더라도 窮理가 없이는 體認하고 闡明할 수가 없다. 따라서 그 道理를 밝히는 데 窮理보다 더 중요한 것이 없다고 하여 다음과 같이 말한다.[8] 만일 무릇 帝王의 修·齊·治·平의 要와 古今의 治亂, 興亡의 變과 人材의 道術, 邪正, 是非의 辨과 人心, 去就, 離合의 幾에 至著至微한 理가 있으며 經·訓·史·策의 가운데에 갖추어 있어도 진실로 강구하여 밝히지 않아서 眩惑한 바가 있으면 또한 어찌 大道를 밝혀서 取舍를 定하여 民에게 中(人極: 人의 標準)을 세울 수 있겠는가. 이러므로 帝王의 學은 窮理보다 앞서는 것이 없다.[9]

여기서 君主의 修身明理의 道理를 밝히는 데 窮理는 가장 중요한 방법이다. 그것이 중요한 만큼 窮理의 효과 또한 크다. 窮理하게 되면 의혹이 없게 되고 萬義를 統御하여 萬務에 昭應하게 된다. 그러나 窮理의 요령은 다양하다. 그 말처럼 窮理의 요령이 독서에 있고 또한 독서의 法이 그 차례를 따르는 데 있다고 하더라도 至虛至靈神妙不測한 心에 근거하지 않고는 窮理의 일은 成就되지 않는다. 따라서 致精致一의 功으로 心의 自覺이 先行되어야 한다.[10]

이러한 道理를 밝히는 데는 「居敬窮理」가 先行되어야 한다고 주장하고 있다. 따라서 性理學은 시종 바르게 政治하는 것이 帝王學의 心學的

---

8) 김길환, 앞의 책, 1986, 33쪽.
9) 李彦迪, 앞의 책, 『晦齋先生文集』卷8, 疏「進修八規」참조, 「以日用之最近者言之, 則爲君臣者有君臣之理, 爲父子者有父子之理, 爲夫婦爲長幼爲朋友, 以至於出入起居應事接物之際亦莫不名有地焉」.
10) 김길환, 앞의 책, 1986, 34쪽.

의 근본적 主題가 된다고 주장하고 있다. 이러한 사상은 孔子의 「君君, 臣臣, 夫夫, 子子」를 기초로 하여 孟子의 五倫사상의 道理에 그 사상적 기초라 할 수 있다.[11] 李彦迪의 君主修身明理의 道에 가장 중요한 것은 窮理이며, 窮理의 基礎는 讀書에 있고 또한 讀書의 法이 그 차례를 따르는 데 있다.

진실로 능히 공경하고 조심하여 상시 이 마음을 存養하고 종일토록 엄연하여 거울의 밝음과 같이 물의 맑음과 같이하여 物慾의 侵亂한 바가 되지 않는다면, 讀書 窮理에 있어시도 어디든지 通하지 않음이 없어서 應事 接物에 있어서도 어느 곳이던지 당하지 않는 데가 없을 것이므로 「居敬」 主敬이란 것은 聖學의 始終을 이루는 것입니다.[12] 따라서 그는 窮理에 「收放心」, 「居敬」이 先行되어야 한다는 점에 유의한다. 그는 孟子가 말한바 「학문의 道는 다른 것이 업고 그 放心을 구하는 것뿐이라」는 점을 근거로 居敬을 통한 收放心을 力說한다.

그의 聖學의 成始成終이 居敬에 있다고 주장하고 있으며, 修身·明德化의 道는 道理를 밝히는 데 根本이 된다고 주장하고 있다.

---

11) 儒敎思想에 禮的秩序가 확립된 정치사회는 孔子에 의하면 倫語의 顔淵「君君·臣臣·父父·子子」의 도리를 다하는 주장보다 孟子의 단계에서 體系的 理論化가 할 수 있는 『孟子』의 藤勝文公上, 「人之有道也, 飽食煖衣…… 聖人有憂之使契爲司徒 敎以人倫, 父子有親, 君臣有義, 夫婦有別, 長幼有序, 朋友有信.」을 강조한 〈五倫〉은 聖人이 발견한 天道와 합치된 인간사회의 政治·社會學 윤리규범이며 天人合一된 경지에 있는 被治者 民이 도덕적 가치의 세계로 이행하기 위한 실천윤리를 君子인 帝王이 알아야하는 기초적인 道의 사상이라 할 수 있다.

12) 李彦迪, 앞의 책, 卷8, 疏, 進修八規, 「誠能嚴恭寅畏 常存此心, 使其終日儼然, 如鏡之明 如水之止, 不爲物慾之所侵亂, 則以之讀書 以之觀理 將無所往而不通, 以之應事 以之接物 將無所處而不當矣 故曰 居敬者 聖學之所以成始 而 成終子也」.

2. 君主의 親親論

李彦迪은 尊賢에 이어 君主의 「親親」에 대해 논술하고 있다. 여기서 親親은 親族을 親睦하다는 뜻으로, 君主가 天下 國家를 다스리는 요령이 된다.

> "帝王이 세상을 다스리고 萬物을 養育하는 道는 모두 仁愛의 마음에 根本을 두고 있으며, 仁을 시행하는 요령은 반드시 親親에서 시작하므로 요순으로부터 成王과 周公의 時代에 이르기까지 政治하는 方法은 반드시 親親으로 先務로 삼았다."[13]

위 내용에서 李彦迪은 君主의 仁을 施行하는 요령으로써 親親의 必要性을 강조하고 있다. 李彦迪이 君主에게 親親을 강조한 것은 親親은 소위 萬善의 根本이 되는 仁[14]을 시행하는 제1차적인 力法으로써 그 親族을 親睦을 하지 않고 仁을 家・國・天下에 미치게 할 수가 없다고 보았기 때문이다.[15] 또한 李彦迪은 親親의 效果와 要訣은 孝에 있다고 강조하면서 다음과 같이 말하기를 君主가 위로는 誠敬을 다하여 廟社를 받들고, 아래로는 惠政을 베풀어 百姓을 편안하게 하며 教化가 행하여 禮俗이 이루어지고 天下가 和平하여 民生이 안락하게 되는 것은 모

---

13) 李彦迪, 『中庸九經衍義』 卷13, 親親1, 總論親親之義, 「蓋帝王經世育物之道, 皆本於仁愛之心, 而施仁之要, 必始於親親, 故自堯舜, 達於成周之世, 其爲治之治, 必以是爲先」.
14) 李彦迪, 『求仁錄』 序, 「天之道, 有四德, 而元爲之長, 人之性, 具五常 而仁爲之道, 斯所謂心德之全, 而萬善之本也」.
15) 李彦迪, 『中庸九經衍義』 卷13, 親親1, 總論親親之義, 「蓋聖人之治天下, 必本於仁, 而施仁之道, 必始於親親」, 「未有不親其親, 而仁及於天下者也」.

두 親親의 仁으로부터 推及된 것이다라고 주장하고 있다. 또한 君主의 親親에 대해 언급하기를,

"孔子의 부모를 傷害한다는 경계를 명심하고, 증자의 身体를 조심한다는 뜻을 体得하는 동시에 온전히 받은 德性을 훼손해서는 안 된다는 것을 안다면 반드시 酒色에 빠져 그 性命을 해치지 않을 것이고 逸樂과 豫怠에 방랑하여 그 덕을 멸하거나 수렵에 貪昌하여 그 위험한 테를 밟지 않을 것이니, 仁義를 賊害하여 그 몸을 방지고, 하늘을 소홀히 하고 民衆을 侵虐하여 宗社를 滅亡시키는 데에 이르지는 않을 것이다.16)

李彦迪은 父母에 대한 孝誠과 同氣間의 友愛, 子女에 대한 명칭은 다르다고 하나 孝와 慈는 仁의 根本이므로 仁의 혜택을 입혀지지 않는 데가 없을 것이라고 하였다. 李彦迪의 「親親論」은 君主에게 孝를 강조하여 親親의 실효를 거두게 하고, 그 결과로 얻어진 親親의 仁을 家·國·天下에 두루 미치도록 하는 데 그 목적이 있었던 것이며, 이것은 또한 君主가 民에 대한 敎化로써 「仁政」 즉, 仁의 政治를 펴나가는 방법이라고 주장하고 있다.

3. 講學明理論17)

『中庸九經衍義』18)에서 李彦迪은 君主의 리더십 형성과정에서 가장

---

16) 李彦迪, 앞의 책, 「人主誠能念仲民傷親之戒, 体會子臨履之意, 而又知德性之全受者, 尤不可以或虧 焉則必不至于酒色, 以伐其性矣, 必不至㽵于逸豫, 以滅其德矣, 必不至昌原獸, 以蹈其險矣, 又何至於貝戎仁害義, 以喪其身, 慢天虐民, 以隆其宗也哉」.

기본적인 방편의 하나로서 講學明理를 강조하였다. 그 책은 16세기 前半期의 士林派 李彦迪의 貴著 중의 하나로써 『大學章句補遺』(1549), 『續大學或問』(1550), 『奉先雜儀』(1550), 『求仁錄』(1550), 『關西問答』(1551)과 같이 그가 乙巳士禍를 당하여 평안도 강계에 流配되었을 때 그 곳에서 저술한 大論著인 것이다. 그 내용은 國王 明宗에게 進獻하여 政治에 이바지할 목적으로 宋儒 眞德秀의 『대학연의』와 明代의 丘濬이 지은 『대학연의보』의 체제를 보고 『中庸』의 제20장에 나오는 『九經』(修身, 尊賢, 親親, 敬大臣, 体群臣, 子庶民, 來百工, 柔遠人, 懷諸侯)의 참다운 뜻을 衍述하되, 先賢의 經典을 根本으로 삼고, 諸賢의 說과 諸史 百氏의 論述한 바를 두루 참조하면서 自身의 見解를 部門別 항목별로 開陳하여 君主가 天下 國家를 經論하는 原理・原則을 論하고자 한 것이다.

그러나 불행히도 修身, 尊賢, 親親의 3篇에서 그치고 敬大臣이라는

---

17) 李彦迪은 『中庸』의 九經이 君主의 爲政之道를 말한 것이기 때문에 經世의 조목에는 상세해도 修己의 공부에는 간략하다고 하여 君主의 修己에 대한 것을 경전을 비롯한 先賢의 遺集 속에서 찾아 이를 보완해 놓은 것이 그의 『中庸九經衍義』의 修身篇이다. 그는 經世의 조목인 『九經』 中의 '修身'이 통치자인 君主의 통치능력에 가장 선행되는 요건으로 보고 "帝王의 齊家・治國・平天下의 근본이 모두 修身에 있다고 하면서 修身의 조목으로 ① 講學明理之功, ② 誠意正心之功, ③ 言行威儀之講 등을 제시하고 있다.
18) 李彦迪의 『中庸九經衍義』에 관한 연구논문으로는 이원균, "李晦齋의 『中庸九經衍義』에 대하여," 『수산대논문집』 제16집, 1976; 김정진, "도덕 정치의 철학적 의의와 『中庸九經衍義』 고찰―晦齋 선생의 도학사상을 中心으로," 경북대학교 퇴계연구소(편), 『한국철학』 제9호, 1980; 이지형, "晦齋의 경학사상―『大學章句補遺』・『中庸九經衍義』를 중심으로," 성균관대학교 대동문화연구원(편), 『李晦齋의 사상과 그 세계』(서울: 성균관대학교 출판부, 1992); 이지경, "晦齋 李彦迪의 『中庸九經衍義』에 관한 연구: 君主論을 中心으로," 서원대학교 사회과학연구소(편), 『사회과학연구』 제11집, 1998; 금종우・금토수, "회재의 『中庸九經衍義』의 정치사상연구," 경북대학교퇴계연구소(편), 『한국의 철학』 제17호, 1989, 105~143쪽 논문 참조.

구상만 하였을 뿐 탈고하지 못한 채 미완성된 채 지금까지 보존되고 있다. 이 책은 原集 17卷과 別集 12卷으로써 되어 있는데, 別集에는 君主의 「修天職」, 「保天位」에 필요한 「体天道」, 「畏天命」, 「戒滿盈」의 道를 실어 原集의 미진한 바를 보완해 놓은 것이다. 李彦迪의 『中庸九經衍義』는 비록 未完成의 작품이지만 李滉의 論評한 바와 같이 그의 학문을 알아볼 수 있는 가장 精誠을 기울인 力作이다. 그 내용이 君主가 天下 國家를 다스리는 原理를 밝혀 당시의 國王에게 올리려고 하던 政治學的인 論著인 만큼 君主의 훌륭한 政治學 敎科書인 동시에 하나의 長篇 「君主論」이라 하여도 무방할 것이며, 또 이것은 修身, 齊家, 治國, 平天下를 生活化하려던 당시의 士林派의 정치적 이데올로기 바로 그것이 반영이었다고 할 수 있을 것이다.

그러한 의미에서 李彦迪의 『中庸九經衍義』 저서에서 修身論에 관한 講學明理論을 중심으로 이에 대한 分析과 檢查는 李彦迪의 道學 또는 君主 政治思想을 파악하고 나아가 16세기 士林의 政治思想的 경향을 올바로 이해하는 데 중요한 자료가 된다. 士林派가 내세운 政治理念으로서의 '仁政'이 16세기 전반기 李彦迪에 와서 그 이론적 체계가 完成되어 『中庸九經衍義』를 비롯한 몇 가지 저술에서 '帝王의 學'으로 구체화되어 있다. 그러나 李彦迪의 仁政이나 帝王의 學이 모두 그의 經學思想에 바탕을 두고 있으므로 『中庸九經衍義』의 내용을 분석하여 그의 君主政治思想을 고찰하고자 한다.

李彦迪이 國王에게 進獻할 목적으로 평안도 강계 적소에서 유배 생활에 쓴 최후의 저서인 『中庸九經衍義』는 君主의 「修身」으로부터 시작된다. 家父長的 전제君主정치 시대에 있어서 君主의 學問과 間斷없는 修養을 통해 마음의 姿勢를 大公至正한 위치에 두고 君主의 心術과 行

動의 如何가 실로 萬民에게 영향이 컸기 때문이다. 李彦迪은 君主의 修身을 「爲天下國家之本」[19]이라 하여 天下 國家를 다스리는 데 根本이 된다고 주장하고 있다. 그 내용을 보면 다음과 같다.

"君主가 위에서 修身하면 天下에 모범이 될 것이니, 父子의 仁을 다하면 天下의 父子된 자가 여기에 본받을 것이고, 君臣의 義를 다하면 天下의 君臣된 자가 여기에 본받을 것이며, 夫婦의 道를 다하면 天下의 夫婦된 자가 여기에 본받을 것이고, 형제와 朋友에 이르기까지 모두 그렇게 하면 齊家와 治國·平天下를 능히 달성할 수가 있다는 것이다."[20]

그러나 修身은 반드시 학문을 講習하여 이치를 밝히는 「講學明理」를 통하지 않으면 안 된다는 것이다. 李彦迪이 말하기를 학문이란 것은 곧 道學(心學)이며 이 道學이 바로 그대로 君主가 닦아야 할 학문 즉 「帝王의 學」인 것이다.[21] 帝王의 學(道學)은 곧 窮理(明理)와 正心을 그 내용으로 하는 학문으로써[22] 그 요령을 李彦迪은 다음과 같이 언급하고 있다.

"君主가 학문을 하는가, 하지 않는가의 여부는 세상의 否泰와 國家의 治亂, 그리고 人民의 休戚에 절대적인 영향을 미친다고 보기 때문에 그가 여기서 말하는 학문이란 곧 道學이며, 이것이 바로 그

---

19) 李彦迪, 『中庸九經衍義』의 目次에서 修身을 「爲天下國家之本」이라 하여 天下 國家를 다스리는 근원이 된다고 보고, 그 이하의 尊賢, 親親을 「爲天下國家之要」라 하여 天下 國家를 다스리는 요령이 된다고 서술하고 있다.

20) 李彦迪, 『中庸九經衍義』 卷1, 總論爲治之道 참조.

21) 이원균, 앞의 글, 1982, 41쪽.

22) 李彦迪, 앞의 책, 卷3, 修身2, 講學明理之功 「夫所謂道學者 窮理正心而己矣」.

대로의 帝王의 學인 것이다."23)

　　이상과 같이 君主가 이러한 방법으로 修身을 거듭하게 되면 그 마음
이 純一無雜하여 확연히 大公하고 엄연히 至正하여 시비를 옳게 分辨
하고, 事理를 올바르게 판단하여 公平正大한 政治를 할 수 있지만 그렇
지 못할 때는 그것은 전혀 불가능하게 된다. 李彦迪의 君主論에 대하여
그 大要를 살펴보았거니와 中宗 反正 이후 王權이 弱化되어 계속 臣權
들에 의해 견제를 받게 되고, 훈척세력이 無君의 마음을 품고서 줄곧
政治를 전단하고 있는 당시에 있어서 君主 修身論에서 帝王의 學은 士
林派 政治人으로서 염원의 표현이라고 할 수 있다. 또한 儒敎가 목표로
하고 있는 修己・治人에 대한 理論을 體系化한 經典을 중요시 여겼기
때문이며, 帝王의 學으로써 君主의 政治하는 規模가 구비되어 있는 經
典을『中庸』이라고 보고 있기 때문이다.24)

제2절 君主의 經世論

　　君主의 經世論에서는 朝鮮朝 儒敎政治體制 내의 정치적 운영의 원리
로서 聖君的 德治・民本의 실현을 위하여 李彦迪은 君主가 성인의 경
지에 이르도록 부단히 天道와 人道의 修身과 實踐을 통한 修己治人을

---

23) 李彦迪, 앞의 책, 卷3. 修身2. 講學明理之功 참조.
24) 이원균, "李彦迪의 중용구경의에 대하여,"『부산수산대논문집』 제16집
　　1976, 41~45쪽, 참조; 이지형, 앞의 글, 1992, 29~30쪽; 이지경, 앞의 글,
　　1997, 235~257쪽. 참조.

강조하고 있다. 天과 人 사이에는 一理가 관통되어 상하의 간격이 없으므로 天은 君主를 사랑하는 마음이 있으며, 사람은 天에 응하는 실상이 있다. 그러므로 積誠하여 天을 감동시키고, 修德하여 화변을 이겨난다면, 天은 비록 動하기 어려운 것이나 이에 감동될 것이며 화변을 그만두게 하기 어려운 것이나 이에 감동될 것이며 화변을 그만두게 하기 어려운 것이나 이에 그칠 것이다[25]라고 하였다. 근본적으로 天人合一의 전제하에서 이른바 天命道德政治의 태도를 제시하여 간다. 그런데 그 운영원리의 體仁體得을 위한 學德涵養 問題가 동시에 대두된다. 이것은 철인으로서의 이성적 의미뿐만 아니라 인격적 도덕성까지 함유하는 성인의 속성을 배양해감을 뜻한다.

여기서 王道로서 「聖學」이란 君主에게는 聖君이라고 하는 최고의 경지를 지향한다[26]는 점에서 聖學이 절대적으로 요청된다. 그 방법이 이른바 經筵으로 나타난다. 그러므로 經筵을 경시하는 君主의 정치현상은 심각하게 문제된다. 즉, 聖學이 미흡하면, 德治, 禮治, 民本을 위한 王道政治가 불가능하기 때문이다. 이러한 聖君的 능력배양에 관한 문제는 정치적 권력이 君王에게 집중되어 있는 유교적 정치체제 운영원리에 가장 중요시되었던 것이며,[27] 王을 보필하는 臣僚(sub-elite)들의 중요한 책무로 여겨져 왔던 것이다. 절대君主的 정치행태에서 君主의 聖君的 德의 함양문제는 李彦迪의 王道論으로서 모든 정치현상에서 要諦로 간주되고 있는 입장이다. 여기서는 李彦迪의 王道政治 핵심인 「爲政以德」으로서 君主의 仁・政論, 致中和論, 尊賢論, 君主의 政治哲學, 德化

---

25) 李彦迪, 『晦齋先生文集』 卷12, 「弘文館上疏」 頭部 참조.
26) 「聖學」이란 聖人之學과 聖君之學의 두 입장이 있으나 여기서는 聖君之學을 뜻한다. 聖人的 의미와 「君」이라는 지위가 병행되기 때문이다.
27) 앞의 책, 卷7, 「一綱十目疏」 頭部 참조.

禮治, 民本主義 중심으로 고찰하고자 한다.

1. 君主의 尊賢論

李彦迪의 君主尊賢論은 곧 君主의 「人材登用論」이라 할 수 있다. 君主는 賢人을 찾아내어 任用하되 끝까지 小人으로 離間시키지 말고, 邪人을 제거하되 과단성 있게 할 것이니 그렇게 하지 못하면 반드시 賢者가 그 道를 행할 수 없게 된다. 李彦迪은 결국 賢人(君子)의 등용여부는 君主의 마음의 如何에 달려 있다고 말하고, 다음과 같이 주장하고 있다.

> "君主의 마음속에는 邪念과 正念이 항상 서로 往來消長하기 때문에 正念이 자라나서 좋아하고 미워함이 이치에 맞으면 君子가 進用되고 小人이 退斥됨으로써 天下가 通泰하게 되고, 邪念이 자라나서 좋아하고 미워함이 사람에게 背逆되면 小人이 進用되고 君子가 退斥됨으로써 天下가 否塞하게 되는 까닭으로 君主는 언제나 그 마음이 純一하도록 努力하되, 마음을 純一하게 하는 요령은 慾心을 막고 이치에 따를 뿐이나 君主된 자는 여기에 힘쓸 것이라고 하였다."[28]

이상과 같이 李彦迪의 尊賢論은 곧 君主의 「人材登用論」이라 할 수 있다. 이러한 내용은 당시 國王인 明宗에게 誠을 일깨우고 賢邪의 實을 辨別하게 함으로써 전횡무도한 勳舊戚臣들을 몰아내고 거듭된 士禍에서 호된 탄압을 받아온 士林派를 政界에 다시 進出시켜 그들의 理想을

---

28) 李彦迪, 『中庸九經衍義』 卷11. 尊賢4. 참조.

실현해 보려는 士林派 政治人으로서 한결같은 염원의 표현이었다. 이것은 당시의 君主가 지향해야 할 人材등용에 대한 바람직한 방향의 제시이기도 한 것이었다. 李彦迪은 尊賢의 條目을 ① 存好賢之誠, ② 辨賢邪之實, ③ 審消長之幾, ④ 去讒邪之間 등으로 나누고 있다.[29]

2. 君主의 仁·政論

李彦迪의 心學觀에서 仁은 實踐的인 덕목인 仁愛에 대한 깊은 관심을 보이고 있다. 仁은 그에게 있어서 최고 가치였다. 그는 "사람의 性은 仁·義·禮·知·信의 五常을 구유하고 있는데 仁이 道에서 으뜸이 되며 이른바 仁德之全은 萬善之本"[30]이라 한다. 그는 사람의 性은 仁을 중심축으로 하여 포괄한다고 한다. "정자가 말하기를 仁·義·禮·知·信을 性上에서 요약해서 말한다면 이 다섯 가지는 반드시 분별이 되어야 한다. 그러나 仁에 나타난 즉 진실로 하나하나가 仁을 행하는 것이다. …… 仁은 四者를 포함하고 있는데 行으로 말미암아 마땅한 것은 義라 하고 이를 踐履표시하는 것을 禮라 하며 이를 아는 것은 智라 하매 이를 眞實되게 하는 것을 信"[31]이라고 하였다. 李彦迪의 철학적 범주가 程·朱學이라는 것에서 그 기준을 찾을 수 있다. 그가 강계 적소에서 유배 時 완성한 『求仁錄』[32]에서 인용하고 있는 仁에 대한 글은 程·朱子나 그 계통에 있는 사람의 것이 대부분으로, 그의 仁設이 지니

---

29) 이원균, 앞의 글, 1976, 49쪽. 참조.
30) 李彦迪, 『求仁錄』 序, 「人之性見王常 而仁爲之道, 斯所謂心德之全, 而萬善之本也 ……」.
31) 앞의책, 「程子曰, 仁義札智信 於性上要之 此王事須要分別, 出仁則固一 所以爲仁, 仁載此四者 由行而宣之謂義, 履此之謂札 知此之謂智 誠此之謂信」.
32) 『求仁錄』은 1550년 명종 5년 경무에 求仁錄을 저술함.

는 색채가 程朱子學的인 것이 분명하다. 또한 그의 仁政에 대한 관심은 그의 저술 곳곳에서 보이지만 대표적인 것은 『大學章句補遺』[33]의 "治國平天下" 장에서 治平이 仁에 근본이 다른 내용과 『進修八規』 등의 六規에서 「周易에 乾元이며 萬物의 取用하여 始初로 하여 지극하다. 여기서 元은 仁이요 仁은 人心[34]라고 강조하고 있다. 이상과 같이 李彦迪의 心學的 修身論에서 仁은 실천지향성이 바로 이 求仁의 강조에서 나타나고 君主의 「仁治·德化」의 修身論的 강조라 할 수 있다. 아울러

---

33) 李彦迪, 『大學章句補遺』, 「謹按此章爲治之道 本於也 ……」 李彦迪의 『大學章句보유』에 대한 논평으로는, 朱子의 『大學章句』에 대한 해석상의 편차를 수정을 한 晦齋의 晩年(59세) 力作인 『大學章句補遺』에 관한 분석이라 할 수 있다. 또한 晦齋의 『大學章句補遺』는 초기 性理學의 儒賢들의 朱子학설을 일방적 수용에 비해 晦齋는 朝鮮朝사회에 있어서 朱子學의 절대적 권위의 학문분위기를 자기관점에서 일치하지 않으면 朱子의 설도 따르지 않는 창의적·자주적인 학문태도는 높이 평가되어야 할 것으로 평가된다. 이에 대한 논평과 비판을 문헌연구에서 찾아보면 晦齋의 『大學章句補遺』와 『속혹문』 (合一冊)은 만년의 여러 저서 중 가장 힘을 들인 것으로 특색이 있다고 말하였고(이병도, 『조선유학사초고』 제3편, 1959, 78쪽), 고성낙훈 선생은 "李彦迪이 『大學章句補遺』에 대하여는 朱子의 설과 달랐으나 ……"라고 하였고,(고려대학교 민족문제 연구소 편, 『한국문화사대계 Ⅳ』, 1970, 412쪽), 윤사순 교수는 "晦齋 역시 비록 그의 학문궤도를 程朱系統에 두었지만, 그렇다고 程朱를 결코 맹종하지 않았다. …… 그의 『大學章句補遺』가 그러한 例證으로 으뜸가는 것이다 ……"라고 하고, 그 修訂내용을 註로써 약술하였고("조선전기 性理學의 사상적 기능," 『韓國儒學論究』, 현암사, 1982), 이우성 교수는 " …… 朱子의 필생의 힘으로 만들어 놓은 『四書章句』 중의 하나인 『大學章句』에 대하여 선생은 자의대로 編次를 뜯어고치고 ……"라고 ("李晦齋 선생의 역사적 위치와 그 경세사상," 『國譯 晦齋 全書』 첨가논문, 870쪽): 참조.

34) 『周易』, 奉乾爲天에 元의 의미는 크다의 의미를 포함하고 있는 만물이 근본으로 시작한다는 내용과 원의 해석은 위대하다. 사람의 신체는 미지부문을 나타내기도 한다. 즉, 하늘의 작용의 위대한 시작을 내포하고 있다. 「施仁政 易曰 大哉乾元 萬物資始 元者仁也人心也」.

李彦迪의 이상적인 君主는 '誠'을 실현하는 자이며, '誠'을 실현한 자의 政治道는 바로 仁政이며, 이 仁政은 君主의 好生之德에 근본하고 있다.

"사람이 다 같이 좋아하는 것은 '生'이며 다 같이 欲求하는 것은 '財'이니 財가 없으면 生할 수 없고, 財가 비록 족하다 하더라도 사람이 義를 알지 못하여 혹시라도 刑辟에 빠지면 또 그 生을 보존할 수가 없다. 財를 다스려 民을 양육하고 義를 밝혀 民을 교화하는 것이 聖人의 好生之仁이다. 仁이란 것은 천지가 물을 生하는 마음이요 사람이 얻어서 生하는 것이니 이른바 '元'은 善가운데 가장 으뜸이란 것이다. 君主가 大寶의 자리에 앉아서 民과 物의 主가 되어 만약 천기의 마음을 체득하여 정사를 하지 않으면 君主된 道를 잃을 것이니 어찌 그 자리를 보존할 수 있겠는가?"[35]

이것은 李彦迪의 仁政에 대한 정의를 체계화한 것이다. 好生之德을 토대로 일면으로는 財政을 잘 관리하여 民의 生業을 안정시키고 다른 일면으로는 道義敎育을 시켜 體制에 순응하게 하는 것이 이상적인 君主로서의 仁政이라고 보았으며, 이것은 곧 士林派가 주장하는 君主政治論이다.

3. 君主의 致中和論

儒敎思想에 있어서 현실 정치의 원리는 「修己治人」이 그 核心이며 이상으로 추구하는 "政治世界는 中으로 집약되어 있고, 여기서 中은 政治의 指導原理로써 「完善完美」, 즉, 至善의 의미를 포함하고 있고 君主는 이 中의 道를 실천해야 할 治道의 原理"인 것이다.[36]

---

35) 李彦迪, 『中庸九經衍義: 別集』 卷4, 「體天道」 4. 참조.
36) 李元述, "先秦政治思想에 있어서 中의 意義" 영남대학교 사회과학연구소

李彦迪은 君主의 心學을 매우 중요시하고 있다. 그는 「君主가 학문을 하느냐 않느냐의 결과에 否·泰 나라의 治, 亂, 民의 休戚에 달려있다」[37] 라고 주장하고 「君主가 致中和에 뜻을 가지고 있다면 그 道는 반드시 학에서 유래되어야 하는데 君主가 心學한다는 것은 德을 밝히는 일이다. 그 덕을 밝히지 아니하고 民을 새롭게 敎化할 수 있는 자 없었다」[38] 그리고 君主의 心學은 그에 의하면 唐虞三代로부터 영원한 것이다.

『中庸』에 「喜怒哀樂의 未發을 中이라 하고 發하여 모두 中節된 것을 和라 한다. 中은 天下의 大本이고 和는 天下의 達道이다」 하였다. 그리고 「中和에 이르면 天地가 定位하고 萬物이 化育한다」고 하였다. 「致中和」란 『中庸』에서 가장 중요시되는 문제이다. 李彦迪은 이 中和에 대해서 다음과 같이 언급하고 있다.

"대개 天命의 性은 純粹 至善하여 人心에 갖추어 있다. 바야흐로 그 未發은 渾然히 中에 있어서 偏倚가 없다. 그러므로 中이라 한다. 그 發에 미쳐서 品節이 不差하여 乖戾한 바가 없다. 그러므로 和라 이른다. 靜하여 해당되지 않는 바가 없는 것은 性이 中되는 바이다. 天下의 理는 모두 이로 因하여 出하는 때문에 天下의 大本이라 하였다. 動해서 中하지 않음이 없는 것은 性이 發해서 그 正을 얻은 것이다. 天下 古今의 共由한 바이므로 天下의 達道라 하였다. 이것은 이에 人心의 寂感, 自然之理, 體用之用이 본래 이와 같으니 聖愚로써도 加損할 수 없다. 그러니 靜하되 存하는 바를 不知하면 天理가 昧하여 大本이 不立하는 바가 있게 된다. 動하되 節하는 바를

(편), 『사회과학연구』 (경산: 嶺南大學校, 1982), 10~12쪽.

37) 李彦迪 『中庸九經衍義』, 「人君之學不學 而世之否泰國之治亂 民之休叔潔焉」.

38) 李彦迪, 앞의 책, 「人君如有志於治化 其道必有於學 學者所以明德也 不明 其德, 未有能新民者也」.

不知하면 人欲이 肆하여 達道가 不行하는 바가 있다. 오직 君子는 보이지 않고 들리지 않는 곳에서 항상 戒懼하여 그 渾然의 體가 있어서 偏倚한 바가 없고 그 守하여 不失하면 大本의 立이 날로 더욱 견고할 것이다. 또한 隱微幽獨의 때에 隱微를 窮하여 應物의 處에 이르러 적은 오차도 없고 맞아서 그렇지 않음이 없으면 達道가 날로 넓어질 것이다. 이것이 이른바 致中和해서 立育의 效가 있다고 하는 것이다."[39]

李彦迪의 『弘文館上疏』에서 致中和思想을 고찰해보면 致中和란 能動的인 人間主體의 道德的 自覺을 通해 대상 世界를 변화시켜 天地의 化育에 參贊하는 것을 의미하는 것으로[40] 이는 人間社會 속으로의 가치구현의 문제인 것이니 中이 体라면 和는 用인 것이며 中은 未發한 상태로 天下의 大本인 것이고 和는 發하여 모두 中節한 것으로 天下에 行하는 達道인 것이다.[41] 中和를 致한다는 것은 大本을 바로 잡아 不偏不倚하여 達道가 바로 行해질 수 있도록 하는 것이니 達道가 行해진다는 것은 中道가 庸에 드러나는 卽平常의 道에 드러나는 問題인 것이다.[42] 李彦迪은,

"天下의 理는 오직 中이 至極히 바른 것이니 이것이 平常의 바뀌지 않는 道이다. 中밖에 다시 이른바 庸이 있는 것이 아니다."[43]

---

39) 李彦迪, 『晦齋先生文集』 卷8, 進修八規 참조.
40) 김영묵, "東洋의 中觀" 공주대학교(편), 『인문사회과학』 제13집 (공주: 공주대학교, 1975), 192쪽.
41) 『中庸』, 第一章, 「喜怒哀樂之未發 謂之中 發而皆中節 謂之和 中也者 天下之大本也 和也者天下之達道也」.
42) 『中庸章句大全』, 「庸平常也」.
43) 李彦迪, 『晦齋全書』, 『中庸九經衍義』 卷4. 「臣按天下之理惟中爲至正 是乃平常不易之道也 非於中之外 復有所謂庸也」.

라고 하여 『中庸』의 根本이 中임을 밝혔다. 李彦迪은 中으로 明德을 밝혀 至善에 이르는 것을 아울러 說明하였으니, 「中과 至善은 이름은 비록 다르나 理致는 하나」라고 하여 中이 바로 至善임을 밝혔으며, 修己로는 明德을 밝혀 至善에 이르는 것을 「允執厥中」으로 설명하였고, 治人으로는 親民하여 至善에 이르는 것을 「用中」, 「建中」으로 설명하였다.44) 그러므로 李彦迪은,

"대저 中은 明德, 親民의 極이고 思는 窮理盡心이 要諦이다. 德을 밝혀 至善이 中이 됨을 알면 높아도 空虛에 빠지지 않고 낮아도 汚賤한 데 잃지 않으며 親民하여 至善이 中이 됨을 알면 지나친 者는 이끌어 나아가게 하여 中에 合하지 않음이 없다."45)

라고 하였으니 여기서 過者와 不及者에 對한 處身이 바로 經世問題인 것이다. 그러면 「致中和」는 어떻게 可能한 것인가. 李彦迪은 靜時와 動時로 나누어, 다음과 같이 언급하고 있다.

"靜하여 兼該하지 않음이 없는 것이 性의 中된 所以이니 天下의 理가 이로부터 나온다. 그러므로 天下의 大本이라고 했으며 動하여 適中하지 않음이 없는 것이니 情이 發하여 그 正當함을 얻는 것이니 天下古今이 모두 말미암는 바이다. 그러므로 天下의 達道라고 했다. 그러나 靜함에 存養하는 所以를 알지 못하면 天理가 昏昧하고 大本이 서지 못함이 있게 되고 動함에 品節하는 所以를 알지 못하면 人欲이 放肆하며 達道가 行하지 못하는 바가 있다."46)

---

44) 앞의 책, 『續大學或問』, 「中興至善 名雖異而理則一」.
45) 앞의 책, 『續大學或問』 참조.
46) 李彦迪, 『晦齋全書』, 卷8, 「進修八規」 참조.

고 하여 大本을 体存하는 것이 中의 問題이고 人欲을 막는 것이 和의 問題임을 주장하고 있다.

李彦迪의 政治 및 思想的 태도는 趙光祖보다도 정통유학사상에 더 철저하였다.[47] 그가 노장사상의 계통을 띤 曹漢輔 및 孫叔暾과 논쟁을 벌였던 것도 이러한 그의 태도에서 연유했던 것 같다. 그의 사상 또한 그와 같은 정치적 입장의 반영이다. 이러한 정치관에서 그는 帝王權體制에 도전하지 않고 절대복종을 요구하는 漢나라 초기의 강력한 중앙집권적 帝王權을 뒷받침하였던 中庸思想을 원용하여 政治思想을 전개하였다.

李彦迪은 강력한 帝王權의 확립만이 당시의 질서 교란을 막을 수 있다고 보았다. 때문에 君臣의 上下 사이의 차별원리로 天理를 규정함으로서 서민대중의 복종을 요구하였다. 동시에 양반계급(支配 Elite)에게는 修養論을 통한 人欲의 억제를 주장함으로서 지나친 권익추구를 삼가 할 것을 요청하였다.[48] 그러나 李彦迪은 봉건적 차별을 인간이 실천해야 할 길이며, 모든 인간관계를 지배하는 보편적 진리로 보았다.[49] 인간관계를 지배하는 일반원리인 「天理도 인간이 지켜야 할 道理와 분리시킬 수 없다」[50]고 하였다. 「하늘이 모든 백성을 낳아 物과 법칙을 부여했으니, 物이란 인간이 지켜야 할 도리로서의 人事이고, 則이란 天理를 말한다. 모든 인간은 지켜야 할 도리 즉 차별윤리를 어겨서 홀로 살수는 없다」[51]는 것이다. 이는 인간은 하늘의 피조물이므로, 하늘의

---

47) 이병도, "李晦齋와 그 학문," 『진단학보』 6권 (경성: 진단학회, 1936), 139쪽.
48) 김만규, 앞의 책, 1982, 173쪽 참조.
49) 李彦迪, 『晦齋文集』 卷5, 「雜著 答忘機堂 第一書」.
50) 李彦迪, 앞의 책 참조.
51) 李彦迪, 앞의 책 참조.

법칙이며 하늘이 부여한 우주원리인 봉건적 君臣倫理를 위반해서는 안
된다는『中庸』의 帝王權 强化論을 再天明한 것이라 할 수 있다. 이러한
차별 윤리질서의 확립의 양반 계급과 서민대중 상호간의 양보와 조화
를 통해서만 가능하다는 中和論로 제시함으로써 李彦迪은『中庸』의 天
道思想을 주장하였다. 그러므로「하늘이 부여한 이 차별원리는 모든 정
치, 사회의 어디에나 작용한다. 인간에게 있어서 크게는 君臣, 父子, 夫
婦, 長幼 사이의 윤리질서로 나타나고, 작게는 활동과 정치, 식사와 휴
식, 나아가고 물러가는 행위, 오르고 내리는 일체의 행동과 생활을 지
배한다. 언어와 행위에서도 이 차별원리를 떠날 수 없고 단한치의 어김
도 없어야 하는 것은 이러한 원리가 작용하지 않는 데가 없기 때문」[52]
이라고 하였다.

그러나 이러한 차별 윤리질서의 확립이 양반귀족과 서민대중 상호간
의 양보와 조화를 통해서만 가능하다는 中和論[53]을 제시함으로써, 李
彦迪은『中庸』의 天道思想을 수정하였다.

「백성은 국가에 의지하고 국가는 백성에게 의존하여야 하기 때문에
백성을 사랑하지 않고서는 국가를 보전할 수 없다」[54]는 유가의 경전을
인용하여, 백성에게는 군신질서에 대한 복종을, 양반귀족에게는 지나친
이욕 추구의 억제를 서로 양보할 것을 요구하였다. 그러나 李彦迪은 그
근본사상에 있어서 가정과 국가의 차별윤리의 확립을 정치의 이상으로
삼았고, 엄격한 반상 질서를 고수하려 하였다. 王을 정점으로 한 士農

---

52) 李彦迪,『晦齋文集』, 卷5 答忘機堂第三書에서 원문을 보면,「凡天地之內,
    無適而非此道之流行, 無物而非此道之所體, 其在人者, 則大而君臣 父子夫婦
    長幼之論, 小而動靜食息, 進退升降之節, 以至一言一黙, 嚬一笑之際, 各有所
    當然, 而不可須兒離, 亦不可毫釐差者, 莫非此理之妙」.
53) 李彦迪,『晦齋先生文集』卷5 참조.
54) 李彦迪,『晦齋先生文集』卷2,「弘文館上疏」.

124

工商의 계급질서를 강화할 때 政治·社會的 안정을 기할 수 있다고 보았고, 이를 위한 방법으로 家父長과 宗家를 정점으로 한 男女·妻妾·夫婦·嫡庶간 의 엄격한 신분적 사회질서를 확립하고자 하였다. 따라서 그가 제기한 계층 간의 양보와 조화인 中和設은 왕권질서를 강화하기 위한 수단에 지나지 않았던 것 같다.

李彦迪의 사상을 趙光祖의 王道政治를 비교하면 趙光祖는 孟子의 王道 思想에서 본받은 바가 많고, 李彦迪은 『中庸』의 天道思想에 좀 더 관심을 기울였다고 보겠다. 두 사람은 양반관료 政治體制의 유지 강화를 위하여 그 윤리 질서의 교란을 바로 잡으려는 점에서는 둘 다 道學的 입장에 섰다는 점에서는 같다. 그러나 차별 윤리의 붕괴를 어떻게 저지하여 바로 잡을 것이냐는 수정방법에서는 차이가 있었다. 趙光祖는 王과 양반 귀족 등 지배층의 정치적 반성과 이들 상호간의 세력균형을 요구하였다. 이에 비하여 李彦迪은 지배계급은 물론이거니와 피치자 서민에게도 윤리질서의 교란에 대한 책임의 반성을 요청하였다. 班常 양자간의 상호 양보를 주장하여 中和를 제기하였다. 그러나 李彦迪은 보다 강력한 帝王權 體制를 확립하기 위하여 체제강화를 위한 王道論을 주장하였다.[55]

『弘文館上疏』는 李彦迪 51세 때(中宗 36년 1541 辛丑년) 弘文館 副提學으로 있으면서 校理李滉 등 管下의 여러 臣僚들과 합동으로 中宗에게 올린 上疏文이다. 李彦迪은 上疏文 序頭에서 君主의 至高한 位置와 至誠의 品德이 天地萬物의 화변과 모든 政治現象에 직결되는 것이므로 求仁으로써 政治能力培養함으로써 道德的 理想國家의 王道政治現象을 위한 君主의 직무태도에 관심을 기울여야할 10가지 내용을 상소할 것이다.

---

55) 김만규, 앞의 책, 1982, 175~176쪽.

이른바 君主統治의 人道로서의 「十事」란 그 구조를 살펴보면 그 綱이 하나이고 이 目이 아홉이다. 여기서 一綱이라 함은 「中和」를 이루는 그것이다. 中和의 論理는 『中庸』에서 밝혀지는 本體와 現象에 대한 철학적 설명이다. 즉 「中」이란 희·노·애·락 등의 心的作爲가 일어나기 이전의 本體의 境地로서 天下의 大本으로 지적되는 것이고, 「和」란 그것이 그대로 드러나는 最良의 現象으로서 이른바 天下의 達道로 표현된다. 이처럼 本然의 純粹性을 뜻하는 中和的 次元에 君主의 政治理念을 설정하고 있다. 또한 그런 경지에서 이 君主에게 정치적 절대성이 발휘된다 하더라도 어떤 대립이나 갈등의 不調和的 現象이 나타날 수 없다는 論理가 가능하므로 더욱 중요하다. 따라서 君主는 그 次元이 일치되어질 수 있도록, 항상 부족함을 자인하면서 聖學工夫에 더욱 盡力할 것을 요구한다. 이와 동시에 仁政具現의 基本課題로 9개 條目을 설명하고 있다. 그 내용을 살펴보면,

- 一條目: 宮禁을 엄격히 할 것(宮禁不可不嚴也)
- 二條目: 紀綱을 바르게 할 것(紀綱不可不正也)
- 三條目: 人材를 辨別할 수 있을 것(人材不可不辨)
- 四條目: 제사를 신중히 할 것(祭祀不可不謹也)
- 五條目: 백성의 어려움을 알아줄 것(民隱不可不恤也)
- 六條目: 敎化를 밝혀갈 것(敎化不可不明也)
- 七條目: 刑獄을 신중히 할 것(刑獄不可不愼也)
- 八條目: 사치를 금지해야 한다는 것(奢侈不可不禁也)
- 九條目: 간쟁을 용납할 것(諫諍不可不納也)

이상과 같이 一綱九條目의 『弘文館上疏』에서 백성은 누구나 다 인간

으로서의 마음과 마음속의 仁을 갖추고 있으며, 天地의 資養 속에 만물과 함께 삶을 이루어 나가고 있는 것이므로 이 生의 성수를 잘 보장해 주는 것이 좋은 정치 곧 仁의 정치이며, 이 仁政을 통하여 평화의 극치인『致中和』의 세계가 구현되어야 한다는 것이다.

그런데 이 仁政에 방해가 되는 것이 두 가지가 있으니 형벌과 부세라 하였다. 이 上疏文은 朝鮮前期 儒學思想 연구에 國政刷新政策의 일환으로 귀중한 문헌이라 할 수 있으며, 당시 士林間에 士禍로 인한 支配勢力들의 권력투쟁의 정치현상을 반성하고 君主의 修身과 政治能力 培養의 중요성과 엄격한 王家의 기강확립과 인재의 辨別 중요성 강조는 그 당시 政治論의 중요성은 매우 크며 특히 中和思想은 독특한 면이 있다할 수 있다. 그는 상소문 末尾에 君主가 지향해야할 君主政治 具現을 주장하는 政治發展(political development)을 希願하며 끝을 맺고 있다.56)

인간은 물론이지만 특히 人君의 處時處中에 대해서 깊은 관심을 보였다. 그는「人間은 天地의 中에 處하여 理氣貫通하고 參合無間한 存在이다. 그러므로 人心의 氣가 天地에 致感할 수 있다. 하물며 人君이 그 中에 의하여 民・物의 主로서 이겠는가. 一心이 中에 숙연하여 至虛至公하여 上下에 極하면 天地가 어찌 不位하겠는가」하였다. 그리고 또한 李彦迪은,

"喜怒哀樂의 未發은 모두 理에 合하여 一人을 賞주면 千萬人이
권하고 一人이 怒하면 千萬人이 모두 경계하니 民의 곤궁을 슬퍼
하여 鰥寡孤獨이 모두 그 所樂을 求하고 民이 즐거워해서 群黎品

---

56) 조남욱, "李晦齋의 儒家政治論 研究," 부산대학교(편), 『통일논총』 제5집,
    1984, 77쪽.

彙가 다 그 은택을 입으니 萬物이 어찌 不育하겠는가."57)

  라고 하였다. 李彦迪은 心和氣和의 功이 天地定位와 萬物化育에 이르게 되니 致中和를 萬化萬物의 根本이라 하였다. 음양이 調和하여 風水가 때로 고르고 變이 없어지고 休祥이 이르니 진실로 中하여 生의 類가 각각 그 性을 수행하지 않음이 없게 된다. 이것이 곧 致中和의 極致이다. 그러므로 一身의 養生과 一國의 善治가 이 致中和에 用力하지 않으면 불가능하다는 것이다.

  李彦迪이 살피건대 「학이라는 명칭은 비록 殷의 高宗에 이르러 처음 보인다 하지만, 학의 연원은 실로 당우에서 개창되어 夏·殷에 전해지고, 周에 이르러 크게 밝아졌습니다. 대개 精一執中은 요순의 학이요 安止幾康은 大禹의 학이요 昭德制心은 成湯의 학입니다. 文王의 宅心, 武王의 訪道, 성왕의 緝熙光明에 이르기까지 이에 종사하지 않음이 없었으며, 전후성현의 言行이 다르다 하나 그 道는 하나입니다58). 이러한 연원으로 볼 때 李彦迪은 「精一執中의 工夫가 君主의 心學의 연원인 동시에 이를 心學이라고 규정한다.59) 李彦迪은 「精一執中」의60) 工夫가

———

57) 李彦迪, 앞의 글, 참조.
58) 李彦迪, 『中庸九經衍義』, 「臣按學之名 雖曰至高宗而始見, 學之淵源則實啓
    於唐虞之世 而流傳於夏商 而及於周而大明, 蓋精一執中 堯舜之學也, 安止機
    康 大禹之學也, 昭德制心, 成湯之學也, 以至文王之宅心, 武王之訪道, 成王之
    緝熙光明, 無非從事於此者 而前聖後聖言 殊 而道則」.
59) 李彦迪, 앞의 책, 「人主之學 唐以二帝三王爲法, 唐虞三代之世 …… 心學而己」.
60) 孔子는 精一執中의 어려움에 대해 자주 언급하고 있다. 다음 구절은 『論
    語』·『中庸』에서 中에 대한 것을 찾아보면
    ·「子曰, 道之不行也, 我知之矣. 知者過之, 患者不及也, 道之不明也, 我知之
      矣. 賢者過之, 不子不及也. 人莫不飽食也, 鮮能知味也」. (中庸 第四章)
    ·「子曰, 中庸其至矣乎, 民鮮能久矣」(中庸 第三章)
    ·「子曰, 天下國家可均傶, 祿可辭也, 白刀可也, 中庸不可能也」(中庸 第九章)

128

君主의 修身에서 최고의 지표로 설정되는 것이라 할 수 있다. 이러한 李彦迪의 道德政治論에서 修身을 보다 강조하는 기본적 이유는 현실적 君主를 聖人君子로 승화하기 위한 수양이나 德化禮治를 하기 위한 방향이나 목표를 위한 수단에 지나지 않는다. 그러나 추상적 개념을 보다 구체적 內面的 가치의 세계로 이행에 實踐志向的 측면에서는 修身의 강조는 心學에 절대적인 君主의 心學으로써 필수적 요건[61]이라고 할 수 있다. 또한 李彦迪의 心學에서 中和의 思想은 士禍期를 통한 士林과 여러 번 피해를 입은 것에 대한 언급의 회피는 李彦迪을 보수적이란 평을 내리는 부분이기도 하나, 乙巳士禍를 통한 그의 보수적 사상은 퇴조하고 사림의 마지막 피해자로서 그 의미를 갖고 있다.

이상과 같이 儒家政治思想에서 추구하는 理想的 原理도 궁극적으로 精一執中하고 …… 中和의 원리가 心學에서 기본이며, 中하면 公·正·平·常하게 되고, 中이며 仁하고, 誠하며, 그리고 禮가 되는 것이다. "中和"는 天下의 大本이요 天下의 正道인 것이다[62]. 中은 天道요, 人道요, 君主의 心學의 要帝가 된다. 여기서 李彦迪의 道學的 中和思想은 서민에게는 순종의 요구와 지배계층은 수신을 통한 人欲억제의 지나친 권력추구의 자제를 통한 中庸의 제왕권 강화론적 의미를 갖고 있다고 볼 수 있으며, 서민대중과 상호간의 양보와 조화를 통한 세력균형이 가능하다는 中和論을 제시했다고 볼 수 있다. 李彦迪의 학문은 실천 지향적이라는 특성이 강하므로 儒學의 이상인 성인 정치가 수신을 보다 강

·「子曰, 中庸之爲德也, 其至矣乎, 民鮮久義」(論語雍也).
61) 孔子·孟子·朱子學의 정통을 계승한 朝鮮朝 儒敎의 國家에서 修身의 의미는 個人과 國家의 연결매체는 國家의 공적지위와 사적지위가 거의 구분이 되어 있지 않는 사회에서는 그 의미는 공·사의 구분이 거의 없지만 修身을 통한 德化禮治의 사상적 승화작용의 의미를 갖고 있다.
62) 김만규, 앞의 책, 1982, 171~175쪽 참조.

화하는 방법으로 현실적 君主는 聖人君主로 승화하기 위해 心學的 修身 및 中和의 논리를 강조하였다. 이것은 君主治道의 要諦가 되며, 士禍期에 나온 李彦迪의 中和思想을 現代的 政治學 의미로 보면 中和의 원리는 통합·안정이라는 개념과 中은 主權國家的 解釋의 의미로 폭넓게 해석할 수 있다.

4. 王道論

1) 王道政治 理念

누가 君主가 되는가? 「현실 정치」의 차원에서는 최고의 힘을 소유한 자가 君主가 되었다. 이는 역사적 사실인 것이다. 조선이 건국하기 이전부터 君主權은 대체로 그 體系 內에서 가장 우월한 무력을 소유한 자가 장악하였다. 그러나 君主權은 체제구성원을 무력으로 통제함과 동시에 이들로부터 자발적 복종을 획득하지 못하면 權力의 지속성을 확보하기 어렵기 때문에[63] 정치권력은 이것의 정치적 목표와 正當性(Legitimacy)을 구비하지 않을 수 없는 것이다. 고려조를 붕괴시키고 조선을 건국한 李成桂를 중심으로 하는 建國派는 性理學의 정교하게 짜여진 君主權의 目的과 意義를 조선 君主權 政治權力의 사상적 기반으로 삼고 있는데 그 제1의 특징은 君主權 부여자로서 天을 想定하는

---

63) 이는 "가장 강제적인 사회에서조차도 그 강제의 어떤 정당성을 확립하지 않으면 안 되며, 사회전체를 강제수용소로 만들지 않고 통제하기 위해서는 강제력을 정당성에 전임시키지 않으면 안 된다."는 Daniel Bell의 주장과 같은 것이다. Daniel Bell, *The End of Ideology*/기우식(역) 『이데올로기의 종언』(서울: 삼성문화재단, 1975), 252쪽 참조.

130

것이다.[64]

性理學派에게 있어 天은 조화로운 자연적 질서를 구현하기 위하여 이를 내포하고 있는 天의 原理와 意志를 이해할 수 있고 이를 실천할 수 있는 능력을 가진 것은 의미하는 "德"을 가진 자 즉, 최고의 有德者 一人에게 왕의 위를 명한다고 인식하고 있다.[65] 朝鮮 性理學派가 이상적 君主로 추종하는 요·순·우는 위와 같이 그들의 德에 의해서 君主가 되었다고 한다. 이러한 君主가 구비해야 할 德의 내용은 인간사회에 구현되도록 모범적으로 행동하게 것이다. 그러한 자격을 가짐으로써 君主는 인간사회를 포괄하고 전체를 통제하는 天의 질서화 된 세계를 지향하는 의지의 대행자이며, 의인화된 天이 되는 중책을 부여받는 것이다. 즉, 왕권신수설의 의미를 실행하는 수단이기 때문에, 政治權力의 正當性은 天을 통하여 확보되는 것이다.

결국 君主는 「좋은 정치공동체(Good Political Community)」를 구현하는 天의 대리자이며, 그러한 의지의 상징이 되는 것이다. 따라서 君主는 天의 특징처럼 절대적 존경을 받게 되고, 그의 命은 天命처럼 民에게 절대적 구속성을 갖는다. 그러므로 君主權은 정치사회의 유일 최고의 권력이며, 백성의 지극히 私的인 생활까지도 통제할 수 있는 권한을 갖게 되는 것이다. 이와 같은 논리에서 본다면 性理學적 관념체계에 따르는 君主權은 이론적 의미의 주권의 요건을 완전히 구비하고 있다고 할 수 있는 것이다. 性理學적 君主權의 이러한 일반적 특성은 朝鮮朝 건국과정에서 王權中心의 朝鮮朝 君主權을 이어받고 갖고 있다고

---

64) 夫南哲, "朝鮮前期 政治思想研究: 君主·官僚論을 中心으로," 한국외국어대학교 대학원 박사학위논문, 1990, 49쪽 인용.
65) 박충석. 유근호, 『조선조의 정치사상』(서울: 평화출판사, 1982), 11~12쪽 참조.

할 수 있다.[66] 이상과 같이 君主는 「天命德治」로써 철저한 修己를 통한 克己復禮로서 治人의 道德性을 확보하는 것이다.

　朝鮮朝 儒教政治體制 內에 있어서의 性理學자들의 政治的 地位에 관하여 언급하면 家産官僚制[67] 的儒教政治体制가 주축을 이루고 있다.

---

66) 夫南哲, 앞의 글, 1990,27, 49~52쪽 참조. 이 논문에서 性理學的 天・君主・官僚・民이 관계를 보면,

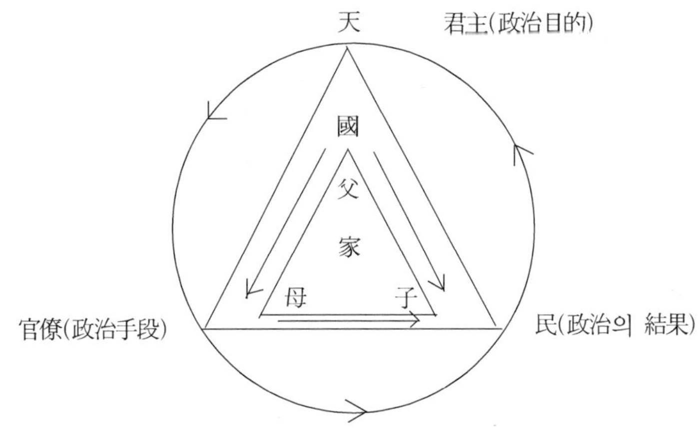

이와 같은 논리에 따라 天・君主・官僚・民 4자가 순환고리로 階序的 연결을 이루고 있는 것이다. 이들 간이 관계를 정리하면 天은 질서유지체, 君主는 통치목적, 관료는 통치수단, 民은 통치의 결과로서 4者는 하나로 통합되어 유기적으로 연결되어 있는 상태에 있다고 할 수 있다. 4者는 오직 統合된 全體 內에서만 意味를 갖는다. 그래서 相互關係에서 離脫된 상태에서의 存續은 無意味한 것으로 認識된다. 그러면서도 이들은 기계적으로 同一하지 않다. 서로 다른 役割의 분담을 통하여 體系에 기여하고 그 體系속에서 가치를 발견하는 것이다. 4者는 서로 對立的이지도 않다. 자신의 위치에서 役割을 다하는 相互依存的 關係에 있다. 이러한 논리구조의 模型은 家族이다. 家族의 運營原理에서 抽出된 構成員 間의 關係에 대한 認識에서 이러한 관계모형이 導出된다.

67) Max Weber, *The Religion of China* (New York: The Free Press, 1964), 45~47쪽, 129쪽, 133~138쪽

그들은 일반적으로 儒學을 修學하고 과거에 합격한 가산관료들이다. 그들의 지적 훈련은 私學, 書院에 의하여 성취됨에 따라 私學은 朝鮮朝 정통朱子學 이론적 지주가 되었다. 따라서 朝鮮朝의 정치사회에 항상 朱子學에 있어서 제반 教義의 正否를 판단하는 教義 해석자로써의 儒林과 朝鮮朝 유교정치체제의 실질적인 트레거인 행정관료가 존재해 있었던 것이다.[68] 이들 양자는 어떠한 사회적 기반으로 생성되었는가 일반적으로 朝鮮朝는 양반적 신분사회에 의해서 사실상 독점되어 있었다.

여기서 양반이란 文官 또는 武官의 관직에 있는 士類만이 아니라 혈연의 기초 위에 성립된 士類가 속해있는 家門의 의미를 포함하고 있으며, 朝鮮朝 과거제도 그 자체가 신분적 폐쇄성보다는 엄격한 업적주의를 관철하려고 하는 것이었다.[69] 특히, 문과 합격자의 신분적 배경을 보면 신분의 品階가 높으면 높을수록 많은 합격자를 내고 있었으며,[70] 이와 같은 경향은 대개의 경우 官界 속에 하나의 문벌을 형성하기에 이르렀던 것이다. 朝鮮朝 과거제의 또 하나의 특징은 과거시험과목이 『四書・三經』을 중요시하고 있었으며, 정치적・사회적 기초와 관련된 경제적 기초는 「科田法」이 제도적 기초를 이루고 있는 農本主義的인 경제정책의 기초 위에 서 있었다. 또한 대부분 혈연주의와 중소 대토지소유자들이 儒林과 행정관료들의 주축을 이루고 있었다.[71]

특히, 15세기 중엽에서 16세기 중엽에 걸쳐서의 정치과정에 보이는 바와 같이 세조의 왕위찬탈사건을 비롯한 일련의 戊午士禍, 甲子士禍,

---

68) 박충석, 앞의 책, 1982, 참조.

69) 이상백, 『한국사』, 278~279쪽; 김영모, "이씨 왕조시대의 지배층 형성과 이동에 관한 연구," 『중앙대 논문집』 제11집, 1966, 186~189쪽 참조.

70) 김영모, "이씨 왕조 시대의 지배층 형성과 이동에 관한 연구(속)," 『중앙대 논문집』 제12집, 1967, 129~132쪽 참조.

71) 박충석, 앞의 책, 1982, 27~28쪽 참조.

己卯士禍 및 乙巳士禍를 통하여 통치층 내부에 君臣의 義를 둘러싼, 이른바 통치자의 自己規律의 修身의 문제가 儒者들 사이에 있어서의 당면의 정치적 과제로 되지 않을 수 없게 되어, 이와 같은 修身論이 결국 朱子學과 결부하게 되었던 것이다. 특히, 金宗直으로부터 金宏弼을 거쳐 趙光祖, 李彦迪에 이르는 嶺南學派의 道學尊崇論은 바야흐로 治者로서의 修身論을 論하려는 것이었다.72)

바꾸어 말하면 왕위찬탈사건 이래의 객관적인 정치적 상황을 배경으로 하여 비로소 朝鮮 朱子學은 開花의 길이 열렸다고 할 수 있는데, 儒者들의 학문적 경향이 당시의 정치상황으로부터 얻은 정치적 교훈으로서 君臣은 통치자가 되기 위해서는 우선 통치자로써 필요한 德을 구비하지 아니하면 안 된다고 하는 君主政治思想의 핵심을 이룬다고 할 수 있다73). 또한 이러한 道學尊崇論은 16세기 후반 명조·선조 때에 있어서 嶺南學派와 기호학파를 대표하는 李滉, 이이를 연결하는 중요한 사상적 매개역할로서 韓國政治思想史 연구에 있어서 그 연구의 중요성과 더불어 그들 개별사상가의 道學尊崇論의 실천적 이론 즉, 君主 政治論에 있어서 君權中心의 절대적 君主政治體制의 확립을 강조하고 있는 연구가 매우 중요하다고 할 수가 있다.

李彦迪이 中宗에게 올린 1539年(中宗 34年)의 『一綱十目疏』와 1541년(中宗36年)의 『弘文館上疏』 등의 上疏文과 平安道 江界의 적소에서 장차 明宗에게 올릴 目的으로 起草한 『進修八規』와 「帝王의 學」에 대한 강조가 매우 지루한 느낌이 들 정도로 장황하게 반복 논술되어 있다. 그 대요를 살펴보면 君主는 학문과 間斷없는 修養을 통해 마음의

---

72) 현상윤, 『朝鮮儒學史』 (서울: 민중서관, 1960), 50~52쪽 참조.
73) 박충석, 앞의 책, 1982, 24쪽 참조.

134

자세를 大公至正한 위치에 두고 萬機를 總攝해야 한다는 것이다. 이러한 의미에서 李彦迪이 주장하는 帝王의 學은 일종의 君主論이라 하여도 무방하리라고 생각된다.

帝王의 學으로 표현된 그의 王道政治論에 의하면 君主는 항상 학문에 전념해야만 된다는 것이다. 왜냐하면 君主와 國家의 治亂, 그리고 人民의 休戚에 절대적인 영향을 미친다고 보기 때문이다. 그가 여기서 말하는 학문이란 곧 道學이며, 이것이 바로 그대로 帝王의 學인 것이다.74) 李彦迪이 말하는 君主政治體制 강화를 위한 帝王의 學이란 것은 그의 『中庸九經衍義』에 그 요령이 誠意·正心으로 그 몸을 修身하여 齊家·治國·平天下의 根本으로 삼는 데 있는 학문인 것이다.75) 따라서 君主는 항상 齊家·治國·平天下의 根本이 되는 修身에 全力을 경주하되, 특히 修身의 要訣이 되는 正心, 즉 마음을 바르게 하는 데 잠시라도 게을리 해서는 안 된다는 것이다. 그것은 『進修八規』에 天下의 일이 千變萬化하여 그 단서는 무궁한 것이지만 하나라도 君主의 마음에 根本하지 않은 것이 없으므로, 君主의 마음이 바르면 天下의 일이 모두 바르게 되지만, 君主의 마음이 바르지 못하면 天下의 일이 모두 잘못하게 된다고 생각하기 때문이었다. 그는 사람이 가지고 있는 마음의 본체는 湛然至正한 것이지만 혹은 形氣에 拘制되고, 혹은 物辱에 흘러서 드디어 그 本體의 至正함을 잃는다고 하였다. 따라서 湛然至正한 마음의 本體를 잃지 않기 위해서는 外部의 유혹과 외부의 침입을 일절 단절하여야 한다는 것이다.76)

---

74) 『明宗實錄』 卷3, 明宗元年 2月 庚子條 參照함.
75) 李彦迪, 『中庸九經衍義』 卷3 修身2 講學明理之功 「嗚呼 人君之學與不學 而世之不泰 國之理亂 民之休戚繫焉 然則人主之於道學 豈可一日而不講乎 窮理正心而己矣 皆非帝王之學也」.

그는 이에 대한 方法으로 오직 學問만이 이 마음을 수양할 수 있고, 오직 敬만이 이 마음을 操存할 수 있으며, 君子를 親近하는 것만이 이 마음을 원래대로 유지할 수 있다고 전제하면서 다음과 같이 설명하고 있다. 즉, 학문에 뜻이 篤實하면 날마다 聖賢과 徒弟가 되어 自得의 樂이 있게 되고, 敬으로써 持身하면 표연히 神明이 위에 있는 것처럼 되어 非違와 아현의 첨우가 없게 되며, 賢人·君子를 親近하는 때가 많게 되면 경계하는 말을 날마다 듣게 되니 舊我가 들어오지 못하게 되므로, 君主의 마음은 심연이 밝은 태양과 맑은 거울처럼 되어 의리기 주기 되고 물욕이 능히 침투하지 못하게 된다는 것이다.[77]

그러므로 君主가 이러한 方法으로 間斷없는 修養을 거듭하게 되면 항상 그 마음이 순일무창하여 확연히 대공하고, 엄연히 至正하여 시비를 옳게 분별하고, 事理를 올바르게 判斷하여 公平正大한 君主정치 체제강화를 위한 정치를 할 수 있지만, 만일 그렇지 못할 때는 왕권강화의 절대君主 정치체제가 전혀 불가능하다는 것이다. 즉, 奸邪·諂佞과 姻婭·嬖幸이 지위를 엿보고 권세에 치부하는 자가 많아 恩寵을 희망함이 無所不至하여, 위로는 王의 총명을 현혹시키고, 아래로는 王의 위복을 차단하여 비록 公正한 言論이 있어도 위에 납득되지 못하므로, 士君子의 氣節이 침상되고 公道가 閉塞되어 기강이 무너지고 조정이 문란해진다는 것이다.[78]

---

76) 앞의 책,「天下之事, 千變萬化, 基端無窮, 而無一不 本於人主之心者, 故人主之心正, 則天下之事, 無有不正 人主之心不正, 則天下之事 無有不邪 此自然之理也」.

77) 李彦迪,『晦齋先生文集』卷7,「一綱十目疏」,「蓋義理物欲 相爲消長 篤志于學 則日與聖賢爲徒 而有自得之樂 敬身以敬 則凜如神明在上 而無非假之侵 親賢人君子之時多 則警戒日聞 而諂邪不能入 三者交致力 則聖心湛然如日之明 如鑑之空 義理爲之主 而物慾不能矣.」

136

中宗反正 이후 王權이 계속 臣權中心들에 의하여 견제를 받게 되고, 훈척세력이 無君의 마음을 품고서 줄곧 정치를 전담하고 있던 당시에 있어서 「帝王의 學」으로 表現된 이 君主論은 결코 우연히 나타난 것이라고 할 수가 없다. 요컨대 이것은 훈척세력에 둘러싸여 시비를 분별하지 못한 채 고립된 國王을 계도함으로써 절대적 王權中心을 강화하고, 이를 통해 훈척세력을 다소나마 견제하여 그들에 의하여 저질러지는 온갖 士禍의 폐단을 막기 위한 것이었다. 또한 士林派 정치인으로서 절대적 왕권강화로 인한 통치권의 확립을 통해 儒敎的 이상 국가를 건설하는 데 있어서 왕권의 체제강화 및 리더십(Leadership) 확보의 중요성을 강조하고 있다고 할 수 있다.

李彦迪의 君主政治論은 피치자의 태도를 문제 삼는 것이 아니라 군朱子신들의 이념과 실천적 자세를 정립하기 이한 이론들이 그의 君主政治論의 기본적인 입장이다. 李彦迪의 君主政治論에서도 治者 중에서도 君主라고 하는 정치현상의 핵심인물에 초점을 모으고 있는 것이다. 따라서 君權은 질적 향상이 가장 큰 과제로 지속된다. 그렇다고 臣權이나 民을 경시한 것은 아니다. 그러므로 君權은 君主의 통치이념의 철학적 확인에서부터 정무집행의 실무적 차원에 이르기까지 전체를 문제 삼는 총체성을 갖는다. 李彦迪의 君主政治論에서 중요시했던 問題들을 일곱 가지로 요약해 볼 수 있다.

첫째, 君主의 인간정신(心術)은 돈독히 해야 한다. 이것은 통치이념과 그 철학정신의 정립에 관한 기초적 문제로서 天地萬有와 공존하고 있는 인간의 실체성을 확인하는 자리에서 비롯된다. 그러한 터전에서 君主의 聖德이 성숙되어질 때, 비록 정치전개의 양상이 절대성을 갖는

---

78) 앞의 책, 卷7, 『一綱十目疏』, 三條目, 참조.

다 하더라도, 비인도적 모순을 유발할 수 없다는 타당성을 가능하게 한다. 이러한 성격의 문제는 가장 본질적으로 『一綱十目疏』 중의 一綱(心術)으로, 『弘文館上疏』 내용 중의 一綱(致中和)으로 『政府書啓十條』에서는 경연의 정상기능 유지문제 등으로 다루어졌다. 또 『進修八規』 중에서는 6개 항목이나 그런 성격의 내용으로 확인된다. 특히 그러한 君主의 정신적 본질론에서 君主의 태도를 강조한 점은 더욱 주목되는 곳이다.

둘째, 王家로서의 宮中에 순연한 엄정성이 유지되어야 한다는 점이다. 조정의 공명한 정치전개에 있어서 가장 심각하게 작용되는 침해요인이 유발되지 않도록 하는 지론이다.

셋째, 정치기강의 확립이라는 조정이 과제이다. 즉, 추종자들의 인격문제와 정무집행의 정명적 태도 등에 관한 일들이다.

넷째, 현사에 의한 정치전개를 주장한 점을 들 수 있다. 賢愚가 분별되지 않거나 인재가 밝혀지지 않을 때는 결국 혼탁한 정국으로 전락된다고 보기 때문이다.

다섯째, 여론정치의 실현을 강조한 점이다. 이 문제에 관하여 李彦迪은 "言路를 넓힐 것", "간쟁을 용납할 것", 또는 君主의 "총명을 넓혀갈 것" 등의 조목으로 강조하였다. 즉, 정치적 커뮤니케이션을 지향하는 방법은 매우 중시되었던 것이다.

여섯째, 백성의 어려움을 알아주는 仁政을 추구하는 것이다. 그 주요 내용으로 형벌과 조세에 관한 신중성을 요하고 있다.

일곱째, 교화와 풍속을 바로 잡을 과제를 든 점이다. 일반인의 보편적 가치관정립과 근검절약을 적극적으로 계도하여 심신의 안정을 도모해야 된다는 입장이다.[79] 이러한 내용을 종합해 볼 때 君主權 강화의 입장을 강조하고 있다.

2) 王道政治의 實際

李彦迪의 經世의 條目인 修身이 君主의 "爲天下國家之本"이라고 본데 대해 『中庸九經衍義』의 九經中에서 尊賢·親親·敬大臣·體君臣·子庶民·來百工·柔遠人·懷諸侯 등을 통치자인 君主의 政治要領으로써 '爲天下國家之要'라고 주장한다. 이에 대해 『中庸九經衍義』에서 말하기를,

"대체로 성인은 세상에 흔하게 나지 않으며 賢人도 시대마다 있지 않으니 聖賢을 얻기란 진실로 어려울진대 이미 얻었다면 마땅히 그 존경하는 禮를 다해야 할 것이다. …… 〈中略〉…… 君主가 이미 修身·尊賢의 道를 다하고 장차 천하에 德을 베풀려면 반드시 親親에서 시작하여 疏遠한 데까지 미치게 할 것이니 후하게 할 곳에 박하게 하고 박하게 할 곳에 후하게 함은 있을 수 없는 일이다. 孟子의 所謂 친족에게 친애한 뒤에 백성에게 仁愛를 베푼다는 것이 이것이다. …… 〈中略〉…… 大臣은 職任이 중요한 데 있으므로 治亂安危가 매여 있으니 선임을 신중히 하지 않을 수 없고 禮敬을 후하게 하지 않을 수 없다. 選任을 신중히 하면 아는 것이 밝고 신임이 두터워서 성과를 바라보기만 하면 되는 안일함이 있을 것이며, 禮敬을 후하게 하면 소임이 專一하고 책무가 중하게 되어 大臣들이 그 經世齊民의 뜻을 다하게 될 것이니, 이것은 大臣을 존경하는 道이다 …… 〈중략〉…… 聖人이 政体를 논함이 다만 이 같은데 그쳤을 뿐이니 帝王의 政治하는 規模도 이에 구비되어 있다.[80]

---

79) 李彦迪의 『一綱十目疏』, 『一綱十目疏』, 『弘文館上疏』, 『政書啓十條』 등 참조.

　여기에서 李彦迪은 '子庶民'에 대한 주석으로 "君과 民이 서로 의지하는 生命을 삼고 있다"라고 한 것은 民의 존재에 대한 남다른 의미부여로 볼 수 있으며, 경전 해석상에서도 民에 대한 새로운 인식이라고 하겠다. 李彦迪은 君主의 政治하는 규모가 이에 벗어나지 않도록 주장한다. 그러나 『中庸九經衍義』에서 經世論에 해당되는 여러 항목 중 불행히도 修身篇·尊賢篇·親親篇만 집필하고 生을 마쳐 『中庸九經衍義』는 未完成으로 지금까지 전해지고 있다.

　이와 같이 李彦迪의 『中庸』 九經으로 進德修業의 修己的 功敎를 높이 평가하면서 동시에 經世齋民 君主政治思想 修身 기초로 이해될 수 있다. 그의 政治思想은 당시 中央政界에서 氣勢를 펴고 국권을 농단하고 있던 勳舊派들의 勢力을 배제함으로써 문란한 國政을 바로 잡고 파탄에 빠진 民의 救出을 그 目標로 삼고 있는 것이었다. 그는 이 目標에 도달하기 위해서는 무엇보다도 우선 勳舊派 세력하에 약화된 王權의 强化가 先行되어야 할 것으로 보고, 「帝王의 學」이라는 일종의 君主論을 提示하여 마땅히 君主는 經典을 익히고 間斷없는 修身을 통해 마음의 자리를 大公至正한 位置에 두어 「任賢不貳」하고 「去邪勿疑」하여 일호의 篇私도 없이 是非를 옳게 分辨하고 事理를 바르게 판단하여 公平正大한 政治를 해야 한다고 역설하였다.

　그는 또한 君主는 好生惡殺하는 天道를 본받아 民에게 恩澤을 베풀어서 잘살게 하는 政治 즉, 仁政의 施行을 주장하여 人命을 소중히 여겨서 형벌을 신중히 할 것과 賦稅를 경감하는 民의 고통을 덜어줄 것을 촉구하고, 仁政의 시행에 방해가 되는 律外의 濫刑과 稅外의 징수를 철저히 없애야 된다고 주장하면서 이것만이 民을 살리는 길이라고 하

---

80) 李彦迪, 『中庸九經衍義』 卷1, 〈總論〉 참조.

였다. 그리고 李彦迪은 당시 정부의 人事行政이 그 公的 機能을 상실한 채 소수의 훈구파 세력들의 私意에 따라 左右되고 있음을 痛論하고, 이를 是正하기 위해서는 言路를 크게 열어 國人의 여론을 폭넓게 받아들이고, 이들의 의사에 따라서 公正한 인사행정을 해나가야 될 것이라고 주장하기도 하였다.

李彦迪의 『中庸九經衍義』는 君主가 天下 國家를 經綸하는 原理·原則을 논술하여 당시 國王(明宗)에게 進獻하려던 것이었다. 그 내용을 결론적으로 요약해 보면 다음과 같다.

첫째, 君主는 帝王學을 講習하여 이치를 밝히고, 뜻을 성실히 하고, 마음을 바르게 하며, 言行과 威儀를 謹愼함으로써 天下 國家를 다스리는 根本이 되는 修身을 달성해야 한다.

둘째는 항상 好賢의 誠心으로 賢人을 높이되 賢邪의 實을 辨別하고, 尊賢의 實을 거둠으로써 人材를 바르게 등용해야 한다.

셋째, 仁을 天下에 施行하는 要領은 반드시 親親에서 시작된다는 것을 명심하고 孝弟의 道를 다하여 親親에 힘써야 된다. 別集에서는 君主가 天道를 본받아 君道를 확립함으로써 비로소 천직을 원만하게 수행할 수가 있고, 天命을 敬畏하여 戒懼 修省하는 동시에 滿盈을 警戒하여 겸허한 마음을 가져 持守의 道를 다하는 것이 天位(王位)를 保守하는 길이 된다는 것을 밝히고 있는 것이다.

이상과 같이 李彦迪의 『中庸九經衍義』는 朝鮮朝의 한 특색 있는 유교적인 문헌이요, 하나의 훌륭한 君主論으로, 이것은 修身·齊家·治國·平天下의 理想을 실현해 보려는 士林派 政治人들의 이데올로기 爲國之念, 바로 그것의 反映라고 할 수 있다.

李彦迪의 王道論은 李彦迪이 中宗에게 올린 1359년(中宗 34년)의 『

一綱十目疏』와 1541년(中宗36년)의 『弘文館上疏』 등 疏章과 또 平安道 江界의 謫所에서 장차 明宗에게 上疏할 目的으로 기초한 『進修八規』와 『中庸九經衍義』 같은 저서에 이른바 「帝王의 學」으로 대하여 잘 나타나 있다. 그 大要를 살펴보면 君主는 참된 學問과 間斷없는 修養을 통해 마음의 姿勢를 大公至正한 位置에 두고 萬機를 總攝해야 한다는 것이다. 이러한 意味에서 李彦迪이 말하는 帝王의 學은 일종의 君主論이라 하여도 무방하다고 생각한다. 그의 君主論에 의하면 君主는 항상 學問에 전념해야만 되는 것이다. 왜냐하면 君主가 학문을 하느냐, 하지 않는가의 여부는 세상의 부패와 國家治亂 그리고 人民의 休威에 절대적인 영향을 미친다고 보기 때문이다. 그가 말하는 학문이란 것은 곧 道學이며, 이것은 바른 그대로 帝王의 學인 것이다.[81] 즉 君主의 修身인 心學을 의미한다.

李彦迪의 帝王의 學은 君主의 精神姿勢가 대중 至正 位置에서 萬機를 總攝해야 한다는 것이다. 燕山君의 荒異로 왕의 威信이 땅에 떨어지고 反正以後 勳舊派 貴族이 勢力을 펴고 있는 당시의 정치상황에서 士林의 「帝王의 學」으로 표현된 李彦迪의 有德者 君主論은 문란한 王權을 强化하고 中央集權的 秩序의 確立과 勳舊派의 문란한 勢力의 抑制에 의한 民弊의 持揚을 그 이념으로 삼고 있다. 이러한 帝王之學의 기초는 그의 心學哲學이며, 心學의 목표는 君主 또는 聖者가 되는 것이고, 이러한 心法之要는 精一(精粹純一)이며, 德行之要는 仁·孝라고 하고 있다.

　　"聖人의 道는 仁에 근본을 두고 仁을 行하는 데는 반드시 孝에서 始作되는 것이다. 孝라는 것은 百行의 根本이고 萬化의 根源입

---

81) 이원균, 앞의 글, 1982, 62~63쪽 참조.

니다. 대개 天에는 四德이 있는데 元이 으뜸이다. 사람이 그 理를
稟受하였으니 이를 本心의 全德이라 이른다. 사람마다 이 마음이
없지마는 이것을 保存하는 사람이 드물다. 오직 성인만이 그 本心
을 保全하여 仁·孝의 道를 다하고 愛親하는 마음을 미루어 民에
게 영향을 주게 하고 仁政을 행하여 서민을 편안하게 교육하고 홀
로 고독하여 각각 生養의 즐거움을 수행하게 한다."[82]

李彦迪은 「帝王의 學은 窮理正心일 뿐이다」[83]라고 하였으니 이는 仁
義를 根本으로 한 心學을 窮理正心으로 体得하여 天下를 다스려야 함을
밝힌 것이다. 여기서 窮理正心은 講學과 居敬인 것이니 內外를 合一하여
自身에 內在한 天性을 밝히는 과정인 것이다. 李彦迪은 窮理之道를 밝혀,

"무릇 帝王의 修齊治平의 요점과 古今의 다스려지고 어지러워지
며 興하고 亡하는 변화와 人材와 道術에 對한 邪되고 바르고 옳고
그른 分辨과 天命과 人心이 떠나고 오고 흩어지고 합해지고 機微
가 모두 지극히 드러나고 지극히 감추어진 이치가 있어 經訓과 史
策에 갖추어져 있으니 진실로 講하여 밝히겠으며 取할 것과 버릴
것을 定하여 百姓에게 표준을 세우겠는가 그러므로 帝王의 學은
窮理보다 먼저 할 것이 없다."[84]

고 하였다. 또한 居敬을 말하여,

"대저 敬은 仁을 行하고 誠을 세우는 本이나 敬하여 잃지 않으
면 私欲이 들지 않아 仁이 이르게 되고 敬하여 속이지 않으면 人

---

82) 李彦迪의 『疏, 進修八規』 四規 참조.
83) 李彦迪 『晦齋全書』, 卷7. 『一綱十目疏』. 「帝王之學 窮理正心而已矣」.
84) 앞의 책, 卷8. 『進修八規』 참조.

僞의 석임이 없어 誠이 이에 서게 된다."[85]

고 했다. 또한 人君은 嗜心을 節制하여 마음을 맑게 해야 하며[86] 仁을 体德하여 그 好生惡殺하는 마음으로 推及해 나아가는 것이니, 마음을 바로 잡으면 朝庭을 바로 잡을 수 있고, 百官을 바로 잡을 수 있으며, 萬民을 바로 잡을 수 있고, 四方을 바로 잡을 수 있게 되는 것이다.[87] 人君이 至誠으로 正心한다면 天下는 애써 다스리는 것이 아니라 저절로 다스려지는 것이며[88], 또한 格天하여 災沴를 모두 소멸시킬 수도 있는 것이다.[89] 바로 이러한 境地가 天人合一하는 境地인 것이다.[90]

이상과 같이 李彦迪은 天下의 大本을 세우는 것이 바로 君主의 心을 바로 잡는 것으로 보았으며, 따라서 帝王의 道를 통해 이상적인 聖人政治를 실행해 보려고 하였다. 帝王의 道는 精一로 存心하여 心體를 세우고 仁孝의 道를 다하는 사람이라고 하여 士禍期에 다소 약해진 王權에 보다 강력한 帝王權 體制를 확립하기 위해「德化禮治」를 君主의 중요성으로 강조하고 있다.

---

85) 앞의 책, 『中庸九經衍義別集』 卷6. 참조.
86) 앞의 책, 卷1. 「盖人主居天位 而能自節儉 則嗜欲薄而心志淸 可以養性 可而養德」.
87) 앞의 책, 卷7. 『一綱十目疏』, 「正心以正朝庭 正庭以正百官 正百官以正萬民 正萬民以正四方」.
88) 앞의 책, 卷1. 「人主誠能体天之道 純其心而一其德 以至於久而無所間斷 無時怠荒則 不勞心思智力而治自成」.
89) 앞의 책, 『別集』 卷1. 『弘之館上疏』「可以格天心而消災沴矣」.
90) 앞의 책, 卷7. 『一綱十自疏』「聖人以一心之易簡而合天地易簡」.

제3절 德化禮治論

君主의 立大本이란 『中庸』의 首章에 나오는 말이다. 喜怒哀樂의 감정이 나타나지 않은 것을 '中'이라 하고 이 中을 大本이라 하였다[91]. 大本을 세운다는 것은 心의 明體를 保有하고 확립한다는 뜻이다. 즉 君主의 心이 바르면 天下의 일이 바르지 않는 것이 없다는 것이다. 따라서 君主의 心體의 喪失과 妄却은 一身의 敗亡의 원인일 뿐만 아니라 帝王의 心體 保佐과 回復은 兼善天下의 地位를 갖고 있기 때문이다[92]. 또한 이것이 民의 조화와 心身의 안정에 영향을 주는 君主의 政治哲學이라 할 수 있다.

『周易』의 「乾爲天」의 卦에서 天은 剛健하고 위대한 君子의 道를 설명하고 있다. 즉 「天行이 建하니 君子는 自强不息」 한다는 이론에서 君子는 이것을 본받아 쉬지 않고 노력한다는 내용이 있다. 즉, 「勉强不息 修德格天下」의 내용은 德治에서 認識論의 핵심으로 있다. 이것을 君主의 修身으로 보고 있다.[93]

그러므로 君主는 「德化禮治」, 「修己治心」을 위해서 君子의 省察과 存

---

91) 김길환, 앞의 책, 1986, 36쪽 참조: 先秦儒學에 있어서 中사상에 관해서는 민황기, "先秦儒學에 있어서의" 中 "사상에 관한 연구," 충남대학교 대학원 박사학위논문, 1992.: 이원술, "先秦政治思想에 있어서의 "中"의 意義," 嶺南大學校 사회과학연구소(편), 『사회과학연구』, 1982: 양계초, 『先秦政治思想史』 (대만: 중화서국, 1978), 64~65쪽: 진대재, 『공자학설』 (대북: 정중서국, 1970), 322쪽: 장구여, "대학중용일관지도," 중화총서편심위원회 (편), 『공자연구집』 (대북: 대만서점, 1960), 204쪽을 참조.
92) 李彦迪, 『晦齋全書』, 「疏, 進修八規」, 二規를 참조.
93) 『周易』 乾爲天卦를 참조.

養을 강조하고 있으며, 天行의 健함을 主體化하는 것이 君主의 心學의 요제이며, 이러한 실천적 의미는 君主의 「德化禮治」의 승화를 위해 끊임없는 「求仁」을 위해 노력해야 한다. 李彦迪의 『求仁錄』에서 求仁을 특별히 강조하고 있는 것들이 있다.

첫째, 公의 문제이다. 즉, 仁이 實現되는 조건으로서 公을 말하는 것이다. 仁이 愛의 理이고 사람이 모두 理를 갖추고 있는 것은 분명하지만, 그러나 혹시 公하지 못하면 仁의 本性을 바르게 발휘하지 못하므로 公하도록 하는 노력이 필요한 것이다. 이에 公이 仁하게 되는 까닭이라고 한다.94) 公이란 無私한 검을 말한다. 朱子는 公이란 無私한 즉, 理가 가리워짐이 없다95)고 한다. 이러한 맥락에서 다시 克己復禮가 仁을 행하는 것임을 말하게 된다. 有我의 私를 극복하고 天理를 회복함으로써 仁한 마음의 體用을 온전히 하는 것이 克己復禮하여 仁하는 것이라 한다.96) 그것의 가장 큰 예는 한가지의 不義를 行하고 한사람의 죄 없는 사람을 死하여 천하를 얻을지라도 욕심 내지 않는 것이다.

둘째, 행위 중에서 求仁하는 것을 강조한다. 이것은 역시 그의 下學上達에서 비롯된 것이며, 居敬·窮理에서 동시 공부를 강조한 것과 같은 맥락에서 요구된 것으로 보인다. "진실로 구인 하고자 한다면 힘써 행하는 것이 가장 좋다"97)는 것이나 정시에서의 공부뿐 아니라 應事時에서의 공부도 필요하다는 謝上蔡의 말을 인용한 것이 그의 이러한 태도를 말해준다. 그는 또한 『續或問』에서도 朱子가 이를 "혈구(絜矩)가

---

94) 李彦迪 『求仁錄』 卷4. 「公固非仁, 然邪所以仁也」.
95) 李彦迪, 앞의 책 「公是無私, 無私則理 ……」.
96) 李彦迪, 앞의 책, 「克己復禮 爲仁, 言能克去己私, 復乎天理 則比心之體無不在, 而比心之用無不行也 ……」.
97) 李彦迪, 앞의 책, 卷4, 「若実欲求仁 固莫力行之近」.

146

곧 求仁 공부에서 힘써야 할 바로 그것이라"[98] 한 언명을 인용하여 시인(施仁) 중에서의 求仁 공부를 말한다. 이는 인식을 기준으로 본다면 행위 자체도 곧 求仁이라는 태도를 보여주는 것이라 할 수 있다.

이러한 맥락에서 그가 仁体·義用을 말하는 까닭이 보다 분명히 밝혀질 것이다. 그는 『求仁錄』 제34권을 "仁의 体와 用을 논하는 것(此篇論仁之体用)"으로 정하고, 정자의 "仁者体也, 義者用也"를 인용하고 있다. 이렇게 義를 用으로 규정하는 것은 거경 공부에서 말한 義의 방외를 仁과의 관계에서 고려하고자 하는 것으로 보인다. 그는 이 仁義의 관계를 다음과 같이 말한다.

> "신이 살피건대 心은 일신의 주체가 되며 仁은 心德의 온전함이 됩니다. 사람이 이 마음을 조정하여 그 온전한 德을 잃지 않은즉 행하는 바가 모두 道에 맞을 것이니 이른바 義입니다"[99]

仁은 儒家의 모든 德目의 總稱이며 物我一體의 차원에 이르는 절대적인 道로써 孔子思想의 精髓이며 極致이다. '仁'의 뜻이 무엇인가? 仁을 무엇이라고 定義할 것인가? 이 문제는 간단히 대답할 수 없다. 仁의 뜻이 무엇인가에 대하여 孔子 그 자신도 묻는 사람에 따라 여러 가지로 말하였고, 論語에 仁을 論한 것이 五十八章이나 되어 이를 한마디로 定義하기는 매우 어렵다.

"사람을 사랑하는 것이 仁이다."[100] "仁은 사람에게 물과 불보다 소중

---

98) 李彦迪, 『續惑問』, 「又曰絜矩芳求仁工夫 正要着力」.
99) 李彦迪, 『中庸九經衍義』에서 원문을 보면, 「臣按心爲一身之主 而仁爲心德之全, 人能操存此心, 而不失其全德 則所行皆合於道所謂義也」.
100) 『論語』(顔淵).

하다.”하여 萬物을 창조한 天이 萬物을 사랑하여 愛育하는 것과 같이 하늘로부터 天性을 부여받은 인간은 萬物을 서로 사랑해야 하는데, 이 ‘人間愛’가 바로 仁이며, 人間愛의 시발점은 天倫에서 비롯되는 것으로써 父母의 위대한 사랑이 慈이며, 이에 보답하는 것이 孝이고, 社會에서 상호 존경하고 협동하는 사랑이 悌로서, 仁은 人間愛를 바탕으로 한 것이라고 할 수 있다. 따라서 仁은 우리 인간에게는 없어서는 안 될 필수불가결의 요소로써 인간이 인간노릇을 할 수 있는 本性이라고 볼 수 있다.

孔子는 또 “진실로 仁에 뜻을 두면 惡이 없다”101) 하여 인간이 絶對善에 뜻을 두면 惡이 없다고 하였다. 이와 같이 仁을 ‘絶對善’의 의미로 말하기도 하였으며, “널리 배워서 뜻을 독실히 하며 간절히 묻고 가까운 것부터 생각하면 仁은 그 가운데 있다”102) 라고도 하였다. “사람으로서 仁하지 않으면 禮가 바른들 무엇 하며, 사람으로서 仁하지 않으면 音樂은 해서 무엇 하랴”103) 하여 인간이 되는 基本要件으로 言及하기도 하였다.

孔子에 있어서 仁에 대한 설명은 여러 가지가 있으나 그 原理는 하나인데 曾子는 이것을 ‘忠’으로 해석하였다. “忠은 道에서 멀지 않나니 나에게 베풀어짐을 願하지 않는 것은 또한 남에게 베풀지 않는 것이다”104)라고 하여 즉 忠이 仁이라 하였다.

孟子는 仁義를 말하면서 “仁은 사람이 평안히 쉴 수 있는 집이요, 義는 사람이 올바르게 걸어가는 길이다”105) 하였고, 선비는 뜻을 높이 가

---

101) 『論語』(里仁).
102) 『論語』(子張).
103) 『中庸』 참조.
104) 『孟子』(離婁章句).
105) 『孟子』(盡心章句).

져야 하는데 그 높은 뜻을 仁과 義라고 하였다. 그는 "한 사람이라도 罪없는 사람을 죽이는 것은 仁이 아니며, 자기 所有가 아닌 것을 빼앗는 것은 義가 아니다. 살집이 어디 있는가 하면 仁이 바로 그 집이요, 갈 길이 어디 있는가 하면 義가 바로 그 길이다. 仁에 살고 義를 따라가면 大人의 할 일은 다 갖추는 것이 된다."라고 하였다. 이와 함께 그는 때로 仁을 '不忍之心', '惻隱地心'으로 해석하였다.106) 그는 不忍之心과 惻隱之心은 사람이면 다 가지고 있는 基本要素로서 보았으며, 아울러 "仁이란 것은 사람이 行하는 것이니 이것을 합쳐서 말하면 道다"107)라고 하여 仁을 人道로서 인간이 指向할 바 目標로 삼았다. 왜냐하면 그는 性善의 입장에서 인간의 본래적인 心性이 仁이요, 이 仁이 心性에 따라 행동하는 것이야말로 사회의 秩序와 調和를 이루는 唯一한 길이라고 생각하였기 때문이다.

孟子는 "仁義禮智는 人性의 고유한 四德이라 하여 '惻隱의 心'은 仁이요. '羞惡의 心'은 義요, '謝讓의 心'은 禮요, '是非의 心'은 智로서 사람은 누구에게나 이 四端이 있기 때문에 사람은 다 善한 性을 가지고 있다"라고 하고, "治者가 不忍之心이 있어서 남에게 殘忍하게 하지 못하는 政治를 하면은 세상을 다스리는 것은 손바닥 위에서 움직이는 것처럼 쉬울 것이다"라고 하였다.108) 한마디로 要略하여 仁을 定義한다면 仁이란 마음속으로 혼연히 사람을 사랑하는 것이라 하겠다.109)

儒敎思想에서 仁을 根本으로 하고, 仁의 政治思想을 核心으로 하고 있

---

106)『孟子』(公孫丑章句).
107)『孟子』(盡心章句).
108)『孟子』(公孫丑章句).
109) 최성철,"先秦儒家의 政治思想硏究" 한양대학교 한국연구소(편),『한국학논집』
　　　제11집, 1987, 327～331쪽 참조.

다. 仁은 平易하고 普遍的 함축의 의미를 가질 뿐만 아니라 廣大하고 深遠한 의미를 가진다. 仁의 함축적인 의미는 매우 광대하고 여러 가지 人類의 모든 美德을 통괄하고 있으나 仁의 內的 함축의 의미는 하나의 個人的 精神修養으로써 完全한 人格의 最高表現인 完善完美라 할 수 있는 최고의 가치요 도덕표준이다. 孔子는 '君子는 仁을 떠나면 어찌 군자란 이름을 이루겠는가? 일일 생활자체에 모든 것이 仁과 떠날 수 없다'고 강조하였다.110) 그리고 仁의 外的 含義이다. 「仁人心也」,111) 「仁者愛人」,112) 「仁者無不愛也」,113) 「愛人能仁」이라 했으며 孔子는 汎愛象而親仁「人民愛物」114)과 같이 愛人이다.

  이러한 고전상의 孔子의 仁의 사상은 그가 이상으로 한 完全한 人格者를 聖人이라 하고, 성인 또는 君主의 도덕을 德의 측면에서 仁이라 하고, 行의 측면을 孝라하여, 仁의 實踐的 측면을 중요시하고 있다. 仁은 하나의 종합적 德으로서 모든 道德의 本體요, 具體的 現象이요, 표현이다. 따라서 유교에서 모든 덕은 仁에 근원하고, 仁은 德의 本이요, 諸德을 統攝한다. 즉 修身을 통한 德을 체득하여 禮로써 통치하는 德化禮治의 의미를 가지고 있다. 儒敎에서 仁의 政治思想은 孔子·孟子 以前에 이미 堯舜에 如源하여 夏·殷·周 三代에 걸쳐 장기간에 정치적 경험과 성찰의 체계적 集積의 結晶이며 總結이라 할 수 있다. 이러한 유교에서 仁의 政治思想 내용은 孔子·孟子의 經典을 통해 규명해 보

---

110) 孔子는 「夫溫良者仁之本也, 愼敬者仁之地也, 寬裕者 仁之行也, 遜接者 仁之能也, 禮節者仁之鴉也, 言談者仁之文也, 歌樂者仁之和也, 分散者仁之施也, 儒皆兼布有之 …… 不敢言仁也」, 『禮記』, 儒行.
111) 『論語』, 里仁篇. 「君子去仁 惡乎成名 君子無終食之間違仁 造次必於是」.
112) 『孟子』, 告子上.
113) 『孟子』, 離婁下.
114) 同上, 盡心上.

기로 한다.

孔子는 政治에도 교육과 마찬가지로 德으로서 民을 敎化시켜 禮로서「修身齊家治國平天下」의 의미를 담은「德化禮治主義」의 王道政治를 주장하고 있다. 이러한 德化禮治의 사상은 人民을 敎化하고 禮에 의해 人民을 자연스럽게 질서 있는 생활을 영위하게 하는 君主政治 思想이다.115)

이러한 儒敎經典에서 德化禮治主義의 儒敎에서 仁의 政治思想은「拓利求禮」,「德化禮治」로 가장 중요한 특색을 이룬다. 여기서 道德的 實踐은 개개인의 人格的 修身에 의한 修己治人의 한 내용이라 할 수 있다. 특히 유교에서「德化禮治」의 觀念과 實質內容은 絶對主義的 王朝國家에서는 공적지위다.

---

115) 유교경전에 德化禮治主義에 관한 내용을 원문에서 보면 다음과 같이 요약할 수 있다.
　　① 德治의 意義와 그 功能을 유교경전에서 句節을 찾아 요약해 보면
　　　「爲政以德 譬如北辰 居其所而衆星共之」(論語, 爲政篇)
　　　「道之以政 齊之以刑 民免而無恥 道之以德 齊之以禮 有恥有格」(論語, 爲政篇.)
　　　「其身正 不令而行 其身不正 雖令不從」(論語, 子路篇)
　　　「政者正也 子帥以正 孰敢不正」(論語, 顔淵篇)
　　　「孟子曰 君仁 莫不義」(孟子, 離婁下)
　　　「以力服也 力不贍也 以德服人者 中心悅以誠服也」(孟子, 公孫丑上)
　　② 禮治主義의 內容을 잘 表示하고 있는 다음의 몇 개 句節을 요약함.
　　　「不知禮, 無以立也」(論語, 堯日)
　　　「克己復禮爲仁」(論語, 顔淵)
　　　「君使臣以禮」(論語, 人佾)
　　　「義以爲質, 禮以行之」(論語, 衛靈公)
　　　「安上治民 莫善於禮」(孝經, 券之十二)
　　　「凡治人之道 莫急於禮」(禮記, 祭統)
　　　「欲觀仁義之道, 禮其本也」(禮記, 禮器)
　　　「上好禮 則民易使也」(論語, 窓問篇)

李彦迪의 仁의 政治思想은 孔子·孟子·朱子의 經典을 통한 실천을 재강조 되고 있으며, 이러한 내용과 비교분석 해볼 수 있는 李彦迪의 저서 속에서 敎化에 의한 求仁의 政治思想을 분석해 보면, 특히 「德化禮治」「修己治心」의 心學哲學을 강조하고 있음을 엿볼 수 있고 그는 君主의 民에 대한 敎化政治의 도덕적 가치의 세계로 인도하는 愛人의 思想을 기본요소로써 특히 帝王의 修身에 대한 강조를 그 기초로 하고 있다. 李彦迪의 저서에서 仁에 대한 句節을 찾아보면116) 특히 『關西問答』에서 「德化禮治」의 實踐的 내용이 포함된 그의 子 全仁괴의 대화체 형식의 言行錄이라 할 수 있다.

이러한 孔子·孟子의 仁을 중심으로 한 "儒敎君主" 정치의 本質과 德治는 朝鮮朝 性理學의 政治思想에서는 그러한 덕목의 실천 지향성으로서 仁의 강조가 나타난 것이라 할 수 있다. 朝鮮 王朝에서 儒敎思想이 뿌리117)를 내리게 되자 性理學 思想에 많은 발전을 가져왔다.

이른바 「新進士林으로 불리는 그들이 비판의 초점으로 삼은 것은 비유교적인 功臣 寇臣들의 발호와 君主의 포악으로 말미암아 暴君政의 현실이었다. 儒敎는 학덕을 지닌 賢者의 支配를 지향하는 것이고 그런 儒敎의 觀點에서 볼 때 당시의 현실은 비판을 면할 길이 없는 것이었다. 학덕이 아닌 물리적인 힘이나 사적인 배경을 없는 功臣 寇臣과 학

---

116) 李彦迪의 저서에서 인의 政治思想을 요약해 보면 「人之性且. 五常 而仁爲之道 斯所言謂, 心德之全而萬善之本也 ……」, 「仁民愛揚. 仁以恤民」, 「純孝盛德」, 「至誠之德」, 「非禮勿視聽言動」, 「仁之道至大」, 「禮循人情 …… 以禮之正則兄說一位以乎宣當」, 「奉天仁民」, 「誠心修德」, 「大心勉强」, 「善性求仁」, 「志在体仁」 위의 내용은 李彦迪의 1550년 강계적소에서 저술한 『求仁錄』의 저서에서 「仁」의 내용을 정리한 것 임.
117) 이태진, "16세기 사림의 역사적 성격," 성균관대학교 대동문화연구소(편) 『대동문화 연구』 제13집, 1979, 106쪽.

덕을 갖추지 못한 君主에 의해 정치적 혼란이 야기됐다고 보고, 그들은 그에 대해 비판을 가했던 바 士禍와 反正은 바로 그런 정치적 갈등의 표현이었다. 士林의 性理學的 政治思想은 君主政 이외의 정치는 생각할 수 없고, 현실의 정치는 건전한 君主政이 아닌 暴君政이라고 본다.

이렇게 暴君政을 막고 건전한 君主政을 이룩할 수 있을까하는 것이 性理學 政治思想의 궁극적 관심사였다. 性理學 政治思想은 君主가 유교적 수양을 통해 賢君이 되어 현명한 臣僚를 뽑아 君臣 간의 조화가 이루어질 때 건전한 君主政治가 되고, 君主가 수양부족으로 간신들에 의해 둘러싸일 때 暴君政治가 된다고 결론짓는다. 朝鮮朝의 性理學 政治思想은 君主가 인간으로서 갖는 한계 때문에 타락하게 마련이라는 현실적인 전제 위에 있었다. 타락의 가능성은 君主가 직접 정권을 행사할 때 더욱 커진다. 그래서 朝鮮朝의 性理學的 政治思想은 공평한 기준에 입각해 뽑힌 臣僚에게 君主가 전권을 위임」118)해야 한다고 강조한다.

이러한 政治·社會的 배경으로 한 李彦迪의 思想을 요약해 보면 朝鮮朝 건국 이후 儒敎思想의 정착화 과정은 儒敎思想에 현실과 이론의 괴리, 士禍와 反正의 과정에서 李彦迪의 孔子·孟子가 주장하고 있는 君主政治思想에 의한 民의 敎化에 대한 강조로 君主의 修身이 平天下의 기본으로 강조하고 있다. 朝鮮朝 儒敎思想을 이론적으로 체제화한 李彦迪은 유교정치에서 禮的 秩序確立에 있어서 경전의 재해석을 통한 實踐指向的 理想社會建設을 목표로 하고 있다. 「孟子가 政事를 논할 때 항상 仁과 義를 주장했듯이 仁義禮智의 思想的 立場에서 政論을 주장했다는 점에서 바로 孟子의 民本思想과 일치점을 이루고 있다. 따라서

---

118) 孫文鎬, "朝鮮朝 性理學 政治思想의 歷史的 性格," 정치외교사학회(편), 『朝鮮朝政治思想硏究』(서울: 평민사, 1987), 92~93쪽. 참조.

항상 民本主義를 主張하여 언제나 民에 의한 輿論政治는 勿論이요, 公明正大하고 剛直한 言論政策을 받아드려야 한다고 주장했다. 따라서 民心을 천심으로 받아 드려 언제나 民이 원하는 政治가 무언인가를 잘 파악하여 人材登用에서부터 모든 行政까지 中庸을 벗어나지 않는 致中和의 道理를 잘 善用해야 仁政을 배울 수 있으며 天地自然의 無私함과 같이 天에 順變하는 政治를 할 수 있다고 보았다. 또한 民에 대한 仁政으로서 德治[119]를 강조하고 있다. 즉, 君主의 修身에 의한 君主로써 仁政에 의한 敎化政治로써 禮的 秩序 確立을 위해 德化禮治의 仁이 政治思想을 볼 수가 있다.」

李彦迪은 그의 저서 『求仁錄』에서 仁은 인간의 善한 本性이요 「仁義禮智」중의 으뜸이요, 仁을 행하면 다른 本然의 性이 發現하게 된다.

여기서 그는 仁은 일단 孔子의 설명인 「愛人」에 근거하여 「愛의 理」로 해석한다. "仁은 愛의 理이며 愛는 仁의 事이다." 仁은 愛의 體이며 愛는 仁의 用이다"라고 한다. 그렇게 때문에 君主의 仁心은 「愛民」의 결과를 가져올 것임은 물론이다. 이러한 愛民의 政治가 또한 「德治」로서의 仁政을 벗어나는 것이 아님은 더 말할 나위 없다. 그의 道學思想은 이렇게 여기서 유교적인 理想政治가 「愛民」의 「仁政」임을 밝히는 것이다. 여기서 愛民하는 仁의 實現 조건을 아울러 밝힌다.

李李d彦迪은 程子·朱子學의 性理學자답게 仁이 「生意」와 「生物之心」임을 강조한다. 그리하여 仁이 사람들로 하여금 天地萬物과 더불어 일체로 되는 것(與天地萬物爲一本)임은 역설한다. 이러한 것은 仁의 구현이 철저하여 지면 愛民뿐 아니라 愛物까지 하게 되어 마침내 萬物의 生産까

---

119) 李彦迪의 『一綱十目疏』에서 참조함. 그 내용을 보면, 「其一曰嚴家政二曰養國本, 其三曰政朝廷, 其四曰愼用舍, 其五曰則天道, 其六曰正人心, 其七曰廣之路, 其八曰戒侈欲, 其十曰畜幾術」임.

지 도모하는 「天人合一」의 경지에 이른다는 이론이다. 따라서 이것은 仁政을 宇宙論 차원에서 이론화하는 것이다.[120]

　이상과 같이 李彦迪의 聖君的 德化禮治 思想은 「求仁」을 治國平天下의 핵심으로 儒敎的 王道政治 그 基礎로 두고 있는 것이며, 또한 그것은 집권자인 훈구세력을 비판하고 士林의 實踐的·政治的 입장과 연결되는 것이다. 求仁에 대한 李彦迪의 本性탐구는 至治가 그 목표이다.

　李彦迪의 『一綱十目疏』에서는 于先 學問을 익혀 治者의 마음은 언제나 「大中至正」의 위치에서 賢者를 登用하여 政事를 맡길 수 있는 修己治人으로 「德化禮治」를 갖추어야 된다고 강조했다. 士禍期에서 극도로 문란해진 君主의 (중종) 王政에 대한 비판과 경계를 통한 李彦迪 聖君的 德化禮治 思想 추구의 진면목을 함축하고 있다. 그러면 李彦迪의 『一綱十目疏』는 綱이란 것은 體이니 政治를 하는 本領이요, 目이란 것은 用이나 곧 政治를 하는 方法을 의미한다.

제4절　民本主義

　李彦迪의 王道政治思想에서 높이 평가되어야 할 특징의 하나는 民本에 대한 인식이라 할 수 있다. 朝鮮王朝의 支配下에서 民本에 대한 李彦迪의 疏狀 속에 民本主義 思想이 나타나 있다. 李彦迪은 말하기를,

　　"書經에 「백성은 나라의 근본이니 튼튼하여야만 나라가 평안할 것

---

120) 윤사순, 앞의 책, 1992, 189~190쪽.

이라」 하였으며 傳에 「백성은 나라에 의지하고 나라는 백성에 의지하니 그 백성을 사랑하지 않고서 그 나라를 保存한 이는 있지 않았다」고 하였습니다. 그런 까닭으로 先王은 백성을 자기 몸같이 사랑하고 자기 자식같이 保護하여 백성의 고통을 모두 내 몸에 당한 것처럼 하고 鰥寡孤獨을 반드시 撫養하며 그 田理(土地家宅)를 마련하여 뽕나무를 심은 것은 家畜 기르기를 가르쳐서 백성에게 父母를 섬기고 妻子를 기르게 하여 豊年에는 한평생 배부르게 하고 凶年에는 死亡을 免하게 하였으니 이것이 王政의 根本입니다.」[121]

이상과 같이 李彦迪은 王政의 근본을 民本이라 주장하고 있다. 또한 民本은 누구나 다 人間으로서의 마음속에 「仁」을 具有하고 있으며, 天과 地의 資養 속에 萬物과 함께 生을 成遂를 잘 보장해주는 것이 좋은 政治 곧 「仁」의 政治이며, 이 「仁」의 政治를 通하여 平和의 極致인 「中和」의 世界가 具顯되어야 한다는 것이다. 그런데 이 仁의 政治에 방해가 되는 것이 두 가지가 있으니 하나는 刑罰이고, 또 다른 하나는 賦稅라는 것이다. 李彦迪은 國家權力에 의한 法律的, 經濟的 作用이 民의 辛福을 방해하는 요소가 되고 있다고 설명하였다.

李彦迪의 民本思想은 疏章속에 나타난 民에 관한 理論은 一時的 강경책에서가 아니라 民衆을 보다 근원적인 理由에서 그 存在를 認識하였다. 「民은 國家의 根本이니 根本이 굳어져야 國家가 安定된다.」, 「民은 國家에 依存하고 國家는 民에 依存하는 것이니 그 民을 사랑하지 않고서 그 國家를 保全할 者는 없다.」(弘文館上疏)라는 말들을 들어서 民衆의 存在에 절대적 의미를 부여하였다. 위의 말들은 모두 고전에서 인용한 것이지만 李彦迪의 民衆에 관한 理論 속에 있어서는 그 뉘앙스가

---

121) 李彦迪 『弘文館上疏』 참조.

크게 달라져 있다. 民衆은 누구나 다 人間으로서의 마음과 마음속에 「仁」을 具有하고 있으며, 天과 地의 資養 속에 萬物과 함께 生을 成遂해 나가고 있는 것이므로 이 生의 成遂를 잘 保障해 주는 것이 좋은 政治, 곧 「仁」의 政治이며, 이 「仁」의 政治를 通하여 平和의 극치인 「中和」의 世界가 具顯되어야 한다는 것이다.

그런데, 이 「仁」의 정치에 방해가 되는 것이 두 가지가 있으니 하나는 刑罰이고, 또 다른 하나는 賦稅라는 것이다. 李彦迪은 국가권력에 의한 法律的·經濟的 作用이 民衆의 행복을 방해하는 요소가 되고 있다고 설명하였다. 李彦迪은 당면의 긴급조치로 인명을 重待하여 刑罰을 줄일 것과 民生과 倒懸을 풀기 위하여 賦稅를 薄하게 할 것을 重言復言 마지아니하였다. 李彦迪의 經世思想은 이 民衆에 관한 新認識에서 출발하여 一切를 설명한 것이며, 또한 그것은 그 당시 "四大士禍"를 겪어오면서 勳舊派의 專橫無道한 對民搾取를 反對하고 制限된 條件에서나마 農民의 利益을 代辯해 주는 당시 士林派의 政治的 立楊과 연결되는 것"이다.[122]

이상과 같이 李彦迪의 君主政治思想은 당시 士禍期의 혼란 속에 연산군과 같은 특권을 경계하고, 有德者 君主論에서 修身을 강조함으로써 현실적으로 부족한 君主의 「德」을 克己復禮를 통한 修己治人의 이상적 德治를 이상적 政治社會의 國家建設로 禮的秩序가 확립된 이상사회를 확립하기 위한 그 당시 士林의 爲國之急이라 할 수 있다. 즉 王道政治의 達成方法으로서 有德者 君主가 民의 敎化에 의한 求仁의 政治思想을 강조함으로써 禮的 秩序가 確立된 平和의 극치인 中和의 世界를 희구하고 있다.

李彦迪은 '民의 政治的 意義는 民本主義思想을 志向할 것과 民全體의

---

[122] 이우성, 앞의 글, 1974, 971쪽 재인용.

經濟的 安定이 王道政治의 根本이라고 주장함을 볼 수 있다. 앞에서 論한 君主의 功敎는 당연히 經世를 통해 드러나는 것으로 李彦迪은 백성을 국가의 根本이라고 하였고[123] 또 백성을 自身처럼 사랑하고 子息처럼 보호하라고 하였으니[124] 이는 重民思想을 잘 나타내 준다고 하겠다. 따라서 李彦迪은 「民心의 所在가 바로 天心」[125]이라고 하여 事天을 事民으로 파악하였기에 『사치를 숭상하여 백성에게 해를 주면 天에 罪를 얻게 된다』[126]고 했다. 그러므로 人君의 心事가 合天하는가는 人心을 通해 알 수 있으니 人心을 얻는 것이 天意를 얻는 것으로 보았으며[127] 人君은 반드시 君과 民이 하나라는 理致를 밝혀 百姓의 즐거움을 즐기고 백성의 걱정을 걱정해야 한다[128]고 했다. 또 "人心은 天下安危의 根本이다. 人心이 바르면 옳은 것은 옳게 되고 그른 것은 그르게 되어 公論이 위에서 行해지고 風俗이 아래에서 아름답게 되며 人心이 바르지 못하면 옳은 것이 그른 것이 되고 그른 것이 옳은 것이 되며 公論이 위에서 行해지지 않고 風俗이 아래에서 나빠지니 國定의 다스려지고 어지러워지고 興하고 亡하는 根源이 이에서 비롯되지 않음이 없다[129]고 하였다.

이상에서 볼 때 李彦迪은 개인의 修養으로서도 正心을 말하였고, 經世에서도 格君之心과 正人心을 말하였으니, 이는 端本淸源을 强調하여

---

123) 李彦迪, 『晦齋全書』別集 卷1. 『弘文館上疏』에서 「邦本在民」

124) 앞의 책, 卷12. 「故先王愛之如己 保之如子」.

125) 앞의 책, 『中庸九經衍義別集』 卷7, 「民心所在卽天心也」.

126) 앞의 책, 卷7. 『一綱十目疏』, 「其崇侈害民者 獲罪天必至」.

127) 앞의 책, 卷8. 「君心事之合天興否 伺以馬斂之 馬斂於人心 而可知矣 …… 伺以合天意乎 天之心卽人之心 人心得天意得」.

128) 앞의 책, 「人君必深明君臣一体之理 樂民之樂憂民之憂」.

129) 앞의 책, 卷7. 『一綱十目疏』, 「人心者天下安危之本也 人心正則 是爲是 非爲非 而公論行於上 風俗義於下 人心不正則 以是爲非 以非爲是 而公論不行於上 風俗頹敗於下 國定理亂 興亡之源 未有不始於此也」.

正心으로 正人心하는 것이 修己治人의 要諦임을 주장하고 있다.

李彦迪의 君主政治思想 가운데서 政治論的 기본내용을 몇 가지로 요약해 보면 다음과 같다.

첫째, 治者인 君主의 求仁을 촉구하여 爲政의 효과를 강조하고 있다.
둘째, 民本中心의 聖君的德化禮治論의 추구를 강조하고 있다.
셋째, 人道主義的 重民意識이 고양되었다는 사실이다.

그의 政治論에서는 士禍期의 혼란상황에서도 난점이 지적됨에도 불구하고 그 현대적 의의를 찾을 수 있는 것은 君主의 도덕적 의무와 君主의 끊임없는 학구적 태도와 德治의 중요성을 강조하고 있다는 점이다. 또한 天民相合의 원리를 중요시하고 있으며, 그 당시 제반 사회문제를 해결하는 데는 中和의 원리와 人和단결을 강조하고 있다는 점도 발견할 수 있다. 이러한 것들은 士禍期의 정치적 혼란을 막고 政治安定, 政治發展을 희구하며, 개선의 방향으로 나아갈 것을 강조한 君主主權論的 의미를 지녔다고 解釋할 수 있다.

제5장 君主主權의 理論과 實際

제1절 君主主權에 대한 李彦迪의 認識

李彦迪이 제시한 君主政治의 政治理念은 儒敎的 國家主義 政治論에서 설정되는 人本的 道德政治의 再現에 있었던 것이며,『大學』과『中庸』의 德目을 종합하여 체계화한 것이라고 볼 수 있다. 그렇다고 李彦迪의 有德者 君主主權의 理論과 實際에서『大學』과『中庸』에만 국한되어 있다는 것은 아니다. 李彦迪의 君主政治 理念은 堯舜的 精一執中의 儒敎的 國家主義 理論이 집약된 것이 經典이므로 經典을 중요시하였던 것으로 생각된다. 사실 그러한 論理는 儒敎思想의 修身論的 실천이라는 經典的 중요성의 普遍的 특성을 갖는 것이기도 하다.

朝鮮王朝에서 儒敎 政治社會는 君主가「天命德治」에 의한 克己復禮로서「修己治人」의 도덕성을 확보해서「有德者 君主論」사상적 이론과 실제가 그 핵심이다. 즉, 治者의 역할로서 德이 있는 君主가 統治할 때 그 政治社會는 禮的 秩序가 확립된 道德的 理想社會가 제 기능을 유지할 수 있다. 여기서 德의 구체적 내용은 求仁을 통한「愛民思想」, 정치적 리더십에 관한 논의, 정치적 커뮤니케이션, 國防論 등으로 實踐되어야 한다.

李彦迪의 政治思想에서 핵심은「有德者 君主論」으로서 君主의 修身論의 중요성에 대한 강조가 많음을 볼 수 있다. "李彦迪이 中宗에게 올린

160

1539년(中宗 34년)의 『一綱十目疏』 등 대표적인 上疏文과 平安道 江界의 適所에서 장차 明宗에게 올릴 目的으로 기초한 『進修八規』와 『中庸九經衍義』와 같은 저서에서 「帝王之學」이라 할 만큼, 君主는 참된 學問과 間斷없는 修養을 통해 마음의 姿勢를 「大公至正」한 위치에 두고 萬機를 總攝해야 한다는 것이다. 이러한 意味에서 李彦迪이 말하는 「帝王之學」은 일종의 王道政治思想論의 강조라 해도 무방할 것이다.1)

李彦迪의 君主論은 中宗反正 이후 王權이 臣權들에 의하여 牽制를 받고 勳舊勢力이 是非를 分辯하지 못한 채 고립된 國王을 啓導함으로써 王權을 강화하려는 士林政治人의 念願的 表現이라할 수 있다. 李彦迪의 著術 및 上疏文 분석을 통해 君主主權의 이론과 실제를 규명해보기로 하겠다.

李彦迪의 『進修八規』2) 王道政治는 君主의 政治的 實踐中心의 心學之要라 할 수 있으며, 四大士禍로 인한 문란한 政治·社會 秩序를 확립하는 그 당시의 시대적 배경을 내포한 君主의 政治的 實踐論이라 할 수 있다. 즉, 道學的 王道政治思想의 핵심이라 할 수 있다.

여기서 李彦迪의 君主政治의 실천적 측면에서 그의 著書, 上疏文에서 君主主權에 대한 李彦迪의 인식, 사회적 신분제도라고 할 수 있는 사회계층론, 인재등용의 중요성과 덕치의 중요한 君主主權의 理論과 實際로서 정치적 리더십에 관한 논의, 궁중 내 君臣, 民의 정치적 커뮤니케이션의 강조, 국방문제에 관한 논의를 중심으로 고찰하고자 한다.

---

1) 이원균, "李晦齋와 그 政治思想," 『부산수산대논문집』 제29집 (부산: 부산수산대학, 1982), 62쪽.
2) 李彦迪, 『疏 進修八規』는 1550년 李彦迪先生의 江界適所에서 完成한 上疏文임.

제2절 社會階層論

李彦迪은 영남지방의 중소지주 계급의 이해를 대변한 사림의 한 사람이었다. 특히 乙巳士禍에 臣權들의 士林에 대한 탄압에 의해 함경도 강계에 유배되어 그 곳에서 7년간 지내다 생을 마쳤다. 그는 중국의 요·순·우 삼대의 고대 사회를 理想化하였고, 이에 기초하여 李彦迪의 士道政治理論 즉, 이상적 道德政治理論을 수장하였다. 그러나 趙光祖에 비해서는 보수적인 正統 儒學의 經學思想에 철저히 따랐다. 따라서 趙光祖의 「개혁」을 주로 주장하였다면, 李彦迪은 致中和의 화합과 결속을 강조하는 人和政治의 治道를 강조하는 보수적 경향이 강하다.

李彦迪은 사회구조의 계층을 봉건적 계층의 신분제와 엄격한 종법제도를 합리화하고 엄격한 봉건적 계급적 위계제도를 구상하였다. 즉 농·공·상 및 미천한 관리 등의 천인을 최하층으로 하고 그 위에 士가 있고 다시 그 위에 大夫가 있고 公이 있으며 최정상의 한사람(Top Elite)으로는 王이 있다. 만약에 이러한 구조가 깨뜨려지면 禍가 오며 亂을 초래하니 上·下가 서로 이러한 사회구조를 유지하며 貴賤은 등급에 따라 서로 종속하게 하여야 한다고 주장하고 있다.[3]

---

3) 李彦迪『晦齋集』卷12,「弘文館 上疏」.

<李彦迪의 사회계층구조>

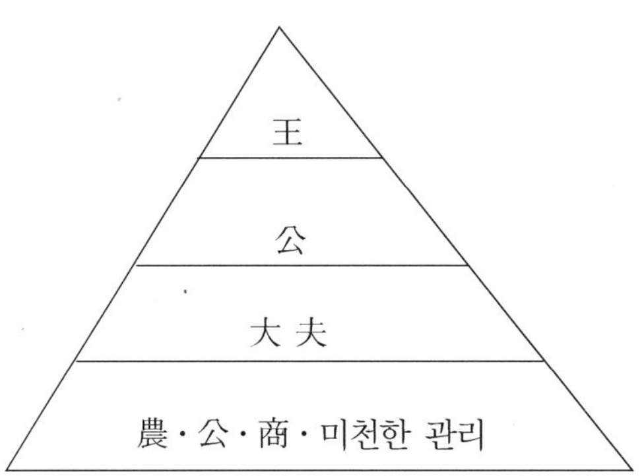

출처: 李彦迪, 『晦齋集』, 卷12. 「弘文館 上疏」 참조함.

위의 내용에서 보듯이 李彦迪은 봉건적 피라미드형의 사회구조의 계층제는 계급 간의 상하(上下) 즉, 지배와 피지배 관계를 확고하게 규정 짓는 데에만 적용된 것이 아니라 한 가정에서도 적용된다. 즉, 가정 내에서도 尊卑의 구별을 행하여야 하는바 남녀, 처첩, 부부, 嫡庶 등의 위치를 엄격하게 행하여야 한다고 하였다. 이리하여 집을 다스리면 천하도 다스릴 수 있으니 이것이 곧 王道政治라 생각하였다.[4]

그는 이와 같이 가정과 국가를 직접 연결시킴으로써 가정을 국가의 축소된 기본단위로 생각하였다. 그리고 이로써 그는 가족관계를 종법적 피라미드의 틀(framework)에 맞추려고 하였다. 이는 王權의 세습제를 비롯하여 통치계급의 세습제를 합리화(rationalization)하며, 治者 中心의 정치적 계서적 신분사회의 기능적 측면의 강조와 피착취 대중의 영원한 피착취자적 지위를 운명지으려는 비민주적 이론이라고 볼 수 있다.

李彦迪은 당시 조성된 士林派와 勳舊派의 권력투쟁과 사회적 모순을

---

4) 앞의 책, 卷7, 『一綱十目疏』 참조.

극복하는 政治安定 및 발전의 王道政治 達成方法을 조화에 의한 출발을 인식하고 「致中和」이론을 주장하였다. 陰·陽이 조화되고 비바람이 제때에 와야 비로소 모든 생물이 성장하며 번식하는 것과 같이 사람도 上·下관계가 조화되어야 王道政治가 달성될 수 있다고 보았다.5) 이러한 李彦迪의 「致中和」이론은 봉건적 신분사회를 합리화하며 봉건적 통치를 영원화 하려는 데에서 나온 王道政治 달성 방법의 기능으로 보았기 때문이다.

李彦迪의 「致中和」이론은 물론 봉건지배계급의 이익을 대변한 것이었다. 그러나 그와 같은 이론이 나오게 된 사회적 제 조건을 이룬 것은 피지배계층이 지배계급을 반대하는 투쟁 및 참을 수 없는 생활처지였다. 그는 바로 이와 같은 사회상을 반영하여 일면으로는 피지배층의 투쟁에 의하여 봉건적 질서가 파괴될 것을 염려하였고 다른 면으로는 통치계급의 지나친 착취와 압박이 봉건통치를 영구히 유지함에 있어서 해롭다는 견지에서 있었다. 그는 이와 같은 모순을 반영하여 투쟁하는 피지배계층들에 대한 일정한 양보를 부분적으로 표시하면서 그것을 勳舊派를 반대하는 데 이용하였고 이로써 조성된 모순을 「조화」하려고 하였다. 따라서 그는 인민들에 대하여 일정한 동정을 표시하였다. 그는 조세와 貢賦의 과중한 부담으로 인하여 피지배계층들이 토지에서 蹂躪되고 기아에서 헤매고 있으며 병사들은 곤경에 처하여 있으니 나라가 위태롭게 되었다고 하면서 천하의 禍樂은 피지배계층에 의하여 일어나니 응당히 피지배계층들에게 대한 부담을 줄이고 求仁에 의한 仁·政을 베풀어야 한다고 하였다.6) 물론 그는 봉건통치 그 자체를 영구히

---

5) 앞의 책, 卷7.『進修八規』.
6) 앞의 책, 卷7.『進修八規』 참조.

보존하기 위하여 피지배계층이 국가의 기본임을 인정하였고, 그러나 이것은 피지배층에 대한 일정한 「동정」과 「양보」를 표시하게 된 사상적 근원으로 되었다. 이상과 같이 李彦迪의 哲學思想과 政治社會的 王道政治 達成 方法의 견해는 士林派와 勳舊派와의 지배계급 내부의 투쟁을 반영하였으나, 다른 한편으로는 지주계급과 농민계급과의 모순도 일정하게 반영하였다. 그는 농민계급과의 계급적 대립에 있어서는 勳舊派와 동일한 보조를 맞추면서 勳舊派와의 투쟁과정에서는 피지배계층들에게 양보, 조화, 중화를 표시하였다. 그러나 그의 이와 같은 사상은 士林에 의하여 정권이 장악되고 그들 자신이 집권자로서 정치적 역할의 중요성과 지배계급의 강력한 왕도정치의 통치이론이 되었다.

제3절 政治的 리더십에 관한 論議

朝鮮朝 前期의 政治變動이 가장 심했던 시기가 政治的 혼란기였다. 이러한 四大士禍를 몸소 체험한 李彦迪은 政治 指導者의 자질 양성을 위한 교육을 강조하면서 연산군과 같은 폭군을 경계하고 君主의 心法과 聖賢의 教訓이 經傳에 실려 있음을 강조했다. 특히 世子의 政治的 資質養成에 대해 그의 상소문 『一綱十目疏』 二條에서 李彦迪은 말하기를,

　　"옛날 明王은 太子를 教養함에 반드시 敦良方正하고 學術과 德
　　行이 있는 선비를 선택하여 輔導를 맡겼으며 …… 學問하는 道는
　　本(根本)과 末(末節)이 있으나 그 本을 먼저하고 그 末을 뒤에 하

는 것이 進德하는 規度입니다. 帝王의 心法과 聖賢의 謨訓이 經傳에 실려 있어 日星처럼 환하게 밝으니 마땅히 潛心熟講하고 優游玩味하여 다만 그 文辭만 통독할 뿐만 아니라 그 理致를 解得하여야만 될 것이고 다만 그 理致만 解得할 뿐이 아니라 그 實地를 履行하여야 될 것입니다. …… 또한 마음이 道에 통한 뒤에 歷史를 보아야만 古人의 是非得失을 한 번 보고도 눈 속에 환하게 될 것이며, …… 임금의 學問은 마땅히 二濟(堯·舜)三王이 行한 治道의 법을 따를 것이니 三代以上 어느 歷史를 읽었겠습니까. 다만 心學만 하였을 뿐입니다. 후세에 와서는 비록 역사 보는 것을 폐지할 수는 없지만은 그러나 그 本末 先後의 차례는 살피지 않을 수 없습니다. 지난번에 士林 사이에서 假借하여 羽翼한다는 말이 있어 兇邪의 잘못됨을 引用하여 師傅의 地位에 두었으니 그 輔導한 것은 道理에 어긋난 것이 많았습니다. 君主의 一念이 存하고 亡하는데 따라 聖人과 狂人이 區分되오니 輔翼의 道를 다하지 않아서는 안 될 것입니다.[7]

이상과 같이 李彦迪의 王道政治 達成論에서 장차 君主가 될 政治的 리더십에 관한 논의로서 君主의 경전을 통한 心學敎育의 중요성과 堯舜의 道德的 實現의 理想社會 건설을 모범으로 한 「正心修德」·「純孝盛德」을 克己復禮함으로써 「修己治人」하고, 「有德者 君主政治」의 실현을 위한 心學的 修己治人을 주장했다. 또한 上疏文을 통해 당시 연산군과 같은 폭군을 경계를 목적으로 하고, 勳舊派 세력인 金安老 中心의 冠錄 부패성에 대한 경계를 하도록 하는 士林의 「爲國之念」 王道政治 達成의 方法的 주체성을 제시했다고 볼 수 있다. 그의 政治的 개혁의지는 시종 「大學」과 「求仁」, 「人民愛物」의 世界의 本源을 두고 경전의 강

---

7) 李彦迪의 『一綱十目疏』 二條目 참조.

조함을 볼 수 있다. 또한 그의 政治思想에서 특히 朝鮮朝 士禍期의 혼란 된 政治秩序속에 「致中和」, 「修己治人」의 修身論을 통한 有德者 君主 政治論의 理論과 實踐志向的 특성에 대한 강조를 강하게 한 것은 그 당시 시대상황의 반영이라 할 수 있다.

李彦迪의 人材登用論에서 그의 政治·行政的 改革論으로써 대표적인 것은 『一綱十目疏』에서 人材를 쓰고 버리는 것은 愼重히 해야 된다고 주장하고 있다. 이 같은 주장을 하게 된 이유는 당시 政權이 一部 勳舊派들에 의해 人材의 行政管理의 公正性이 喪失하고 小數人의 私意에 따라 決定되고 있기 때문이었다.[8] 즉 당시의 民權中心의 金安老가 文武官의 人材登用權을 가지는 使曹와 兵曹의 堂上官을 늘 그 門中에서 세워두었기 때문에, 諫과 待從에 闕員이 생기면 반드시 이들이 그에게 소회하며 許可를 받은 후에야 擬望을 하게 되니, 결국 人物의 進退는 완전히 金安老의 손에 달려 있었던 것이다. 李彦迪은 이와 같이 그릇된 人事行政을 是正하지 않고서는 오랜 勳舊派 政治의 폐단을 지양할 수 없으며, 또한 良心的이고 有能한 人材가 政界에 進出할 수 없다고 생각하였다. 따라서 公正한 人事行政을 期하기 위해서는 무엇보다도 먼저 君主가 人物의 賢雅를 正確히 把握해야만 된다는 것이다.[9]

李彦迪의 상소문 『一綱十目疏』 四條目의 人材登用論에 관한 것을 살펴보면 다음과 같다.

人材를 쓰고 버리는 것은 愼重히 하는 것입니다. 伊尹이 말하기

---

8) 『中宗實錄』 卷85. 1537. 中宗 32年 10月 庚午條 참조; 이병휴, "中宗·明宗代 權臣·戚臣政治의 推移와 晦齋의 對應" 성균관대학교 대동문화연구원 (편), 앞의 책, 1992, 271~315쪽. 참조.
9) 이원균, "李晦齋와 그 政治思想" 『부산수산대학논문집』 제29집, 1982, 67쪽.

를 官職을 任命하되 賢材로서 任命할 것이며 左右의 臣(輔弼 大臣)을 그 適任者로 任命할 것입니다. 臣下의 職責은 德으로써 임금을 보필하고 民衆을 平安하게 하는 것이니 그 意義가 있는 것이니 人材를 任用함에 어렵게 여기시고 聽察함에 愼重히 考慮하여 可否가 相濟하고 始終이 如一해야 합니다.[10]

대개 人材를 쓰고 버리는 것의 성공함과 실패함은 國保의 安危가 여기에 달렸으므로 옛날에 明王은 이것을 愼重히 하고 감히 경솔하지 아니 하였으니 반드시 衆論에 參酌하고 獨居할 때를 잘 살펴 그 賢能한가 奸邪한가 실상을 파악한 뒤에 昇進도 시키고 退職도 시켰다.[11]

賢한 者에게는 그 사람을 깊이 알고 독실히 믿어서 疑心하지 아니했으며 不賢한 者에게는 그 사람을 明確히 살펴서 勇斷을 내려 다시 留滯함이 없으니 이것이 바로 三代(夏·銀·周) 聖王들이 賢人을 任用하고 邪人을 黜去시켜 人材 登用의 한 방법입니다.[12]

後世에 君主들은 이 뜻에 밝지 못하여 擧措(들고 제거함)에 경솔한 까닭으로 賢人을 任用하여도 능히 끝까지 正과 不正을 다스리지 못하고 信任치 못하였다. 人材를 쓰고 버리기 錯亂됨으로써 그 國家를 다스리는 데 잘되고 못되는 것이 드디어 알 수가 있게 나누어지게 되니 이것은 능히 분변하고 시초에 살피지 못한 때문입니다.

---

10) 李彦迪, 『一綱十目疏』, 四條目, 「愼用舍 伊尹曰 任官惟賢材 左石惟其人 臣 爲上爲德, 爲下爲民 其離其愼 愼和惟 ……」. 李彦迪의 一綱十目疏는 李彦 迪이 1539년(中宗 三四年 己亥) 全州府로 있을 때王旨(中宗)에 依하여 上 疏한 것인데 中宗은 이 疏를 東官과 外朝에 전시하여 官中의 規範으로 삼 게 하였다. 이것은 당시 李彦迪의 정치적 입장이라 할 수 있으며, 그는 사 림의 공론을 주도하면서 기묘 사림파가 시도했던 개혁정치를 환원 내지는 재현하려는 노력이었다.(『중종실록』 102, 39년 4월을 해조 참조)
11) 李彦迪, 『一綱十目疏』 四條目 참조.
12) 위의 글 참조.

臣은 가만히 살피옵건대 殿下의 마음이 어진 이를 좋아하고 奸邪한 者를 미워함이 처음부터 公平하셨으니 항상 어진 사람을 들으시면 비록 疏遠한 處地에 있더라도 그를 選拔하여 빠뜨려진 바가 없었으며 그 사람의 奸邪한 사람이라 알게 되면 비록 貴窮한 處地에 있더라도 조금도 용서하지 아니 하였으니 王께서 至極히 明察하시고 公正하지 않고서야 어찌 이렇게까지 公明하셨겠습니까.13)

다만 遺憾스러운 것은 傳導하는 臣下가 光明한 大道를 따르지 않고 暗昧하고 邪經을 많이 따르게 되어 임금의 淸明한 政治에 累를 끼친 것이 되니 수십 년 내로 人物을 進用退黜하고 縉神을(官使) 형벌하는 데 公義에 합당치 못한 점이 많았습니다. 대개 人材를 進退시키는 데는 마땅히 公平正大한 論으로 決斷할 것이니 어찌 편견된 모략이나 奸邪한 凶計를 들어 黑白을 가릴 수 있으며 자기와 반대된다고 해서 함부로 排斥하겠습니까.

人臣의 密啓14)와 아첨이 있다는 것은 先儒가 벌써 論辯하였으니 이런 것은 마땅히 明王은 미워해야 될 것입니다. 옛날에 漢나라 文帝가 長安에 도착하니 周勃이 조용한 곳에서 會談하기를 要請하니 宋昌은 말하기를 公이면 公的으로 말할 것이고 말하려는 것이 私的이면 王者는 私가 없는 법이라고 嚴하게 경고하였습니다. 모든 人材를 進用 退黜할 적에는 항상 愼重을 期하는 뜻을 가져서 반드시 左右 近臣에게 질문하고 조정에 議論할 것이며, 또 반드시 虛名한 心鑑으로써 살펴서 조그마하게 밝게 비치는 것과 같이 편견이 있어서는 안 될 것입니다.15)

만약 바르지 못한 길을 밟아와서 王을 眩惑하는 자가 있을 때는 私없이 進黜하여 嚴하게 退斥시켜 太陽이 밝은 것 같이 한다면 비록 약간의 奸邪한 무리가 있더라도 틈에 들어오지 못 할 것입니다.

---

13) 위의 글 참조.
14) 密啓는 비밀리에 신하가 王에게 올리는 글.
15) 李彦迪, 『一綱十目疏』, 四條目 참조.

지금 公論을 挑斥을 원망을 품고 엿보는 者가 반드시 옛날의 經路
를 꾀할 수 있을 것이니 이런 점을 깊이 살피시고 미리 防備하지
않아서는 안 될 것입니다.[16]

이상과 같이 李彦迪은 君主의 「天命德治」를 克己復禮로써 「修己治人」
한 정치 지도자의 자질에 있어서 정치적 리더십과 人事行政 管理의 不公
正性을 君主에게 지적하고 있다. 또한 정당한 인사등용을 구함으로써 인
사행정은 小數人의 사의로 결정될 것이 아니고, 「國人」의 의사에 따라 시
행되어아 한나고까시 주상하였다. 「公人」이라는 것은 당시 각 지방사회에
뿌리를 박고 있는 士林派들을 의미하는 것으로, 그것은 소수의 특권자들
의 남용하는 人事를 回收하여 士林의 輿論을 위에 공적 공정성을 살리려
는 것이며, 그것은 朝鮮王朝 社會가 요구하는 정당한 정치발전의 중요한
方向이라 볼 수 있다.

제4절 政治的 커뮤니케이션

李彦迪의 『一綱十目疏』에서 治人의 治道로써 言路의 廣開로 忠言을 受
容하고, 奸言을 물리치는 政治的 커뮤니케이션(political communication)
강화의 중요한 의미를 갖고 있다. 특히, 乙巳士禍의 피해자로써 강계적소
에서 유배 時 爲國之念의 상소는 士林派 義理精神의 한 단면으로 이해될
수 있다. 李彦迪은 『一綱十目疏』에서 輿論과 言論에 대해 언급하기를,

---

16) 앞의 글, 四條目 참조.

 "言路를 넓혀 民聲을 중히 여겨 輿論 政治에 힘써야 된다는 뜻
입니다. 臣은 듣건대 옛날에 天下를 다스릴 때 朝廷에는 進善旌과
誹謗木이 있었다 하니 治道를 通하게 하고 直諫하는 사람을 오게
한 것입니다. 孔子는 舜帝의 大智를 稱道하시니 항상 남에게 묻기
를 좋아하면서도 저속스런 말을 살피기를 좋아하며 바로 잡아주고
또 나쁜 점은 숨겨주고 장점은 칭찬하며 또 좋은 점 중에서도 다
시 兩端을 비교하여 그 中을 採擇하여 民에게 政治를 施行한다 하
였습니다. 대개 天下의 이치는 한이 없으며 人間의 所見도 또한 같
지 않은 점이 많습니다. 故로 聖智의 君主도 또한 衆論을 널리 받
아드리고 羣言의 여론을 採擇하여 同과 異의 理論을 참작하고 可
否를 살펴서 그 中을 選擇하여 施行하였습니다. 옛날 聖帝 明王의
政治가 光明正大하여 靑天白日처럼 하늘에 구름 한 점 없이 깨끗
한 道를 썼던 것입니다 …… 이상과 같이 君主는 民의 輿論과 言
論의 保障으로 民에 대한 禮的 秩序가 확립된 선한 政治를 위해
爲國志念의 일환인 士林의 상소와 輿論과 言論의 보장의 길을 넓
힐 것을 주장하고 있다."17)

 이상과 같이 李彦迪은 君主라면 天下의 여론을 모두 파악하여, 예로
부터 아랫사람의 의사를 통하지 않고 政治를 잘하는 임금은 없었다는
신하의 爲國之念의 내용이라 할 수 있다. 또한 君主는 中和의 표준을
세우고, 偏堂의 氣習을 없애고, 人材를 登用할 때는 近親 간을 莫論하
고, 그 사람의 사람됨과 德性과 正直함을 신중히 살펴서 政治權力의 충
원에 대한 중요성을 주장하고 있다. 이것의 올바름이 國家의 蕩蕩平平
의 政治라고 君主에게 유념시켜주는 내용이라 할 수 있다.
 李彦迪 政治論에서 政治의 公開性을 추구하는 政治的 커뮤니케이션

---

17) 李彦迪, 疏, 『一綱十目』, 七條目 참조.

(political communication) 근거를 두 가지로 요약한다면, 첫째는 宮中關係요, 둘째는 言路問題라 하겠다.

먼저 李彦迪은 정치적 화란의 결정적 요인은 宮人中心의 作態에서 비롯된 것으로 확인하며, 따라서 그런 상태에 편승되지 않을 君王의 태도가 요청되는 바, 그 엄정성과 순수성 그리고 宮中과 府中間의 一貫性 유지 등을 강조하고 있다. 君王이 궁궐 깊은 곳에 있다하더라도 그 人君의 마음은 靑天白日과 같아 사람들에게 조금도 감춰질 수 없는 것이라고 하였다.[18]

여기서 君에게 「嚴」의 德目이 요청되었던 것으로 보인다. 李彦迪의 공개정치 지향에 있어서 公論의 形成이 가능하기 때문에 중시된다. 李彦迪의 정치 전개에 公論의 의의를 높이 인정한다. 즉, 公論이 朝廷에 있는 것은 마치 人體의 血氣作用과 같은 것이라고 전제하고, 公論이 한 번 좌절되면 士氣가 沮喪되고, 모든 일이 頹敗함으로 정치사회가 타락하여 國勢가 委靡하여 다시는 진작될 수 없는 것이니 결국 亂亡의 징조인 것입니다.[19] 그러므로 君王은 宮中 깊은 곳에 있다고 하더라고 言路를 넓혀 王의 총명을 도모하여 公論을 활성화 해나갈 수 있을 때에 비로소 바른 政治를 기대하게 된다는 논리가 가능하다.

그 바른 政治란 곧 막힘이 없는 政治 公開의 정치적 커뮤니케이션의 중요성을 뜻한다. 훈구기성세력에 대해 新進士林의 정치참여가 활발했던 당시의 시대적 상황으로 보아 李彦迪의 공개정치 추구의 公論에 대

---

18) 李彦迪, 『晦齋文集』 卷7, 「一綱十目疏」, 嚴家政條, 참조.
19) 앞의 책, 卷13, 兩司箚子, 中宗 22(1527)년 李彦迪이 중종에게 올린 箚子로써 당시 李沆이 논하되 臺諫이 趙光祖의 餘習이 있으니 금지해야 된다고 청하거늘 李彦迪이 箚子를 올려 그릇됨을 極言한 정치적 커뮤니케이션의 중요성을 강조한 내용 끝부분을 참조.

한 견해는 더욱 의미 있게 생각된다. 또한 그러한 언론기능은 士林의 공적 역할과 정치방향을 제시한다는 입장에서 그의 정치참여의 적극적 방법이 되기도 했던 것이다.[20] 어쨌든 公道的 언론기능이 李彦迪 정치론에서 강조했던 것은 결국 은폐되거나 막힘이 없는 公開政治를 지향했던 이유에서 비롯된 것으로 파악된다. 그러한 공명성을 촉진해 가는 데 정치적 커뮤니케이션의 강화가 절실한 것이었기 때문이다.

제5절 國防論

李彦迪은 『一綱十目疏』에서 당시에 긴급함을 요하는 하나로서 軍政의 整備를 들고 이에 대한 깊은 관심을 보이고 있다. 그는 국가의 방위와 民이 保安을 위해서는 軍事가 가장 급무가 되는 것이라고 전제하고, 平常無事 時에 軍政을 잘 정돈하여 「治不忘亂」 하고 「安不忘危」 하는 것이 위급할 때를 당하여 충분히 防備가 있어서 걱정이 없는 소위 「有備無患」이 되는 것이라고 하였다.

李彦迪은 時務策에서 특히 『一綱十目疏』에서 九條目에서 「修軍政」을 살펴보면 國防에 대한 지대한 관심과 그 당시 勳舊派와 士林派의 권력투쟁 당시 國防의 중요성을 강조하고 있다. 이러한 내용의 보면 다음과 같다.

"나라를 防衛하고 백성을 편안케 하는 데는 군사가 가장 急務가 되는 것이나 걱정 없는 세상일수록 더욱 늦추어서는 안 될 것입니

---

20) 이운구, "李彦迪 생애와 사상," 『운정 천옥환박사 회갑기념논집』, 229쪽.

다. 옛날의 聖王은 세상이 다스려져도 어지러운 것을 잊지 않으며 편안하여도 위태로울 것을 잊지 않아서 閑暇한 時期에 兵器를 다스리고 危急의 즈음에 軍威를 크게 떨쳤으나 이것이 이른바 防備가 있어 걱정이 없는 것입니다. 대개 軍政의 事務는 將帥를 選任하고, 土卒을 訓鍊하고, 군수물자(지원)를 풍부하게 하고, 兵器를 잘 정비하게 하고, 城堡를 修築하는, 다섯 가지 일에 있을 뿐이며 軍政의 根本은 또한 人心과 和合과 信賴에 있습니다. 人心이 和合하지 못하면 衆人의 뜻을 믿지 못하게 되니 비록 군사 百萬名이 있더라도 어찌 쓰임에 도움이 되겠습니까."[21]

그는 國防論에서 지휘관을 엄밀히 선발하고 병사들을 일상적으로 잘 훈련하며, 국가의 축적을 많이 하고, 병기를 잘 준비하며, 또한 성을 잘 수축하여야 한다는 국방문제 5가지 요체를 주장하였다. 그런데 우선 무엇보다도 중요한 것은 민심을 안정시키고 나라의 단결을 강화하는 것이니, 만약에 이렇지 못한다면 백만 대군인들 무엇하랴라고 하였다.[22] 그는 우선 국방에서 병사와 지휘관 간의 모순, 즉 지휘관은 병사를 초개와 마찬가지로 보며 병사는 지휘관을 불신하는 현상을 근절하고, 병사에 대한 대우를 개선하며, 특히 보병과 수병을 강화하여야 한다고 하였다.[23] 만약에 救世濟民하고 국방을 강화하지 않는다면 10년을 못 가서 병사들과 군비가 없어지고, 따라서 왜적이 침입하고 북방의 적들이 쳐들어와도 속수무책일 것이니, 국가의 운명이 위태롭다고 집권자에게 권고하였다.[24]

---

21) 李彦迪의 『一綱十目疏』의 九條目인 「修軍政」 참조.
22) 앞의 글, 卷7, 『一綱十目疏』, 참조.
23) 앞의 글, 卷7, 『一綱十目疏』, 참조.
24) 앞의 글, 卷7, 『一綱十目疏』, 참조.

그러나 당시 軍의 상황은 이와는 전혀 달랐다. 士卒들은 主將의 심한 닦달과 노동의 고통 때문에 원망하고 비방하는 소리가 높고, 또 主將은 士卒을 초개 같이 여기고, 士卒은 主將을 원수처럼 대하여 和와 信은 도무지 찾아볼 수 없다는 것이다. 그는 이와 같은 당시의 실정을 장차 국가가 무너질 행세라고 지적하고, 변경에 비록 아무런 경보가 없으니 이미 軍卒은 극도로 쇠약해져 있다고 하고, 그 원인은 邊將들의 잘못도 있지만 그 근본은 따지면 軍政의 紊亂에 있다고 하였다.[25]

和와 信을 해치는 당시의 軍政紊亂을 개선하기 위하여 李彦迪은 다음 몇 가지 점을 지적하였다. 우선 첫째는 地方武官(僉使와 萬戶)에 대한 인사행정의 불공정에서 오는 것으로 邊將들의 軍民에 대한 수탈을 들었다. 즉 근래에 첨사와 만호가 거리낌 없이 가렴주구를 하고 있는데, 만약 公道로써 적합한 인물을 선출하였더라면 軍民에 대한 침탈이 어찌 이 지경에 이르렀겠느냐고 통탄하고 있다.[26] 당시 지방 무관에 대한 조정의 인사행정은 말이 아니었다. 武才를 가지고 賢否를 묻는 것이 아니라, 오로지 권세를 가진 자의 청탁으로, 인사가 이루어져 뇌물과 부조리가 횡행한 실정이었다. 그러므로 변장들은 軍務보다 수탈에 열중하였고, 이로 인하여 主將과 士卒 간에 不和와 不信이 조장되어 군대 사기가 떨어지고 있었다.[27]

---

25) 앞의 글, 卷7, 『一綱十目疏』, 참조.
26) 『中宗實錄』 卷70, 中宗 25년 12월 甲申條: 「司諫李彦迪曰, 近來廉恥之風頓喪, 貪汚之風大作, 外方守令・僉使・萬戶, 滔滔皆是, 割剝百姓, 微斂無己, 略無忌憚. …… 僉使・萬戶, 若以公道擇差其稍可之人, 則侵虐軍民, 豈至於此極耶」.
27) 李彦迪, 『晦齋先生文集』 卷7, 「一綱十目疏」: 「蓋步兵役若於騎兵, 而其保有二, 水卒役若步兵, 而其保有一, 愈若而愈單, 掊克多端, 勢不能堪, 一保旣逃, 身亦不態保矣, 於是責督於隣族, 隣族又逃, 一卒逋役, 一里破産, 怨痛極天,

두 번째 문제는 軍士들에게 保人을 지급하는 것이 너무 비현실적이었다. 즉, 步兵은 騎兵보다 더 苦役인 데도 保人은 2人뿐이고, 水卒은 步兵보다 더 고역인데도 保人은 단지 1人뿐이며, 거기에 여러 가지로 가렴주구가 심하여 결국 保人이 도망함에 이르러는 자신마저 보호할 수 없게되어 도망하게 된다는 것이다. 이에 이웃과 친척에게 兵役을 연대 책임 지우니 이들 마저 도망하게 되어, 결국 한 兵卒의 兵役문제로 隣微·族徵을 거쳐 一里가 파산하게 되어 백성의 원망이 극도에 이르렀다고 지적하였다. 따라서 만약 이러한 軍政을 개선하지 않으면 10년이 못 가서 步兵과 水卒은 종자조차 없어지고 軍備가 아무 것도 없게 될 것이며, 그 때 外侵이 있으면 어떻게 대처할 것인지 염려된다 하였다.

세 번째 문제로는 西北兩道(평안도·함경도) 백성들의 苦役을 경감해 주어야 한다고 주장하였다. 서북양도는 국경과 접하고 있는 곳이므로 백성들이 변경을 지키는 데 지친 것은 물론이려니와 그 외 수달피 가죽의 공납이나 使臣의 迎送과 支供(특히 평안도)에 지쳐있다고 지적하였다. 여기에 변장들의 수탈이 심하여 民卒들이 流亡하는 경우가 많아 국경 지방이 텅빌 정도라고 하였다. 그러므로 서북양도에 대해서는 특히 세금과 兵役의 연대책임을 완화하여 백성들의 힘을 되살리고, 人事行政은 쇄신하여 장수와 수령을 엄선하고 또 상벌을 분명히 하고 백성을 위무하는 교지를 내려 사기를 진작시켜야 한다고 건의하였다.[28]

이상과 같이 李彦迪의 國防論에서 주장한 5가지 要諦와 有備無患의 정신으로 국가 보위능력의 증대를 강조한 것은 임진왜란이 일어나기 반세기 전에 나온 것이라고 볼 때 당시 시대적 상황에 비추어 볼 때

有不忍見」 …….
28) 李彦迪, 『晦齋先生文集』, 卷7, 「一綱十目疏」.

시대적 의의가 있다고 할 수 있다.

李彦迪의 國防論은 임진왜란 전야에 처하여 통치계급이 사치와 낭비, 권력 다툼에 몰두하고 있었던 당시 시국인식에 현실성이 뛰어난 미래 지향적인 의견이었다.

그 이후 李珥의 「십만양병설」도 있었지만 조정의 상황으로 미루어 보아 李彦迪의 5가지 修 軍政의 要諦가 중종에게 정책으로 받아들여졌다면 歷史上 日本의 대침략 전쟁인 임진왜란에 「有備無患」으로 대처할 수 있는 위기를 극복할 수 있었을 것이다. 또한 「人和團結」의 강조도 당시 조정의 혼란성에서 政治的 安定(Political Stability)의 중요한 의미를 부여할 수 있다.

李彦迪의 政治論에서 開陳된 중요한 내용을 요약해 보면, 百姓이라고 하는 被治者에서의 能度를 문제 삼는 것이 아니라 治者自身들의 理念과 실천적 자세를 정립하기 위한 理論들이 君主政治 理論의 基本 立場이다. 政治論에서도 이와 같은 性格은 일관되어 있다. 治者 中에서도 君主라고 하는 政治現象의 核心人物에 초점을 모으고 있는 것이다. 따라서 君道의 質的 向上이 가장 큰 課題로 지속된다. 그렇다고 臣道나 백성의 立場이 경시된다는 것이 아니다. 거기에는 君主政治의 程度에 따라서 여타의 문제는 자연히 이루어지지 않을 수 없다는 본질주의적 一體性이 전제되어 있는 것이다. 그러므로 君主政治를 말하는 政治論的 立場은, 統治理念의 哲學的 확인에서부터 정무집행의 실무적 次元에 이르기까지 전체를 문제 삼는 總體性을 갖는다. 이러한 論理에서 볼 때『綱目』으로 설명하는 政治論의 논리구조는 의미 있게 보이는 것이다.

이제 그가 논술한 중요한 내용을 요약해 보면,

첫째, 君王의 人間精神을 돈독히 해가야 된다는 것이다. 이것은 統治

理念과 그 哲學精神의 定立에 관한 기초적 문제로서 天地萬有와 공존하고 있는 人間의 實體性을 확인하는 자리에서 비롯된다. 그러한 터전에서 君王의 聖德이 성숙되어질 때, 비록 정치 전개의 樣相이 절대성을 갖는다 하더라도 非人道的 矛盾을 유발할 수 없다는 타당성을 가능하게 한다. 이러한 성격의 문제는 가장 본질적인 것으로 『一綱十目疏』 中의 一綱(心術)으로, 『弘文館上疏』 내용 중의 一綱(致中和)으로, 『政府書啓十倏』에서도 經筵의 정상기능 유지문제 등으로 다루어졌으며, 이것은 君主의 정신적 心術의 중요성을 강조한 점이다.

둘째, 王家로서의 宮中에 순연한 嚴正性이 유지되어야 한다는 점이다. 조정의 公明한 政治展開에 있어서 가장 심각하게 작용되는 침해요인이 유발되지 않도록 하는 至論이다.

셋째, 정치기강의 확립이라는 朝廷의 課題이다. 즉, 從政者들의 人格問題와 政務執行의 正名的 態度 등에 관한 일들이다.

넷째, 賢士에 의한 政治展開를 주장한 점을 들 수 있다. 賢愚가 辯別되지 않거나 人材가 밝혀지지 않을 때는 결국 혼탁한 政局으로 전락된다고 보기 때문이다.

다섯째, 정치적 커뮤니케이션(Political Communication)의 實現을 강조한 점이다. 이 문제에 관하여 李彦迪은 "言路를 넓힐 것", "諫諍을 용납할 것", 또는 君王의 "總名을 넓혀갈 것" 등의 條目으로 강조하였다. 意思가 소통되는 公論政治를 지향하는 方法으로 매우 중시되었던 것이다.

여섯째, 백성의 어려움을 알아주는 仁政을 추구한 것이다. 그 主要內容으로 형벌과 조세에 관한 신중성을 요하고 있다.

일곱째, 敎化와 風俗을 바로 잡을 課題를 든 점이다. 一般人의 보편

적 가치관 정립과 절약정신을 적극적으로 啓導하여 心身의 安定을 도모해야 된다는 입장이다.[29]

여덟째, 軍政의 改善으로 有備無患의 精神으로 國家保衛能力의 증대를 강조하고 있다.

이상과 같이 李彦迪의 君主政治論은 당시 16세기 전반기 중앙정계에서 기세를 펴고 국권을 농락하고 있던 훈구파들의 세력을 배제함으로써 혼란한 국정을 바로 잡고 도탄에 빠진 민을 구출하는 것을 그 목표로 삼고 있는 것이었다. 그는 이 목표에 도달하기 위해서는 무엇보다도 우선 훈구파세력에 의해 약화된 君權中心의 强化가 先行되어야 할 것으로 보았다. 「帝王의 學」이라는 일종의 君主主權의 理論과 實際를 제시하여, 마땅히 君主는 道學을 익히고 間斷 없는 修養을 통해 마음자리를 大公至正한 위치에 두어, 일호의 偏私도 없이 是非를 옳게 분별하고, 事理를 바르게 판단하여 公平正大한 君主政治를 실현하기 위해 정치지도자 자질과 人事行政의 정치적 커뮤니케이션, 國防論 등의 중요성을 강조하고 있다.

---

29) 조남욱, "李晦齋의 儒家政治論 硏究," 부산대학교, 『통일논총』 제5집(부산: 부산대학교, 1984), 73~89쪽; 李彦迪의 상소문 『一綱十目疏』, 『弘文館上疏』, 『政付書啓十條』 참조.

제6장 李彦迪 政治思想의 評價 및 結論

제1절 李彦迪 君主政治思想의 理論的 意義

本 研究는 16세기 朝鮮朝 사회의 정치적 격변기에 戊午·甲子·己卯·乙巳에 이르는 네 번의 士禍를 거치면서 勳舊派로부터 가혹한 탄압을 실제 경험한 李彦迪의 君主政治思想 연구라 할 수 있다. 역사발전에 있어서 개인의 역할이나 그 의미를 어떻게 평가해야 하는가의 문제는 인식의 방향에 따라 차이가 서로 다르게 이끌어 낼 수 있을 것이다. 그것은 개인이 초월적인 존재로 잘못 인식되어 영웅시 되거나 또는 개인과 공동체가 만들어내는 사회적 존재의식으로 개인의 존재가 무시되어 과소평가 되는 것은 바람직한 일이 아닐 것이다.

李彦迪은 士林派에 속하는 官人의 한 사람으로서 당시 국가와 사회가 직면한 어려운 현실 문제를 올바르게 인식하고, 그 해결과 대비할 방책을 강구할 政治思想家요, 經世家였다. 따라서 李彦迪의 사상연구는 지금까지 알려지지 않았던 새로운 諸斷面과 朝鮮朝 君主政治思想의 방향과 성격을 밝히는 데 중요한 역할을 규명할 수 있다. 또한 16세기 士林派 政治人들이 가지고 있었던 思想과 時國觀을 이해하는 데 도움을 주며, 韓國政治思想의 통사적 정립에 기여 할 수 있다.

특히 송대 朱子學의 수용을 통해서 동 시대의 정치적·사회적 상황에 어떻게 대응해 갔느냐 하는 점을 해명함으로써, 동 시대의 朝鮮朝

朱子學이 송대 朱子學과는 어떻게 다르며, 또한 수용 및 이식과정에 있어서 朝鮮朝 朱子學의 이론적 구조는 어떠한 특질을 내포하고 있느냐를 파악하고 재해석함으로써 현대적 연구의의로 규명해보고자 한다. 朱子學이 朝鮮朝 朱子學으로써 이론적 체계화를 이룩한 것은 16세기 후반 李滉에 이르러서였다고 할 수 있다. 따라서 朱子學이 전래된 이래 체계화된 朝鮮朝 朱子學으로서 정착하는 데에는 약 200년의 기간이 소요되고 있는 것이다. 물론 朝鮮朝 朱子學 수용과정을 검토함에 있어서 이 기간 중에서 鄭夢周, 鄭道傳, 權近 등에 이어서 金宗直, 金宏弼, 趙光祖, 그리고 그 후 士禍期 대표적 士林의 徐敬德, 李彦迪 등의 朱子學 연구의 경향이 어떤 것이었느냐 하는 점1)이 결코 간과할 수 없다는 것을 앞에서 지적하였다. 이런 의미에서 본 연구는 그중 한 분야라 할 수 있는 士禍期의 대표적 士林으로써 朝鮮朝 主理派 선구자로써 趙光祖와 李滉의 중간 위치한 李彦迪의 개별사상연구라 할 수 있다.

15세기 중엽부터 16세기 중엽에 걸쳐서 朝鮮朝의 정치과정을 살펴보면, 세조의 왕위찬탈사건을 비롯해서 戊午士禍, 甲子士禍, 己卯士禍, 및 乙巳士禍 등이 일어나고 있었으며, 이들의 일련의 역사적 정치사건은 정치학적 측면에서 보면 기본적으로 통치층 내부에 있어서 권력투쟁이었다고 볼 수 있으므로, 이러한 관점으로 접근한 연구가 거의 없는 것이 학문적 현실이다. 그러므로 본 연구는 그러한 연구의 미흡성을 지적하면서 戊午·甲子·己卯·乙巳士禍를 전후한 李彦迪의 君主정치 사상연구의 개별 연구라 할 수 있다. 또한 그동안 李彦迪의 사상에 대해 부분적, 단면적 연구에 본고는 비해 그의 사상전반을 이론적으로 체계화했다는 데 그 학문적 의미가 크다고 할 수 있다.

---

1) 박충석·유근호, 『조선조의 정치사상』 (서울: 평화출판사, 1982), 37쪽 참조.

학문적 연구에 있어 政治思想的 基礎로써 첫 번째 李彦迪의 宇宙論이 나타난 『太極論辨』과 曹漢輔 論爭의 性理學史的 意義를 찾아본다면, 그것은 韓國儒學史上 일찍이 볼 수 없었던 朝鮮朝 최초의 철학적 대논쟁이었다 그 주된 내용은 性理學의 핵심이 되는 宇宙論에서 無極而太極觀을 위시하여 虛無寂滅論의 省察과 下學上達에 관한 문제 등이었다.

물론 宋大에도 朱子와 陸象山 사이에 이와 비슷한 論爭이 많이 있었지만, 그에 비하면 論辯의 內容이 달라졌던 바, 「道體의 認識과 道의 實踐을 어떻게 하는 것이 바르냐」는 보다 적극적이고 절실한 문제에 집중되었다.[2] 李彦迪은 程朱學的 正統性理學의 맥락에서 宇宙論을 계승하는 입장이었고, 曹漢輔는 老拂의 色彩를 띤 遊心的 立場에서 論爭을 거듭하였던 것으로 보인다. 만일 曹漢輔도 李彦迪처럼 순수한 程朱學的 입장에 있었다면 그러한 哲學的 對話가 없었을지도 모른다. 그러나 그것이 동일하지 않았기 때문에 상호 절실하고 심각한 理學的 理論을 전개하였다고 생각된다. 한편 曹漢輔의 견해나 그가 사용했던 文句를 볼 때 老拂的 異說에 一脈相通하는 바가 있다 하더라도 스스로 道家나 佛家의 學說에 근거한 것이라고 표면화시키지 않고 李彦迪의 答書를 이해하는 듯한 態度를 취함으로써, 李彦迪의 論辨이 더욱 적극화된 것으로 보인다. 오히려 老佛的 異端之說에 치중되어 있다고 비난한 것은 李彦迪의 입장이었다.

결국, 本體를 체득한 듯한 老大家라 하더라도 老佛的 異端之說에 입각하여 自說만 고집하는 경우가 아니라면, 李彦迪의 程朱學的 儒學論理에 이길 수가 없었던 것으로 나타난다. 뿐만 아니라 本體에 관한 氣論

---

2) 이상은, "晦齋先生의 哲學思想" 묵민회갑기념사업회(편), 『國譯晦齋全書』
(서울: 동아출판사, 1974), 905쪽.

182

的 太極說이라던가 陸象山의 心學的 學說에도 批評을 가한다. 이런 당시의 性理學의 異說의 도전을 받기 시작함에 있어서 正統的 입장에서 이를 지킨 이가 바로 李彦迪이라고 볼 때3), 그의 朝鮮朝 性理學的 貢獻과 위치는 뚜렷한 것이라 아니할 수 없다.

즉 말하자면 李彦迪은 이 曹漢輔와의 論辨을 통하여 朝鮮朝 程朱學, 周廉溪의 性理學的 特性에서 宇宙論을 定立하는 데 결정적인 역할을 함으로써 그 土着化를 가능하게 한 사람이라고 할 수 있다.4) 또한 朝鮮朝 性理學史에 있어서 居敬窮理的 學行을 간직하며 無極而太極을 性理學의 핵심문제로 삼기 시작한 것도 李彦迪에서 비롯된 것으로 이해되며 李滉, 李珥 性理學의 展開도 李彦迪의 선구적 역할의 바탕에서 深化된 것으로 보인다. 이처럼 李彦迪의 無極太極에 대한 性理學的 批判論爭과 曹漢輔와의 四回에 걸친 論辨은 朝鮮朝 최초의 性理學的 大論爭으로 높이 평가되는 것이라 하겠다.5)

둘째는 朝鮮朝 朱子學이 수용되는 과정에서 자주적 학문 태도로 볼 수 있는 朱子의『大學章句』해석에 대해 李彦迪의 비판부분이라 할 수 있다. 李彦迪은 乙巳士禍의 참화 속에서 평안도 江界로 유배되어 그곳에서 많은 저술을 남겼는데, 그중 하나가『大學章句補遺』이다. 이것은 그의 나이 59세 때 作으로, 이 저서는 朱子가 編한『大學章句』의 편차에 대한 이견을 갖고 이를 改修하여 그 편차로 재구성한 것이다.6) 李

---

3) 김충렬, "李彦迪의 哲學思想 논평," 유명종, 『한국철학연구: 中券』, 1978, 193쪽; 한국철학회(편), 『한국철학사: 中券』 (서울: 동명사, 1989), 206~216쪽 참조.

4) 유정동, "李彦迪 철학사상의 위치," 『한국철학연구: 中券』, 1978, 194쪽.

5) 유정동, "花潭·晦齋·退溪의 성리설 전개," 성균관대학교 대동문화연구원(편), 『한국사상대계 Ⅳ』, 1984, 298쪽.

6) 이지경, "晦齋 李彦迪의 『大學章句補遺』에 관한 연구 - 朱子의 『大學章句』

彦迪 역시 그의 학문태도를 程朱 系統에 두었지만, 그렇다고 程朱學을 결코 맹종하지 않았다. 그의 대체적인 입장이 程朱의 그것일 뿐 구체적으로 자신의 입장을 자유롭게 택한다. 그의 『大學章句補遺』가 그러한 例證을 충분히 인정하면서도 程朱의 것만으로는 아직도 미진하다는 판단아래 朱子의 『大學章句』를 수정한다. 그러면서도 그는 「비록 회암이 다시 나오더라도 역시 이것(자기 뜻)을 택할 것」이라고 확신한다. 이것은 그의 자주적 학문 태도가 이에서 더 분명할 수 없다.7) 이것은 麗末鮮初에 朱子學을 신봉하고 이에 심취해 있으면서도 나이기 그 지적물들이 자기의 견해에 맞지 않을 때 과감히 손을 대어 뜯어고치는 그의 학자로서의 학문적 태도와 깊은 학문적 硏鑽 그리고 그의 창의성은 우리나라 思想史 내지 經學史에 自主的 위치를 차지하고 있다고 하겠다.8) 이러한 의미에서 李彦迪의 大學章句 분석은 매우 중요한 의미를 가지고 있다.

셋째는, 李彦迪의 君主政治思想 이론이라 할 수 있는 『中庸九經衍義』는 君主論에 대한 政治思想的 分析이다. 李彦迪의 『中庸九經衍義』의 講學明理論은 君主가 天下國家를 經論하는 原理·原則을 논술하여 당시 朝鮮朝 국왕인 明宗에게 진헌할 목적으로 李彦迪이 평안도 강계 유배지에서 남긴 후기 君主政治思想을 정리한 대표적 저서이다. 비록 미완성으로 끝낸 것이라 할지라도 李彦迪의 君主政治思想의 講學明理論을

해석에 대한 근원적 비판을 中心으로," 청주대학교 사회과학 연구소(편), 『사회과학 논총』 제16집, 1997, 235~235쪽, 참조.

7) 윤사순, "조선전기 性理學의 사상적 기능 ― 그 사회사상적 기능에 치중하여," 『韓國儒學論理』(서울: 현암사, 1980), 41쪽 참조.

8) 이지형, "晦齋의 經學思想 ― 『大學章句補遺』, 『中庸九經衍義』를 중심으로," 대동문화연구원(편), 『李晦齋의 思想과 그 世界』(서울: 성균관대학교 출판부, 1992), 18쪽 참조.

이해하는 데 중요한 문헌이라 할 수 있다. 이것은 당시 勳舊派와 士林派의 권력투쟁에서 士林派가 내세운 정치 이념으로써 仁政이 16세기 전반기 李彦迪에 와서 그 이론적 체계화가 완성되어 『中庸九經衍義』를 비롯한 著述에서 '帝王의 學'으로 구체화되었다는 데 그 의미가 크다.[9]

제2절 李彦迪 政治思想의 評價 및 影響

李彦迪의 활동 시기는 16세기 전반기로 朝鮮前期 4대 士禍가 그의 생애 중에 계기적으로 일어났으니 정치적으로는 격동기의 소용돌이를 몸소 체험했다고 볼 수 있다. 그러나 戊午・甲子士禍는 그의 出仕前인 幼年期에 일어났고, 己卯士禍期는 承重孫으로 祖交喪中에 있어 직접 연루되지 않았다. 乙巳士禍때는 左贊成兼院相의 지위에 있어 어쩔 수 없이 당국자의 한 사람으로서 훈척세력과 士林 사이에 서서 性理學적 이상정치를 朝廷에 제시하는 등 經世論을 적극 개진했으나, 결국 척족정치의 희생이 되었다.[10]

李彦迪은 朝鮮期 正統性理學 계보의 正脈인 東方五賢 가운데 金宏弼・鄭汝昌과는 연령상 접촉이 있을 수 없었고, 兩賢의 유고인 『景賢錄』과 『一蠹集』이 收拾, 編刊되기 전이니 李彦迪이 양현의 사상이나 학문에 접할 기회는 없었다. 오히려 李彦迪은 그들의 스승인 金宗直의 학문을

---

9) 이지형, 앞의 글, 1992, 29쪽 참조.
10) 이수건, "晦齋 李彦迪 가문의 사회 경제적 기반," 영남대학교 민족문제연구소(편), 『민족문화논총』 제12집, 1991, 58쪽.

孫昭・孫仲暾父子(李彦迪의 外祖・外叔)를 매개로 하여 士林派의 의식세계와 학문을 전수 받게 되었다. 孫昭는 학문적인 저술은 남긴바 없으나 金宗直과는 과거동기 仕官同僚로서 30년간 知己之友였다. 특히, 李彦迪은 수학과 出任에는 外叔의 가르침과 외가의 배경이 컸다.11) 李彦迪은 29세 때 己卯士禍를 당했고, 또 服喪鄕居 중인데다가 그전 3, 4년간은 微官에 있었으니 趙光祖와는 對面수작했거나 학문상 交遊는 없었던 것 같다. 다만 『關西問答錄』에서 趙光祖의 女色에 대한 결백한 면을 이야기한 것이나 그의 疏劄에서 己卯士林과 관계되는 문제에 대하여 간접적인 言及이 있을 뿐이다. 또한 李彦迪은 현실 대응자세와 시국관에 있어서도 趙光祖와는 상이한 태도를 취했던 것이다.12)

李彦迪은 李賢輔・金綠・權撥・盧守愼 등 영남출신과 金安國・許曄・柳希春 등 기호출신들과도 서로 선후배 관계로 접촉이 있었다.

그런데 『關西問答錄』에서 金安國에 관해 李彦迪이 언급한 내용을 되새겨 볼 때13) 그를 선배로 대하면서도 그 學德에 관해서는 크게 존경하지 않은 것 같다.14) 사실 李彦迪은 趙光祖・金安國을 비롯한 己卯名賢과 李滉・李珥・曹植을 비롯한 16세기 후반 新進士林의 중간에 개재한 존재로서 체계적인 저술을 별로 남기지 못한 16세기 초까지의 士林

---

11) 金宗直, 『佔畢齋』 卷2, 孫昭墓碣銘 참조.
12) 이수건, 앞의 글, 1991, 59쪽.
13) 李彦迪, 『晦齋集』 卷11 拾遺 祭金慕齋安國文 「幸忝下僚, 累承警咳, 景仰高標」라든지, 同書卷6, 祭金綠府尹文 「志契斷金, 今莅我邦(慶州府尹), 情義益深」이라 한바와 같이 李彦迪은 金安國 榜下에서 及第하고 또 上下級同僚로 있었던 것이며, 金綠과는 妻朴氏와 인척관계였고 그가 慶州府尹으로 있을 때 李彦迪은 자주 交遊했던 것이다.
14) 李彦迪, 『關西問答錄』, 明宗4卷 11월 7일 條 「大人(李彦迪)曰, 顧金安國與我同入宗廟, 其初入班列時, 當莊敬嚴肅, 無一毫他念也, 金國時在班列, 昔而與人論文, 是不敬也, 由是觀之, 此人多博學, 而小存養之功也」.

의 학문적 전통을 계승, 비로소 性理學에 관한 자기 나름의 방대한 저술을 남겨 主氣派의 開祖格인 徐敬德과 병행한 主理派의 開祖가 되었다. 李彦迪은 金安老 실각(1537) 후에는 中宗의 신임을 받아 淸要職을 역임하였고, 한때 '言聽計從' 하는 위치에 있었는데, 趙光祖를 비롯한 己卯士禍人에 대한 적극적인 신원을 전개하지는 않았다. 李彦迪의 신중한 태도는 평소 己卯人士를 비판적인 시각으로 보았기 때문이며, 그것이 나중에 李彦迪이 李珥를 비롯한 기호사림으로부터 비판을 받은 이유 중의 하나라 생각된다.15)

李彦迪은 金安國과는 선후배 사이로서 金安國이 경상도 감사 재임 때 자주 접촉한 것 같으며, 또 金安國이 驪州에 鄕居하고 있을 때 李彦迪은 李滉과 함께 그 문하를 출입하였으니 金安國은 15세기 士林과 16세기 嶺南學派 사이에 교량적인 역할을 했던 것이다.16) 그런데 李彦迪은 明宗朝 史官의 표현처럼 中宗전반까지는 朝廷에 거의 알려지지 않았다. 그는 평소 많은 제자들을 모아놓고 講學한 적이 없는데 41세(中宗26)初까지는 微官에 머물었고, 41세에서 47세(中宗32)까지는 金安老의 훈척세력 집권기라 그의 재향기간 이었다. 47에서 57세(明宗2)초까지는 조정의 重臣으로 있었으니 뒷날 李滉이 推崇하기 전까지는 大學者인줄 잘 몰랐던 것이다.

李彦迪은 李滉과 동갑인 曹植과는 10년 장이며, 密陽府使와 경상감사에 曹植의 학행과 명성을 익히 듣고 있었다. 서로 대면한 적은 없으나 李

---

15) 李彦迪의 성품이나 언행은 李滉과 닮은 데가 많았다. 온건·신중한 태도는 강계적소 때 弟彦适에게 보낸 서찰에서도 잘 나타나 있다. 李彦适,『聾齋集』卷1「但絶口不言時事, 人有諸不答如癡聾, 甚幸甚幸, 對鄕族但爲農談, 勿爲雜談, 雖左親中, 愼勿言及時事萬幸」.
16) 李滉,『退溪全書』4, 言行錄 卷6, 참조.

彦迪이 曹植을 천거한 적이 있고 또 서신을 서로 교환한 바 있었다.[17] 李彦迪은 경상감사 재임 때 曹植에게 면회를 청했으나, 그는 擧子의 처지에서 道主인 감사를 배알할 수 없다고 사양하였다. 曹植의 族人 曺潤孫(兵判)이 全仁母子를 두고 出自是非가 있게 되면서, 曹植은 李彦迪의 사생활을 알게 되었고, 감사로서의 체통유지라는 문제와 乙巳士禍로 그 親友 郭珣·宋麟壽 등이 被逮 되었을 때, 李彦迪이 推官의 한 사람으로 있으면서 그들을 구제하지 못했다는 등에 대한 불만이 쌓여, 마침내 曹植은 『解關西問答』에서 全仁母子의 出自, 李彦迪 父子의 문답내용에 관한 문제점 및 李彦迪의 出處·居官에 대하여 비판적으로 기술했던 것이다. 이에 반해 李滉은 李彦迪 사후 그의 아들인 全仁의 李彦迪신원과 현양사업에 적극 협찬하였고, 또 자신이 李彦迪의 遺稿교정과 行狀撰述 등 李彦迪의 추숭에 자신의 심혈을 기울였다. 사실 李彦迪은 李滉의 적극적인 추존에 의하여 東方四賢의 위치를 굳히게 되었다.[18]

이상과 같이 李彦迪에 대해 李滉과 曹植이 서로 相反된 인식을 갖게 된 배경에는 다음과 같은 사정이 작용했다고 볼 수 있다. 즉 成宗朝 이래 지방에서 성장한 新進士類의 官界 진출이 매우 활발하였으나, 燕山 4년 戊午士禍를 시작으로 甲子·己卯士禍가 계기적으로 발생하자 士林은 爲學자세와 出處 및 시국관에 있어 크게 세 갈래로 나누어졌다. 첫째는 권력 또는 관료 지향성이 강한 부류로서 이들은 집권세력과 야합

---

17) 曹植, 『南冥集』 卷4, 補貴 答李彦迪書가 있으나, 李彦迪의 『晦齋集』에는 李彦迪이 曹植에게 보낸 서간은 실려 있지 않다.

18) 이수건, 앞의 글, 1991, 59~60쪽, 乙巳士禍를 전후한 시기 李彦迪의 '出處' 문제에 대한 曹植과 李珥 및 선조의 비판에 대해서는 유성룡과 이항복 등에 의해 그 오해가 밝혀졌다고 생각되며, 또 『明宗實錄』의 당시 기사를 세밀히 분석해 볼 때, 李彦迪은 몇몇 後人들의 비난과 같은 처신의 혐의는 없었다.

하여 부귀를 탐하는 이른바 濁派가 여기에 해당되며, 둘째는 기회를 보아 應試·出仕하되 집권세력을 비판하고, 士林政治의 이상을 실현하려는 과정에서 士禍 때마다 화를 입었던 金馹孫·趙光祖·郭珣 등이 이 부류에 속한다. 한편 이와는 좀 다르지만 응시와 出仕 하면서도 難進易退와 온건·審愼한 태도를 견지하여 朝野를 출립하면서 明哲保身하려는 李彦迪·李滉 등도 이에 속한다. 셋째로 性理學과 士林의 입장은 견지하면서도 처음부터 과거와 出仕를 단념하고 '鄕村에서 學德을 쌓은 부류로서 조정에서는 이들을 遺逸'로 지칭하였다. 당시 연속되는 士禍와 과거제의 문란으로 인해 과거와 벼슬을 기피하는 處士가 많아지게 되었고, 조정에서는 人才登用이란 명목으로 수시로 遺逸을 특채하였다. 曹植을 비롯한 成運·李恒·成悌元 등이 이에 속한다 하겠다.[19]

한편 李珥는 明宗末·宣祖初 관계에 본격 진출하였다. 乙巳士禍 이래 집권층인 훈척세력을 공격하고, 己卯·乙巳士禍人士들을 신원하는 데 앞장섰던 李珥는 乙巳士禍를 전후한 시기 조정의 重臣으로서 온건신중한 李彦迪의 태도를 보고는 매우 비판적인 인식을 갖게 되었다. 그 결과 李珥는 『經筵日記』에서 구체적으로 李彦迪을 혹평하고 있다.[20]

趙光祖에 대한 李珥와 李滉의 견해는 대체로 일치하였으나 李彦迪을 비롯한 인물평은 서로 대조적이었다. 宣祖初 士林이 크게 東西로 分出됨에 따라 영남·기호학파가 서로 상대적이지만, 李珥는 李彦迪·李滉·李浚慶·盧守愼 및 나중 東人편에 선 인사들에 대해서는 상당한

---

19) 이수건, 앞의 글, 1991, 60~61쪽.
20) 李珥, 『栗谷全書』 卷28, 『經筵日記』, 宣祖, 卽位年 10月 條에서 李彦迪에 대한 논평의 근거를 보면, 「但無經濟大才及立朝大節, 乙巳之難, 彦 ……, 觀其居家, 不能遠不正之色, 立朝不能任行道之責, 乙巳之難, 不能直言抗節 …… 雖竟得罪, 額亦 矣, 烏可以道學推之耶」라고 혹평하고 있다.

편견을 갖고 있었다. 李彦迪·李滉을 尊奉했던 柳希春을 李珥가 비판한데 이어 鄭惟一·鄭琢·金誠一·柳成龍·禹性傳 등을 차례로 비난조로 논평하였다. 이와 반대로 鄭澈·李潑·鄭仁弘 등 뒷날 서인 또는 北人편에 선 인사에 대해서는 대체로 好評하였다.[21]

李彦迪의 유고 교정과 行狀選述 및 현양사업을 두고 全仁에게 與答한 李滉의 서간 5통이 게재된 『退溪集』과 『潛溪集』 및 古文書 상태의 原本 2통을 대비시켜 보면 『退溪集』에 삭제된 문구가 여러 곳에서 발견된다.[22]

이러한 서간을 분석을 요약하면 다음과 같다.

① 全仁이 李滉을 최초 방문한 시기는 明宗16년(1562)이며, ② 李彦迪의 遺疏(進修八規)의 上呈문제를 李滉에게 자문을 구했으며, 또 ③ 李彦迪의 未完成遺稿인 『中庸九經衍義』를 李滉에게 제시 그 未成부분을 續成토록 부탁했으나 李滉은 그 일은 자신이 감당할 수 없다면서 그러나 당분간 두고 보면서 자신을 깨우치는 자료로 삼겠다고 하였다. 그로부터 7년 뒤인 戊辰年(宣祖元年, 1568)답서에서 李滉은 『中庸九經衍義』 續成을 鄭惟一 또는 奇大升에게 종용한 바 있다. 이처럼 『中庸九經衍義』를 비롯한 李彦迪의 著述이 明宗 17년을 전후해서 李滉에게 제시 李滉이 그것을 여러해 동안 피열, 교정하는 과정에서 李彦迪의 학문과 경세론을 파악하게 되었을 뿐만 아니라 老境의 학문적 축에 큰 자극제제가 되고 또 감화를 받았다고 생각된다. ⑤ 李彦迪 行狀은 明宗21년(1566) 이전에 청탁되어 그해 10월에 완성된 것 같다. 李滉이 李彦迪行狀을 짓는 데는 상당한 시일을 두고 참고자료를 다각도로 수집하

21) 李珥, 『栗谷全集』, 卷28~30, 『經筵日記』 참조.
22) 李滉, 『退溪集』 卷13 答李全仁(壬戌·丙寅·丁卯(2)·戊辰 등 서간 5통),
    『潛溪遺稿』, 諸賢簡牘소재 李滉 서간 5통 및 獨樂堂 소장 李滉 필첩 참조.

는 등 신중한 태도를 견지하였다. ⑥ 李彦迪의 전유고가 李滉에게 맨 처음 전달된 것을 明宗 17년 이전이며, 丙寅(明宗21년)冬에도 교열하고 있는 중이었다. ⑦ 遺稿 序文은 경솔하게 할 수 없으니 교정과 정리를 한 다음 당대 明賢에게 청탁하는 것이 좋을 것이며, ⑧ 李彦迪의 비문은 李滉의 의사대로 奇大升에 의해 撰述되었다. ⑨ 李滉은 李彦迪의 유고교정과 行狀 撰述의 청탁을 받고 李全仁과 수차례 面談이 있었다.[23]

李滉이 趙光祖와 李彦迪의 행장을 찬술한 것은 性理學의 道統 확립에 중요한 의미를 갖게 되었다. 道統문제는 벌써 己卯士禍를 전후한 시기의 士林에 의해 제기되어 정통性理學의 계보가 鄭夢周→吉再→金叔滋→金宗直→金宏弼・鄭汝昌으로 이어졌고, 仁宗朝에 가서는 趙光祖에 연결시킨 데다가[24] 계보화 된 道統을 趙光祖와 李彦迪으로 연결하기 위해 兩賢의 行狀을 혼신의 정력을 쏟아 찬술함으로써 東方四賢의 위치를 확고부동하게 함과 동시에 훈구세력에 대한 士林派의 정통성을 강조하였다. 그것은 바로 앞으로 정계와 학계를 주도할 士林派의 도통을 확립함으로써 君臣・朝野를 막론하고 異議가 없게 하였다.[25]

李彦迪은 嶺南 중소지주계급의 이해를 대변한 士林의 한 사람이었다. 따라서 그는 역시 당시 士林 일반이 그러하였던 것과 같이 요・순・우

---

23) 이수건, 앞의 글, 1991, 63~65쪽 참조.
24) 『仁宗實錄』, 卷1, 仁宗元年 3월 乙亥條, 「成均進士朴謹 등의 上疏, 趙光祖 受業於金宏弼, 宏弼受業於金宗直, 宗直之學傳於其文司藝臣叔滋, 叔滋之學, 傳於高麗臣吉再, 吉再之學, 傳於鄭夢周, 夢周之學, 實爲東方之祖」.
25) 『宣祖實錄』, 卷1, 宣祖卽位年 11월條, 李滉이 趙光祖・李彦迪 兩賢의 行狀을 지은 뒤 곧 明宗이 죽고 宣祖가 卽位하면서 政局이 일변하게 되자 그는 곧 王의 부름을 받고 上京經筵進講에 나서면서 柳希春・奇大升・盧守愼・李珥 등과 함께 己卯・乙巳士禍때 피화된 人士들의 신원과 士林등용 및 '東方四賢'의 追崇을 적극 개진하였다.

삼대의 고대사회를 이상화하였고, 이에 기초하여 자기의 君主政治 즉 有德者君主論 도덕 정치 이론을 제출하였다. 그러나 전술한 趙光祖에 비하여 보수적이었다. 따라서 趙光祖가 개혁을 주로 주장하였다면, 李彦迪은 정통 朱程子의 경전을 중요시하며, 주로 中, 和의 타협적 이론을 제기하였다.

그는 우선 봉건적 계층적 등급제와 엄격한 신분제도를 합리화하고, 엄격한 봉건적 계급적 위계제도를 구상하였다. 즉 農·工·商 및 미천한 관리 등의 처이을 최하층으로 하고, ㄱ 위에 士가 있고, 다시 그 위에 大夫가 있고, 公이 있으며, 제일 꼭대기에 한 사람의 王이 있다. 만약 이를 위반한다면 화가 오며 亂을 초래하니, 상하가 서로 이를 유지하며, 貴賤은 등급에 따라 서로 종속하게 하여야 한다고 하였다. 봉건적 피라미드형의 계층제는 계급 간의 상하, 즉 지배와 피지배 관계를 확고하게 규정짓는 데만 적용된 것이 아니라 한 가정 내에서도 적용되었다. 즉 가정 내에서도 尊卑의 구별을 정하여야 하는바 남녀, 처첩, 부부, 적서(嫡庶) 등의 위치를 엄밀하게 정하여야 한다고 하였다. 이리하여 집을 다스리면 천하도 다스릴 수 있으니 이것이 곧 君主政治의 역할과 기능을 강조한 것이라고 생각하였다.[26]

그는 이와 같이 가정과 국가를 직접 연결시킴으로써 가정을 國家의 축소된 기본 단위로 생각하였다. 그리고 이로써 그는 가족 관계를 신분사회 피라미드의 틀에 맞추려고 하였다. 이는 왕권의 세습제를 비롯하여 통치계급의 세습제를 합리화하며 피지배층의 지위를 영구히 운명지으려는 反民主的 이론이다.

李彦迪은 당시 조성된 사회 계급적 모순을 조화시키려는 의도로부터

---

26) 李彦迪, 『晦齋集』 卷7, 「一綱十目疏」 참조.

소위 中和論을 제출하였다. 陰陽이 조화되고 비바람이 제때에 와야 비로소 모든 생물이 성장하며 번식하는 것과 같이 사람도 상하가 조화되어야 비로소 번영할 수 있다고 그는 생각하였다.[27] 이 中和論은 봉건적 신분사회를 합리화하고 봉건통치를 영구히 하려는 데서 나온 그의 君主정치의 일환을 이룬다.

李彦迪의 中和論은 물론 봉건지배계급의 이해를 대변한 것이었다. 그러나 이와 같은 이론이 나오게 된 사회적 제 조건을 이룬 것은 지배계급을 반대하는 민중들의 투쟁과 참을 수 없는 생활 처지였다. 그는 바로 이와 같은 사회상을 반영하여 한편으로는 민중들의 투쟁에 의하여 봉건 질서가 파괴될 것을 두려워하였고, 다른 한편으로는 통치계급의 지나친 수탈과 압박이 봉건통치를 영구히 유지하려 할 때 해롭다는 견지에 서 있었다. 그는 이와 같은 모순을 반영하여 투쟁하는 민중들에 대한 일정한 양보를 부분적으로 표시하면서 그것을 勳舊派를 깨닫도록 전개하고, 이로써 조성된 모순을 조화하려고 하였다. 따라서 그는 민중들에 대하여 일정한 동정을 표시하였다. 그는 조세와 貢賦의 과중한 부담으로 인하여 민중들이 토지에서 유리되고 기아에서 헤매고 있으며, 병사들은 곤경에 처하여 있으니 나라가 위태롭게 되었다고 하면서 천하의 禍變은 民衆에 의하여 일어나니 응당히 민중들에 대한 부담을 감하고 仁·政을 베풀어야 한다고 하였다.[28]

물론 그는 봉건통치 그 자체를 영구히 보존하기 위하여 백성들이 나라의 기본임을 인정하였다. 그러나 이것은 백성들에 대한 일정한 동정과 양보를 표시하게 된 사상적 근원이 되었다.

---

27) 앞의 책, 『晦齋集』 卷8, 「進修八規」 참조.
28) 앞의 책, 『晦齋集』 卷5, 卷8, 「道修八規」 참조.

이와 같은 견해는 당시 士林과 일반이 勳舊派를 반대하기 위한 투쟁에 이용되었다. 그리고 이와 같은 정치사회적 견해는 당시의 역사적 조건에서 특히 임진왜란 전야 봉건국가가 극도로 약화되고 부패한 조건에서 백성들의 생활을 일정하게 안정시키고, 나라의 富强을 도모하여 군비를 강화하고 중앙집권을 강화하는 데 기여할 수 있었다. 따라서 이 견해가 가지는 일정한 긍정적 의의를 무시할 수 없다. 그러나 봉건국가에 의하여 능히 접수될 수 있을 뿐만 아니라 오히려 봉건통치의 장구한 이익을 위하여 유익한 그의 이론도 집권자(勳舊派)에 접수되지 않았을 뿐만 아니라 그는 유형까지 당하였다.

彦李彦迪의 사회 정치적 견해에서 人材登用論, 國防論도 중요한 자리를 차지한다. 그는 우선 지금까지 인재를 등용함에 있어서 公議에 부합되지 않는 것이 많다고 지적한 다음, 인재의 등용이나 파면을 한두 사람의 의사에 의하여 결정할 것이 아니라 나라 사람 전체의 의사에 의하여 결정할 것이라고 하였다. 이 사상은 명백하게 士林의 이해를 대변한 것이다. 勳舊派 인물들에 의하여 정권이 독점되었을 뿐만 아니라 인재의 등용과 파면이 전적으로 그들의 자의대로 결정되고, 더욱이 수차의 士禍를 빚어내어 士林을 대대적으로 학살하고 탄압했던 당시의 사회 환경을 염두에 둘 때, 그의 견해가 士林의 정권진출을 보장하려는 것이었음이 명백하다. 더욱이 그가 士林전체의 의사 운운한 것은 당시 士林이 지방에 일정한 세력을 가지고 있었으며, 또한 勳舊派의 전횡 무도한 정치에 비하여 士林의 정치적 견해가 어느 정도 민심을 끌 수 있었던 사실을 고려했다고 생각된다.[29]

---

29) 사회과학원 역사 연구소(편), 『조선철학사(上)』(서울: 이성과 현실사, 1988), 100~101쪽 참조 및 재인용, 李彦迪, 『晦齋集』, 卷7, 一綱十目疏 참조.

194

李彦迪의 君主정치 사상의 정치사회적 실천론의 견해는 기본적으로 士林派와 勳舊派와의 지배계급 내부의 투쟁을 반영하였으나, 다른 한편으로는 지주계급과 농민계급과의 모순도 일정하게 반영하였다. 그는 농민계급과의 계급적 대립에서 勳舊派와 동일한 보조를 맞추면서도 勳舊派와의 투쟁 과정에서 민중들에게 일정한 양보를 표시하였다. 그러나 그의 이와 같은 사상은 士林에 의하여 정권이 장악되어 그들 자신이 집권자가 되자 지배계급의 강력한 통치이론이 되었다. 李彦迪의 君主政治思想 특히 그의 哲學思想은 조선 통치계급의 이데올로기로서 李滉에 의하여 계승되었고, 嶺南學派에 영향을 주었다.[30]

이러한 李彦迪의 君主政治思想 연구에서 現代的 意義 및 평가를 요약해보면, 士林派와 勳舊派의 권력투쟁에서 李彦迪의 致中和思想은 지배자와 피지배자의 동의와 지지에 의한 정치권력의 정당화 및 정치적 안정성(political stability)의 중요성으로 인식해도 좋을 것 같다. 여기서 李彦迪의 道學的 中和思想은 서민에게는 순종을 요구하고, 지배층에게는 修身을 통해 지나친 권력 추구를 자제하게 하는 君主정치 사상의 의미로 갖고 있다고 볼 수 있다. 서민대중과 君主는 양보와 조화를 통한 세력 균형이 가능하다는 中和論을 제시했다고 볼 수 있으며, 李彦迪의 학문은 실천 지향적이라는 특성이 강하므로 儒學의 이상인 天命德治를 위한 修己治人을 보다 강화하였다. 현실적 聖人君主로 승화하기 위한 心學的 修身과 中和의 논리는 君主政治 思想의 핵심이 되며, 이러한 의미는 現代的 政治思想의 의미로 보면 和의 원리는 정치적 통합(Integration)·안정(stability)이라는 개념과 中의 원리로 주권국가의 해석적 의미로 폭넓게 해석할 수 있다. 또한 李彦迪의 人材登用論의 중

---

30) 사회과학원 역사 연구소(편), 앞의 책, 102쪽 참조.

요성과 國防論의 人和團結, 정예의 지휘관 선발, 보병과 수병의 강화에 관한 정치·사회적 실천론의 주장은 그 후 임진왜란 등 有備無患으로 국가혼란을 예방하려는 것으로 시국인식의 의미로 중요할 뿐만 아니라, 시대와 배경은 다르지만 현대적 의미로도 매우 중요한 사상적 의미로 가지고 있다.

결론적으로 李彦迪의 중요한 政治思想의 위치와 영향을 살펴보면, 朝鮮朝 전기 性理學 思想을 概括하여 볼 때 주로「大學衍義」등을 中心으로 道德的 經世觀이 활발히 展開되어 金宏弼, 金安國 등의「小學」을 中心으로 한 日用實踐의 學問과 趙光祖 등의 至治主義哲學을 주장하였다. 또한 權近, 등을 中心으로 理氣의 不相離, 不相雜의 二元論的 탐구가 있었으며, 또 節義派들의 義理精神이 士林들에 依해 확산되어 價値意識의 問題로 發展하였다.31) 이러한 연구들이 축적되어 李滉·李珥를 中心으로 한 조선중기의 철학에서는 人性論에 대한 탐구로 發展하여 理發·氣發의 論爭과 四端七情에 對한 문제가 활발히 전개되었다. 李彦迪의 철학은 이러한 兩期들 이어주는 關節的 位置에서 있었다고 볼 수 있다.32)

그의 학문은『大學』과『中庸』을 中心으로 하고 있는데 韓國儒學思想 최초의 太極논쟁을 통하여 太極을 性理學의 核心問題로 높였으며, 太極

---

31) 유명종,『韓國思想史』(대구: 이문사, 1981), 291쪽, "李彦迪의 哲學思想," 앞의 책, 1981, 178~179쪽: 김충렬, "李彦迪의 철학사상: 논평," 한국철학회(편),『한국철학연구』, 민중서관 1977, 참조.

32) 김충렬, 앞의 글, 1977: 이병도·이상은(역),『韓國의 儒學思想: 李滉집, 율곡집』(서울: 삼성출판사, 1983), 41~588쪽; 김충렬, "율곡 이이,"「동아일보」, 1997년 10월 21일자 19면: 정옥자, "李滉"『동아일보』, 1997년 10월 21일자 11면, 夫南哲, "朝鮮前期 政治思想硏究~君主·官僚論을 中心으로," 한국외국어 대학원, 박사학위논문, 1990, 118~120쪽; 박충석. 유근호, 앞의 책, 1987, 101~107쪽 내용을 참조.

196

의 本体를 動靜이 其有하는 根源者로 規定하여 價値의 創出者로 보았으며, 따라서 理를 優位에 두어 節義派의 가치문제에 대한 關心을 확산하여 李滉으로 이어지는 가치철학의 方向을 발전하였다. 그는 또 儒家의 理論을 佛家의 理論으로부터 명쾌하게 分辨하여 衛道의 功이 높다고 하겠으며, 下學人事가 곧 上達天理임을 강조한 점에서 踐履工夫와 窮理工夫를 하나로 이어 놓았고,[33] 이것을 窮理正心하여 大本을 세워 修濟治平하는 經世觀으로 넓혀 나갔다. 李彦迪의 이러한 哲學들은 특히 李滉에게 많은 영향을 주고 있다.

李滉은 李彦迪先生 行狀에서 말하기를 「先生이 當時에 있어 이미 깊이 스스로 감추었으니 그러므로 사람들이 그 道가 있음을 알지 못하였다. 李滉이 不肖하여 眞實로 일찍이 벼슬에 나아가 우러러보고서도 또한 확연히 깨닫지 못하여 能히 이것으로 깊이 묻고 發하지 못하였다. 十數年來에 病이 들어 숲에 居하여 書冊을 봄에 衣持하여 돌아가 생각하고 물을 바가 없음을 돌아본 뒤에야 慨然히 先生의 사람됨을 흠모하지 않을 수 없었다고[34] 하여 自身이 學問的으로 李彦迪의 영향을 받았다고 하였다. 退溪의 理優位의 철학도 李彦迪의 영향이 적다고 볼 수 없겠으며, 그 예로 『太極圖說』을 性理學의 人間으로 삼는 것도 李彦迪의 영향으로 보인다[35].

후일에 茶山은 星湖의 학문을 평하여 「晦齋·退溪의 학문을 날(經)로 하고 政治經濟를 씨(緯)로 하였다[36] 평하였으니 李彦迪의 학문이

---

33) 김충렬, 앞의 글, 1977, 참조.

34) 李滉, 『晦齋先生行狀』 참조.

35) 김충렬, 앞의 글, 1977; 정옥자, "李滉," 『동아일보』, 1997년 10월 2일자, 11면; 『대구매일신문』, 1982. 12. 24〜1984. 1. 9일자 李滉의 생애와 학문 및 사상 기획 논문 36〜41번까지 참조.

36) 성낙훈, "조선 시대 性理學의 발달," 『전북사학』 전북대학교 청헌 김상오

李滉을 거쳐 星湖에까지 영향을 미쳐 나간 점을 잘 알 수 있다. 이러한 내용으로 보아 李彦迪의 學問과 思想이 후기 실학파 사상에게까지 영향을 미쳤다고 할 수 있다.[37] 전체적으로 볼 때 李彦迪은 朱子에 依해 크게 발전된 性理學을 內的 省察을 通해 自身의 哲學化 했으며, 그로 因해 韓國 儒學의 根本 關心을 人性의 문제로 나아갈 수 있게 한 초석이 되었다는 점에서 높이 평가될 수 있다.

당시 李彦迪이 살던 사회는 朝鮮朝 창업기를 지나 守成期에 접어들면서 위로는 계속되는 士禍로 士氣가 絶喪되어 道德은 점점 유폐해 가고, 奸臣들이 得勢하여 임금의 마음을 가리며 분열은 극에 달하였고, 아래로는 田制와 軍制가 점점 무너져가 百姓들의 生活은 더욱 어려워져가고 있었다. 이런 속에 李彦迪은 人間 속에 內在하는 天道로써, 가치창조의 의지를 지닌 心을 바로 잡고, 本末始終의 當然之理에 따라 實踐해 나감으로써 民心을 收拾하고, 朝廷의 紀綱을 바로 잡아 民을 本으로 한 道德政治를 실현하려 한 것이니, 이는 修齊治平을 政治化하려는 當時 士林派들의 理念을 反映한 것이다.[38]

이러한 내용을 종합해 볼 때 지금까지 단편적 연구에 머물러 있던 그의 君主政治思想을 종합적으로 체계화하여 李彦迪의 君主政治思想의 硏究意義 및 現代的 再評價의 가치가 있다고 본다. 특히, 趙光組와 李滉의 중간을 이어주는 朝鮮朝 유학사의 學脈 형성 과정의 이해에도 중요한 역할을 할 것으로 본다. 또한 士禍期 대표적 士林으로서의 서경덕을 중심으로 한 李珥의 기호학파와 李彦迪을 중심으로 한 李滉의 영

교수, 「회갑기념논총」, 17쪽 참조.
37) 『한국일보』 1977, 1, 8일자, 참조.
38) 이우성, "晦齋 先生의 역사적 위치와 그 經世思想" 성균관대학교 대동문화 연구원(편), 『晦齋全書』, 1973, 5쪽 참조.

남학파의 양대학파를 열어주는 先河가 되었다는 점도 중요한 사상사적 의의라고 평가할 수 있다.

제3절 結 論

李彦迪은 朝鮮朝 전기 中宗·仁宗·明宗 3대에 활동한 16세기 士禍期 性理學 思想에 있어서 대표적 嶺南士林의 1人으로서, 理學과 心學의 祖宗으로서 孔子·孟子·朱子의 正統 儒學을 계승한 朝鮮朝 性理學者일 뿐만 아니라 그 당시 중앙 정계의 정치적 혼란기에 기세를 펴고 있던 시대적으로나 思想史的으로는 趙光祖와 李滉의 중간적 위치에 있었으며, 勳舊派 政治勢力의 문란한 國政을 바로잡고 民本中心의 道學政治를 지향하는 朝鮮朝 개국 초기의 혼란한 政治秩序를 確立을 위한 政治的 이데올로기를 체계적으로 확립한 朝鮮朝 儒學者라 할 수 있다.

특히 孔子. 孟子. 朱子의 正脈을 재강조하였고 思想的 背景에서[39] 보면 첫째, 理氣二元論的 太極觀이라 할 수 있는 『太極論辨』에서 그 당시 李彦迪과 曹漢輔와의 논쟁은 朝鮮朝 최초의 宇宙論에 관한 사상적 논쟁이었다는 데 큰 의미를 찾을 수 있고, 오늘날과 같은 논문은 아니지만 당시 中國의 朱子學에 基礎를 둔 朝鮮朝 최초의 철학적 논쟁이었다. 李彦迪과 曹漢輔 논쟁인 『太極論辨』의 性理學史的 의의는 젊은 나이의 李彦迪과 老學者 사이의 논쟁은 韓國儒學思想 일찍이 볼 수 없었던 大

---

39) 서기준, "東洋政治思想에 있어서의 정치원리 비교고찰," 조선대학교, 『통일문제연구』 제10집, 1992, 75~92쪽 참조.

論辨이었다. 주된 내용은 性理學의 핵심이 되는 無極太極觀을 위시하여 虛無寂滅論・存養省察과 下學上達에 관한 問題 등이었다.

또한 朝鮮朝 性理學史에 있어서 居敬窮理的 學行을 간직하여 無極而太極을 性理學의 핵심문제로 삼기 시작한 것도 李彦迪에서 비롯된 것으로 이해되며, 李滉, 李珥 性理學의 전개도 李彦迪의 선두적 역할의 바탕에서 심화된 것으로 보인다. 이처럼 李彦迪의 無極太極에 대한 理學的 批判論爭과 曹漢輔와의 四回에 걸친 論辨은 朝鮮朝 최초의 性理學的 大論辨으로 높이 평가되는 것이라 하겠다.[40]

둘째, 그의 君主政治論이라 할 수 있는 心學思想은 당시 勳舊派세력의 문란한 국정을 바로잡고 政治의 方法論은 절대君主의 君主政治達成의 「有德者 君主論」의 기초인 「帝王之學」이라는 王道政治思想을 제시하였다. 君主는 현실적으로 부족한 '天命德治' 修養을 통해 끊임없는 「修己治人」의 「求仁」을 위한 「斥利求禮」・「克己復禮」를 실천하고, 心의 위치를 「大公至正」「任賢不貳」「去邪勿疑」하여 一豪의 偏私도 없는 是非를 分辨하고 事理를 바르게 판정하여 大意名分에 입각한 公平正大한 道德政治를 해야 한다고 그의 상소문『弘文館上疏』,『一綱十目疏』,『進修八規』 등에서 강조하고 있다. 즉 이러한 思想은 그 당시 연산군과 같은 폭군을 경계하고, 君主의 「德化禮治」의 民을 敎化에 의한 求仁의 政治思想이 절대적 중요함을 강조한 당시 士林의 「爲國之念」 충정의 國家觀 政治理念의 한 단면을 볼 수 있을 뿐만 아니라, 孔子・孟子의 춘추전국 시대『四書・三經』의 중요성을 강조하고 있다.

셋째, 李彦迪의 君主政治思想은 道學을 중심으로 道德政治의 哲學的 意義로써 君主는 「好生惡殺」 하는 天道를 본받아 民衆에게 恩澤을 베

---

43) 유정동, 앞의 글, 1984, 370쪽.

200

풀어 敎化에 의한 仁政의 施行을 강조하였다. 즉 民을 소중히 여겨서 刑罰을 愼重히 할 것과 賦稅를 경감하여 民의 苦痛을 줄일 것을 희구 하였는데, 李彦迪은 그 당시 정부의 人事行政이 그 公的 機能을 상실한 소수의 勳舊派 세력들의 私意에 의해 좌우되고 있음을 비판하고, 이의 是正을 위해 言路를 열어 國人의 여론을 폭넓게 받아들이고, 君主의 政治指導者 資質 養成의 중요성과 公正한 人事行政과 民本中心의 정치적 方法을 제시하였다. 李彦迪은 16세기 前半期의 代表的인 士林派의 1人 으로서 뛰어난 思想家일 뿐만 아니라, 政治思想家이기도 하였다.

그의 政治思想은 당시 中央政界에서 氣勢를 펴고 국권을 농단하고 있던 勳舊派들의 勢力을 배제함으로써 문란한 國政을 바로 잡고 파탄 에 빠진 民의 救出을 그 目標로 삼고 있는 것이었다. 그는 이 目標에 도달하기 위해서는 무엇보다도 우선 勳舊派 세력하에 약화된 王權의 强化가 先行되어야 할 것으로 보고, 「帝王의 學」이라는 일종의 王道論 을 提示하였다. 여기서 君主는 經典을 익히고 間斷없는 修身을 통해 마 음의 자리를 大公至正한 位置에 두어 「任賢不貳」하고 「去邪勿疑」 하여 일호의 偏私도 없이 是非를 옳게 分辨하고 事理를 바르게 판단하여 公 平正大한 政治를 해야 한다고 역설하였다.

李彦迪의 『中庸九經衍義』는 君主가 天下 國家를 經論하는 原理·原 則을 논술하여 당시 國王(明宗)에게 進獻하려던 것으로 비록 未完成의 장으로 끝났지만 李彦迪의 학문사상과 君主 政治論을 알아볼 수 있는 大論著인 것이다. 그 내용을 결론적으로 요약해 보면 다음과 같다.

① 君主는 帝王의 學을 講習하여 이치를 밝히고, 뜻을 成實히 하고 마음을 바르게 하며, 言行과 威儀를 謹愼함으로써 天下 國家를 다스리 는 根本이 되는 修身을 達成해야 하고, ② 항상 好賢의 誠心으로 賢人

을 높이되 賢邪의 實을 辨別하고 尊賢의 實을 거둠으로써 人材를 바르게 등용할 것이며, ③ 仁을 天下에 施行하는 要領은 반드시 親親에서 시작된다는 것을 명심하고 孝弟의 道를 다하여 親親에 힘써야 된다는 것을 力說하고 있으며, 別集에서는 君主가 天道를 본받아 君道를 확립함으로써 비로소 천직을 원만하게 수행할 수가 있고, 天命을 敬畏하여 戒懼 修省하는 동시에 滿盈을 警戒하여 겸허한 마음을 가져 持守의 道를 다하는 것이 天位(王位)를 保守하는 길이 된다는 것을 밝히고 있는 것이다.

李彦迪의 『中庸九經衍義』는 바로 「帝王의 學」으로써 이상적인 君主상을 그린 것이다. 그 궁극적 목표는 士林派가 지향하는 「道學政治」 즉, 「仁政」이다. 仁政은 중세적 신분사회라는 제약 속에서의 善政으로서 民을 최대한으로 고려하고 있는 治道이며, 李彦迪의 仁政도 이에 벗어나지 못하나 그의 『一綱十目疏』에서 生을 좋아하는 정치 「好生之政」을 바탕으로 "民을 살리고 傷害하지 않으며 民을 厚하게 하고 因窮하게 하지 않으며 民을 扶護하고 위태롭게 하지 않으며 民力을 아껴서 다 쓰지 않게 한다."는 것이다.41) 또한 『進修八規』에서 仁政을 시행하라는 대목에 "仁은 人心이니 君主는 이 마음을 미루어 정치를 시행하여 四域에 생명 있는 무리에게는 모두 恩澤을 입도록 하며 君民一體의 道理를 밝혀서 民의 즐거움을 즐거워하고 民의 근심은 근심하라"는 것과42)

---

41) 李彦迪, 『一綱十目疏』, 「赤法天好生之政也, 人情莫不欲壽, 三王生之而不傷, 人情莫不欲富, 三王厚之而不因, 人情莫不欲安, 三王扶之而不危, 人情莫不欲逸, 三王節其力而不盡, 此亦非順天慾仁之政也」.

42) 李彦迪, 『進修八規』, 「仁人心也, 惟人之生, 得天地生物之心以爲心. 故人皆有惻隱之心, 是乃仁之端也, 人君推此心, 而慾之于政, 使士域之內 含生之類 或被其澤(中略), 故人君深明君民~體之理, 樂民之樂 憂民之憂」.

『弘文館上疏』에서 『書經』의 "民은 근본이니 근본이 굳건해야 國이 편안하다"는 말과 「傳」에 나온다고 하는 "民은 國에 의존하고 國은 民에 의존하는 것이니 그 民을 사랑하지 않고서 그 國을 보전할 자는 없다."라고 말을 인용하여 民의 苦通을 구제하지 않으면 안 된다는 民의 강조이다.43) 『中庸九經衍義』에서도 君主의 理想的 政治道로써 仁政을 목표로 「九經」을 연역하면서도 好生之德을 강조한 것은 당시 民의 動向과 그 存在에 대해 특별한 관심을 갖고 民에 관한 인식을 남다르게 새롭게 하고 있다는 면이 높이 평가되어야 할 것이다.

이상과 같이 李彦迪의 『中庸九經衍義』는 講學明理論의 강조와 君主의 修身에 대해 강조한 朝鮮前期의 한 특색 있고 儒敎的인 文獻이요, 하나의 훌륭한 王道政治論이라고 할 만한 것으로, 이것은 修身・齊家・治國・平天下의 理想을 실현해 보려는 士林派 政治人들의 이데올로기 爲國之念, 바로 그것의 反映이었다고 할 수 있을 것이다.

넷째, 朝鮮朝 士禍期의 政治體制는 專制君主의 支配的 儒交志向의 國家 中心主義的 특성을 갖고 있고, 思想的으로나 文化的으로 中宗(1488~1544 朝鮮王朝 11대) 이후 「崇儒抑佛」 정치의 강조로 性理學을 숭상 장려하였다. 그들의 정치적 목적은 朝鮮朝 社會에 儒敎的 道德性을 극대화하여 정치사회의 질서 확립 및 王權 中心의 정치권력 强化하고, 그 당시 혼란된 國家社會의 基本問題를 道德的으로 해결하여 「有德者 君主政治」라는 이상정치 실현을 목표로 삼았다.

결론적으로 李彦迪의 思想은 朝鮮朝 건국 이후 혼란된 정치적 이데올로기 및 士禍期에 고려 말 鄭夢周・死六臣・生六臣 등 유교의 義理

---

43) 李彦迪, 『弘文館上疏』, 「民隱不可不恤也, 書曰民惟邦本, 本固邦寧, 傳曰民依於國, 國依於民 不愛其民 而能保其國者 未之有也」.

情神및 道德的 근본원리를 孔子·孟子·朱子의 思想의 정통성을 강조함으로써 禮的 질서가 확립된 朝鮮朝 통치 이데올로기의 이론적 체계화에 공헌하였다. 또한 李彦迪의 思想은 氣보다는 理를 중시한 主理派의 선구자로서 理氣二元論에 입각한 主理的 경향은 退溪에게 많은 자극을 주어 主理論의 朝鮮朝 性理學의 수준을 상승적으로 끌어올렸으며, 다시 柳成龍, 金誠一, 鄭逑, 鄭經世, 李栽, 李象靖 등에 의하여 嶺南學派로서 그 계통을 連線히 이어오고 있고, 그의 經世學的 사상은 정약용, 조신후기 실학자인 이익에까지 영향을 끼쳤으며 한편으로는 뒤이이 嶺南의 李滉과 기호학파의 李珥로 대표되는 朝鮮 性理學의 양대 학파를 열어주는 先河가 되었다고 할 수 있다.

　李彦迪에 대한 평가는 趙光祖와 대비되어 다소 부정적인 평가를 내리는 경우가 있었다. 이러한 견해는 趙光祖 수준의 강렬한 개혁의지와 과감한 실천력을 기대한 데서 비롯되고 있다. 그러나 당시의 상황이 趙光祖 시대와 달랐음을 고려한다면, 그에 대한 평가 또한 당시의 역사적 조건하에서 이루어져야 한다고 본다. 훈구척신세력들의 집권세력에 정면으로 대응하기보다는 우회적인 방법을 사용, 君主가 올바를 것을 강조한 점과 집권자의 부패를 지적한 점, 그리고 爲民에 바탕을 둔 그의 政治思想은 높게 평가되어야 하리라고 본다. 이와 같은 논점에 대해 李滉의 평가는 시사해 주는 바가 크다 하겠다.

　　아! 우리 朝鮮은 옛날에 仁賢의 敎化를 입기는 하였으나 그 學은 傳함이 없었다. …… 〈중략〉 …… 우리 선생처럼 스승의 傳授한 곳이 없음에도 자기 스스로 이 學(二帝 三王의 心法學)에 奮起하여 만연히 날로 나타나 德이 行에 符合하고 炳然히 저술이 나와 말이 후세에 전하게 된 것은 東方에서는 찾아보아도 그와 같은 분

204

이 적을 것이다.

李彦迪은 李滉의 이러한 평가에 힘입어 후에 東方五賢의 한 사람으로 문묘에 배향 된다.44)

本 硏究에서는 그의 학문적 경향과 政治思想을 君主의 修身論, 君主의 經世論 및 君主主權의 理論과 實際를 역사적 제상황과 보다 길게 연구되었을 뿐만 아니라 李滉, 李珥를 연결하는 사상사 측면의 부분적 연결을 시도하려고 했다는 것이 큰 성과라 본다.

李彦迪의 정치 및 사상적 태도는 趙光祖의 개혁주의와는 대조적으로 「德化禮治」, 「致中和」를 강조하는 孔子, 孟子, 朱子, 程子의 正統儒學思想에 더욱더 철저히 재강조 하는 보수적 성격이 강하다.

李彦迪은 강력한 帝王權의 확립만이 당시의 교란된 士禍를 통한 정치권력의 투쟁에서 정치질서를 바로 잡을 수 있고, 그 당시 법과 같이 강제적 의미를 포함한 君·臣·上·下 사이의 「三綱五倫」의 禮로 가정과 국가의 차별윤리의 확립을 政治理想으로 삼았다. 이것을 天理로 규정하므로 서민대중에게 순종을 요구하였고, 지배계급은 「修己治人」을 통한 人欲의 억제와 『四書·三經』의 공부를 통해 철저한 修己治人의 능력을 극대화하고, 이를 實踐하게 하였다. 지배계급과 서민계급 상호간의 양보와 조화를 통한 致中和說은 士禍期에 나타난 사상으로써 투쟁일변도가 아닌 政治的 安定의 의미로 볼 수 있는 특유한 사상이며, 여기에 그는 『中庸』의 帝王權 强化論을 再天命하였다.

李彦迪이 君主를 中心으로 한 지배층의 修身正心을 강조한 것이라든지 愛民을 위해 無私한 公意識을 강조한 것은 바로 政治의 道德性을

---

44) 李彦迪은 光海君 2年 (庚戌, 1610)9월 文廟에 從祀되다.

교시함이니 이것이 바로 당시 君主뿐만 아니라 모든 官職에게 적용되고 요구되었던 愛民지향의 道德性 문제였다. 어느 시대를 막론하고 실로 奉公的 道德의식이 없고서는 理想的 道德政治가 이루어질 수 없는 것이 진실이고 보면 이 또한 오늘날 계승해야할 사상이 아닐 수 없다.

결국 朝鮮朝 政治思想으로서 性理學은 觀念의 政治的 理想主義로써 形而上學的 政治社會를 추구하는 思想이지만, 政治的 現實主義의 適應에 있어서는 政治思想史의 연구를 위한 思索的 批判的能力 향상을 위해 새로운 分析의 필요성이 역설되고 있다. 아직도 朝鮮朝 性理學的 政治思想은 韓國政治思想史에서 거대한 흐름의 핵심적 위치를 차지하고 있으며, 中宗 이후 「崇佛抑制」의 정치를 주장하면서, 儒敎的 國家主義 理想政治의 실현인 禮的秩序가 確立된 政治的 目標로 삼았고, 사상적 연구의 현대적 의의 연결은 아직도 미약한 상태에 있다. 그들의 個別硏究의 諸斷面의 축적이 발전되어서 학파적 연결 및 韓國政治史의 通史的 硏究 復元이 되어야겠다. 이러한 학문적 노력이 더욱 축척되어 전통문화의 단절을 극복하고 한국의 관료적 권위주의 정치문화의 원천을 규명할 수 있다. 그것을 바탕으로 오늘날 한국정치를 설명할 수 있는 아이디어와 비전을 획득할 수 있다.

韓國政治思想史의 학문 연구의 활동과 儒學의 고전적 이해가 부족한 정치학도의 수적 열세, 미국 정치학계의 한국정치학계의 영향으로 한국정치학계는 정치과학화 분위기가 압도된 측면이 있다. 이러한 朝鮮政治思想史 연구의 미비점을 극복하기 위해서 朝鮮朝 건국 이후 四大士禍의 정치권력투쟁의 내용을 정치학적 관점에서 보다 깊이 고찰하여 韓國政治思想史 연구의 공통된 학문적 연구방법의 정립에 기여하고 싶다. 이러한 개별 사상연구의 미시적 접근성과를 거시적 접근으로 확산시켜, 역사적 사상의 다양한 이론과 관점이 형성하였던 시대별 사유범형(paradigm)들을 추출하는 공시적 접근을 심화하며, 동시에 각 學派의 學脈과 思想 등 그 전체상을 드러내는 학파의 선대와 후대 및 동시대 學派와 관련하여 그 학파가 가졌던 문제의식을 찾아내고자 한다. 각 학파가 지닌 다른 學派와의 차별성과 유사성을 부각시키기 위해 해당학파의 상호 영향관계와 역사적 흐름이 관찰될 수 있도록 먼저 특정한 주제에 대한 미세한 철학적 논의의 규명을 통해 朝鮮儒學思想의 전체적 흐름을 정립할 수 있을 것이다. 더 나아가 역사적 사상과 실천이 이룩한 사회 문화적 발전의 모습을 그려내는 韓國政治思想史의 通史를 산출하고, 韓國 政治文化의 총체적 해명을 통해 韓國政治를 설명, 예측할 수 있는 질적 통합의 방식으로 발전되어야겠으며, 韓國文化史의 총체적 해명에 일조 할 수 있도록 연구의 차원을 높여야 할 것이다. 또한 韓國, 中國, 日本의 儒學의 비교분석을 통해 동아시아 儒學의 全体的 양상을 보여주는 것이 앞으로 남겨진 큰 과제라 할 수 있다.

參考文獻

I. 原　典

『高麗史』

『慶北地方 古文書集』

『四書大全』

『三峯集』

『陽村集』

『性理大全』

『高峯集』

『陸象山先生全集』

『栗谷全書』

『靜庵集』

『朱子大全』

『朱子語類』

『朝鮮王朝實錄: 中宗實錄～明宗實錄』

『晦齋文集』

『晦齋全書』

『退溪全書』

『浩亭集』

II. 單行本

1. 國內文獻

강주진, 『이조당쟁사연구』, 서울: 서울대학교출판부, 1971.

강지원, 『근대조선정치사』, 서울: 대학생활사, 1950.

고권삼, 『조선정치사』, 서울: 을유문화사, 1948.

고려대학교 민족문화연구소(편), 『한국문화사대계Ⅱ: 정치경제사(上)』, 서울: 고려대학교 1965.

────────────────, 『한국문화사대계Ⅳ: 종교철학사』 서울: 고대 민족연구소 출판부, 1970.

권인호, 『조선중기 사림파의 사회 정치사상』, 서울: 한길사, 1995.

권정언 외(편), 『朝鮮朝儒學思想의 探求』, 서울: 驪江出版社, 1988.

금장태, 『한국유학사의 이해』 서울: 민족문화사, 1994.

금장태·고광식, 『儒學近百年』, 서울: 박영사, 1986.

김길환, 『朝鮮朝儒學思想研究』, 서울: 一志社, 1986.

김동효, 『東西哲學에 대한 主體論的 記錄』, 서울: 고려원, 1985.

김만규, 『朝鮮朝의 政治思想研究』, 인천: 仁荷大出版部, 1982.

김영국(편), 『현대정치학의 대상과 방법』, 서울: 법문사, 1982.

김충렬, 『동양사상산고』, 서울: 범학도서, 1977.

김학준, 『한국정치학사전』, 서울: 박영사, 1990.

대동문화연구원(편), 『李晦齋의 사상과 그 세계』, 서울: 성균대학출판부, 1992.

묵민회갑기념사업회(편), 『國譯晦齋全書』, 서울: 동아출판사, 1974.

묵민회갑기념사업회(편), 『회재이언적의 철학과 정치사상』, 박영사, 1999.

文元公晦齋先生추모사업회(편), 『여강이씨와 晦齋先生』 서울: 여강출판사, 1991.

민족문화추진회(편), 『국역중종실록 52권』 서울: 민족문화문고, 1989.

박문옥, 『한국정부론』, 서울: 신천사, 1982.

박충석, 『한국정치사상사』 서울: 삼영사, 1982.

박충석·유근호, 『朝鮮朝의 정치사상』, 서울: 평화출판사, 1982.

배종호, 『한국유학사』, 서울: 연세대출판부, 1974.

______, 『한국 유학의 과제와 전개(Ⅰ)』, 서울: 범학사, 1979.

사회과학역사연구소(편), 『조선철학사 上, 下』, 서울: 이성과 현실사, 1988.

守本順一郎/김수길(역), 『東洋政治思想史硏究』, 서울: 동녘, 1985.

소공권/최명(역), 『중국정치사상사』, 서울: 법문사, 1988.

시마다겐지/김석근·이근우(역), 『朱子學과 양명학』, 서울: 까치, 1985.

신복룡, 『한국정치사상사』, 서울: 나남, 1997.

정치외교사학회(편), 『朝鮮朝 정치사상연구』, 서울: 평민사, 1987.

안자산, 『조선문명사: 조선정치사』, 회동서관, 1925.

玉山文獻刊行會, 『晦齋先生全書』, 경주: 옥산서원, 1962.

옥산서원청분각건립위원회(편), 『晦齋先生과 玉山書院』, 경주: 옥산서
　　　　원, 1972.

유광진 외, 『한국정치의 쟁점과 과제』, 서울: 정익사, 1997.

유교사전편찬위원회(편), 『유교대사전』, 서울: 박영사, 1990.

유명종, 『한국사상사』, 대구: 이문사, 1981.

윤남한, 『조선 시대의 양명학 연구』, 서울: 집문당, 1982.

윤사순, 『한국의 性理學과 실학』, 서울: 열음사, 1992.

＿＿＿, 『한국유학사상론』, 서울: 열음사, 1992.

＿＿＿, 『한국유학사상론』, 서울: 열음사, 1986.

이병휴, 『조선전기 기호 사림연구』, 서울: 일조각, 1984.

이상백, 『이조건국의 연구』, 서울: 을유문화사, 1949.

이성무, 『조선왕조사1, 2』, 서울: 동방미디어사, 1998.

이수건, 『영남사림파의 형성』, 경산: 영남대학출판부, 1979.

＿＿＿, 『경북지방고문서집성』, 경산: 영남대학출판부, 1981.

이수환, 『玉山書院誌』, 경산: 영남대학교출판부, 1993.

이태진, 『조선유교사회사론』, 서울: 지식산업사, 1989..

이지경외, 『한국정치사상사』, 서울: 백산서당, 2005.

이택휘외, 『한국현대정치사』, 서울: 집문당, 1997.

李滉(외)・이병도(역), 『한국의 유학사상』, 서울: 삼성출판사, 1985.

잠계공기적사업회(편), 『주해잠계집』, 경주: 경북인쇄소, 1984.

장형근(편), 『중국정치사상입문』, 서울: 지영사, 1997.

정진화(편), 『조선사년표』, 동경: 웅산각, 1992.

정대환, 『朝鮮朝性理學연구』, 춘천: 강원대학교 출판부, 1992.

정창수(편), 『한국사회론: 제도와 사상』, 서울: 사회비평사, 1995.

지두환(역), 『조선과거실록』, 서울: 동연, 1997.

최완기, 『한국性理學의 맥』, 서울: 느티나무, 1989.

풍우란/정인대(역), 『중국철학사』, 서울: 형설출판사, 1989.

한국사상사연구회(편), 『조선유학의 학파들』, 서울: 예문서원, 1996.

한국철학회(편), 『한국철학사 상·중·하권』, 서울: 동명사, 1987.

한양서원(편), 『전고대방』, 경성: 대동인쇄소, 1925.

한영우, 『조선전기사회경제연구』, 서울: 지식산업사, 1983.

_____, 『조선전기사학사연구』, 서울: 한국문화연구소 서울대학교출판
　　　부, 1981.

_____, 『조선전기사회사상연구』, 서울: 지식산업사, 1983.

현상윤, 『朝鮮儒學史』, 서울: 현암사, 1982.

丸山眞男/김석근(역), 『日本政治思想史研究』, 서울: 통나무, 1995.

2. 國外文獻

소공권, 『중국정치사상사: 上·下』, 연경출판사업공사, 1980.

양계초, 『선진정치사상사』, 대만: 경화서국, 1978.

장등지, 『儒學·理學·實學·新學』, 중국 협서: 인민출판사, 1991.

______,『중국유학사상사』, 서안: 협서인민출판사, 1990.

장군려,『新儒家思想史』, 중국: 홍문관출판사, 1975.

주홍성·주칠성·이홍순,『조선철학사상사』, 중국: 연변인민출판사, 1989.

侯外盧외,『中國思想史1, 2, 3, 4, 5』, 중국: 인민출판사, 1995.

이청원,『조선사회사독본』, 일본 동경: 백양사, 1936.

守本順一郎,『東洋政治思想史研究』, 동경: 미래사, 1971.

丸山眞男,『現代政治の思想と行動』, 東京: 未來社, 1966.

吉田介平,『陸象山と王陽明』, 동경: 硏文出版, 1990.

WM. theodore de bary, *The Message of The Mind*, Columbia University Press, 1989.

Charles A. Beard, "Written History as an Act of Faith", *American Historical Review, Vol. 39*, 1934.

David E. Apter, "*Choice and Politics of Allocation,*" New Haven: Yale University Press, 1971.

Daniel Bell, The End of Ideology/기우석(역),『이데올로기의 종언』(서울: 삼성문화재단, 1975.)

Laurence L. Howe, "Historical Method and Legal Education", *American Association of University Professors Bulletin, Vol. 36, 1950.*

E. H. Carr, "*What is History?*", New York: Random House, 1963.

Palais James B., *Politics and Policy in Traditional Korea,* Cambridge: Harvard University Press, 1991.

Parsons. T. "Some Consideration on the Theory of Social Chang,"

Rural Sociology XXⅥ, Sept. 1961.

Max Weber, *The Religion of China*, New York: The Free Press, 1964.

Ⅲ. 論文 및 其他

김기현, "晦齋李彦迪의 哲學思想," 고려대학교, 『민족문화연구』 제15집, 1980.

김만규, "朝鮮朝 전기士禍·反正과 政治思想의 修正," 한국정치외교사학회(편), 『朝鮮朝 정치사상연구』 제4집, 서울: 평민사, 1987.

김영모, "이씨왕조 시대의 지배층의 형성과 이동에 관한연구," 『중앙대학교 논문집』 제12집, 1967.

김운태, "한국 정치학의 연구경향과 전망," 『한국정치학회보』 제12집, 1978.

______, "한국정치학 연구의 발전과 방향: 정치사," 『한국정치학회보』 제21집 2호, 1987.

김정진, "도덕정치의 철학적 의의와 중용구경연의 고찰－晦齋先生의 道學思想을 중심으로," 경북대 李滉 연구소, 『한국의 철학』 제9호, 1980.

김종국, "李彦迪의 무극太極론에 대한 고찰," 『동양철학Ⅰ』, 서울: 성균관대학교, 1936.

김태영, "晦齋의 政治思想," 성균관대학교 대동문화연구원(편), 『李晦齋先生과 그 세계』, 1992.

214

김충렬, "朝鮮朝 性理學의 형성과 그 정맥," 성균관대학교 대동문화연구(편), 『대동문화연구』 제13집, 1979.

______, "李彦迪의 철학사상논평," 『한국철학연구』 中편, 서울: 동명사, 1984.

금장태, "영남 性理學의 전통과 쟁점," 영남대학교 민족문제연구소(편), 『민족문화논총』 제11집, 1990

김항수, "16세기 士林의 性理學 이해－서적의 간행·편찬을 중심으로," 서울대학교, 『한국사론 7』, 서울대학교 인문대학 국사학과, 1981.

김형효, "晦齋의 형이상학," 『한국학보』 제16호, 1979.

금종우·금토수, "회재의 『중용구경연의』의 정치사상연구," 경북대학교 퇴계연구소(편), 『한국의 철학』 제17호, 1989. 『대구매일신문』, "영남學脈 기획시리즈 1～160," 1982. 9. 30.～1983. 12. 14.

__________, "영남學脈 기획시리즈 24～26: 晦齋 李彦迪 생애와 사상 및 학문," 1982. 11. 25～1982. 12. 1.

문형진, "회재 李彦迪의 정치사상에 대한 一考察," 한국 외국어대학교(편), 『한국외대사학』 제4집, 1992.

박홍식, "회재와 퇴계를 통한 性理學 형성에 관한 고찰," 유교학회(편), 『유교사상연구』 제3집, 1990.

배종호, "조선性理學의 사상사적특질," 율곡사상연구원(편), 『한국사상의본질과 율곡학』, 한국사상논총 제3집, 1984.

夫南哲, "朝鮮前期 政治思想研究－君主·官僚論을 中心으로," 한국외국어대학교 대학원 박사학위논문, 1990.

______, "한국정치 사상연구," 김계수 외, 『한국정치연구의 대상과 방법』,

서울: 한울, 1993.

서기준, "동양정치사상에 있어서의 정치원리 비교고찰 – 공자·맹자·순자의 사상을 중심으로," 조선대학교(편), 『통일문제연구』 제10집, 1992.

류승국, "朝鮮朝 性理學의 특징과 현대적 의의," 성균관대학교 대동문화연구원, 『대동문화연구』 제13집, 1979.

______, "한국의 유학사상 개설," 李滉·이이/이병도·이상은(역), 『한국의 유학사상』, 서울: 삼성출판사, 1981.

성교진, "조선性理學사 서설," 효성여자대학교 현대 사상연구소, 『현대사상연구』, 제2집, 1991.

______, "회재의 太極변과 망기당의 무극론," 『한국 사상사』, 원광대학교출판부, 1991.

서정갑, "미국 정치학의 특성과 한국정치사상의 연구현황," 한국정치학회(편), 『한국정치학회보』 제12집, 1978.

손문호, "고려 말 신흥사대부들의 정치사상연구 – 유교적 국가주의를 중심으로," 서울대학교 대학원 박사학위논문, 1989.

______, "朝鮮朝 士林의 정치사상연구: 朝鮮朝 정치의 보다 근원적인 이해를 위하여," 정신문화연구원(편), 『정신문화연구』, 1983년 가을호.

______, "한국정치사상사 연구자료입문," 서원대학교 사회과학연구소(편), 『사회과학연구』 제4집, 1991.

______, "율곡 이이의 정치사상연구," 서원대학교 사회과학연구소(편), 『사회과학연구』 제11집, 1998.

송재운, "왕양명 심학의 연구 – 心卽理의 淵源과 致良知를 中心으로," 동국대학교 대학원 박사학위논문, 1985.

신복룡, "당쟁과 정당정치,"『전통과 현대』, 1997년 가을호.

오종일, "朝鮮朝 士林思想의 특질,"『철학연구』제23집, 1976.

유명종, "李彦迪의 哲學思想," 한국철학회(편),『한국철학사상』, 1978.

______, "李彦迪의 理學,"『한국사상사』, 이문사, 1981.

유정동, "花潭·晦齋·退溪의 성리설 전개," 성균관대학교 대동문화연구원(편),『한국사상대계Ⅳ : 性理學사상편』, 1984.

______, "李彦迪의 철학사상,"『한국철학사』中卷, 서울: 동명사, 1987.

______, "李彦迪과 조한보와의「無極而太極」에 관한 논변," 성균관대학교 대동문화연구소(편),『한국사상대계Ⅳ』, 1984.

______, "회재 李彦迪," 현담유정동선생기념사업회(편),『한국 유학의 재조명』, 1985.

윤사순, "朝鮮朝 의리사상 형성과 내재," 유교학회(편),『유교사상연구』제7집, 1994.

______, "조선전기 性理學의 사상적 기능,"『한국학논집』제2집, 계명대학교 한국학연구소, 1975.

______, "李彦迪의 성리철학,"『한국의 사상』, 서울: 열음사, 1984.

______, "회재의 仁사상," 성균관대학교 대동문화연구원(편),『이회재의 사상과 그 세계』, 서울: 성균관대학교출판부, 1992.

이기동, "이조유학사에 있어서 주리파·주기파의 발달에 대한 분석," 동양철학연구회(편),『동양철학연구』제12집, 1991.

이동권, "晦齋의 도학적 詩세계," 성균관대학교 대동문화연구원(편), 『李晦齋의 사상과 그 세계』, 1992.

이동환, "우주생명과 우주유열: 晦齋李彦迪의 도학적 시세계," 『현대시학』 제306호, 1994.

이동희, "晦齋 李彦迪의 經學思想 – 大學章句補遺," 조남욱 외, 『朝鮮朝 유학의 탐구』, 서울: 여강출판사, 1988.

______, "朝鮮朝 朱子學사에 있어서 주리·주기 용어사용의 문제점에 대하여," 동양철학연구회(편), 『동양철학연구』 제12집, 1991.

______, "朱子學의 철학적 특성과 그 전개 양상에 관한 연구," 성균관대 박사학위논문, 1990.

______, "晦齋 李彦迪의 생애와 思想," 계명대학교 한국학연구원(편), 『한국학논집』 제19집, 1992.

이병걸, "조선 초기 영남·기호사림의 접촉과 그 추이 – 사림파의 성분과 관련하여," 『한국사연구 26』, 1979.

이병도, "李晦齋와 그 學問," 『진단학보』 제6집, 진단학회, 1936.

이병휴, "중종·명종대 권신·척신의 추이와 회재의 대응," 성균관대학교 대동문화연구원(편), 『이회재의 사상과 그 세계』, 서울: 성균관대학교출판부, 1992.

______, "조선 전기 지배세력의 갈등과 사림 정치의 성립," 영남대학교 민족문제연구소(편), 『민족문화논총』 제11집, 1990.

이상은, "李晦齋의 무극太極론의 학술사적의의," 『학술원논문집』 제13집, 1974.

______, "晦齋先生의 哲學思想," 묵민회갑기념사업회(편), 『國譯晦齋全

書』, 1974.

이수건, "晦齋 李彦迪 가문의 사회 경제적 기반," 영남대학교 민족문제연구소, 『민족문화논총』 제12집, 1991.

이수환, "영남지방 서원의 경제적 기반－소수・옥산・도산 서원을 중심으로," 영남대학교 민족문제연구소, 『민족문화논총』 제2・3합본, 1980.

이완재, "晦齋의 조망기당과의 太極론변에 관하여," 『대구사학』 제12, 13집, 대구사학회(편) 『백초 홍순창 박사 환영 기념사학특집』, 1977.

이우성, "李彦迪선생의 역사적 위치와 그 경세사상," 묵민회갑기념사업회, 『國譯晦齋全書』 부록첨가논문, 1974.

______, "이조 유교정치와 사림의 존재," 『창작과 비평』, 1982.

______, "乙巳사화의 일고탈: 晦齋의 현실대응방식을 中心으로," 성균관대학교 대동문화연구원 편, 『李晦齋의 思想과 그 世界』, 1992.

______, "李彦迪先生의 역사적 위치와 그 경세사상," 묵민회갑기념사업(편), 『國譯晦齋 全書』, 첨가논문, 1974.

이운구, "李彦迪의 생애와 사상," 『천옥환 기념 논문집』, 1979.

이원균, "李晦齋의 경세사상과 시무론," 『정중환 기념 논집』, 1974.

______, "李晦齋의 중용구경연의에 대하여," 『부산수산대논문집』 제16집, 1976.

______, "李晦齋와 그 政治思想," 『부산수산대논문집』 제29집, 1982.

이원술, "선진정치사상에 있어서 "중"의 의의," 대구: 영남대학, 『사회과학연구』, 1982.

이지경, "晦齋 李彦迪의 政治思想研究," 한국외국어대학교 대학원 석사학위논문, 1992.

______, "16세기 士林派 政治思想研究," 서원대학교 사회과학연구소(편), 『사회과학연구』 제8집, 1995.

______, "晦齋 李彦迪의 왕도정치사상," 유광진 외, 『한국정치의 쟁점과 과제』, 서울: 정익사, 1997.

______, "晦齋 李彦迪의 『大學章句補遺』에 관한 연구: 朱子의 『大學章句』 해석에 대한 근원적 비판을 중심으로," 청주대하교 사회과학연구소(편), 『사회과학논총』 제16집, 1997.

______, "晦齋 李彦迪의 「太極問辨」에 관한 연구," 동국대학교대학원(편), 『동원논집』 제10호, 1997.

______, "晦齋 李彦迪의 『중용구경연의』에 관한 연구," 서원대학교 사회과학연구소(편), 『사회과학연구』 제11집, 1998.

______, "李彦迪의 君主政治思想에 관한 연구: 중용구경연의 分析을 中心으로," 동국대 정치학과 대학원 학생회(편) 『정치논집』 제4집, 1998.

______, "주자의 대학장구에 대한 이언적의 비판," 한국·동양정치사상사학회(편). 『동양정치사상사』, 제1권 2호, 2002.

______, "조광조의 유교국가에 관한 연구: 정치개혁론을 중심으로," 한국사회역사학회(편), 『담론201』 봄·여름호, 제14집, 2003.

______, "조식 정치사상의 요체 '敬·義' 연구," 한국·동양정치사상사학회(편), 『동양정치사상사』, 제2권 2호, 2003.

______, "점필재 김종직 사림정치사상 연구: 유교정치체제의 보강을 위

한 민본·절의를 중심으로," 한국정치학회 연말학술대회, (2003. 12. 3-5: 외교안보연구원).

______, "정여창 정치사상에 대한 재평가," 한국·동양정치사상사학회 (편), 『동양정치사상사』, 제3권 2호, 2004.

______, "이황의 정치사상," 국제문화학회(편), 『역사와 사회』 제33집, (2004. 12).

______, "세종의 공세적 안보정책: 대마도 정벌을 중심으로," 한국정신문화연구원: 세종연구팀, 『정치사상과 유교적 국가경영』, (2004. 11. 22).

______, "지방균형발전과 자치단체장의 정치적 리더십," 동서대학교 부설 한국지역사회연구소(편), 『계간, 지역사회』 여름호, 제50호, 2005.

______, "세종조 사대교린의 국가경영 사례연구: 대마도 정벌과 파저강 토벌을 중심으로," 한국학중앙연구원, 세종국가경영연구소개소기념 학술대회, 『세종의 국가경영과 한국학의 미래』, (2005. 5. 27)

______, "지방의 균형발전과 삶의 질 향상: 자치단체장의 정치적 리더십중심으로," 2005 한국정치학회 충청지회 춘계학술대회, (2005. 5. 23. 충북대 개신문화관)

______, "태종 상왕기 공세적 국가경영과 리더십: 1418-1422년을 중심으로," APEC 정상회의 D-100 기념학술대회, 한국정치학회·21세기정치학회 2005년 특별학술회의, (2005. 8. 12. 부산광역시 동의대학교)

______, "이방원의 국가경영과 리더십 재조명:1418-1422년 세종의'聖王

之道'를 위하여," 2005한국정치학회 추계학술회의,(2005,10,13,고려대학교 인촌기념관)

______, "글로벌시대 지방의 발전전략과 과제: 자치단체장의 정치적 리더십을 중심으로," 2005 한국정치학회 특별학술회의, (2005, 11, 4, 대전대학교 혜화문화관)

______, "글로벌시대 지방자치단체장의 거버넌스와 리더십," 2005 한정치학회 연례학술회의, (2005, 11, 30, 외교안보연구원)

이지경외, "중등사회과 현직교사 연수 프로그램의 실태와 개선방안," 서원대학교 교육연구소편, 특성화 연구과제: 교원연수 특집, 『교육발전』, 제23집 2호, 2004.

이지형, "晦齋의 經學思想-『大學章句補遺・중용구경연의』를 中心으로," 성균관대학교 대동문화연구원, 『李晦齋의 사상과 그 세계』, 1992.

이태진, "정조의 태학탐구와 晦齋속대학혹문에 대한 평가," 성균관대학교 대동문화연구원 세미나 유인물, 1991.

______, "16세기 士林의 歷史的 性格,"『대동문화연구』 제13집, 성균관대학교 대동문화연구소, 1979.

______, "조선 性理學의 역사적 기능, 그 재평가를 위한 하나의 시론,"『창작과 비평』 제9호, 1974.

이택휘, "朝鮮朝 정치사상의 연구-조선기에 있어서 국가 및 정치체계에 대한 인식의 정향,"『서울교육대학논문집』 제16집, 1983.

______, "조선후기 정치사상연구," 서울대학교 대학원, 박사학위논문, 1984.

______, "한국 정치사상사 연구의 방법과 방향," 故 公三 閔丙台 선생

님 20주기 추모 학술대회 발표논문, 1997.

_____, "朝鮮朝 정치제도와 정치형태," 정창수(편), 『한국사회론: 제도와 사상』, 서울: 사회비평사, 1995.

이해영, "선진 유가의 士意識에 관한 연구," 유교학회(편), 『유교사상연구』 제6집, 1993.

장성재, "삼봉의 太極에 대한 이해와 그 성격," 동국대학교 대학원(편), 『대학원연구논집』 제20집, 1990.

전낙희, "동양정치사상에 있어서 시대적 상황과 지도이념의 변용: 유가를 중심으로," 『제7회 한국정치학회·재북미한국인 정치학회 합동대회 발표논문집』, 1987.

조남욱, "李晦齋의 儒家政治論 硏究," 『부산대통일논총』 제5집, 1984.

_____, "朝鮮朝 士禍期의 士林精神," 『유승국 화갑기념논집』, 1983.

한영춘, "동서양의 정치사상에서 본 한국정치사상의 연구방향," 정신문화연구원 편, 『정신문화연구』, 1993년 가을호.

홍순창, "사화와 당쟁과의 관계," 『大邱史學』 제7·8집, 대구사학회, 1973.

_____, "역성혁명과 朱子學적 정치사상의 정착," 한국정치외교사학회(편), 『朝鮮朝 정치사상연구』 제4집, 서울: 평민사, 1987.

황의동, "회재 철학의 근본문제," 한국동서철학연구회(편), 『동서철학연구』 제7호, 1990.

_____, "회재 철학사상의 논구: 理와 實學觀을 中心으로," 청주대학교(편), 『인문과학논집』 제9집, 1990.

玉山書院沿革 及

晦齋先生年譜

沿　革

一五七二(宣祖五年壬申)鄕人들이 玉山獨樂堂 아래에 書院建立

一五七三(宣祖六年癸酉)二月에 慶州西岳鄕賢祠에서 位版을 書院에 옮겨 奉安

一六一〇(光海二年庚戌)八月에 禮官을 보내 家廟에 致祭, 九月에 文廟에 從祀
十二月三日에 「玉山書院」이라 賜額(李山海書)

一八三八(憲宗四年)求仁堂燒失로 重建再賜額(金正喜書)

一九七二(壬子)清芬閣建立(御書閣)

一九七三(癸丑)三年間 全建物補修

一九七五(乙卯)九一年八月水害被害補修

一九九二(壬申)求仁堂、無邊樓 閣修齋、敏求、兩齋、飜瓦 및 補修

規模(施設)

體仁廟　一棟
求仁堂　一棟　十間
閣修齋　一棟　五間
敏求齋　一棟　五間
無邊樓　一棟　十間(二層)

亦樂門　一棟　三間
神道碑閣　一棟
經閣　一棟
板閣　一棟
祭器室　一棟　二間

御書閣　一棟
庖舍　三棟　十八間
倉庫　一棟
大門　五棟

文元公 晦齋先生 年譜

本貫 驪州 諱 彦迪 字 復古 號 晦齋

一四九一年成宗二二年(辛亥) 十一月 二十五日 戊戌 子時 慶州府 良佐洞 本第에서 誕生

先生의 本貫은 驪州、始祖는 世貞(高麗鄕貢進士)

曾祖는 崇禮(振義副尉)、慶州로 落南하여 延日 玉洞에 定住、贈兵曹參判

祖는 壽會、武科에 登第、進勇校尉 權知訓練院參軍、贈吏曹判書

考는 蕃、本道夏課에 壯元、公이 지은 詩賦를 成宗이 보시고 嘉尙히 여겨 赴闕

토록 하고 衣服과 筆墨을 下賜함。

生員試 登第、贈左贊成、良佐村으로 移居

先妣는 月城孫氏 鷄川君 襄敏公 孫昭의 女

一五○○年燕山君 六年(先生 十歲) 二月 十四日 贊成公 丁憂

一五○二年燕山君 八年(先生 十二歲) 外留 愚齋 孫公 仲暾의 宰尙州時從學

一五○四年燕山君 十年(先生 十四歲) 甲子士禍 일어남

一五○六年燕山君十二年(先生 十六歲) 九月 中宗反正

一五○八年 中宗 二年(先生 十八歲) 聘 咸陽朴氏

一五一一年 中宗 六年(先生二十一歲) 問津賦를 지음

一五一三年 中宗 八年(先生二十三歲) 中生員試

一五一四年中宗 九年(先生二十四歲) 別試文科 及弟、考官 慕齋 金安國이 先生의 策文을 보고 王佐의 才가 있다고 感嘆하였음。權知校書館副正字、西征詩 一百三十五韻을 지음

一五一五年中宗 十年(先生二十五歲) 慶州州學教官에 差任

一五一七年中宗 十二年(先生二十七歲) 元朝五箴을 지어 自警함。忘齋(外叔 進士 孫叔暾)와 忘機堂(進士 曹漢輔)에게 無極太極說의 辯論 편지를 씀。七月에 副正字、十月에 正子로 陞次함。

一五一八年中宗 十三年(先生二十八歲) 忘機堂에게 答書 四篇 보냄。十二月 祖父 判書公 別世

一五一九年中宗 十四年(先生二十九歲) 己卯士禍 일어남。

一五二〇年中宗 十五年(先生 三十歲) 服闋 除夕에 立箴을 지음。

一五二一年中宗 十六年(先生三十一歲) 弘文館博士兼 經筵司經 春秋館記事官、王命으로 先生의 이름에 彦字를 더함。

一五二二年中宗 十七年(先生三十二歲) 二月 世子 侍講院 說書

一五二三年中宗 十八年(先生三十三歲) 成均館典籍、兵曹佐郎、吏曹佐郎

一五二四年中宗 十九年(先生三十四歲) 六月 母夫人 奉養을 爲해 外任을 請하여 仁同縣監이 되고 春秋館記事官을 兼함。

一五二六年中宗 二十一年(先生三十六歲) 司憲府持平、兵曹正郎、慶尙道御史、吏曹正郎

一五二七年中宗 二十二年(先生三十七歲) 侍講院文學、司憲府掌令兼 承文院校勘

一五二八年中宗 二十三年(先生三十八歲) 奉常寺僉正、內資寺副正、成均館司成、慶尙道御史、密陽府使

＜送元典翰繼蔡序＞를 지음。

一五三〇年中宗二十五年(先生 四十歲) 司諫院 司諫

一五三一年中宗二十六年(先生四十一歲) 一月 金安老의 起用을 反對하다가 成均館司藝로 左遷되고 곧 罷歸田里하다

一五三二年中宗二十七年(先生四十二歲) 紫玉山下에 獨樂堂과 溪亭을 지음。

一五三五年中宗 三十年(先生四十五歲) 林居十五詠 詩 있음。

一五三七年中宗三十二年(先生四十七歲) 金安老 賜死。掌樂院僉正、宗簿寺僉正、校理、弘文館應敎、春秋館編修官

一五三八年中宗三十三年(先生四十八歲) 議政府檢詳、淸白吏、左舍人、軍器寺正、弘文館直提學、兵曹參知 十月 母夫人 奉養을 爲해 全州府尹

一五三九年中宗三十四年(先生四十九歲) 十月 上旬로 一綱十目疏를 進上。頌德碑 있음。 十二月 兵曹參判兼 世子右副賓客

一五四〇年中宗三十五年(先生 五十歲) 四月 禮曹參判 六月 成均館 大司成 十一月 司憲府 大司憲

一五四一年中宗三十六年(先生五十一歲) 三月 左副賓客、弘文館副提學、知製敎兼經筵參贊官、春秋館、修撰官 九月 漢城府判尹、議政府右參贊兼 同知成均館事

一五四二年中宗三十七年(先生五十二歲) 一月 吏曹判書

一五四三年中宗三十八年(先生五十三歲)

四月 知中樞府事

五月 議政府右參贊 固辭

八月 司憲府大司憲

九月 刑曹判書 固辭

十月 禮曹判書 固辭

十一月 議政府左參贊

十二月 安東府使(諫官留之不赴)

一五四四年中宗三十九年(先生五十四歲)

一月 弘文館提學 同知成均館事

三月 母夫人 病患으로 辭任

七月 慶尙道 觀察使

四月 病患으로 辭職

七月 漢城府判尹 固辭

八月 知中樞府事兼 世子左副賓客 固辭

一五四五年仁宗 元年(先生五十五歲)

十二月 中宗 昇遐

一月 議政府右贊成 病辭

閏一月 議政府左贊成

三月 知經筵春秋館事 兼任

八月 判義禁府事 兼任。乙巳士禍 일어남。仁宗 昇遐。驪城君 稱號 사양함。仁宗大王 行狀 撰함。

一五四六年明宗 元年(先生五十六歲) 三月 呈辭省親

七月 判中樞府事

一五四七年明宗 二年(先生五十七歲) 閏九月 良才驛 壁書事件으로 江界府 安置

一五四八年明宗 三年(先生五十八歲) 元日에 自新箴 지음。

六月 十八日 大夫人 孫氏 下世

七月 訃音이 당도하자 遺衣로 設位하고 朝夕으로 號哭하다

一五四九年明宗 四年(先生五十九歲) 十月 祭文을 지어 甥姪 李純仁을 시켜 致祭함。

十月 〈大學章句補遺〉〈續大學或問〉完成

一五五〇年明宗 五年(先生 六十歲) 六月 服闋

八月 〈奉先雜儀〉完成

十月 〈求仁錄〉完成

〈進修八規〉完成

一五五三年明宗 八年(先生六十三歲) 一月 아우 聾齋公(彥适)下世

四月 祭文을 지어 嗣子 應仁으로 하여금 亡弟의 靈前에 致祭함。

十一月 二十三日 以疾 別世

十二月 十二日 아들 全仁이 酷寒과 氷雪을 무릅쓰고 江界 謫所에서 返柩함。

一五五四年明宗 九年二月 大擧가 鄉里에 到着

十一月 興海郡南 達田里 禱陰山 贊成公 塋下에 安葬함。

一五六六年明宗二十一年八月

아들 全仁이 先生이 撰한 進修八規를 疏進함。
上悟遂命復爵

一五六八年宣祖　元年二月

十月 退溪 李滉이 先生의 行狀을 撰함。
大匡輔國崇祿大夫議政府領議政兼 經筵弘文館藝文館 春秋館觀象監事
贈職 내림。이어 貞敬夫人 朴氏에게 해마다 賜廩하도록 命함。
三月 禮曹正郎 李景明을 보내어 致祭함。
八月 〈文元〉으로 贈諡하고 明宗 廟庭에 配享함。
文은 道德博文이오、元은 主義行德이다。

一五七二年宣祖　五年

玉山書院 創建

一五七三年宣祖　六年

慶州 西岳鄕賢祠에 모시던 位版을 書院으로 移奉함。

一五七四年宣祖　七年

玉山書院 賜額
〈晦齋先生文集〉 刊行

一六一〇年光海君　二年九月

文廟에 從享

元朝五箴 幷序

들건대 옛날의 聖賢들은 그 德을 向上함이 날마다 새롭지 아니함이 없고 해마다 진화하지 아니함이 없으며 다만 날로 부지런하여 그 몸이 죽은 뒤에라야 공부를 그친다 하였으니 대개 사람되는 道理를 다하여 하늘이 (人間에게) 賦與한 바를 저버리지 않으려고 함이었다. 내가 세상에 난지도 二十七年이나 되었다. 행실은 規則에 맞지 않고 말(言)은 法度에 어긋남이 많으며, 학문은 매우 힘써도 道는 이루지 못하고 나이는 장성하여도 德은 進就되지 않으니 나는 聖賢의 지경에 이르지 못하고 마침내 凡人으로 돌아갈 것이 明白하다. 아! 오늘은 元朝이다. 해도 또한 바뀌었는데 나 홀로 옛 모양 그대로 德을 새롭게 하지 않으리오. 五箴을 지어 終身之戒를 삼으려 한다.

(一) 畏天箴

하늘이 우리 人間을 낳으심에, 付與한 것이 매우 크다. 하늘의 명령은 밝고 빛나매, 안 팎의 다름이 있을 수 없다. (이 명령을) 거스리면 凶하고 닦으면 吉하니, 감히 공경하고 두려워하지 않으리오. 말하지 않아도 믿어지고, 움직이지 않아도 공경하게 되며, 細微한 것도 살피지 않음이 없고, 隱密한 것도 살피지 않음이 없다. 이러한 면에

從事하여 마음을 가라앉혀 上帝[4]에 對하며、 모든 動靜을、 上帝의 法則에 따라 할 것이다。 永久히 하늘의 명령에 符合하면、 하늘을 우러러 보고 세상을 굽어 보아도 마음에 부끄러움이 없으며 잠시 동안이라도 間斷이 있으면、 문득 이것은 스스로 (하늘과) 隔絶[5]하는 것이다。 하늘을 속이고 요행히 罪를 면할지라도、 그 산다는 자체가 부끄럽기만 하다。 매우 적은 부분이라도 어긋남이 있다면、 문득 이것은 죄를 얻는 것이다。 (용서되기를) 빌 곳 조차 없을진대、 어찌 自身에 反省하지 않으리오。 제 욕심을 누르고 禮節[6](天理의 節文) 좇는 것을 天命을 실추(失墜)하지 않았다 하며 存心[7] 養性하는 것은 事理에 順從한 것이다。 (하늘은 형체가) 나타나지 않아도 또한 (우리들 머리 위에) 굽어 보시니 (우리들은) 감히 속일 수 있으리오。 (그러므로) 朝夕[8]으로 힘 쓰고 조심하여、 이에 自身을 保全할 것이다。

(二) 養心箴

마음의 德은、 지극히 虛靈하다。 원래 그 本體는、 廣大하고 高明한 것인지라 안으로 모든 이치를 갖추어서、 밖으로 많은 변화에 응하게 된다。 풀어 퍼뜨리면 天地[9] 四方에 가득하고、 거두어 들이면 마음 속에[10] 간직하게 되니、 (이것을) 잘 修養하여 害치지 않으면、 天地와 같이 廣大 高明하게 된다。 修養은 어떻게 할 것인가。 공경(敬)할 뿐인 것이다。 공경은 어떻게 할 것인가。 다만 정신을 한 곳으로 모을 뿐이다。 마음이 움직이지 않을 때는 渾然한 太極[11]이니 敬으로써 專一하여야만、 그 本體가 正直하게 된다。 치우치지도 말고 기대지도 말며、 携貳(離心)하지도 말고 專主[12]하지도 말 것이다。 잊어버리지도 말고 助長하시도 말며、 從容히 自得하여야만、 확연(廓然)히 아주 公正無私하여、 造化[13]가 流行하고 萬物이 生動하게 된다。 重門을 활짝 열어 젖치매 (마음의 비밀이 없다는 뜻) 邪曲됨을 볼 수 없다。 天理가 온전하매、 人欲이 맹동(萌動)하지 못하며 大本[14]이 이미 세워지매、 達道[15]가 이에 行하게 되리니、 敬은、 存心[16]하는 터전 그것이다。 오래 계속되면 誠實하여져서、 一理에 순수(純粹)하게 되니、 天地正位[17] 萬物生成하는 極

功(極上의 功)이 실로 이에 근본하게 된다. 人間의 先天的인 稟賦는, 처음에는 두가지 理致가 없건마는, 한 손가락

(手指)과, 어깨(肩)와 등(背)을, 어느 것이 貴하고 어느 것이 賤한지도 아는 이가 적다. 小體(耳、目、口腹)를 기르기

위해서、大體(心)를 잃게 되면, 짐승(禽獸)에 가깝게 될 것이니, 내가 이미 이것을 알고 있을진대, 감히 스스로 힘

쓰지 않으리오. 창졸 위급한 경우라도, 이것을 銘心하여 있지 않을 것이다. 一念이라도 혹시 게을리 할까보냐. 神

明이 내 옆에 계시온데.

(三) 敬 身 箴

내가 내 몸을 가진 것이、지극히 重하고도 貴한 것이다. 이것은 父母에게 받았으며, 天地에게 稟受된 것이다.

才(天、地、人)에 참여하였으니, 萬物의 으뜸이 된 것이다. 이미 그렇게 된 것을 알진대, 감히 스스로 공경하지 않

으리오. 공경은 어떻게 할 것인가. 몸 가지기를 바르게 할 것이다. 容貌는 반드시 엄숙하게 하고, 衣冠은 반드시 단

정히 할 것이며 보고 듣는 것도 規則이 있으며, 말과 행동도 法度가 있을 것이다. 음탕한 音樂과 사특(邪慝)한 禮

法은 마음에 接近하지 말 것이며, 간사한 소리와 요란한 빛갈도, 듣고 보지 말 것이다. 禮法에 어긋난 자리와 不正한

장소에는, 감히 가지도 말며 거처하지도 말것이오, 進退와 周旋을, 반드시 道理에 부합하게 하고, 出處와 行藏을,

한결같이 正義로서 결정할 것이다. 富貴에도 마음이 움직이지 않고, 貧賤에도 志操를 변하지 않으며, 타연(卓然)히

中立하여, 오직 道에만 의지할 것이다. 이것을 능히 공경한다 이르나니, 몸을 욕보이지 않고 身體를 毀傷하지 않으

며, (父母님이 나를) 낳아 주신데 욕됨이 없도록 하여, 온전히 生을 마치게 된다. 다만 저 衆人들은, 자기 몸

가짐을 알지 못하여 보고 듣는 것을 節制없이 하고, 그 四肢를 게을리 한다. 하늘이 賦與한 바를 輕忽히 하고, 父

母가 주신 肢體를 게을리 한다. 食慾・色慾에만 매우 분주하여, 廉恥가 전연 없으며, 利慾・名慾에만 허둥대어, 命

運과 義理도 알지 못한다. 그 自身은 돌보지 않고 다만 私欲에만 골몰(汨沒)하게 된다. 나는 이것에 鑑戒하여, 척연

(惕然)히 自身을 칙려(飭厲 즉 戒勉)한다. 성실하고 공손하여, 깊은 못(淵)에 다달은 듯 엷은 얼음을 밟는 듯 한다.

聖賢이 訓戒가 있으니, 誠心과 修德 그것이다. 나는 감히 이 말로써 終身之憂를 삼으려 한다.

(四) 改過箴

사람마다 上智의 聖人이 아니거던, 뉘들 허물이 없으리오. 허물이 있어도 능히 고친다면, 그 허물만은 적게 된다.

적은 위에 또 적도록 하면 허물이 전연 없게 된다. 허물이 없는 이를 聖人이라 하고, 허물이 많은 이를 愚人이라 하

니, 聖人되고 愚人됨은, 다만 나에게 있을 뿐이다. 이로써 君子는, 반드시 그 뜻을 誠實히 한다. 마음에 잘못된 생

각이 없는데 하물며 행동에 잘못된 일이 있으리오. 설혹 잘못이 있다 하여도, 즉시 고치기를 주저하지 않으면, 허

물은 살아지고 善만 온전하여, 그 德이 날마다 進就될 것이다. 어찌하여 저 衆人들은, 제 허물을 아는 자가 드문

것인가. 알고도 또한 고치기를 꺼리는데, 하물며 착하게 된다 할 수 있으리오. 잘못을 부끄러워 하면, 그릇된 짓이 만

들어지고, 허물이 오래되면 나쁜(惡)것이 이루어진다. 나는 이것에 鑑戒하여, 즉시 改過遷善할 것이다. 一念의 맹동

(萌動)함과, 한 마디의 發言까지도, 반드시 도리에 맞도록 노력하여 다만 어긋남이 있을까 염려한다. 밤이 되면 허

물이 있는가 反省하고, 낮에 와서는 이것을 고치게 된다. 衛武公은 스스로 허물을 뉘우쳐 賓筵에서 詩를 지어 경계

하였고, 邇瑗은 허물을 적게 하고자 하여 五十歲에 와서 그릇됨을 알았었다. 子路는 자기 허물을 말하는 것을 듣기 좋

아했고, 顔淵은 잘못을 두 번 범하지는 않았었다. 聖賢들도 오히려 自身을 경계하였거던, 하물며 나같은 어리석고

못난 사람에 있어서랴. 나이 아직 어릴 적엔, 혹시 알지 못한 점이 있었지만, 이제는 이미·장성하였으니, 어찌 스

스로 規戒하지 않으리오.

(五) 篤志箴

사람이 그 性品을 가진 것은, 天理에 근본하게 된 것이다. 처음부터 착하지 않음이 없거늘, 누구는 어리석고 누구는 슬기로우리오. 聖賢도 나와 同類임을 알겠으니, 마음(善性)을 求하면 얻게 되고 求하지 않으면 잃게 된다. 그 기틀(機)은 나에게 있으니, 감히 스스로 힘쓰지 않으리오. 殷나라 湯王도[31] (그 德을) 날로 새롭게 했으며, 仲尼(孔子의 字임)도 (道를 求하여) 發憤忘食하였다. (周나라) 文王도[32] 대단히 勉強했으며,[33] (夏나라) 禹王도[34] 매우 부지런하였다. 하물며 나같은 後學이야, 뜻만 크고 힘은 微弱하니, 한 번 떨어지면 아주 멀어져서, 道에 이르기를 능히 기약할소냐. 우물을 파서 샘물(泉)을 못 본다면 아홉길(九仞)을 판들 무슨 도움이 있으리오. 學問을 하여 聖人이 되기를 바라지 못한다면 이것은 스스로 廢工하는 것이다. 工夫를 그만 두려해도 되지 않는다는 것은 顏子의 竭力함이었고, (맡은 바) 책임은 중하고 (앞으로 나아갈) 길이 遼遠하다는 것은 曾子의[35] 篤工함이었다. 나는 옛날 사람을 스승으로 삼아 죽은 뒤에라야 工夫를 그치겠다. 그들 (古人)은 어떠한 사람이냐. (나도) 工夫하면 (그렇게) 되는 것이다.

元朝五箴 幷序

蓋聞古之聖賢 其進德也 靡日不新 無歲不化 惟日孜孜 死而後己 蓋欲盡爲人之道 而無負於天之所與也 余生二十有七歲矣 行不中矩 言多違法 學苦而道不成 年長而德不進 其不至於聖賢 而卒爲衆人之歸也 昭昭矣 噫 今日 又是元朝也 歲且除矣 我獨依舊 而不自新乎 作五箴 以爲終身之憂[36]

其一　畏天箴

天生我人　付畀者大[三]　明命赫然　罔有內外　悖凶修吉　敢不祗畏　不言而信　不動而敬　無微不察　無隱不省　從事於斯　潛心對越[四]

一動一靜　順帝之則　永言配命　俯仰無怍[五]　斯須有間　便是自絕　罔而幸免　生也可愧　毫釐有差　便是獲罪　禱既無所　盍反諸己

[六]克己復禮　是曰無墜　存心養性[七]　所以順事　不顯亦臨　其敢或欺　日乾夕惕[八]　于時保之

其二　養心箴

惟心之德　至虛至靈　原其本體　廣大高明　內具眾理　外應萬變　放之六合[九]　斂之方寸[一〇]　善養無害　與天地似　養之伊何　曰敬而已

敬之伊何　惟主乎一　當其不動　渾然太極[一一]　敬以一之　其體乃直　不偏不倚　無貳無適　勿忘勿助[一三]　從容自得　廓然大公[一二]　鳶飛魚躍

洞開重門　不見邪曲　天理以全　人欲不萌　大本既立[一四]　達道乃行[一五]　惟敬之妙　宅心之地[一六]　久而既誠　純乎一理　位育極功[一七]　實本於此

人生稟賦　初無二致　一指肩背[鮮知貴賤]　養小失大　禽獸不遠　我既知此　敢不自勉　造次顛沛[一八]　服膺勿失[一九]　一念或怠　神明在側

其三　敬身箴

我有我身　至重至貴　受之父母　命於天地　叅爲三才[二〇]　匪萬物比　既知其然　敢不自敬　敬之伊何　持之以正　容貌必莊　衣冠必整

視聽有則　言動有法　淫樂慝禮　不接心術　姦聲亂色　不留耳目　非禮之地　非正之所　足不敢履　身不敢處　進退周旋　必於理合

出處行藏[二二] 一以義決 富貴不動 貧賤不移 卓然中立 惟道是依 是曰能敬 不辱不虧 無忝所生 庶全而歸 惟彼衆人 昧於自持

滔視傾聽[二五] 惰其四支 褻天之畀 慢親之枝 營營食色[二三] 無廉無耻 遑遑利名[二四] 無命無義 不有其躬 惟欲之汩 我其監此 惕然自飭

洞洞屬屬 臨深履薄[二六] 聖賢有訓 曰誠曰修 敢以此語 爲終身憂

其四 改過箴

人非上聖 誰能無過 過而能改 其過斯寡 寡之又寡 可至於無 無過曰聖 多過曰愚 爲聖爲愚 在我而已 是以君子 必誠其意

心無過念 矧有過事 如或有之 即改不吝 過消善全 其德日進 胡彼衆人 知過者鮮 知且憚改 矧日遷善 耻過作非 過久成惡

我其監此 不遠而復 一念之萌 一言之發 必思合理 惟恐有差 夜以思過 晝以改之 武公自悔[二七] 賓筵是作 邁瑗欲寡[二八] 知非五十

子路喜聞[二九] 顏淵不貳[三〇] 聖賢猶戒 矧余愚鄙 齒之尙少 庸有不知 今其壯矣 曷不自規

其五 篤志箴

人有厥性 本乎天理 初無不善 孰愚孰智 乃知聖賢 與我同類 求之則得 不求則失 其機在我 敢不自勖 成湯曰新[三一] 仲尼忘食[三二]

文王亹亹[三三] 伯禹孜孜[三四] 矧余後學 志大力微 一墮悠悠 造道可期 井不及泉 九仞笑益 學不希聖 是謂自畫 欲罷不能 顏氏之竭

任重道遠 曾氏之篤[三五] 我師古人 死而後已 彼何人哉 爲之則是 俱嗣芳躅 使萬世景仰

註

(五一) 電往——電赴와 같은 말이니, 즉 빨리 간다는 뜻이며, 또는 짧은 時刻이라는 뜻임。(晉書、譙王承傳) 足下若能卷甲電赴 猶或有濟

(五三) 采菽——詩經 小宛章에 中原有菽 庶民采之라 있고 그 註에 善道는 사람마다 行할 수 있음을 말한 것이라 하였음。

(五四) 景仰——德을 思慕하고 우러러 본다는 말임。(金史) 孔子雖無位 其道可尊 高山仰止 景行行止에서 取한 말임。

(五五) 內子——옛날에 卿大夫의 嫡妻를 內子라 稱하였음。(左傳) 以叔隗爲內子 而已下之

(五六) 李應仁——字는 敬而、號는 守庵이니 驪州사람이다。晦齋 彦迪이 아들이 없어서 從弟 通의 아들 應仁으로써 後嗣를 삼았다。벼슬은 司甕院判官에 이르렀는데 죽은 뒤에 左承旨를 贈職하였다。

林居十五詠 乙未

早　春　其一

春入雲林景物新　芒鞋竹杖從今始
澗邊桃杏摠精神　臨水登山興更眞

【大意】운림에 봄이드니 경물도 새로워라, 시냇가 도화행화 정신이 접어드네, 죽장에 망혜신고 새출발 시작하여, 물보고 산에 올라 흥겨웁게 지내리라.

暮　春　其二

春深山野百花新　爲問東君何所事
獨步閑吟立澗濱　紅紅白白自天眞

【大意】산야에 봄이 짙어 백화도 새로워라, 거닐며 읊어보고 시냇가에서도 보고 묻노니 봄의 신아 너한일 무엇인고, 붉은꽃 붉게피고 흰꽃 희게피여, 저마다 자연속에 절로절로 자라나네.

初　夏　其三

又是溪山四月天　郊頭獨立空惆悵
一年春事已茫然　回首雲峯縹紗邊

【大意】계산에 첫여름 찾아드니, 한해의 봄일도 아득히 멀어졌네, 들가운데 홀로서서 먼곳을 바라보니, 산위에 구름만이 오락가락 하여라.

秋　聲　其四

月今色宵分外明　憑欄靜聽己秋聲　商音一曲無人會鬢上霜毛四五莖

【大意】오늘밤 솟은 달빛 한없이 밝았구나、누에올라 앉았으니 가을소리 들려오네 상음 한곡을 아느니 없건마는 귀밑에 허연털

만 네댓줄기 더해주네

冬　初　其五

紅葉紛紛己滿庭階前殘菊尙含馨　山中百物渾衰謝獨愛寒松歲暮靑

【大意】붉은잎 어지러이 뜰에가득 떨어지고 뜰앞에 국화만이 향기아직 남았고야。산중에 만물들이 쇠약해가것만은 소나무의

푸른절개 나홀로 사랑하네。

悶　旱　其六

農圃年年苦旱天逼來林下絶鳴泉　野人不識幽人意燒盡靑山作火田

【大意】농사에 가무름은 해마다 괴로운 것이 요사이 산밑에는 샘물조차 말랐고야、어리석은 저사람네 내마음 몰라주고 청산에

불흘질러 밭만들기 바빴구나。

喜　雨　其七

松櫺一夜雨聲紛客夢初驚却喜聞　從此靑丘無大旱幽人端合臥巖雲

【大意】하루밤 비소리 난함밖에 요란하니 나그네 꿈 놀라깨어 듣기에도 즐거워라. 이제부터 이땅에는 가무름 없을지니 세상사 잊고서 구름속에 노닐리라.

感　物　其八

卜築雲泉歲月深手栽松竹摠成林　煙霞朝暮多新態唯有靑山無古今

【大意】구름깔린 새암 옆에 살아온지 몇해러가. 내 심은 솔과대는 숲이되고 남었세라. 아침연기 저녁노을 새얼굴 짓것만은 오로지 저산만이 고금에 푸르리라.

無　爲　其九

萬物變遷無定態一身閑適自隨時　年來漸省經營力長對靑山不賦詩

【大意】세상사 왜 이다지 변하기 잘 하는가. 이 몸 홀로 유연히 진리찾아 지내리라. 세월이 흘러감에 부귀공명 꿈밖이니 푸른 산과 벗이되어 이것저것 잊으리라.

觀物　其十

唐虞事業巍千古一點浮雲過太虛　蕭灑小軒臨碧澗澄心竟日玩游魚。

唐虞　事業　千古　太虛　蕭灑　碧澗

【義譯】당우의 사업은 천고에 놀고 한점 뜬구름은 태허로 지나간다. 소쇄한 적은마루가 벽간에 닿았으니 물속에 맑아있어 종일 토록 노는고기 보았노라。

溪亭　其十一

喜聞幽鳥傍林啼新構茅簷壓小溪　獨酌只邀明月伴一間聊共白雲棲。

【大意】숲속에 우는새들 듣기에도 즐겁구나. 시냇가 경치따라 집한채 이룩했네。밝은달 벗을삼아 술잔을 기울이니, 흰구름아 한계 놀자 흩어지지 말어다오。

獨樂　其十二

離群誰與共吟壇巖鳥溪魚慣我顏　欲識箇中奇絕處子規聲裏月窺山。

奇絕

【大意】벗 마저 떠났으니 둘과함께 읊으리요. 뫼새와 시내고기 내얼굴 반겨하네。이중에 기절한곳 어데서 찾을것가。두견새 울어대고 밝은달 솟아오네。

觀　心　其十三

空山中夜整冠襟一點青燈一片心　本體已從明處驗眞源更向靜中尋。

空山　衣襟
眞理　根源
微驗

【義譯】빈산 한밤중에 옷깃을 정제하고 앉았으니, 한점 등잔은 한조각 마음에 비치는도다. 본체는 이미 밝은 곳에서 증험하겠微驗
고 진리의 근원은 다시 고요한 가운데로 살며시 찾아볼 것이다.

存　養　其十四

山雨蕭蕭夢自醒忽聞窓外野鷄聲　人間萬慮都消盡只有靈源一點明。

山雨　蕭蕭
一點

【義譯】산비 소소하여 꿈이 스스로 깨치니, 어느듯 창밖에 닭우는소리 들리는구나. 인간의 모든 물욕에 대한 생각이 다 사라져
버리니, 다만 허령한 마음의 본체만이 있어서 가슴속에 한가닥이 밝아진다.

秋　葵　其十五

開到淸秋不改英肯隨蹊逕鬪春榮　山庭寂寞無人賞只把丹心向日傾。

華色　變
榮華
山庭
丹心
傾

【義譯】해바라기 가을까지 이르도록 화색을 변치않았으니, 어찌 즐겨서 지름길로 봄꽃의 영화와 다투리오, 산정이 적막하여
관상하리 없었음에 홀로 단심을 가지고 해따라서 기우느니라.

觀賞

一剛十目疏(道學政治)

一剛十目疏는 先生께서 全州府尹在任時王旨에 應해 上疏文을 올린 글로서 文章의 內容이 尨大하여 그 要旨를 略記한 것임.

一剛

君主의 立場에서 統治者로서의 몸가짐 또 治者로서의 道理 卽 內在한 心性에 世界를 어떻게 人民을 爲하여 關心을 쓸 것인가 한 價値判斷力을 뜻하고 있다.
여기에 君主는 于先 學問을 익혀 언제나 治者의 마음은 大中至正의 位置에서 賢者를 登用하여 政事를 맡길 수 있는 人格的 素養을 充分히 갖추고 있는 君主여야 한다는 것이다.

一目 嚴家政

宮廷의 政治는 嚴하게 다스려 私的인 請托行爲를 防止하고 治人道理를 다할 것 (人格敎育과 社會秩序)

二目 養國本

장차 王이될 世子를 잘 敎育하고 德性을 涵養하고 장차 治政을 할때 民을 貴重히 여길 줄 아는 敎養을 기른다는 뜻 (指導者 資質 養成의 方道)

三目 正朝廷

朝廷을 바로 잡아 紊亂해진 紀綱을 바로 잡아야 된다는 뜻 (公明正直한 政府의 紀綱確立)

四目 愼用舍

人事行政管理를 徹底히 꾀하여 人材를 登用함에는 適所 적재에 任務를 맡길 것, 그리고 民의 怨聲이 없도록 해야 한다는 뜻 (人事行政管理의 公正性)

五目　順天道

自然不變의 理治와 같이 天道의 德化로 好生하는 것과 같은 法則을 根本하여 人民을 사랑해야 한다는 뜻 (人心은 天心 民心 所在把握)

六目　正人心

人心을 바로잡아 美風良俗을 溫和하고 淳厚하게 계승하여 社會人心을 바로 세워 서로 信義있는 生活을 해야 한다는 뜻 (民弊 除去 및 美風良俗 宣揚)

七目　廣言路

言論을 자유스럽게 暢達하고 民聲을 바르게 聽取하여 上下의 民情이 通達해야 한다고 하였다. (民衆의 輿論保障)

八目　戒侈欲

材用을 勤儉節約하여 經濟를 安定케 하고 上下 모든 國民의 奢侈生活을 警戒해야 한다는 뜻 (勤儉節約과 奢侈風潮 淨化 및 國力培養)

九目　修軍政

國防을 튼튼히 하고 有備無患으로 어제나 國保衛 精神으로 安民을 꾀할 것을 말했다. (有備無患 卽 國保衛 精神)

十目　審幾微

國家를 다스리는데 國民의 輿論이나 國家에 있어서 萬事의 모든 일들과 幾微 卽 國內外的 混亂을 未然에 防止하여 國民이 安心하게 살도록 해야 한다는 뜻 (將次 國家 興亡과 內憂外患의 對備策 및 情報)

治道篇

綱十目疏

臣은 삼가 생각하옵건대 王者는 德은 하늘에 匹敵하여 人極(表準)을 세우고 垂衣拱手[1](衣裳을 드리우고 팔장만 끼는 것)하여 힘들여 하지 않아도 德이 오래 지속되고 業이 크게 빛나는 것은 다만 그 至誠이 間斷됨이 없을 뿐입니다. 間斷됨이 없다는 것은 天의 道입니다. 대개 임금은 하늘의 명령을 받아 帝王의 位에 올랐으니 진실로 至誠의 德이 하늘과 땅에 이르지 않는다면 어찌 天理에 順應하고 天職을 다하여 萬物이 各遂其生하는 功效를 이루겠읍니까.

이른 바 「至誠의 德」이란 것은 마음이 專一하여 두 마음이 없으며 마음이 순수(純粹)하여 잡된 마음이 없으며 처음부터 끝까지 일사라도 間斷됨이 없는 것입니다. 조금이라도 間斷이 있으면 이것은 中斷되는 것입니다. 中庸이 「間斷이 없으면 中心에 오래 지속되고 中心에 오래 지속되면 밖으로 나타나고 밖으로 나타나면 더욱 悠遠하여 한이 없으며 悠遠하여 한이 없으면 그 蓄積된 것이 廣博 深厚하고 그 蓄積된 것이 廣博 深厚하면 그 發揚됨이 高大 光明하게 되니 廣博 深厚함은 그 德이 땅에 짝할 만하고 高大 光明함은 그 德이 하늘에 짝할 만하고 悠久함은 한이 없는 것이다」하였읍니다. 옛날의 帝王들이 德이 하늘에 符合하고 始終토록 間斷함이 없어서 悠久無彊의 功化를 이루게 된 것은 모두 그 一念의 間斷없는 데서 시작된 것입니다. 舜帝와 周文王과 衛武公의 일로 써 말한다면 舜帝[2]가 帝位에 있은지 五十年에 나라가 잘 다스려지고 功業이 이루어졌으며 禮樂이 具備 調和하였으니 그 功化가 極度에 이르렀으나 오히려 「勅天의 歌」[3]를 지어서 임금과 신하가 서로 경계하였읍니다. 그 「勅天의 歌」에 「하늘의 명령을 경계하되 오직 時로 하며 幾로 할 것이니라」하였으니 즉 이것은 하늘을 공경하는 道理는 어느 때이든지 경계하지 않음이 없으며 어떤 隱微한 일이든지 살피지 않음이 없다는 것을 말한 것입니다. 周文王은 王位를 누린지 햇 수가 오래되었는데 上帝를 공손히 섬겼으며 이른 아침부터 해가 낮이 되어 기울어질 때까지 정사를 매우 부지런히 보살펴서 萬民을 모두 和睦하게 하였읍니다. 이런 까닭으로 詩人이 그를 칭찬하되 「하늘의 명령이 深遠 無窮하온데 天道에 符合함을 말한 것입니다. 文王의 德도 純一하니、장하다 그 德이 빛남이여」라고 하였으니 이것은 文王의 德이 純一하고 또한 間斷이 없이 道에 符合함을 말한 것입니다. 衛武公은 나이 九十五歲임에도 오히려 國人에 신칙하여 自己의 허물을 規諫하도록 요청하였으며 「抑戒의 詩」[四]를 지어 自身을 警省하였읍니다. 抑戒의 詩에 「너 홀로 방에 있을 적에 오히려 室中에서도 부끄럽지 않아야 될 것이니、隱微한 곳이라 해서 내 行動을 보는 이 없다고 하겠는가 神의 살펴심은 가히 추측하지도 못할지니 하물며 소홀 태만하여 조심하지 않을소냐」하였으니 이것은 임금이 다만 朝會에 나와서 群臣을 대할 때만 조심할 뿐 아니라 宮庭 幽隱한 곳에서도 또한 감히 방종하지 않고 자기 몸 가지기를 매우 조심스럽게 하여 상시 神明을 대하듯 해야 된다는 것을 말한 것입니다. 이러한 면에서 옛날의 聖帝 明王은 하늘을 본받아 誠心을 다하고、敬에 專一하여 홀로 있을 때에도 조심하며 始終을 다만 한결같이 하여 어느 때에도 間斷됨이 없이 하며、나의 다스림이 이미 잘 되었다 하여 스스로 편안하지 않고 나의 德이 이미 높다 하여 스스로 흡족하게 여기지 않고 나의 나이(年齒) 이미 늙었다 하여 스스로 게을리하지 않고 상시 홀로 있는 곳(不覩不聞之地)에서 조심하여 정성이 하늘(無聲無臭之際)[五]에 이르렀음을 볼 수 있으니 이것이 하늘과 땅이 感應하여 祥瑞가 함께 이르고 鬼神과 人間이 協和하여 災變이 일어나지 않는 까닭이며 이것이 이른 바 「내 몸에 있는 하늘(나의 誠心)을 求하여 하늘도 나의 하는 일에 감히 어길 수 없다」는 것입니다. 臣은 삼가 殿下께서 仁慈하시고 明哲하시고 공경하시고 검소하심은 天性에 근본하신 바이오며 착한 일 하기를 즐겨하시고 學問을 좋아하시며 정성을 다하여 정치에 힘쓰시니 王位에 오른 뒤로 三十四年 동안에 매우 공경하고 조심하여[六] 감히 게을리하고 편안이 지나지 않았읍니다. 이른 새벽에 마음을 밝혀서 上帝를 대하듯 조심하였으며 안으로는 음악과 女色[七]의 즐거움도 없고 밖으로는 遊蕩[八]과 사냥하는 오락(娛樂)도 없으시며 諫言을 잘 聽從하여 拒逆하지 않고 잘못을 고치기에 인색하지 않았으니 비록 옛날의 聖王일지라도 이보다 나을 수는 없을 것입니다. 그러함에도 다스린 功效는 나타나지 않고 朝廷의 政治는 자주 변동되었으며[九] 人心은 和合하지 못하고 天變은 그치지 않았으니 그 까닭은 무엇이겠읍니까. 臣은 가만히 생각하옵건대 殿下께서 하늘을 본받고 愼獨(홀로 있을 때에 조심하는 것)하는 工夫가 혹시 間斷됨이 있으며 사물의 이치를 연구하고 中道를[10] 지키는 學問이 또한 지극하지 못한 점이 있읍니다. 임금의 工夫가 間斷이 있는 까닭으로 天理가 순수(純粹)하지 못하여 人欲이 이에 混雜되고 임금의 學問이 지극하지 못한 점이 있는 까닭으로 道를 辨別함이 밝지 못하여 人才를[11] 쓰고 버림이 혹시 틀리게 되며 政事를 마련하여도 定制가 없으며 道를 행하여도 능히 오래 지속되지 못하며 부지런하고 게을함이 떳떳하지 못하고, 學問의 修養이[12] 한결 같지 못하니 또한 어찌 至治로 끌어 올려서 太平을 이루겠읍니까. 그러나 聖人의 허물은 日食, 月食과 같으므로 허물이 있을 적에도 사람들이 모두 우러러 보게 되고 허물을 고칠 적에도 사람들이 모두 우러러 보게 됩니다. 가만히 살피건대 奸臣을 除去한 뒤에 殿下의 마음은 마치 太陽이 다시 中天에 뜬 것과 같은지라 그들의 가리움이 모두 없어졌으니 깊숙하고 숨은 곳을 두루 보살펴서 政化를 새롭게 하려는 것이 지극하지 아니한 바가 없읍니다. 朝廷이 肅淸되매 四方에서 크게[13] 期待하여 堯舜[14] 時代의 政治를 희망하오니 아! 이때야 말로 殿下께서 근본을 바로잡고 무너진 紀綱을 振作시키고 弊習을 改革하여 위로는 天心에 順應하고 아래로는 人望을 慰安시킬 一大機會인 것입니다. 당면한 이제 國家의 형세는 비유컨대 종점(癥)을 헐은 사람이 生命이[15] 거의 위태하다가 다시 소생(蘇生)한 것 처럼, 邪毒은 비록 除去되었다 하여도 그 사람의 元氣는 이미 나른하여졌으니 마땅히 安靜함으로써 몸을 보호할 것이고 함부로 動作하여 몸에 變故를 생기게 해서는 안될 것입니다. 그러나 반드시 靈丹 妙製를 써서 腸과 胃를 깨끗이 씻고 病의 근원을 除去하여야[16] 만 그 腹心을 맑게 하여 그 血脉을 도울 수 있을 것입니다. 만약 혹시 병이 조금 나아졌다고 안심하고 쓴 藥을 싫어하여 그 治療와 調攝의 方法을 잃어 버린다면 心腹에 뿌리박은 병이 어찌 다시 뒷 날에 발생하지 않을 것이라고 보장하겠읍니까. 가까운 요즈음에는 朝廷에서 하는 일이 人心 鎭靜하는데 힘쓰게 되니 당연한 일이라 하겠읍니다. 그러나 鎭靜시킴을 소중하게 여기는 것은 苟且스럽고 姑息的인 것을 이름이 아니라 紀綱을 정척(整飭)하고[17] 賞罰을 엄중히 하여 朝廷을 바로잡고 人心을 安定시키고 國勢를 높혀서 邪說이 眩亂하지 못하게 하고 小人이 騷擾하지 못하게 하는 것이 곧 鎭靜의 實務인 것입니다. 만약에 善惡을 구분하지 않으며 是非를 분별하지 않으며 자기 의사와 같은 사람은 좋아하고 다른 사람은 미워하며 常例를 따라 하고 舊習을 踏襲하며 임시 미봉(彌縫)으로 구차히 時日만 넘기면서 이것을 靜鎭이라고 한다면 紀綱을 振作시키고 治化를 새롭게 하지 못하므로서 투미(偸靡)[18]의 습관과 頹廢의 풍습이 장차 날로 더욱 심하

게 되어 마침내는 救濟하지 못할까 두렵습니다. 대체로 國勢가 隆盛하지 못하면 衰頹하고 衰頹하면 滅亡하게 되는

까닭으로 明哲 睿智의 임금은 隆盛한 時期에 있어서는 衰頹될 것을 염려하고 衰頹한 時期에 있어서는 振作할 것을

생각하게 되니 衰頹될 時期에 능히 振作하지 못한다면 목숨이 곧 끊어지듯이 날로 滅亡의 지경에 나아갈 것은 필연

적인 사실입니다. 그러나 그 衰頹함을 興起 振作시키는 근본은 君主의 마음이 純粹 專一하고 間斷이 없는데 있을 뿐

입니다. 만약 안으로는 일정한 뜻이 없고 밖으로는 일정한 법이 없으며 아침에는 부지런하다가 저녁에는 게을하게

되고 잠시 동안 일하다가 잠시 후에 걷어 치우게 되며 올바른 생각이 방금 맹동(萌動)[19]하려 하는데 私欲이 이것을 빼

앗게 되고 착한 政治가 방금 施行되려 하는데 邪說이 이것을 沮害하게 되고 착한 臣下가 방금 進用되려 하는데 小

人의 참소(讒訴)와 아첨(阿諂)이 이것을 離間하게 되면 紊亂 頹廢되어 마침내 아무런 成果도 없을 것이고 終末에는

血脉이 병들고 기운이 頹盡하여 風邪가 이 틈을 타고 侵入하므로서 生命이 危迫함을 장차 보게 될 것입니다. 지금

은 王道가 平蕩하고 朝廷이 조금 和合하기는 하나 그러나 윗 사람과 아랫 사람의 마음은 오히려 서로 信賴하지 못

하고 陰邪의 길은 오히려 杜絕되지 않았습니다. 삼가 원하옵건대 殿下께서는 剛直으로써 德性을 가지시고 明哲로써

事物을 살피시며, 賢臣을 任用하되 離間하지 말으시고 邪臣을 除去하되 의심하지 말으시어 頹廢된 紀綱을 振作시켜

國脉을 保養하신다면 나라의 福祚(宗社)[20]가 매우 다행할 것입니다. 書經에 「그 德이 떳떳하면 그 位(王位)를 保全할

것이고, 그 德이 떳떳하지 못하면 나라가 滅亡할 것이라」하였읍니다. 대개 德을 떳떳하게 하는 要法은 剛直과 明

哲에 있을 뿐이오나 明哲하지 못하면 剛直함이 될 수 없으며, 剛直하지 못하면 그 明哲함도 또한 능히 오래 지속할

수 없는 것입니다. 易經에 「天地의 道는 恒久的으로 間斷이 없는 것이라」하고 또 「聖人은 常久의 道로서 施行하며

天下가 이에 從化하여 美俗을 이루게 된다」하였읍니다. 君主는 진실로 능히 元을 體得하고 正에 確立하여,

貳로 하지 말고 三으로써 參을 하지 말고, 天運에 널리 관찰하고 神化에 깊이 융화하면 능히 天德에 符合하여 帝王

의 治를 거의 할 수 있을 것입니다. 聖人은 天에 따라가기를 희망하고 賢人은 聖人에 따라가기를 희망하나니 舜帝

와 周文王은 天에 따라가기를 희망하여 天道에 符合한 사람이고 衛武公은 聖人에 따라가기를 희망하여 聖人에 가까

운 사람입니다. 程子는 「天德이 있어야만 문득 王道를 말할 수 있는데 그 要領은 다만 홀로 있을 때 조심하는데 있다」하였읍니다. 대개 舜帝와 周文王의 道를 본받고자 한다면 반드시 衛武公의 愼獨(홀로 있을 때 조심하는 것) 工夫를 거쳐서 나타난 곳과 隱微한 곳이 間隔이 없으며 처음부터 끝까지 德이 한결 같아야만 능히 이를 수 있을 것이오니 임금께서는 留念하시옵소서. 伊尹[22]이 太甲[23]에게 경계하기를 「德이 純一하면 動할 때마다 吉하지 않음이 없으며 德이 순일하지 못하면 動할 때마다 凶하지 않음이 없으니 吉과 凶이 틀림없이 人間에게 나타나게 됨은 하늘이 재앙과 祥瑞를 내리심이 德에 있는 까닭이라」하였읍니다. 臣은 삼가 보건대 殿下께서 王位에 오른지 햇 수가 오래임에도 和氣는 오지 않고 재앙만 거듭 이르게 되며 또 지금에 와서는 怪異한 기운이 하늘에 퍼지고 무지개(虹霓)[24]가 햇빛을 가리웠는데 모두 그 빛갈이[25] 흰빛이었으니 흰 빛갈은 兵變의 氣象이므로 이것은 寇賊이 발생할 證據입니다. 彗星이 三台星에 侵犯하고 太白星이 白晝에 나타나고 서리와 우박이 여름에 내리니 이것은 또한 아랫사람이 윗사람을 범하고 陰이 陽을 침해하는 기상입니다. 近日에는 또 日食의 變故와 雷震의 怪異가 있으니、대개 太陽은 衆陽의 大宗이요 君主의 表徵인데 日食이 있으니 이것은 더욱 天變의 큰 것이며 엽엽(爗爗)[26]한 벼락 번개는 또한 詩人의 미워하는 바입니다. 하늘이 여러번 위엄과 노여움으로서 警告한 것이 극도에 달했으니 이것은 일이 요란 될 段階에 있고 政治가 好尤를 불러 들이게 되어 危亡의 禍가 가까이 朝夕間에 있으므로 하늘이 殿下에게 諄諄히 돌보시어 일의 幾微를 豫示하여 임금의 마음을 啓導함이 아니겠읍니까. 임금이 능히 하늘의 경계를 조심하면 비록 그 形象(災變)[27]은 있더라도 그 報恩(禍患)은 없겠지마는、만약 혹시 하늘의 경계가 위에서 赫然[28]함에도 사람의 反應이 아래에서 흐리멍덩하면 禍患이 오게 됨은 필연적인 것입니다. 대개 君主의 德은 恭敬하면 純一하고 怠慢하면 純一하지 못하게 되니 吉凶、災祥(災異、祥瑞)[29]의 應報가 君主의 德의 공경하고 태만한데 관계되지 아니함이 없사온즉、그 天心에 順應하고 天譴에 報答함도 또한 어찌 恭敬으로써 德을 純一케 하는데 벗어 나겠읍니까. 옛날의 明王은 혹시 災變을 만나더라도 德을 닦고 일을 바로잡으며 誠敬에 純一했던 까닭으로 天地(神祇[30]에 感通하여 禍患을 未然에 消滅시키고 드디어 大業[31]을 빛내어 永年토록 王位를 누린 이가 많았읍니다. 商나라 中宗과 周나라 宣王[32]과 漢나라 文帝・景帝[33] 같은 이는 災變을 만

나서 德을 닦고 反省하며, 私欲을 누르고 德을 새롭게 하여 드디어 戾氣를 變하여 和氣를 만들고 衰頹를 變하여 中

興을 만들었으니 이것이 어찌 하늘을 두려워하고 德을 공경하여 그러한 一念이 間斷되지 않은 效果가 아니겠읍니까.

臣은 삼가 살피건대 지난 여름에 直言을 求하는 敎旨는 自己 잘못을 꾸짖고 허물을 反省함이 至誠惻怛한[34] 마음에서

울어 나왔으니 능히 사람의 마음을 감동시키고 하늘의 노여움도 돌릴듯 하였으나 한 달이 넘고 한 節候가 지나가도

臺諫(司憲府, 司諫院)[35]과 侍從之臣[36] 以外에는 자기 몸을 돌아보지 않고 抱負를 吐露하여 임금의 缺點을 남김없이 말하

여 밝으신 임금의 德을 닦고 自己를 反省하려는 그 아름다운 뜻에 보답하는 사람은 한 사람도 없었으며, 하늘이 災

變으로서 警告함은 더욱 엄중하여 그치지 않으니 이것은 殿下께서 아랫사람에게 바라는 것이 있으나 아랫사람이 그

뜻에 응하지 아니하고, 위로는 하늘에 조심하였으나 하늘의 노여움은 더욱 더 하시니 어찌 까닭이 없이 그러하겠음

니까. 臣과 같은 淺薄 昏昧한 자는 時宜[38]도 알지 못하는데 天意를 어찌 추측하겠읍니까마는, 다만 殿下의 憂勤 惕厲[37]

하시는 정성에 감동되어 변변치 못한 臣의 忠義之心이 스스로 능히 가만히 있을 수 없어오며 하물며 臣은 庸劣한 재

질로 일찌기 侍從의 班列에 참가하였으나 微微한[39] 도움도 보답하지 못했으니 이제 殿下께서 虛心으로 直言을 求하시

는 시기에 있어서 어찌 능히 踈遠된[40] 臣으로 自處하고 어리석은 誠心[41]을 남김없이 진술하여 萬分의 一이라도 도울 것

을 생각지 아니하겠읍니까. 당면한 지금의 災變을 이룬 이유는 진실로 한가지 뿐이 아니오나 그 天道에 順應하여 災

變을 그치게 하는 근본은 殿下의 一念에 있아오니 天意에 合한다면 하늘도 感應하지 않음이 있겠읍니까. 만

약 한 가지 政治의 실책을 改革하고 한 가지 일의 폐단을 矯正하는[42] 데만 서둘면서 근본의 있는 데는 알지 못한다면 이

것은 또한 末端의 일입니다. 臣은 당면한 지금의 가장 治道에 관계되는 것과 가장 時務에 긴절한 것을 殿下에게 陳

述하오니 삼가 殿下께서 살피시기를 바라옵니다. 臣은 그전의 歷史를 상고하건대 예로부터 帝王들이 근심하고 부지

런하여 나라가 잘 다스려지기를 원하는 이는 많았으나 능히 始終토록 德을 온전히 하여 잘 다스려진 效果를 거둔 이

는 대개 적었던 것이니 그 이유는 나라가 잘 다스려지기는 하면서도 잘 다스려지는 要領은 알지 못한데 있

었던 것입니다. 나라의 다스려짐을 원하여 그 要領만 얻는다면 근심하고 수고하지 않더라도 治道가 이루어 질 것이

며, 만약 혹시 다스려지는데 뜻을 두고서도 그 要領을 얻지 못한다면 비록 勞心焦思하여 밤낮으로 근심하고 부지런

하더라도 마침내 이익됨이 없을 것입니다.

黃帝와 堯舜이 衣裳만 드리우고 하는 일이 없으면서도 天下가 다스려졌[四三]다는 것은 그 또한 다스리는 要領을 얻었을 뿐입니다. 後世의 임금들은 혹은 저울로서 文書를 달아 심사하고[四四] 밥을 교[四五]대로 먹이는 것이 부지런하고 수고하기는 하였으되 마침내 능히 善治를 이룩하여 國祚를 延長하지 못한 것은 다스리는 要領을 얻지 못하고 공연히 細務에만 精力을 소비한 까닭입니다. 대개 帝王의 政治하는 道는 지극히 簡略하여 번거롭지 아니하고 지극히 平易하여 어렵지 아니하였으니 天下가 비록 크더라도 이것을 다스림은 마음에 있으니 지극히 簡略한 것이 아니겠으며, 四海가 비록 멀지마는 이것을 다스림은 道에 있으니 지극히 平易한 것이 아니겠습니까. 대개 마음이란 것은 내 한 몸에 主가 되어 萬化의 나오는 바이며, 道란 것은 마음에 근본되어 天下 古今의 모든 일이 따르는 것이니 진실로 능히 이 마음을 밝혀서 萬化의 根源을 맑게 하고 이 道를 體得하여 萬民의 表準을 세운다면 능히 參天地[四六] 贊化育하는 功을 이루어 天地가 스스로 位置를 바루고 萬物이 스스로 育成되며 기운이 和하여 祥瑞가 이르게 될 것입니다. 易經에 「平易 簡略하므로서 天下의 理가 得하게 되니 天下의 理가 得하므로서 天地中에 人間의 位를 이루게 된다는 것은 이를 이른 것입니다. 대개 政治하는 要領은 그 綱(綱領)이 하나가 있고 그 目(條目)이 열개가 있읍니다. 綱이란 것은 體이니 政治를 하는 本領이요 目이란 것은 用이니 政治를 마련하는 法입니다. 하나의 綱을 들면 열개의 目이 펴이지 않는 것이 없을 것이므로 臣은 청컨대 一綱을 먼저 말씀드리고 다음에 十目까지 言及하겠읍니다. 一綱이란 무엇을 이름인가. 君主의 心術이 이것입니다. 庶政의 繁雜함과 萬民의 衆多함도 그 治亂 休戚[四七]의 기틀은 君主의 마음에 근본하지 않는 것이 없읍니다. 그런 까닭으로 君主의 마음이 바르면 萬事가 다스려지고 人心이 順하여 和氣가 이르게 될 것이며, 君主의 마음이 바르지 못하면 萬事가 背戾되고 人心이 順하지 못하여 戾氣(惡氣)가 올 것이니 이것은 이치의 必然的인 것입니다. 옛날 聖人이 王位에 있을 적에 하늘을 본받아 政治를 하게 되니 마음이 正大 光明하여 天理의 公에 純粹하고 人欲의 累가 없었던 것입니다. 그러므로 隱微한 데서 부터 顯著한 데로 이르게 되고 안으로 부터 밖으로 미치게 되어, 밝고 환하여 私欲 邪心의 가림이 없었으므로 紀綱이 위에서 서고 敎化가 아래서 밝아졌읍니다. 法이 서서 侵撓[四八]의 걱정이 없었으며 슬이 내리매 阿私의 실수가 없었으므로 賢人을 登用하고 邪人을 退黜시킴이 진실로 衆人의 心情에 滿足되고 善한 일에 賞주고 惡한 일에 罰주는 것도 한결같이 公議에 따라 하게 되어

감히 조그마한 私意로서 그 사이에 介入되지 않았으며 다만 虛明한 心地가 廓然[49]히 大公하고 儼然히 至正하여 泰然히 그 無事한 것을 실행하므로서 힘 들이지 않고도 百官 衆職의 成功을 거두게 되었던 것이니 臣의 이른 바 「易簡의 道」란 것은 이와 같을 뿐입니다. 만약 혹시 이와 반대로 人欲 私意의 侵亂한 바 되어 그 公平 正大의 體를 잃게 된다면 그 偏黨, 反側[50]하고 黜陟 猜嫌(猜疑)[51]함이 진실로 날마다 마음 속에 紛糾[52]하고 奸僞, 讒慝[53], 煩碎, 眩瞀[54]함이 또 장차 말할 수 없는 것이 있을 것입니다. 이에 있어서 임금의 心術을 바로잡지 않아서는 안될 것이며 그 心術을 바로잡는 要領도 또 반드시 學問을 통하여 얻게 되는 것을 알 것입니다. 대개 本心의 善은 그 體가 매우 微弱한데 物欲의 攻擊은 한이 없는 까닭으로 舜帝는 「人心惟危, 道心惟微」라는 警戒가 있었고, 孔子는 「克己復禮」라는 敎訓이 있었읍니다. 君主가 崇高한 位에 處하여 窮理의 學力과 存養 省察의 工程이 한 번이라도 間斷이 있으면 또한 어찌 그 心術을 바로잡고 萬事의 綱領을 세우겠읍니까. 先儒는 말하기를 「오직 學問만이 이 마음을 修養할 수 있고, 敬만이 이 마음을 操存할 수 있고 君子를 親近하는 것만이 이 마음을 維持할 수 있다」하였읍니다. 대개 義理와 物欲은 서로 消衰 盛長되는 것입니다. 學問하는데 뜻이 독실하면 날로 聖賢과 더불어 徒弟가 되어 自得의 樂이 있을 것이고 敬으로써 몸을 가진다면 凜然히 神明이 위에 있는 것 처럼 非違 邪僻의 侵擾가 없을 것이고, 賢人 君子를 親近하는 때가 많으면 警戒하는 말을 날마다 듣게 되므로서 諂邪하는 말이 능히 들어오지 못할 것입니다. 이 세가지가 번갈아 그 힘을 이룬다면 임금의 마음이 湛然[55]히 밝은 햇빛과 맑은 거울처럼 되어 義理가 主가 되고 物欲이 능히 侵奪하지 못할 것입니다. 대서 經筵[56]은 君主의 講學하는 곳이며 賢士大夫를 接触하는 장소이고, 敬이란 것은 또 動靜을 貫通하고 內外를 融合하여 天德에 上達하는 것입니다. 臣은 삼가 살피옵건대 殿下께서 始初에는 政事에 정신을 써서 經筵에 자주 나오셔서 治道를 講磨하시고 매우 부지런 하셨는데, 近年에 와서는 점점 始初와 같지 않읍니다. 講官이 入侍할 적에도 겨우 數章만 展讀하는데 그칠 뿐이고 道義로서 規諷하는 도움은 없으며 殿下께서도 또한 淵默[57]하시어 義理의 精微를 討論하고 古今의 得失을 商確[58]하셨다는 말은 듣지 못했읍니다. 宰臣(宰相)의 陳啓함도 政令 細務에만 不過할 뿐이며 善言을 進納하기를 伊尹[59], 傅說, 周公, 召公처럼 懇切[60] 周到한 것이 없아오니 殿下께서 窮理 進德하는 工程이 혹시 未盡한 점이 있는가 두렵읍니다. 臣은 상시 괴이히 여기는 것이 있어오니 殿下께서 堯舜의 道에 뜻을 두시면서도 經筵에 進講할 적엔 三代以上의[六一] 聖經, 賢傳으로서 근본을 삼지 않으시고 매양 末世에 와서 編輯된 卷帙이 浩繁하여 섬사리 다 읽을 수 없는 書籍만을 取하여 進讀케 하는 그것입니다. 이런 等類의 書籍은 制度 事物의 繁細한데는 詳論하였지만 聖人의 明誠의 本旨와 精一의 要訣에 이르러서는 未備한 점이 있어오니 君主는 다만 左右에 두고 閑暇할 때에 閱覽하여 古今의 制作 規模의 得失을 考究함이 좋을 것이고 經筵에서 精神을 전일하여 講究할 必要는 없는 것입니다. 임금의 資質이 높지 않은 것도 아니며 임금의 뜻이 독실하지 않은 것도 아닌데 일을 다잡아 하지 않으시고 한 書籍中에서[六二] 歲月만 허비하여 마음은 부지런하나 道는 멀어진다는 탄식이 있게 되는 것은 반드시 당초에 輔導하는 자의 罪가 아닌 것이 아닙니다.[六三] 唐虞 三代의 時代에는 어찌 이런 書籍이 있었겠읍니까. 心學뿐이었읍니까. 一理로서 萬事를 貫通할 수 있고 一心으로서 萬化를 統領할 수 있는 것이니 帝王의 學은 窮理 正心할 뿐입니다. 이치를 연구하고 마음을 바루면 저절로 修身, 正家되어 治國, 平天下에까지 미치게 될 것입니다. 삼가 원하옵건대 殿下께서는 末流에 涉獵함을 버리시고 本源의 功力에만 專心하시며, 帝王의 學에 潛心하시고 精一의 功에 加意하시며, 날마다 儒臣을 접촉하여 精微한 部分을 講明 討究하시되 또한 반드시 敬으로써 主로 하고 怠忽 間斷의 병통이 없도록 한다면 全體가 이에 서게 되고 大用이 이에 行하게 될 것입니다. 敬이란 것은 聖學의 始初와 終末을 이루는 것입니다. 易經에 「하늘의 運行이 剛健하니 君子는 이것을 본받아 스스로 가다듬어 쉬지 않는다」하고 또 「君子는 종일토록 乾乾(自强不息)하고 朝夕으로 조심하면 허[六四]물이 없을 것이라」하였으니 이른 바 「종일토록 自强不息하고 朝夕으로 조심한다」는 것은 상시로 敬畏하는 마음을 가지고 自强不息하는 것입니다. 自强不息하여 저절로 쉬지 않는(無息)[六五] 지경에 이르게 되면 하늘에 合하는 것이 君主의 德이 하늘과 合하고 마음이 하늘과 同一하게 되면 天心이 悅豫하지[六六] 않고 災變이 消滅되지 않는 그런 이치는 없는 것입니다. 그런 까닭으로 程子는 敬의 功效를 論하되 「聰明 睿智도 모두 여기서 나오게 됨으로 이로써 하늘을 섬기고 上帝도 祭享한다」하였으니 聖明께서는 留意하시기 바라옵니다. 열가지 條目도 心術의 緖餘이며 政治하는 切務가 아닌 것이 없읍니다.

그 一條目은 「家政을 엄격히 다스리는 것」입니다. 易經에 「王이 家道에 지극함이니 憂恤하지 않아도 吉하리라」

하고 「또 誠信하고 威嚴을 가지면 마침내 吉하리라」하였는데 이 말을 傳註하되 「王者의 道는 修身으로 써 齊家하여

家道가 바르므로써 天下가 太平해진다」하였읍니다. 옛날부터 聖王은 自己 몸을 공경하여 家道를 바로잡는 것으로

서 근본을 삼지 않는 이가 없었으니 그러므로 이미 지극하면 근심하고 수고하지 않아도 天下는 다 스려 졌던

것입니다. 대저 正家하는 道는 內外의 限界를 엄격히 하고 尊卑의 ·名分을 定하는 그것 보다 먼저할 일은 없읍니다.

男子는 밖에서 定位하고 婦女는 안에서 定位하며 妻는 위에서 體貌를 整齊하고 妾은 아래서 뜻을 받들어서 夫婦의

別이 엄격하고 嫡庶의 分이 定한 것은 家의 整齊된 것이며 有德한 말을 採用하고 聲色을 경계하며 彤管[六七]으로 女史가

記事하고 晏朝에 規箴이 있으며 밖의 말은 안에 들어 오지 않고 안의 말은 밖에 나오지 않으며 賂物[六八]이 통하지 않고

請托[六九]이 행하지 않는 것은 家의 整齊된 것입니다. 대개 閨門의 內에는 慈愛가 지나치면 엄격하지 못하고 恩惠가 지

나치면 義理를 가리게 되는 것이므로 家의 患은 상시 禮法이 서지 않고 慢瀆이 발생하는 데 있읍니다. 진실로 心中

에는 誠信이 있고 外貌에는 威嚴이 있지 않으므로써 情愛의 私에 빠져서 능히 스스로 克服하지 못한다면 어찌

宮壺[七〇]를 바로잡고 請托을 杜絶하고 姻戚을 檢制하여 禍亂의 萌兆를 防遏할 수 있겠읍니까. 대저 「誠信」(孚信)이란

것은 人心을 感動시키는 것이고 「威嚴」이란 것은 人心을 肅勵시키는 것이니 이 두가지가 並行하므로써 家道가 바르

게 되는 것입니다. 그러나 이른 바 「威嚴」이란 것도 또한 그 自身을 먼저 엄숙하게 하는 데 있읍니다. 一動 一靜을

감히 구차스럽게 하지않고 一頓、一笑[七二]를 감히 輕忽히 하지 않는다면 人心이 敬畏하고 家道가 自肅되어 嬉嬉(戲笑)[七一]

하는 데 이르지 않을 것이며, 上下가 秩序가 있고 內外가 區別이 截然할 것이니 어찌 一人이 恩私를 믿고 典常을

錯亂시키며 賄賂를 收納하여 朝政을 紊亂시키는 자가 있겠읍니까. 그런 까닭으로 威嚴을 가지면 吉하다는 말은 自

身에 反省함을 이름이니 自身에 反省하지 않고 능히 그 家를 바로잡는 것은 있을 수 없읍니다. 삼가 살피옵건대 殿

下의 家法의 바른 것은 진실로 論議할 점이 없읍니다. 다만 그전에는 後宮[七三]이 사랑을 믿고 非分의 일을 冀望하는 變

이 있었고 뒤에는 陰邪가 權勢에 攀附[七四]하여 政事를 紊亂케하는 禍가 있었읍니다. 지금까지도 宮禁이 嚴하지 못하고

女謁[七五]이 盛行하여 官職을 除拜하고 事理를 判斷하는 즈음에 있어서도 혹시 다 至公한 處地에서 決定되지 못하여 聖

德의 累가 되는 것이 있읍니다. 疎遠한 處地에서 傳聞하였으므로 信實한 것인지 아닌지는 알 수 없사오나 廷臣이

이 일을 論列한 것이 한두 번이 아니오니 어찌 所見이 없이 말하는 것이 겠읍니까. 대개 宮廷 隱密의 處所와 衽席[76] 宴安의 즈음에는 그 情에 흘러서 理를 害치는 것이 비록 지극히 微細한 것 같지마는 그 符驗[77]이 밖에 나타나는 것은 매우 遠延되니 君主의 마음은 마땅히 靑天 白日처럼 되어 조금이라도 陰翳가 있으면 사람들이 모두 그것을 보게 됨으로 능히 가리울 수 없는 것입니다. 禮記[78]에 「男子가 敎養을 닦지 않으면 變氣가 하늘에 나타나서 日食이 되고 婦人이 順德을 닦지 않으면 變氣가 하늘에 나타나서 月食이 된다」 하였는데 임금이 家政을 닦지 않으면 또한 乾象의 變異를 이루게 될 것이니 매우 두려운 일입니다. 삼가 원하옵건대 殿下께서는 이것이 隱微하므로서 나의 德에 累가 될 것이라고 마시고 惕然[79]히 警覺 省察하고 舊然히 改過 悔心하시어 日月 같은 明照로써 살피시고 雷霆같은 決斷을 내리시어 柔媚로 하여금 聰明에 干與하지 못하게 하고 愛倖으로 하여금 道義에 決定케 하여 宮壺를 嚴하게 하고 邪徑을 杜絕하게 하신다면 나라의 福祚에 매우 다행하겠읍니다.

그 二條目은 「國本(世子)을 輔養하는 것」입니다. 國本(世子)을 輔養함은 今日의 急務인데 輔養하는 道는 書史를 涉獵하고 古今을 談論하는 데 그치는 것이 아니고 要는 涵養 薰陶[80]함이 그 道를 얻는 데 있는 것입니다. 옛날의 明王은 太子를 敎養함에 반드시 敦良方正하고 學術과 德行이 있는 선비를 選擇하여 輔導를 맡겼으며, 宮人과 內臣까지도 아울러 重厚 小心한 사람을 選擇하여 保護를 謹敕하였읍니다. 그 左右 前後에 正人 아닌 사람이 없게 하고 出入 起居를 正道 아님이 없게 하며 淺俗한 말을 귀에 들어 오지 못하게 하고 侈靡한 物件을 눈에 접촉하지 못하게 하였으니 德性을 輔養하고 身體를 保護함이 이보다 먼저 할 것이 없었읍니다. 대저 學問하는 道는 本(根本)과 末(末節)이 있으니 그 本(根本)을 먼저하고 그 末(末節)을 뒤에 하는 것이 進德하는 規度입니다. 帝王의 心法과 聖賢의 謨訓[81]이 經傳에 실려 있어 日星처럼 밝으니 마땅히 潛心熟講하고 優潛玩味하여 다만 그 文辭만 誦讀할 뿐이 아니라 그 理致를 解得하여야만 될 것이고 다만 그 理致만 解得할 뿐이 아니라 그 實地를 履行하여야 될 것입니다. 人倫에 詳細하고 事物에 밝아서 그 所止를 다하고, 그 心을 다하고 그 性을 알아서 天理에 通達하는 것은 學問의 근본이며 그 書史를 널리 涉獵하여 古今을 通達하고 世變을 考閱하는 것은 다만 窮理의 一端인 것이고 學問의 本務는 아닌 것입니다. 대개 마음이 道에 통한 뒤에 歷史를 보아야만 古人의 是非 得失을 한번 보고도 눈속에 환하게 될 것이며 마음이 道에 통하지 못하면서 갑자기 史籍을 두루 閱覽하고져 하면 다만 汗漫[82]하여 成果가 없을 뿐만 아니라 혹시 是非 邪正의 歸結에 眩惑되어 그 取舍할 바를 알지 못할가 염려됩니다. 臣은 삼가 살피옵건대 東宮의 天稟[83]의 純粹함은 古今에 뛰어 나고 德器의 夙成함은 敎誨할 수고도 없으며 一德[84]이 瑕疵(缺點)가 없고 三善[85]이 함께 隆盛합니다. 지난번에 禪位[86]하신다는 命令을 받자와 至誠으로 辭避하시고 號哭하면서 飮食까지 먹지 아니하여 마침내 임금의 마음을 돌이켰으므로[87] 朝廷과 民間에서 이 소식을 듣고 感激하여 울지 않는 이가 없었으므로 純孝 盛德의 지극함이 아니면 어찌 이에 이르겠읍니까. 다만 염려되는 것은 東宮을 調護하는 方法이 三代(夏、商、周)의 法과 다 같지 못하니 賓僚[88]의 選用이 어찌 道德의 士를 다 얻었겠읍니까. 進講하는 書籍은 史記를 많이 使用하여 聖經에 沈潛하는 滋味는 없고 諸史를 涉獵하는 勸實만 있으면 이것은 理를 밝히고 道에 나아가는 要領은 아닌 것입니다. 임금의 學問은 마땅히 二帝(堯舜)[89] 三王으로써 法을 삼을 것이니 三代以上에는 어느 歷史를 읽었겠읍니까. 다만 心學만 하였을 뿐입니다. 後世에 와서는 비록 歷史보는 것을 廢止할 수는 없지마는 그러나 그 本末 先後의 차례는 살피지 않을 수 없읍니다. 지난 번에 士林 사이에서 假借하여 羽翼한다는 말이 있어 兇邪의 魁首를 引用하여 師傅의 地位에 두었으니 그 輔導한 것은 道理에 어긋난 것이 많았읍니다. 다행히 하늘이 宗社를 도와서 陰翳(구름이 덮인 것)가 살아져 없어지고 하늘의 太陽이 다시 밝았으니 마땅히 東宮 賓僚의 職을 愼重히 하여 名德의 士를 널리 選拔하여 勸講에 對備하고 반드시 그 職任에 오래 있게 하여 그 成效를 담책 시킬 것입니다. 進講하는 書籍에 있어서도 또한 반드시 性을 밝히고 마음을 다스리는 學으로써 근본을 삼아 窮理의 工夫에 專心케 하여 進德의 方을 다하게 하고 때때로 往史를 閱覽하여 古今의 變과 治亂의 要를 窮究하게 한다면 本末을 겸하여 다하게 되고 東宮의 工夫가 完全하게 될 것입니다. 지금 講官이 人員이 적은 관계로서 他官으로써 兼職 시켰으므로[90] 職事에 매우 바빠서 그 思慮가 어수선하여 侍讀하는 데 專心 致誠할 수 없게 되었으니 이것도 또한 輔導의 適宜한 것이 아닙니다. 가만히 생각하옵건대 組熙[91](繼續 光明하다는 뜻)의 學은 日就月將하여 진실로 間斷될 격정은 없사오나 그러나 人心은 保障하기 어렵고 氣習은 옮겨가기 쉬우며 一念이 存하고 亡하는 데 따라 聖人과 狂人이 區分되오니 輔翼의 道를 다하지 않아서는 안될 것입니다. 宗社의 遠大한 計劃이 이보다 더 급한 것이 없아오니 聖明께서는 깊이 軫念하시기를 바라옵니다.

그 三條目은 「朝廷을 바로잡는 것」입니다. 臣은 듣건대 「王者는 마음을 바르게 하여 朝廷을

바르게 하여 百官을 바르게하고 萬民을 바르게 하여 四方을 바르게한다」합니다.

대저 朝廷이란 것은 四方의 本源이요 王化의 始發하는 곳이니 本源이 淸明하면 비록 末流가 混濁되고저 하여도

될 수 없을 것입니다. 만약 朝廷을 먼저 바루기를 힘쓰지 않고 簿書, 彈劾 등류의 末節에만 區區[九三]

을 振作하고 民瘼(民弊)[九二]을 除去하려 한다면 이것은 비유하건대 그 本源을 흐리게 하면서 末流의 맑기를 바라는 것

과 같은 것이니 그것이 될 수 있겠읍니까. 대개 朝廷이 바르게 되는 것은 그 要領이 두 가지가 있으니 반드시 먼저

紀綱을 整頓 시킴이 있고 또 風節[九四]을 振作 시킴이 능히 上下를 張理하고 人道를 整齊하여 頹墮 委靡한 지경

에 이르지 않을 것입니다. 대저 風節이란 것은 公道의 行하는 바이요 直道의 伸하는 바이니 公道가 行하지 않고 直

道가 伸하지 않는다면 紀綱이 어찌 설 수 있으며 紀綱이 서지 못한다면 朝廷이 어찌 바루어질 수 있겠읍니까. 그러

나 그 紀綱과 風節의 確立되는 것은 또한 임금의 心術에 매달렸읍니다.」三公(領議政, 左·右議政)이 道를 의논

하고 六卿(六曹判書)의 職을 分掌하며 侍從과 臺諫(司憲府, 司諫院)이 그 사이에서 論思, 糾察하게 되었으니 임금

은 大公 至正한 마음으로 위에서 摠攝[九六]하여 그 是非를 分辨하여 裁斷하고 그 賢邪를 살펴서 進退 시키되 先入觀을 主

로 하여 偏聽 獨任하는 失策이 있어서는 안될 것이며 嬖幸에 親昵하여 彙臨 博愛하는 公正을 잃어서는 안될 것입니

다. 다만 正道의 있는 데 는 疑心 없이 決斷하여 奸臣이 능히 蠱惑하지 못하게 하고 侫人이 능히 마음을 移易하지 못

하게 하여 黜陟, 刑賞을 한결같이 公議의 있는 바에 따라 處理하여 偏私의 壅蔽가 없어야만 公道가 行하여 直道가

伸하게 되고 紀綱이 서서 朝廷이 바르게 되고 內外 遠近이 감히 正道에 整一되지 않은 것이 없을 것입니다. 임금의

마음이 혹시 능히 公平 正大하지 못하고 조금이라도 偏黨의 私心이 있으면 奸邪, 諂佞, 姻婭, 嬖幸이 地位를 엿보

고 權勢에 攀緣[九七]하지 않는 자가 없으므로 無所不至하여 위로는 임금의 聰明을 眩惑 시키고 아래로

는 임금의 威福[九八]을 竊弄할 것이니 비록 忠正한 言論이 있더라도 위에 納得되지 못하므로 士君子의 氣節이 沮喪될 것

입니다. 士君子의 氣節[九九]이 沮喪되면 公道가 閉塞 되고 直道가 廢棄될 것이니 이것이 紀綱이 무너지고 朝廷이 紊亂되

는 바입니다. 지난 번에 奸兇이 官位를 占據하여 恩寵을 믿고 제 마음대로 放恣하여 아랫 사람을 制御하고 윗 사람

을 壅蔽하며 官爵[100]을 주고 빼앗는 것은 恩惠와 讎怨으로써 決定하고 刑罰과 爵賞 주는 것은 잠간 동안에 발생하게 되니 士林이 기운이 꺾이고 紀綱이 전연 없어졌읍니다. 宗社가 거의 危殆[101]로운 지경에 이르렀고 殿下께서 위에 孤立하였으나 한 사람도 自己 몸을 잊고 나라를 위하여 直言 正論하므로서 그 奸邪함을 排斥하는 이가 없었으니 그 風節 없음이 이다지도 심하여졌읍니다. 士林이 風節이 없고 朝廷이 紀綱이 없으므로 國家가 淪喪(滅亡)[102]하는 지경에 이르지 않은 것은 겨우 한[103] 오리의 머리털(一髮)과 같았으니 어찌 寒心스럽지 않읍니까. 삼가 원하옵건대 殿下께서는 앞 일을 懲戒하시고 뒷 일을 염려하시어 남이 놀라겠금 大公 至正으로서 마음을 가다듬어 偏私의 累를 깨끗이 씻어 버리고 好惡의 公正함을 환하게 보여서 風節을 勸勉하고 綱紀를 振作 시킨다면 本源이 맑게 되고 王化가 行하게 될 것입니다.

그 四條目은 「人材」를 쓰고 버리는 것을 愼重히 할 것입니다. 伊尹은 「官職을 任命하되 賢材로서 任命할 것이며 左右의 臣(輔弼大臣)은 그 適任者로 任命할 것입니다. 臣下의 職責은 德으로서 임금을 輔弼하고 民衆을 平安하게 하는 것이니 人材를 任用함에 어렵게 여기시고 聽察함에 愼重히 하여 可否가 相濟되고 始終이 如一해야 될 것입니다」 하였으며, 孟子는 「左右의 近臣이 모두 賢하다 하여도 그 말을 믿어서는 안되며, 諸大夫가 모두 賢하다 하여도 그 말을 믿어서는 안되며 國人이 모두 賢하다 하여야만 그 말을 살펴서 賢材임을 본 뒤에 쓸것이며, 左右의 近臣이 모두 不可하다 하여도 그 말을 듣지 말 것이며, 諸大夫가 모두 不可하다 하여도 그 말을 듣지 말것이며, 國人이 모두 不可하다 하여야만 그 말을 살펴서 不可한 것을 본 뒤에 버릴 것이라」 하였읍니다. 대개 人材를 쓰고 버리는 것의 成功함과 失敗함은 國家의 安危가 여기 달렸으므로 옛날의 明王은 이것을 愼重히 하고 감히 輕率히 하지 않았으며 이것을 어렵게 여기고 감히 쉽게 여기지 않았읍니다. 반드시 衆論에 參酌하고 獨居할 때의 일을 살펴서 그 賢能한가 奸邪한가의 실상을 환하게 본 뒤에 昇進 시키기도 하고 退黜 시키기도 하였읍니다. 賢한 자에게는 그 사람을 깊히 알고 독실히 믿어서 疑心하지 않았으며 不賢한 자에게는 구 사람을 밝게 살피고 決然히 버려서 다시 留滯함이 없었으니 이것이 三代(夏, 商, 周)聖王의 賢人을 任用하고 邪人을 黜去시킨 要法이었읍니다. 後世의 임금들은 이 뜻에 밝지 못하여 擧措에 경솔한 까닭으로 賢人을 任用하여도 능히 끝내 信任하지 못했으며 邪人을 黜去시켜도 능히 決然히 黜去 시키지 못했읍니다。혹은 한 사람의 稱譽로 써 進用하기도 하고 혹은 한 사람의 毁謗으로 써 退斥하기도 하였으며、심하게는 前日에 賢人이라하여 任用한 사람도 後日에 와서는 邪人이라하여 誅戮하기도 하고 始初 前日에는 奸臣이라하여 물리친 사람도 後日에 와서는 忠臣이라하여 寵愛하기도 하였읍니다。人材를 任用하고 退黜함이 처음 이 한 번 錯亂됨으로서 國家의 다스려지고 어지러운 것이 드디어 나누어지게 되니 이것은 능히 이 에 살피지 못한 때문입니다。臣은 가만히 살피옵건대 殿下의 마음이 어진 이를 좋아하고 간사한 것을 미워함이 처음부터 치우치게 얽매임이 없었으므로、사람의 어진 것을 들으면 비록 疎遠한 處地에 있더라도 그를 誅竄하려진 바가 없었으며 사람의 간사한 것을 알게 되면 비록 貴寵한 處地에 있더라도 그를 誅竄하였으니 임금의 마음거울이 지극히 虛明하고 지극히 公正하지 않으면 어찌 이에 이르겠읍니까。다만 遺憾스러운 것은 輔導하는 臣下가 光明한 大道를 따르지 않고 暗昧한 邪徑을 많이 따르게 되어 임금의 淸明한 治政에 缺點을 끼친 그것이니 數十年來로 人物을 進用、退黜하고 縉紳[104]을 誅竄、擢拔함이 公議에 合하지 않은 것이 많았읍니다。대저 人才의 進退 消長은 關係되는 바가 매우 큼으로 마땅히 公平 正大[105]한 論으로써 決斷할 것이니 어찌 幽陰에 倚托하여 黑白을 變亂 시키고 自己와 다른 사람을 排斥하겠읍니까。人臣의 密啓 있는 것은 讒訴가 아니면 阿諂이란 것은 先儒가 벌써 論辨하였으니 이것은 明主의 마땅히 가장 미워해야 될 것입니다。옛날 漢文帝[106]가 長安에 도착하니 周勃[107]이 空閑處에서 面談하기를 要請하거늘 宋昌[108]은 이것을 물리치면서 「말하려는 것이 公的이면 公으로 말할 것이고 말하려는 것이 私的이면 王者는 私가 없는 법이다」라고 하였으니 그 警告한 것이 嚴하였읍니다。文帝의 治政이 正大 光明하여 陰邪의 壅蔽가 없었던 것은 실로 宋昌의 이 一言에 힘 입은 것이 있었읍니다。삼가 원하옵건대 殿下께서는 마음을 맑게 가지시고 德을 統一하게 하시며 邪를 抑制하고 正에 편드시며 履霜의 漸을 막고 陰邪의 害를 경계하시어 모든 人才를 進用、退黜할 적에는 매양 어렵게 여기고 愼重을 期하는 뜻을 가져서 반드시 左右 近臣에게 質問하고 朝廷에 議論할 것이며 또 반드시 虛明한 心鑑으로 써 살펴서 터럭 만한 偏私도 그 中間에 두어서는 안될 것입니다。만약 徑路[109](바르지 못한 길)를 밟아와서 眩惑하는 자가 있더라도 또한 마땅히 사정없이 물리치고 엄격히 退斥시켜 太陽이 밝게 비치는 것과 같이 한다면 비록 陰邪의 窺伺함이 있더라도 投入할 틈이 없을 것입니다。사람을 잘 알아 보는 것이 賢智(哲)스럽다는 것은 聖人도 오히려 이것을 어렵게 여겼으나 지금의 형세로써 본다면 邪와 正이 매우 뚜렷하므로 또한 분변하기 어려운 것은 없습니다. 옛날 李德裕[22]는 唐武宗[23]에게 말하기를 「君子는 松栢처럼 홀로 우뚝서서 남에게 기대지 않으며 邪人은 藤蘿처럼 다른 물건에 붙지 않으면 능히 일어나지 못합니다」하였으며 宋仁宗[24]은 王素[25]에게 宰相일을 맡길 만한 사람을 물으니 王素는 「宦官과 宮妾이 그 姓名을 알지 못하는 사람만으로서 選用해야 됩니다」라고 대답하여 이에 富弼[26]을 宰相으로 삼고 士大夫가 서로 慶賀하였읍니다. 殿下께서는 진실로 是非[27]曲直을 分辨하는 公心을 가지시고 이로써 羣臣의 邪와 正을 살펴서 進用과 退黜을 決定하신다면 반드시 失手가 없을 것입니다. 지금 公論에 排斥을 당하여 원망을 품고 틈을 엿보는 자가 반드시 옛날의 徑路를 밟아 計策을 쓰려는 자가 있을 것이니 이것을 깊히 살피시고 미리 防備하지 않아서는 안될 것입니다. 變故가 발생한 뒤에 임금의 지혜가 더욱 밝으시고 임금의 마음이 安定되었으니 진실로 이러한 의심은 없겠사오나 臣의 사사 걱정과 지나친 計慮는 또한 감히 이것으로써 他日의 念慮를 삼지 않을 수 없읍니다. 다만 聖明께서 留念하시어 省察하시기를 바랍니다.

그 五條目은 「天道에 順應하는 것」입니다. 臣은 듣건대 「天의 道는 生을 좋아하고 私가 없으며 聖人의 마음도 또한 生을 좋아하고 私가 없다」하였읍니다. 堯帝의 「昊天에 順應하여 人時(耕稼의 節候)[28]를 授與하고 모든 功績[29]이 넓게 이루어지는 것」은 하늘을 본받아 生을 좋아하는 政治인 것이며, 舜帝의 「簡易로써 아랫 사람을 접하며 寬厚로써 民衆을 다스리며 罪의 의심나는 것은 輕한 쪽으로 罰을 주고 功의 의심나는 것은 重한 쪽으로 賞을 주며 刑罰주는 것은 刑罰없이 될 것을 期必하되 이것을 매우 조심했다」는 것은 또한 하늘을 본받아 生을 좋아하는 政治입니다. 人情이 壽하고저 하지 않는 이가 없으므로 三王은 民衆을 살리고 傷害하지 않았으며 人情이 富하고저 하지 않는 이가 없으므로 三王은 民衆을 厚하게 하고 困窮하게 하지 않았으며 人情이 安定하고저 하지 않는 이가 없으므로 三王은 民衆을 扶護하고 危殆하게 하지 않았으며 人情이 逸樂하고저 하지 않는 이가 없으므로 三王은 民衆의 勞力을 節約하여 쓰지 않았으니 이것도 또한 天道에 順應하여 仁을 베푸는 政治가 아닌 것이 없읍니다. 三代以下에 와서는 능히 이 道를 다한 이는 漢나라 文帝와 宋나라 仁宗일 뿐입니다. 이때에 星文이 자주 變하고 日月이 凶을 보여서 災異가 매우 많았으나 두 君主는 능히 修省하여 道理를 다하고 天心을 잘 받들어서 災異를 옮겨 祥瑞를 만들고

禍를 變하여 福을 만들었으니 그들의 政事를 닦아 皇天을 感動시킨 道를 살펴본다면 또한 生을 좋아하고 私를 없

이 한데 있을 뿐입니다. 그들의 격정은 自己의 격정을 삼지 않고 天下의 걱정을 삼았던 것입니다. 時物의

그들의 즐거움은 自己의 즐거움으로써 즐거움을 삼지 않고 天下의 즐거움으로써 즐거움을 삼았으며

數榮[二○]한 것을 보고 困窮한 백성을 賑恤하였으며 緹縈[二一]의 上書에 感動되어 肉刑의 慘酷을 除去하였으며 大辟(死刑)[二二]의

疑獄을 審理하여 數千名의 人命을 救活하였으며 一夕의 굶주림을 참고 無窮한 誅殺을 그치었으니 그 사람을 사랑하

고 萬物에 恩澤을 끼침이 至誠 懇惻에서 우러나왔으므로 그들이 人心을 얻고 和氣가 感應한 것이 당연하였던 것입

니다. 가만히 살피옵건대 殿下의 하늘을 공경하고 백성에게 厚하게 하는 생각이 지극하시어 惻怛 寬大한 敎旨가 여

러번 내렸사오나 官吏들이 奉行함을 게을리함으로써 백성들이 惠澤을 받지 못하여 侵奪은 前日보다 다름이 없고

困窮[二三]은 지난번 보다도 더 심한 편이오니 臣은 惶恐하옵게도 殿下의 하늘을 본받아 生을 좋아하는 마음이 혹시 성실

하지 못한 바가 있어서 그런 것이라 생각됩니다. 賦稅의 徵收가 繁重하여도 一分의 寬免이 없으며 流離 逃亡함이

해마다 增加되어도 安存 撫摩의 計策이 없읍니다. 刑罰이 適中하지 못한 것은 人命의 관계되는 바이오니 엄한 杖刑[二四]

아래 어찌 부당하게 禍를 당하는 慘痛이 없겠으며, 監獄[二五]가운데는 반드시 원통 억울하게 죽은 魂靈이 많을 것입니다.

지난 번에 權奸이 政權을 擅斷하여 오로지 苛刻하고 깊히 追求하는 것만 힘써서 여러 번 큰 獄事를 일으켜 그 慘酷

함을 극도로 하여 나타나지 않는 罪는 實情을 探索하고 밝히기 어려운 罪도 誅戮을 加하였으니 殿下의 仁民 愛物하

신 마음으로 어찌 惻然히 생각이 움직여서 追悔되지 않겠읍니까. 寺院을 毁撤하고 僧徒를 淘汰 시키는 擧措에 있어

서도 이것이 비록 邪敎를 排斥하는 美意이긴 하나 또한 마땅히 諸道에 미리 曉諭하여 寺院을 毁撤하고 僧徒를 淘汰

시킨다는 뜻을 明白히 指示하고 그 期限을 늦추어서 점차로 없어지게 할 것이고 갑자기 焚蕩시켜 處所를 잃게 해서

는 안될 것입니다. 去年[二六]에 官吏를 보내어 寺院 毁撤을 독려할 적에도 날씨가 따뜻한 時期를 택하지 않고 마침 窮冬

嚴寒의 절후를 만나게 되니 僧徒[二七]가 놀라 달아나매 物資와 食糧까지 잃게 되고 아무[二八] 가진 것도 없이 의지할 데도 없

었읍니다. 춥고 배고품이 함께 핍박하매 늙고 파리하고 廢疾[三○]있는 자는 구렁에 구을러서 죽고 건장한 자는 모여서 도

적이 되었으니 平民[二九]의 侵害 받은 것이 많았읍니다. 옛날 曹彬은 子弟들이 堂室 修理하려는 것을 말리면서 「지금 한

겨울에 墻壁과 瓦石사이에 百蟲이 蟄居해 있으니 그 生命을 傷害해서는 안되다」고 하였읍니다. 대저 仁人은 微物에 대해서도 차마 傷害하지 못했는데 하물며 임금께서 人類에 대한 것이겠읍니까. 이것도 (寺院毁撤 僧徒散亡) 또한 仁聖의 生을 좋아하는 뜻에 어긋나게 됨으로 言及하옵니다. 삼가 원하옵건대 殿下께서는 萬物을 살리는 마음을 體得하시고 모든 사람은 다 兄弟라는 이치를 생각하시어 仁으로써 백성을 救恤하고 조심함으로써 刑罰을 삼가할 것입니다. 이것이 모두 純誠에 근본하여 文飾[131]을 일삼지 않음으로써 天道에 順應하면 變異를 消滅하고 福祥을 오게 할 것입니다.

그 六條目은 「人心을 바르게하는 것」입니다. 臣은 듣건대 人心이란 것은 天下 安危의 根本입니다. 人心이 바르면 옳은 것은 옳은 것이 되고 그른 것은 그른것이 되어 公論이 위에서 行하고 風俗이 아래에서 아름다운 것이며, 人心이 바르지 못하면 옳은 것을 그르다하고 그른 것을 옳다고 하여 公論이 위에서 行하지 않고 風俗이 아래에서 頹廢될 것이니 國家의 治亂 興衰의 根源이 이에 發端되지 않는 것이 없었읍니다. 三代의 세상에는 人心이 바로잡혔는데 그 末世에 와서는 楊朱[132] 墨翟의 學說로서 세상을 요란하게 하고 蘇秦、張儀[133]의 辯論으로서 세상을 毁訾하였으니 人心이 비로소 그 바로갈 길을 잃게 되어 功利를 숭상하고 仁義를 廢棄함으로써 天下가 드디어 크게 요란하여졌읍니다.

西漢(前漢)의 初期에 와서는 人心이 조금 바로잡히게 되었으니 그 匡直 輔翼하는 方法을 잃은 것 때문에 선비들이 모두 功名을 좋아하고 節義를 숭상하지 아니함으로써 마침내 諛佞하는 風習을 이루어, 글을 올려 王莽의 功德을 稱[134]頌하는 자가 四萬餘人에 이르게 되어 漢의 國祚가 中間에 衰微하여졌읍니다. 東漢(後漢)[135]이 中興하매 節義를 숭상하[136]고 廉恥를 勸勉함으로서 人心이 비로소 바로 잡혔읍니다. 그 衰微한 時期에 와서 朝廷은 濁亂되어도 淸議만은 草野[137]의 人士에게 凜凜히 살아있었으므로 奸雄들이 帝位를 엿보고도 마침내 감히 참람된 욕심을 내지 못하였으니 이것은[138] 누구의 힘이겠읍니까. 이로부터 뒤에는 歷代의 興하고 亡하는 것이 이것(人心의 正, 不正)에 관계되지 않는 것이 없었으니 지나간 歷史를 생각하면 환하게 증거할 수 있읍니다. 대개 人心의 그릇되고 올바른 것은 教化의 잘 施行되고 施行되지 못한데 관계 되오니 教化가 밝으면 사람마다 모두 善한 길로 향하고 옳은 일을 생각하여 人心이 바르게 될 것이며, 教化가 밝지 못하면 사람마다 모두 利欲에 나아가고 옳은 일을 버리어 人心이 바르지 못하게 될 것입니다。 삼가 살펴옵건대 우리 王朝에서는 三綱을 建立하고 四維를 張大하여 敎養함이 道가 있었고 節義가 볼 만한 점이 있었읍니다。殿下께서 王統을 계승하여 亂을 다스려 秩序를 바로 잡으시니 선비의 風習이 한결 새로와지고 人心도 한결 바로잡혀져서 자기 몸을 바로 가지고 정당하게 의논하는 것으로서 榮光을 삼고 세상따라 行動하는 것으로서 羞恥로 여겼으며 前代의 法을 배우고 행실을 닦는 것으로서 高尙히 여기고 時俗을 따르고 祿俸을 求하는 것으로서 野卑하게 여겼읍니다。이 때에는 朝廷이 淸明하고 風俗이 크게 변하여 天理가 밝아지고 人欲이 放肆하지 않았읍니다。不幸히도 朝廷의 政治가 변경되매 人心이 비로소 어지러워져서 옳은 것을 옳은 줄도 알지 못하고 그른 것을 그른 줄도 알지 못하게 되어 선비의 風習이 날로 卑汚한 데로 나아가고 세상의 風俗도 드디어 頹弊하여졌으니 이에 正氣는 위에서 사라지고 陰邪는 아래서 자라났읍니다。奸兇들은 임금을 無視하는 마음을 품고 政治를 專斷하고 마음대로 放恣하되 온 朝廷이 威勢에 따라 쏠리게 되고 심하게는 혹시 勢力에 趨附하기를 뒤떨어질까 염려하여 그 잘못을 알지도 못하오니 人心의 不正함이 甚하기도하며 士節(선비의 氣節)의 頹靡함이 極度에 달했읍니다。만약 다시 數年동안 늦추게 된다면 그것이 글을 올려 權奸의 功德을 稱頌하는데 이르지 않겠읍니까。人心이 바른 것을 잃으면 士節이 서지 못하게 되고 士節이 이미 잃어버려지면 風俗이 드디어 무너져서 救濟할 수 없는 일이 있을 것입니다。地方에는 父母에게 효도하고 宗族에게 和睦하는 風習이 없어질 것이고 사람들은 男女關係를 淫亂케 한 淫僻의 刑罰이 많을 것이며 恩義를 害치고 人倫을 敗壞하며 天命을 거스리고 義理를 결단내는 일이 혹은 서울 안에서도 발생하게 되고 혹은 士人의 집에서도 일어나게 되어 차마 말할 수 없는 것까지 있을 것이니 그 和氣를 傷하여 災異를 오게 한 것은 또한 이것(人心不正)에 緣由된 것이라 아니 할 수 없읍니다。슬프다 人心과 風俗은 國家의 元氣이니 元氣가 消耗되면 命脉이 능히 오랫동안 이어갈 수 있겠읍니까。이것을 말하자니 痛哭할 지경인데 모르겠읍니다마는 임금께서 밤낮없이 政事에 골몰하시고 憂勞하시면서 또한 일찍이 이 問題에 생각한 적이 있읍니까。지금은 朝廷이 更化되고 임금의 治政도 새로워졌으니 마땅히 人心을 바로잡고 風俗을 厚하게 하여 元氣를 保護하고 國脉을 延長시켜야 될 것입니다。敎化를 建立하여 天叙의 典常(五倫)을 敦厚하게 하고 綱紀를 振作하여 民彝의 重要함을 밝힌다면 人心이 바로잡혀지고 風俗도 거의 다시 변화 될 것입니다。宗社와 生民의 長久히 지속할 道理는 실로 이에 있는데도 세상에서 疎忽하는 이가 많으니 聖明께서는 深思 遠慮하여 留意하시기 바라옵니다.

그 七條目은 「言路를 넓히는 것」입니다. 臣은 듣건대 옛날에 天下를 다스릴 적엔 進善旌[151]과 誹謗木[152]이 있었다 하니 이것은 治道를 通하게 하고 直諫하는 사람을 오게 한 것입니다. 孔子는 舜帝의 大智를 稱道하시되 「남에게 묻기를 좋아 하면서도 淺近[153]한 말을 살피기를 좋아하고 나쁜 점은 숨겨주고 좋은 점은 청찬하며 그 좋은 점 중에서도 또한 그 兩端[154]을 잡아 비교하여 그 中을 採擇하여 백성에게 施行한다」하였읍니다. 대개 天下의 이치는 한이 없으며 사람들의 所見도 또한 같지 않은 점이 많읍니다. 그러므로 聖智의 君主도 또한 衆論을 넓리 맞아들이고 羣言을 넓리 採擇하여 同異를 참작하고 可否를 살펴서 그 中을 選擇하여 施行하였으니 옛날 聖帝, 明王의 政治가 正大光明하여 靑天白日처럼 조금의 瑕疵와 陰翳(구름이 하늘을 덮은 것)가 없었던 것은 이 道를 썼던 것입니다. 唐太宗[155]이 中書[156], 門下省에 命令하되 兩省이 서로 規正하여 일의 至當함을 求하기에 힘쓰고 附和雷同[157]하지 말라고 경계하였으니 그도 또한 이것에 본 바가 있었던 것입니다. 대개 良藥은 반드시 甘, 辛, 寒, 熱등의 藥性을 합하여 한데 뭉친 까닭으로 서로 補助하고 서로 制御하여 능히 병을 고치게 되고, 美味는 반드시 酸, 醎, 甘, 苦등의 味料를 합하여 한데 뭉친 까닭으로 이에 調和되고 平淡하여 능히 입에 맞게 되는 것입니다. 만약에 반드시 그 같은 것만 취하고 그 다른 것은 버린다면 물에 물을 탄 것과 같을 것이니 그것을 어디에 쓰겠읍니까. 臣은 가만히 살펴옵건대 지난번의 弊端은 朝廷에 大中 至公의 道는 없고 偏陂 好惡의 私만 있었으므로 말이 자기와 合한 자는 進用하고 말이 자기와 어긋난 자는 退斥하며 말이 자기와 같은 자는 좋아하고 말이 자기와 다른 자는 노여워하며 자기와 같은 이는 正人이 되고 자기와 다른 이는 邪人이 되었던 것입니다. 士林은 唯唯諾諾[158](順從)의 태도가 많으며 朝廷에는 謇謇諤諤[159](正直)의 氣風이 없어져서, 大小官吏가 서로 呼應하여 드디어 附和雷同을 이루었던 것입니다. 奸兇들은 이것을 힘입어 임금을 속이고 私情을 행하여 國政을 어지럽혔으나 임금께서만 홀로 알지 못하였으니 이 때에는 사람마다 모두 立仗馬[160](正言直諫하면 免職되는 것)의 경계기 있었으므로 누가 다시 指鹿爲馬[161](是非를 顚倒하여 君主를 欺罔하는 것)의 그릇됨을 분별하였겠읍니까. 附和雷同의 禍가 이에 와서 극도에 달했던 것입니다. 지금은 朝廷이 다시 맑고 政治가 更張되었으니 마땅히 지난 번의 氣習을 改革하여 清明한 政治를 새롭게 해야 될 것입니다. 그럼에도 지난 번에

侍從의 進言함이 時議[162]에 어긋남이 있다하여 문득 斥黜을 당하여 外職에 補하게 되었습니다. 言官이 氣節도 없이 公論에 糾彈을 당하게 되매 도리어 그들(奸兇)이 腹心을 몰래 布置하였는가 의심하여 朝野[163]가 매우 두려워하여 말하는 것으로써 경계하게 되고 忠言 讜論[164]이 세상에서 다시 들리지 않으니 이것은 國家의 福이 아닙니다. 易經에 「君子라야만 능히 天下의 意思를 通하게 한다」하였는데 예전부터 아랫사람의 意思를 通하지 않고 능히 그 政治를 잘하는 자는 있지 않았습니다. 삼가 원하옵건대 殿下께서는 中和의 表準을 세우시고 偏黨의 氣習을 없애버리시며, 人才를 採用할 적엔 親近함과 疎遠함은 分別할 것 없이 다만 그 사람의 邪曲함과 正直함만, 볼것이며, 말을 들을 적엔 자기 의사와 다르고 같은 것은 介意할것 없이 다만 그 말의 옳고 그른 것만 살필 것입니다. 可타 否타하여 可否가 서로 도와 이치에 합하기를 힘쓰고 옳다 그르다 하여 是非를 서로 참작하여 中에 歸正되기를 힘쓴다면 嘉言이 潛伏되지 않고 公道가 서게 되며 壅蔽의 患이 생겨나지 못하게 되어 蕩蕩平平[165]의 政治를 다시 볼 수 있을 것이오니 聖明께서는 留念하시기 바라옵니다.

그 八條目은 「侈欲을 경계해야 될 것」입니다. 臣은 듣건대 「恭儉」이란 것은 壽福의 本源이요 「侈欲」이란 亡의 根本이라 합니다. 예전부터 帝王이 仁德을 쌓아서 後孫에게 優足[166]한 道를 끼친 이는 恭儉에 基因하지 않은 것이 없으며 그 後孫이 능히 이것을 持守하지 못하고 亡身 滅宗하는데 이른 자도 또한 奢侈放縱에 緣由되지 않은 것이 없었읍니다. 대개 君主는 마음을 깨끗히 가지고 자신을 공경하여 儉約을 힘쓴다면 嗜欲은 엷어지고 心慮는 安靜되어 마음 속에는 清純한 樂이 있고 밖으로는 戕賊[167]의 累가 없으므로 性을 修養하고 德을 涵養하게 되어 저절로 恩澤이 萬物에게 미치게 될 것이니 이것은 壽命의 根源이고 福祿의 基本인 것입니다. 만약 그렇지 못하고 逸欲이 한번 萌動하여 이것을 능히 制御하지 못하게 되면 다만 財用을 浪費 損傷하여 백성에게 害가 미칠 뿐만 아니라 心志가 放蕩해지고 嗜欲이 節制가 없게 되어 生命을 戕害하고 法度를 敗壞시켜 마침내 國家를 喪失하는데 이를 것은 필연적인 일입니다. 예전부터 君主가 처음을 잘한 이는 많아도 끝까지 잘한 이는 적었읍니다. 대개 (임금이) 崇高한 地位에 處하여 富貴의 生活을 다하게 되니 自身이 誠意 正心의 工夫와 修身 齊家의 행실이 있지 않으면 奢侈放縱한 生活에 흐르지 않는 이가 없을 것입니다. 侈欲의 發端은 細微한 일에서 시작되더라도 그 마지막에 가서는 막기가 어렵습니다. 그러므로 舜帝가 漆器를 만들매 諫하는 이가 十人이나 되고 紂王(殷王)[169]이 象箸(象牙著)를 만들매 箕子[170]가 격정하였으니 대개 細微한 일에서부터 侈欲을 防止하고져 한 것입니다. 舜帝는 능히 諫言을 받아들여 中止 (漆器제조)하였으니 이것이 聖人된 所以이고, 紂王은 능히 諫言을 聽納하지 않고 欲心을 放縱하였으니 이것이 滅亡된 所以이었는데 이것이 萬世의 鑑戒가 아니겠읍니까. 臣은 삼가 살피옵건대 殿下께서 始初에는 政治가 淸明하여 節儉을 숭상하더니 王位를 누린지 이미 오래되매 侈心이 점차 일어나게 되었읍니다. 宮庭의 器物, 玩好品등은 자못 奢侈, 華麗한 것을 숭상하고, 王子의 第宅은 매우 宏壯 奢侈하기에 힘써서, 드디어 浪費의 節制가 없으므로 백성이 徵發에 시달리고 營繕[171]이 쉬지 않으므로 兵卒이 勞役에 지쳤읍니다. 고가 높은 상투와 통이 넓은 소매를 모방함이 더욱 심하며 士大夫는 服飾, 住宅, 飮食을 다투어 奢侈 淫靡[172]한 것을 숭상하여 남에게 뒤떨어지는 것을 부끄럽게 여졌으므로 奢侈의 習俗이 날마다 새롭고 달마다 달라졌으니 財物이 모자라고 民生이 窮乏한 것은 실로 이것에 緣由된 것입니다. 옛말에 「奢侈의 浪費는 그 被害가 天災보다도 甚하다」[173]하였으니 그 由來된 바를 反省하여 節約 抑制할 바를 생각지 않겠읍니까. 周書(書經)에 「文王은 儉素한 衣服[174]으로 백성을 편안케 한 功과 백성을 기른 功이 있다」하며 또 「文王은 감히 遊佃에 盤遊하여 浪費하지 않고 庶邦의 正常的인 供給으로 國用을 썼으므로 그가 五十年 동안이나 王位를 누렸다」하였읍니다. 揚雄은 「漢文帝는 몸소 節儉을 실천하였으므로 後宮이 玩珥[175]를 賤하게 여겼으니 이로써 玉衡[176]이 바로되고 太階[177]가 平安(太平해진다는 것) 해졌다」하였읍니다. 대개 君主가 능히 自己는 儉約하고 萬物에 恩澤을 끼친다면 몸이 편안하고 몸뚱이가 페이며 사람이 기뻐하고 하늘이 도우는 까닭으로 이에 國祚가 오래지속하는 效果가 있으며 또 太階의 平安함을 이루게 되는 것이니 그렇다면 그 奢侈를 숭상하여 백성을 害친 자는 하늘에게 罪를 얻을 것은 필연적인 일입니다. 伊尹은 「儉約의 德을 삼가하여 永久의 圖謀(計劃)를 생각해야 된다」하였으며 易經에는 「天地가 節制가 있으므로 四時를 이루게 되니 制度로써 節制하여 財物을 傷하지 않으며 백성을 害치지 않는다」하였읍니다. 삼가 원하옵건대 殿下께서는 私欲을 누르고 欲心을 節制하며 儉素를 숭상하고 奢侈를 버리며 天地의 節制를 본받아 用度의 繁重을 節約하여 邦本을 堅固히 하고 天心을 받들 것입니다. 이른바 「欲」[178]이란 것은 반드시 정신이 빠진 것이 아니라도 뜻이 향하는 데가 있다면 이것이 곧 「欲」인 것이니 대개 뜻의 향하는 바를 스스로 檢制할 줄 알지 못하는 것이 곧 정신이 빠질 漸移인 것입니다. 그러므로 程子는 「君主는 마땅히 萌動하지 않는 欲心을 막아야 된다」하였으니 이 말은 진실로 마음을 바르게 하고 德을 삼가하는 要領인 것입니다. 聖明께서는 이 말을 깊히 吟味하시기를 바라옵니다.

그 九條目은 「軍政을 整齊하는 것」입니다. 나라를 防衛하고 백성을 편안케 하는 데는 군사가 가장 急務[179]가 되는 것이니 격정없는 세상일수록 더욱 느추어서는 안될 것입니다. 옛날의 聖王은 세상이 다스려져도 어지러울 것을 잊지 않으며 편안하여도 위태로울 것을 잊지 않아서 閑暇한 時期에 兵器[180]를 다스리고 危急[181]의 즈음에 軍威[182]를 크게 떨쳤으니 이것이 이른 바 防備가 있어 격정이 없는 것입니다. 대개 軍政의 事務는 將帥를 選任하고 士卒을 訓鍊하고 儲蓄을 풍부하게 하고 兵器를 銳利하게 하고 城堡를 修築하는 다섯가지 일에 있을 뿐이며 軍政의 根本은 또한 人心의 和合과 信賴에 있읍니다. 人心이 和合하지 못하면 衆人의 뜻을 믿지 못하게 되니 비록 군사 百萬名이 있더라도 어찌 쓰임에 도움이 되겠읍니까. 孟子는 「天時[183]가 地利[184]만 같지 못하고 地利가 人和[185]만 같지 못하다」하였으며 孔子는 「군사와 먹을 것을 버리더라도 信은 있어야만 된다」하였으며, 또 「사람이 信이 없고는 서지 못할 것이라」하였읍니다. 吳子(吳起)[186]는 「나라에 人和하지 않으면 능히 軍을 動員할 수 없으며 軍에 人和하지 않으면 능히 勝算[187]을 決定할 수 없다」하였으며 尉繚子[188]는 「위에서 疑令이 없으면 衆人이 두가지로 듣지 않으며 위에서 疑事가 없으면 衆人이 두가지로 마음 먹지 않을 것이니 그 마음을 信賴하지 않고 능히 그 힘을 얻은 자도 있지 않으며 그 힘을 얻고 능히 그 목숨을 걸고 싸우게 만든 자도 있지 않았다」하였읍니다. 그렇다면 옛날의 聖賢과 良將들도 또한 和와 信으로써 나라를 튼튼히 하고 군사를 쓰는 根本으로 삼지 않을 수 없었던 것입니다. 그러나 人心을 收拾하여 和合하게 하고 衆志를 統一하여 信賴케 하는 것은 또한 才智와 勇力만으로서 이루어지는 것은 아닌 것이니 要는 先王의 政治를 행하여 撫育의 道를 다하는 데 있으며, 또한 반드시 孝弟로서 가르치고 禮義로서 익힌다면 백성들이 父母[189]를 섬기고 妻子를 기루는 즐거움을 잃지 않으므로서 사람마다 모두 윗 사람을 親愛하고 長上을 위하여 죽을 마음이 있을 것이니 和와 信은 그 中에 있는 것입니다. 지금은 임금의 恩澤은 오히려 미치지 못하고 임금의 敎化는 오히려 행하지 않으므로 閭巷에는 愁苦 怨痛의 소리가 많고 士民에게는 忠信 禮讓의 習俗이 없어졌으니 진실로 벌써 그 軍政의 根本을 잃었던 것입니다. 옛날의 將帥된 사람은 한[190] 병(瓶)의 술을 강물에 던져 군사를 먹인 은혜도 있고 군사의 등창을 몸[191]소 빨아준 은혜도 있어 士卒 대하기를 사랑하는 자식과 같이 한 까닭으로 능히 士卒과 더불어 함께 싸워서 죽었던 것입니다. 지금은 그렇지 못하여 侵害의 甚함과 勞役의 苦痛으로서 怨望 誹謗하는 소리는 참아 들을 수 없으며、主將은 士卒대하기를 草芥[192](지푸라기)처럼 어기고 士卒은 主將대하기를 仇讎[193](원수)처럼 여기게 되니 또한 어찌 그 和와 信이 있음을 바라겠읍니까. 人心이 和合하지 않고 衆志가 信賴하지 않으면 이는 土崩瓦解될 형세이니 이것을 생각한다면 寒心할 뿐입니다. 邊境에 조그마한[194] 盜賊의 警報가 없는데도 軍卒들은 벌써 疲弊에 지쳤으니 그 허물은 진실로 邊將이 士卒을 撫恤하지 않는데 있겠으나 그 根本을 따진다면 또한 朝廷에서 規畫한 것이 詳悉하지 못한데 緣由된 것입니다. 대개 步兵은 勞役이 騎兵보다 더 고달픈데도 그 保人[195](壯丁二人이 一保임)은 二保만 있을 뿐이며 水卒은 勞役이 步兵보다 더 고달픈데도 그 保人은 一保만 있을 뿐이니 勞役은 더 苦役인데도 保人은 더욱 적어졌읍니다. 여러가지로 苟斂誅求[196]하니 형세가 능히 견딜 수 없으며 한 保人이 이미 도망하게 되고 一卒이 役을 치루지 않으므로서 一里가 破産하게 되니 怨痛함이 극도에 달하여 참아 볼 수 없읍니다. 이 폐단은 臣이 직접 본[197] 바이므로 감히 상세히 아뢰오니 임금께서 政治에 밤낮 골몰하시면서 어찌 이 문제에 惻然하지 않겠읍니까. 대개 水卒에게 保人 一名을 給與하는 것은 祖宗의 舊法이 아닌 것이니 그 番을 드물게 하는 것은 비록 民力을 조금 펴어주는것 같지마는 그 保卒을 적게 하는 것은 실로 지탱하기 어려운 것입니다. 王道의 큰 것의 貴重한 점은 시기에 따라 減損、增益하여 세상과 民生을 救濟함에 있으니 酌量하여 保卒을 더 給與하고 그 番드는 것과 休息을、便宜하게 한다면 그 救濟의 計策이 있을 것인데 어찌 窮弊의 극도에 달한 것을 가만히 보기만 하고 救恤하지 않겠읍니까 만약 舊習을 버리지 못하고 執滯하여[198] 變通性이 없어서 다시 改革하여 이것을 救濟하지 못한다면 十年이 못가서 步兵과 水卒은 장차 遺種[199]도 없을 것이고 軍備가 전혀 없어 질 것이니 寇賊이 다투어 일어나고 隣敵이 몰래 侵犯한다면 國家에서는 장차 어떻게 對處할 것인지 알 수 없겠읍니다. 西、北의 二界는 野人(滿洲族)과 接境하매 防備가 더욱 時急합니다. 近來에는 凶年이 더욱 심하여[200] 굶어 죽은 사람이 서로 연하였는데 朝廷에서 賑恤을 베풀고져하나 儲蓄이 蕩竭되어 있고

關防을 堅固히 하고져 하나 民卒이 疲困하여 있읍니다. 邊境의 疲弊 空虛함이 극도에 달했으니[201] 兇暴한 敵의[202] 萌動이 장차 朝夕間에 있다면 어찌 임금의 心慮가 심하지 않겠읍니까. 대개 듣건대 兩道의 백성은 貂皮 鼠皮의 貢 바치는데 시달리게 되고 關西 一路는[203] 또 迎送과 供億(匱乏을 供給함)에 疲困하게 되었는데도 守令, 邊將들은 矜憐[204] 救恤은 힘쓰지 않고 다만 財物[205] 侵掠만을 恣行하여 드디어 流亡하는 사람만 날마다 增加되고 國境이 空虛하게 되었 다 하니 이것은 작은 탈이 아닙니다. 지금 邊境을 安撫하는 計策은 稅貢과 邊負를 蠲減하여 疲困한 백성을 蘇生시[206] 키고 將帥와 守令을 選任하여 恩惠로운 政治를 베푸는 것보다 더 急한 것이 없으니 朝廷에서도 또한 마땅히 賞罰을 밝혀서 號令을 信從케 하고 黜陟을 엄중히 하여 勸懲을 明示하고 여러번 惻怛의 敎旨를 내려서 軍民을 慰悅하고 將 士를 激勵시킨다면 人心이 和合되고 衆情이 信賴케 될 것입니다. 예전부터 天下의 禍變은 衆心의 離怨에서 일어나 고 衆心의 離怨은 그 心性을 順從하지 않고 그 生業을 安定 시키지 못한데서 일어났던 것입니다. 지금은 백성은 困 窮하고 財物은 탕진되어 온 國中이 虛耗하고 國勢가 危弱하니 이 지경에 와서 믿을 것은 民心 뿐입니다. 臣은 원하 옵건대 朝廷에서는 마땅히 安靜을 지켜 仁政을 베풀고 勞擾不急한 일은 덜어버리고 鎭撫安集의 道를 다하기를 힘쓴 다면 民心이 安定되고 國本이 흔들리지 않을 것입니다. 나라를 튼튼히 하고 군사를 强하게 하는 要領은 이 밖에 다 른 것이 없사오니 聖明께서는 留念하시기 바라옵니다.

그 十條目은 「幾微를 살피는 것」입니다. 書經에는 「一日 二日間에도 事幾는 萬이나 된다」하였으며, 易經에는 「오 직 幾微를 아는 까닭으로 능히 天下의 事務를 이루게 된다」하였으니 대개 幾微란 것은 動의 隱微한 것이니 吉凶의[207] 먼저 나타나는 것입니다. 天下 國家의 治亂 興衰의 端緒는 모두 극히 작은 데서 출발하여 나중에는 막을 수 없는 지[208] 경까지 이르게 되는 것입니다. 그러므로 시냇물을 막지 않으면 혹시 滔天의 洪水까지 이르게 될 것이며 작은 불길[209][210] 도 끄지 않으면 혹시 燎原의 큰 불까지 이르게 될 것이며, 草木의 싹을 꺾으면 百尋의 나무도 능히 이룰 수 없을[211][212] 것이고 개미굴(蟻穴)을 소홀히 여긴다면 千丈의 둑(堤)도 능히 튼튼치 못할 것이니 幾微를 능히 살피지 않아서는 안[213] 될 것이 이와 같읍니다. 옛날 大道의 세상에는 政治를 어지럽지 않을 적에 다스렸으며 나라를 위태롭지 않을 적에[214] 保全하였으니 어지럽지 않는데도 어지러울 漸이 있고 위태롭지 않는데도 위태로울 징조가 있는 것이 이것이 이른바

「幾微」인 것입니다。 예전부터 어지러운 것은 어지러운 것이 아니고 상시 다스려지는 그 時期에 발생한 것이며 위태로운 것은 위태로운 그 때에 일어난 것이 아니고 상시 편안한 것입니다。 幾微가 벌써 갈추어져 있는데도 君主는 安富함에 습관이 되어 이것을 살피지 않으며、 幾微가 벌써 나타났는데도 廷臣은 祿을 保存하고 몸을 아껴서 감히 말하지 않게 됩니다。 웃사람과 아랫사람이 安逸을 꾀하여 舊習을 버리지 못하고 苟且스럽게 지내어 빠른 속도로 亂亡[225]의 지경으로 들어가면서도 이를 깨닫지 못하게 되니 이것은 古今의 通患입니다。

지금 國家의 형세는 비록 目前의 患은 없을지라도 禍亂의 幾微는 걱정될 것이 많사오니 그 큰 것만 말씀드리겠습니다。 예전부터 邪正의 消長으로서 國家의 興亡이 判定되고 人心의 離合으로서 天命의 去留(가버리고 남아있는 것)도 緣由되었습니다。 正道가 盛長하고 邪道가 消滅되면 天下가 通泰하여 백성이 그 惠澤을 입게 되고、正道가 消滅하고 邪道가 盛長하면 天下가 否塞하여 백성이 그 禍害를 입게 되니 이것은 人心의 離合되는 緣由이며 天命의 去就[226]도 또한 이것에 決定되었던 것입니다。 지난번부터 朝廷이 不和하여 士林이 冰炭처럼 서로 용납지 못하고 邪와 正이 區分없이 뒤섞어져서 서로 消滅、盛長되어 數十年間에 다스려진 時日은 상시 적고 어지러운 時日은 상시 많아져서 백성들은 밑에서 愁苦하고 하늘은 위에서 譴怒하였으니 가위 否塞의 極이라 이르겠읍니다。 어지러움이 극도에 달하면 다스림을 생각하게 되고、否塞함이 극도에 달하면 通泰함이 오게 되는 것은 이치의 필연적인 것입니다。 지금은 羣陰이 消伏되고 陽德이 바야흐로 亨通하니 泰道가 盛長되어 王化가 다시 流行할 것을 바랄 수 있읍니다。 다만 염려되옵기는 임금의 마음이 專一하지 못하고 임금의 뜻이 安定되지 못함으로서 혹시 讒邪의 틈타는 것을 용납한다면 通泰를 뒤바꿔 否塞을 만드는 것도 매우 짧은 동안에 있을 것이므로 능히 救濟할 수 없을 것입니다。 臣은 상시 생각하옵건대 宋나라의 羣臣이 邪와 正이 서로 공격하고 治와 亂이 서로 뒤섞여져 있더니 王安石[227]이 政權을 잡으매 忠賢을 一網打盡[228]하고 諂倿을 引用하여 天下를 敗壞 시키고 生民을 塗炭에 빠뜨렸으니 이에 人心이 떠나버리고 天意도 싫어했던 것입니다。 다행히 元祐[229]의 初期에 와서 老成大臣을 進用하고 여러 邪臣을 退黜하며、 言路를 열어서 아랫사람의 意思를 通하게 하고 新法을 廢止하여 백성의 弊害를 除去함으로서 九年동안에 德澤이 天下에 浸透되었으나 小人들이 원망하는 자도 또한 많았읍니다。 젊은 시각에 時局이 변동되어 群凶이 다시 進用됨으로서 세상에 害毒을 끼쳐 宋 王朝가 드디어 滅亡하였으니 前鑑이 매우 昭然함으로 뒷날의 경계가 될 것입니다. 대체로 衆臣이 朝廷에서 和協하면 萬民은 草野에서 和協할 것이니 朝廷이 和協하고 百姓이[320] 편안하게 되면 어찌 이런 禍가 있겠읍니까. 삼가 원하옵건대 殿下께서는 옛날 일과 지금 일에 증험하시어 吉凶 消長의 이치를 밝히고 否泰 往來의 기틀을 살펴서 漸移할 적에 경계하고 隱微할 적에 防過하여 이르지 않는 데서 먼저 알아내고 보이지 않는 데서 미리 도모한다면 患害를 萌動하지 않을 적에 消滅하고 禍敗를 나타나지 않을 적에 止息시켜서 國家가 長久히 편안케 될 福이 있고 往事의 失敗는 거듭하지 않을 것입니다. 대저 吉凶 否泰의 幾微는 비록 事物에 나타나지마는 실로 君主의 마음에 根源하였으니 (君主의) 一念이 바르면 吉의 道로서 通泰의 始初가 되는 것이고 一念이 바르지 못하면 凶의 道로서 否塞의 由來가 되는 것입니다. 임금께서 진실로 능히 深思 遠覽하고 反省 靜觀하며 念慮의 隱微에 매양 삼가하고 萌動할 始初에 깊이 反省하여 天理 人欲의 區分을 살펴서 擴充(天理) 遏絕(人欲)의 工夫를 이룬다면 마음 속에 陽明이 盛長하고 陰濁은 消滅될 것입니다. 本體가 淸明하면 志氣가 通達되어 天下의 事幾를 細微하고 隱伏된 것까지 환하게 밝혀내지 않는 것이 없을 것이니 陰邪가 자랄 수도 없는데 禍亂이 어떻게 일어나겠읍니까. 그런 까닭으로 「그 根本을 바르게 하면 萬事가 다스려지고 조금만 어긋나면 대단히 틀리게 된다」 하였으니 聖明께서는 깊히 留念하시기 바라옵니다.

이 十條目은 모두 실행을 늦추어서는 안될 것이며 그 실행하는 綱領은 殿下의 마음에 있는 것입니다. 殿下의 마음이 淸明純一하여 一念의 差誤와 一息의 間斷도 없어서 위로는 天命을 받들고 아래로는 國家를 바르게 한다면 十條目이 施行되지 않는 것이 없으므로서 治道도 이것으로서 完了될 것이오니 이것이 平易하여 어렵지 않고 簡略하여 번거롭지 않은 것이 아니겠습니까. 乾은 易(平易)로써 大始를 알고 坤은 簡(簡略)으로써 能히 成物하게 되니 天地의 理는 易簡일 뿐입니다. 聖人은 一心의 易簡으로서 天地의 易簡에 合하게 됨으로 自身에서 家, 國, 天下에 이르기까지 모든 修爲와 擧措가 있을 적엔 明白 坦易하여 알기 쉽고 따르기 쉬운 일과 능히 長久하고 능히 廣大한 業이 아닌 것이 없을 것이니 다시 어떠한 暗昧, 傾險, 勞擾[331], 繁雜한 일이 마음을 어지럽히고[332] 政治를 害롭게 할 수 없을 것입니다. 만약 능히 이 道를 얻지 못하고 智術만 놀랍게 서둘고 細務에만 자세히 살피면서 政治를 하고저 한다면 마음만 더욱 괴롭고 일은 더욱 어긋날 것이니 綱領을 벌써 잃게 되고 條目도 벌써 紊亂된 것입니다. 臣은 처음에 「不息」二字로써 殿下를 위하여 힘쓰게 하고 계속해서 「易簡」[333]二字로써 殿下를 위하여 드리오니 殿下께서 진실로 능히 「不息」의 마음을 가지시고 「易簡」의 道를 다하여 항상 조심하고 삼가하여 마음에 懈怠함이 없고 政事에 荒廢함이 없게 하여 悠久한데 이르게 된다면 穆淸[335] 위에서 兗服[334]만 입고, 心力을 쓰지 않아도 萬化가 그 軌範을 따르게 되고 萬物이 그 處所를 얻게 되어 堯舜 泰平의 治를 다시 今日에 볼 수 있을 것입니다. 어찌 다만 天道에 順應하여 災禍를 消滅시킴이 一世에만 그칠 뿐이겠읍니까. 또한 子孫에게 嘉謨[336]를 남겨서 無彊한 後世에까지 優足의 道를 끼칠 것이오니 삼가 殿下께서는 留神하시기를 원하옵니다. 옛날 朱熹는 孝宗[337]에게 말하기를 「歲月의 흘러감은 냇물 같아 한번 가면 다시 돌아오지 않습니다」하였으니 아! 오늘 날도 또한 殿下께서 時日을 아끼시고 自强不息하여 德을 닦아 하늘을 感動시켜야만 되는 잃어서는 안될 機會입니다. 그러므로 臣은 감히 평소의 蘊蓄을 다하여 이같이 아뢰오니 臣의 논한 것이 비록 迂緩한것 같지마는 모두 帝王의 道에 근본하여 治體의 要領 아닌 것이 없읍니다. 혹시 聖慈께서 萬幾의 餘暇[339]에 때때로 省覽하신다면 반드시 聖治에 萬分의 一이라도 도움이 없지는 않을 것이오며, 王世子에게도 三朝할 즈음에 또한 특별히 宣示하여 이것에 留心하게 하신다면 萬世 太平의 本原이 또한 이에 있을 것이므로 臣은 懇切하고 지극함을 견딜 수 없사옵니다. 그러하오나 臣은 살피옵건대 近世에는 말하는 자는 採納되는 것은 적고 禍를 당하는 것이 많은 까닭으로 朝廷과 民間에서 有識者는 모두 緘口[330] 保位함으로써 明哲이라 하고 直言[331] 盡忠함으로서 癡漢이라 하니 臣도 또한 緘嘿[332]하는 것이 몸을 保全하고 毀謗을 멀리하는 것이며 發言하는 것이 반드시 원망을 招來하고 禍患을 부르는 것인 줄 모르는 바 아닙니다. 다만 생각하옵건대 臣이 愚鈍 庸劣한 재주로서 聖은 만나 일찍 조금도 보탬이 없으면서 祿位[334]만 외람되게 차지하여 지금까지 이르렀읍니다. 聖恩은 하늘과 같사오나 報答할 기회가 없었읍니다. 七年동안 田園[335]에 있을 적엔 상시 懷抱가 있어도 進達하지 못했으며 세번이나 經筵에 侍講할 적엔 또한 本心을 發表하여도 다하지는 못했읍니다. 몸은 江湖에 있으면서도 마음만은 朝廷[336]에 달려 감으로 愛君 憂國의 성심을 견디지 못하여 감히 죽을 죄를 무릅쓰고 赤心[337]을 披瀝하여 野人이 芹菜[338]와 曝陽을 임금에게 드리는 忠誠을 본받았사오나 眞實이 中心에 激하여 말을 裁制할 줄 알지 못하오니 삼가 殿下께서는 그 忠懇함을 불쌍히 여겨 그 狂僭함을 용서하신다면 臣은 千萬多幸이겠읍니다。[239] 臣은 激切 惶恐함을 견디지 못하여 삼가 죽을 [240] 죄를 무릅쓰고 말씀을 드리나이다。

一綱十目疏

臣伏以王者 配天立極 垂拱無爲[一] 而德以久 業以大者 惟其至誠無息而已矣 無息者 天之道也 蓋人君 受天命 履天位 苟無 至誠之德 格于上下 何以順天道 盡天職 而致位育之功效乎 夫所謂至誠之德者 一而無貳 純而不雜 自始至終 無時間斷者 是也 一有所間則息矣 中庸曰 不息則久 久則徵 徵則悠遠 悠遠則博厚 博厚則高明 博厚配地 高明配天 悠久無彊 古之帝 王 德合於天 終始無間 而致悠久無彊之功化者 皆自其一念之不息者始 試以大舜文王衛武公之事言之[二] 舜在位五十年 治 定功成 禮備樂和 其功化極矣 而猶作勑天之歌[三] 君臣相戒 其言曰 勑天之命 惟時惟幾 言敬天之道 在於無時而不警 無微 而不省也 文王享國歲久 昭事上帝 自朝至于日中昃 不遑暇食 用咸和萬民 故詩人贊之曰 惟天之命 於穆不已 於乎不顯 文王之德之純 言文王之德 純亦不已 而合乎天道也 武公行年九十有五 猶箴儆於國 以求規諫 作抑戒之詩[四] 以自警 其詩曰 相在爾室 尚不愧于屋漏 無日不顯 莫予云覲 神之格思 不可度思 矧可射思 言人君 非獨致謹於臨朝對羣臣之時 至於宮庭 幽隱之地 亦不敢肆 凜然自持 如對神明 於此見古昔聖帝明君 法天存誠 主敬謹獨 終始惟一 無時間斷 不以吾治已隆而自 逸 不以吾德已盛而自滿 不以吾齒已衰而自怠 常存戒懼於不覩不聞之地 以致昭格于無聲無臭之際 此所以天地感應 而休[五] 祥並至 神人協和 而災變不作 是乃所謂 求在己之天 而天不敢違者也 臣伏見 殿下[八]仁明恭儉 本於天性 樂善好學 屬精圖 理 臨御以來 三十有四年之間 嚴恭寅畏[六] 不敢荒寧 昧爽丕顯[七] 對越上帝 內無聲色之娛 外無遊田之樂[九] 從諫弗咈 改過不吝 雖古之聖王 無以加矣 然而治效未著 而朝政屢變 人心未和 而天變不弭 其故何歟 臣竊恐 殿下法天謹獨之功 或有時間斷[一一] 而窮理執中之學[一〇] 亦有所未至也 聖功有間斷 故天理未純 而人欲雜之 聖學有未至 故見道不明 而用舍或差 立政而無所定

行道而不能久　勤怠之靡常　而曝[一二]寒之不一　又何以隆至治　而致泰和乎　然聖人之過　如日月之食　過也人皆見之[一三]　更也人皆

仰之　竊見去奸之後　殿下之心　如日再中　陰翳俱盡　思所以照幽隱　而新政化者　無所不至矣　朝廷肅清　四方顒望庶幾復見都[一四]

兪呼怫之治　嗚呼　此正　殿下端本清源　振頹綱　革弊習　上應天心　下慰人望之一大幾會也　當今國家之勢　譬如潰癰之人　大[一五]

命幾危而復蘇　邪毒雖除　而其元氣已藹然矣　固宜安靜以保護　不可動作而生變　然必投以靈丹妙劑　爲之涮腸滌胃　以去病根

然後可以清其腹心　而養其血脈矣　若或安於小愈　厭却瞑眩之藥[一六]　失其所以治調　則病之源　於心腹者　安保其不復萌於異日乎

近來朝廷　舉措施爲　務要鎮靜　可謂得宜　然所以貴乎鎮靜者　非苟且姑息之謂也　整紀綱　嚴賞罰　以正朝廷　以定人心　以重

國勢　而邪說不得亂　小人不能搖者　乃鎮靜之實也　若乃不分淑慝[一七]　不辨是非　喜同惡異　循常襲故　牽補架漏　苟度時日　而謂

之鎮靜　則恐無以振綱維　新理化　而偷靡之習[一八]　頹墮之風　將日益甚　而終不可救矣　大抵國勢　不盛則衰　衰則入於亡　故明智

之君　當盛而慮衰　當衰而思振　衰而不能振　則庵庵然[一九]　日趨於亡必矣　然其所以興衰振頹之本　則在於人主之心　純一無息而

已矣　若內無定志　外無定規　朝勤而夕怠　乍作而乍輟　正念方萌　而私欲奪之　善政方行　而邪說沮之　良臣方進　而讒諛間之

則將見紛紊委靡　卒無成效　而終至於脈病氣消　風邪乘之　而大命危迫矣　今者王道平蕩　朝廷稍和　然而上下之情　猶未孚　陰

邪之逕　猶未杜　伏願　殿下剛以執德　明以察物　任賢不貳　去邪勿疑　以振頹綱　以養國脈　宗社幸甚　書曰　常厥德　保厥位　厥

德靡常[二〇]　九有以亡　夫常德之要　亦在於剛與明而已　非明則無以爲剛　非剛則其所明　亦不能久矣　易曰　天地之道　恒久而不已

也　又曰　聖人久於其道　而天下化成　人主誠能體元居正　不貳以二　不參以三　茫乎天運　窅爾神化　則可以合乎天德　而帝王

之治　庶可爲矣　聖希天　賢希聖　舜文王　希天而合乎天者也　衛武公　希聖而幾乎聖者也　程子曰　有天德　便可語王道　其要只

在謹獨　蓋欲法舜文之道　必由武公之愼獨　顯微無間　終始一德　而後可以至也　惟　聖明留念焉　伊尹之戒[二一]太甲[二二]曰　德惟一動

罔不吉　德[二三]惟吉凶　不僭在人　惟天降災祥在德　臣伏見　殿下臨御歲久　和氣不應　災沴荐臻　又至於今　怪氣布

天　虹蜺貫日[二四]　而白其色　夫白主兵　乃寇賊竊發之證　彗星犯台[二五]　太白晝見　霜雹夏霣　是又以下干上　以陰侵陽之象　變異非常

疊見於一時　前古所未有也　近日又有日食之變　夫日者　衆陽之宗　人君之表　而有食之　是尤天變之大者　而爆爆震[二六]

電　亦詩人之所惡也　天之所以累威重譴　而警告之者極矣　得非事有階亂　政有召奸　而危亡之禍　近在朝夕　天於　殿下　諄諄[二七]

存顧　先幾豫示　以啓　聖心者乎　人君克謹天戒　則雖有其象　而無其應　若或天戒　赫然於上　而人之應之者　蒙然於下　則禍患[二八]

之來必矣　蓋人君之德　敬則一　怠則二三　吉凶災祥之應　莫非由於君德之敬怠　則其所以應天心　答天譴者　亦豈外於敬以一[二九]

德乎　古之明王　或遇災變　修德正事　一於誠敬　感徹神祇　壓消未萌　遂至於光丕業　享永年者多矣　如商之中宗　周之宣王　漢[三〇][三一][三二]

之文景[三三]　遇災修省　克己自新　遂能變戾氣為泰和　化已衰為中興　豈非畏天敬德　一念不息之效耶　臣伏見去夏求言之　旨　責已

省愆　發於至誠惻怛[三四]　似可以感人心　回天怒矣　而越月踰時　臺諫侍從之外[三五][三六]　未有一人忘身展抱　極言闕失　以副　明主修省之美

意者　而天之示變　彌嚴而不已　是　殿下　有望於下　而人不應之　致謹於上　而天怒愈赫　豈無所由然耶　如臣之淺闇　不識時宜

詎測天意　但感　殿下憂勤愓厲之誠[三七]　而區區螻蟻[三八]　忠義之心　自有不能已者　而況臣以庸陋　曾忝侍從之列[三九]　未效涓埃之補　今值

虛懷詢訪之日　豈可以踈外自處[四〇]　不思罄竭愚衷[四一]　裨補萬一乎　當今致災變之由　固非一端　而其所以應天弭災之本　則在於　殿

下之一念　一念合天　天有不應者乎　若規規於革一政之失[四二]　矯一事之弊　而不知本之所在　則斯亦末矣　臣請以當今最關於治道

最切於時務者　為　殿下陳之　伏惟　聖慈垂察焉　臣謹稽前史　自古帝王　憂勤願治者多矣　而能終始全德　以收治效者蓋寡　其

故在求治　而不識為治之要而已　求治而得其要　則不憂勞　而治道成　如或有志於為治　而不得其要　雖勞心焦思　宵旰憂勤　終

無益矣　如黃帝堯舜[四三]　垂衣裳　而天下治者　其亦得其要而已矣　後世人主　或程書傳餐[四四][四五]　非不勤且勞矣　而終不能興善治　而延國

祚者　以不得為治之要　而徒費精於細務故也　蓋帝王為治之道　至簡而不煩　至易而不難　天下雖大　治之在心　非至簡乎　四海

雖遠　治之在道　非至易乎　夫心者主於身　而萬化之所由出也　道者本於心　而天下古今之所共由也　誠能明此心　而清萬化之

源　體此道　而立萬民之極　則可以成叅贊之功[四六]　而天地自位　萬物自育　氣無不和　而瑞慶至矣　易曰　易簡而天下之理得　天下

之理得　而成位乎其中者　正謂此也　蓋為治之要　其綱有一　其目有十　綱者　體也　出治之本也　目者　用也　制治法也　一綱舉

則十目無不張矣　臣請先言一綱　而次及十目焉　何謂一綱　人主之心術是也　庶政之繁　萬民之眾　而其理亂休戚之幾[四七]　未有不

本於人主之心者　故人主之心正　則萬事理　人心順　而和氣至　人主之心不正　則萬事乖　人心拂　而戾氣應　此理之必然也　思

昔聖人在位　體天出治　方寸之地　正大光明　純乎天理之公　而無人欲之累　故自微至著　由內及外　洞然無有私邪之蔽　而紀綱

立於上　教化明於下　法立而無侵撓之患[四八]　令出而無阿私之失　進賢退邪　允恊於輿情　賞善罰惡　一徇乎公議　而不敢以一毫私

意　鑒於其間　但見虛明之地　廓然大公[四九]　儼然至正　泰然行其所無事　而坐收百官衆職之成功　臣所謂易簡之道者　如斯而已　如

或反是　而為人欲私意之侵亂　失其公平正大之體　則其偏黨反側[五〇]　黜闇猜嫌[五一]　固日擾擾乎方寸之間　而奸偽讒慝[五二][五三][五四]　叢脞眩瞀　又

將有不可勝言者矣　於此見人君心術之不可不正　而其所以正心術之要　又必由學而得矣　蓋本心之善　其體甚微　而物欲之攻

不勝其衆　故大舜有危微之戒　孔子有克復之訓　人主處崇高之位　窮理之力　存省之功　一有間斷　則又何以正其心術　而立萬

事之綱乎　先儒言　惟學可以養此心　惟敬可以存此心　惟親近君子　可以維持此心　蓋義理物欲　相為消長　篤志于學　則日與聖

賢為徒　而有自得之樂　持身以敬　則凜如神明在上　而無非僻之侵　親賢人君子之時多　則警戒日聞　而諂邪不能入　三者交致

其力　則　聖心湛然[五五]　如日之明　如鑑之空　義理為之主　而物欲不能奪矣　夫經筵　人主講學之地　接賢士大夫之所也　而敬者　又

所以貫動靜　合內外　而達乎天德者也　臣伏見　殿下　始初厲精　勤御經筵　講劘治道　孜孜不倦　頃年以來　寖不如初　講官入侍

止於展讀數章　無規諷道義之益　而　殿下又淵嘿[五七]　未聞討論義理之精微　商確古今之得失　宰臣陳啓　不過政令細務　未有陳善

納誨　如伊傅周召之惓惓者　竊恐　殿下　窮理進德之功　或有所未盡也　臣常怪　殿下　有志堯舜之道　而至於經幄進講　則不以

三代以上聖經賢傳為本　而每取末世所輯　編帙浩繁　未易究竟之書進讀　如此等書　詳於制度事物之繁　而至於聖人明誠之旨[六一]

精一之要　蓋有未備焉　人主但當置諸左右　時加省閱　以究古今制作規模之得失可也　不必專精講究於經幄之中也

聖質不為不高　聖志不為不篤　而悠悠泛泛[六二]　徒費歲月於一書之中　而有志勤道遠之歎者　未必非當初輔導之罪也[六三]　唐虞三代之

世　豈有此書　心學而已矣　一理可以貫萬事　一心可以統萬化　帝王之學　窮理正心而已矣　理窮心正　自足以修身正家　而及於

國天下矣　伏願　殿下　姑舍末流之涉獵　專意本源之功力　潛心於帝王之學　加意於精一之功　日接儒紳　講討精微　而又必以敬

為主　無怠忽間斷之病　則全體於是乎立　而大用由是而行矣　夫敬者　聖學之所以成始而成終者也　易曰　天行健　君子以自強

不息　又曰　君子終日乾乾[六四]　夕惕若　厲无咎　所謂日乾夕惕者　乃所以常存敬畏　而自強不息者也　自強不息　而至於無息　則合

乎天矣　人主德合於天　心一於天　而天心之不豫[六五]　災變之不消　無是理也　故程子論敬之功效曰　聰明睿智　皆由是出　以此事天

享帝　惟　聖明留意焉　至於十目　則無非心術之緒餘[六六]　而為治之切務也。

其一曰　嚴家政　易曰　王格有家　勿恤吉　又曰　有孚威如終吉　傳者曰　王者之道　修身以齊家　家正而天下治矣　自古聖王

未有不以恭己正家為本　故有家之道既至　則不憂勞　而天下治矣　夫正家之道　莫先於嚴內外之限　定尊卑之分　男定位乎外

女定位乎內　妻齊體於上　妾接承於下　而夫婦之別嚴　嫡庶之分定者　家之齊也　采有德　戒聲色[六七]　彤管有史　晏朝有箴　外言不

入　內言不出　苟苴不達[六九]　請謁不行者　家之齊也　蓋閨門之內　慈過則不嚴　恩勝則掩義　故家之患　常在於禮法不立　而瀆漫生

也　苟非中有孚信　外有威嚴　而或溺於情愛之私　不能自克　則何以正其宮壼〔七○〕　杜其請託　檢其姻戚　而防禍亂之萌乎　夫孚信者

所以感人心　威嚴者　所以肅人心　二者並行　而家道正矣　然所謂威嚴者　亦在先嚴其身　一動一靜　不敢苟　一嚬一笑　不敢輕

則人心祗畏　家道自肅　而不失於嘻嘻〔七一〕　上下秩秩〔七二〕　內外斬斬　豈有一人恃恩私　以亂典常　納賄賂〔七三〕　以薰朝政者乎　故曰　威如之

吉　反身之謂　不能反身　而能正其家者　未之有也　伏見　殿下家法之正　固無可議　但前有掖庭怙寵窺覦之變　後有陰邪攀附亂〔七四〕

政之禍　以及于今　宮禁不嚴　女謁盛行〔七五〕　至有除拜判斷之際　或不盡出於至公　以爲聖德之累　雖若至微　而害於理者　未知信否　而廷臣之

論列此事非一再　則豈無所見而言耶　蓋宮庭隱密之地　衽席宴安之際〔七六〕　其流於情　而符驗之著於外者甚

遠　人主之心　當如青天白日　少有纖翳　人皆見之　不可掩也　禮記曰〔七八〕　男教不修　日爲之食　婦順不修〔七七〕　謫見于天　月

爲之食　人君家政之不修　亦足以致乾象之變　甚可懼也　伏願　殿下　勿以此爲隱微　而不足以累吾德　惕然警省　奮然改悔　洞

日月之照　發雷霆之斷　使柔媚不干于聰明　愛倖盡泱于道義　以嚴宮壼　以杜邪徑　宗社幸甚〔七九〕

其二曰　養國本　輔養國本　今日之急務　而輔養之道　非止於涉書史　談古今而已　要在涵養薰陶之得其道爾　古之明王　教養〔八○〕

太子　必擇敦良方正　有學術德行之士　以職輔導　至於宮人內臣　並選重厚小心之人　以謹保護　使其左右前後　無非正人　出入

起居　無非正道　淺俗之言　不入于耳　侈靡之物　不接於目　所以養德性　而保身體者　莫先於此　若夫學問之道　自有本末　先其〔八一〕

本　後其末　乃進德之規也　帝王心法　聖賢謨訓　布在經傳　炳如日星　所宜潛心熟講　優游玩味　不徒誦其文　而必有以會其理

不徒會其理　而必有以　踐其實　察倫明物　極其所止　盡心知性　以達于天者　學之本也　至於博涉史書　通古今　考世變者　是特

窮理之一端　非學之本務也　蓋心通乎道　然後觀史　則古人是非得失　一覽瞭然於目中矣　心不通於道　而遽欲遍閱史籍　非徒〔八二〕

汗漫無功　恐或眩於是非邪正之歸　而不知所以取舍矣　臣伏見　春宮〔八三〕　天稟之粹　超絶古今　德就之夙　不煩教誨〔八四〕　一德無瑕　三〔八五〕

善俱隆　曩承　內禪之命　至誠遜避　號哭不食　卒以回天〔八七〕　朝野聞之　莫不感泣　非純孝盛德之至　何以及此　第慮調護之方　未盡

如三代之法　賓僚之選〔八八〕　豈盡得道德之士　進講之書　多用史記　無沉潛聖經之味　而有涉獵諸史之勤　恐非所以明理造道之要

人主之學　當以二帝三王爲法〔八九〕　三代以上　何史可讀　後世雖不可廢觀史　然其本末先後之序　不可不察　頃者　士林

之間　有假借羽翼之說　引進兇邪之魁　置諸師傅之位　其所以輔導之者　乖刺必多　幸賴天祚　宗社　陰隲消盡　天日重明　宜重

宮僚之職　廣選名德之士　以備勸講　必久其任　責其成效　至於進講之書　亦必以明性治心之學爲本　使得專精窮理之功以盡

進德之方　間閱往史　以究古今之變　治亂之要　則本末兼盡　而　聖功全矣[九一]　今以講官員少　兼以他官[九二]　營營於職事　紛紛其思慮　而未得專心積誠於侍讀　是又非輔導之宜　竊念緝熙之學　日就月將　固無間斷之憂　然人心難保　氣習易移　一念存亡[九〇]　聖狂所分　輔翼之道　不可不盡　宗社遠計　莫急於此　惟　聖明　其深軫之。

其三曰　正朝廷　臣聞王者　正心以正朝廷　正朝廷　以正百官　正百官　以正萬民　正萬民　以正四方　夫朝廷者　四方之本源　王化[九三]之所由始也　本源清明　雖欲末流之溷濁　不可得矣　若不務先正朝廷　而區區於簿書彈劾之末　而欲以振頹風　除民瘼[九四]　譬如溷其源而望流之清　其可得乎　蓋朝廷之所由正者　其要有二　必先有紀綱以整之　又有風節以振之　然後可以張理上下　整齊人道　而不至於頹墮委靡矣　夫風節者　公道之所由行　而直道之所由伸也　公道不行　直道不伸　紀綱何由而立　朝廷何由而正乎[九五]　然其紀綱風節之所由立　則又繫於人主之心術　三公論道　六卿分職　而侍從臺諫　論思糾察於其間　人主以大公至正之心摠攝於上[九六]　辨其是非　而裁斷焉　察其賢邪　而進退之　母主先入　母昵嬖幸　而失兼臨博愛之公　惟道所在[九七]斷之不疑　奸不能惑　佞不能移　黜陟刑賞　一徇公議之所在　而無偏私之蔽　然後公道行　而直道伸　紀綱以立　而朝廷以正　內外遠近　無敢不一於正者矣　人主之心　或不能公平正大　而有一毫偏黨之私　奸邪諂佞[九八]　姻婭嬖幸　莫不窺覗攀緣　希覬恩寵　無所不至　而上以眩惑聰明　下以竊弄威福[九九]　雖有忠正之論　無所入[一〇〇]　而士節沮喪矣　士節沮喪　而公道塞　直道廢　此紀綱之所由毀　而朝廷之所由亂也　頃者　奸兇竊位　忤寵專恣　禦下蔽上　與奪決於恩讐　威福生於呼吸　士林喪氣　紀綱蕩然　宗社幾至[一〇二]於岌岌　殿下孤立於上[一〇一]　無一人忘身徇國　直言正論　以斥其奸者　其無風節者甚矣　士林無風節　朝廷無紀綱　國家不至於淪喪者僅一髪爾[一〇三]　豈不寒心　伏願　殿下　懲前慮後　赫然以大公至正為心　痛滌偏私之累　明示好惡之公　以厲風節　以振綱維　庶可以清本源　而王化行矣。

其四曰　愼用舍　伊尹曰　任官惟賢材　左右惟其人　臣為上為德　為下為民　其難其愼　惟和惟一　孟子曰　左右皆曰賢　未可也　諸大夫皆曰賢　未可也　國人皆曰賢　然後察之　見賢焉　然後用之　左右皆曰不可　勿聽　諸大夫皆曰不可　勿聽　國人皆曰不可　然後察之　見不可焉　然後去之　蓋用舍得失　古之明王　愼之而不敢輕　難之而不敢易　必參之於眾　察之於獨　洞見其賢邪之實　然後從而進退之　於賢者　知之深　信之篤　而無所疑貳　於不賢者　燭之明　去之決　而不復留滯　此蓋三代聖王　任賢去邪之要法也　後世人主　不明此義　輕於舉措　故任賢而不能終　去邪而不能決　或以一人之譽而進之　或以一人之毀而斥之

或前以爲賢而任之者 後以爲邪而戮之 前以爲奸而屛之者 後以爲忠而寵之 用舍一錯 治亂遂分 由不能辨之於早 而審之於始也 臣竊見 殿下之心 好賢惡邪 初無偏繫 聞人之賢 雖在踈遠 揀拔無所遺 知人之邪 雖在貴寵 誅竄不少貸 非聖鑑之至虛至公 何以至此 第恨輔導之臣 不由光明之道 多徇暗昧之徑 以玷清明之治 數十年來 進退人物 誅擢搢紳[一〇四] 有不合公[一〇五]議者多矣 夫人才之進退消長 所關甚大 固宜斷之以公平正大之論 豈可倚托幽陰 而變亂黑白 排擯異己乎 人臣之有密啟者 非讜則佞 先賢已論之 明主之所宜深惡也 昔漢文帝至長安[一〇六][一〇七] 周勃請間[一〇八] 宋昌却之曰 所言公 公言之 所言私 王者無私 其所以警之者嚴矣 文帝之治 正大光明 而無陰邪之蔽者 實有賴於宋昌之一言 伏願 殿下 清心一德 抑邪與正 杜履霜之漸[一〇九] 戒[一一〇]入腹之害 凡進退用舍之際 每加難愼之意 必質之左右 議之朝廷 而又必察之以虛明之鑑 不置一毫 偏私於其間 如或由蹊徑 而眩惑者 亦宜深絕而痛斥之 如大明之無私照 則雖有陰邪之窺伺 無隙之可投矣 知人則哲 聖人猶難之 以今觀之 邪正甚明 亦無難辨者 昔李德裕[一二一] 言於唐武宗曰[一二二] 君子如松栢[一二三] 特立不倚 邪人如藤蘿 非附他物 不能自起 宋仁宗問[一二四]王素[一二五] 以可命相事者 素對曰 惟宦官宮妾 不知姓名者 乃可充選 於是相富弼[一二六] 士大夫相慶 殿下 誠能持鑑衡之公[一二七] 試以此而察羣臣邪正 以決進退 必無失矣 今之被斥公論 含怨伺隙者 必有復踵舊日之蹊徑 以售計術者 不可不深燭 而豫防之 變故之餘 聖智益明 聖心益定 固無是疑 而臣之私憂過計 亦未敢不以此 爲異日之慮 惟 聖明留念 而省察焉 其五曰 順天道 臣聞天之道 好生而無私 聖人之心 亦好生而無私 堯之欽若昊天 敬授人時 以至庶績咸熙者 法天好生之政也 舜之簡以臨下 寬以御衆 罪疑惟輕 功疑惟重 刑期無刑 欽之恤之者 亦法天好生之政也 人情莫不欲壽 三王生之而不傷 人情莫不欲富 三王厚之而不困 人情莫不欲安 三王扶之而不危 此亦無非順天施仁之政也 三代以下 能盡是道者 漢之文帝 宋之仁宗是已 當是時 星文數變 日月告凶 災異甚多 而二君 能修省盡道 克承天心 轉災爲祥 變禍爲福 求其所以修政格天之道 亦在好生無私而已 其憂也 不以己之憂爲憂 而以天下之憂爲憂 不以己之樂爲樂 而以天下之樂爲樂 見時物之數榮[一三〇] 感緹縈之上書 而除肉刑之慘 謹大辟之疑[一三一] 而活數千之命 忍一夕之飢 而止無窮之殺 其愛人澤物 發於至誠懇惻 宜其人心得 而和氣應也 竊觀 殿下 敬天勤民之念至矣[一三二] 惻怛寬大之旨[一三三]屢下矣 吏惰奉行 民不受惠 割剝無改於曩時 臣恐 殿下法天好生之心 或有所不誠而然也 稅歛繁重 而無一分之寬 流亡歲增 而無存撫之策 至於刑罰之不中 人命所關 捶楚之下[一三四] 豈無橫罹之慘 囹圄之中[一三五] 必多寃枉之魂 頃者 權

奸擅政　專務刻深　屢起大獄　極其慘酷　探情於未形　施戮於難明　殿下仁愛之心　豈不惻然動念而追悔乎　至於撤寺汰僧　雖是關邪美意[126]　亦當豫諭諸道　明示撤汰之意　緩其期限　使之漸銷　不宜卒遽焚蕩　以致失所也　去歲遣官督撤　不以暗和之時　適值窮冬嚴冱之極[127]　緇徒駭散　並喪資糧[128]　赤立失依　凍餒俱迫　老羸廢疾者　轉死溝壑　壯者聚為寇盜　齊民受害多矣[129]　昔曹彬[130]止子弟修葺堂室曰　時方大冬　牆壁瓦石之間　百蟲所蟄　不可傷其生　夫仁人之於微物　亦不忍傷　況人主之於人類乎　是亦乖仁聖好生之意　故及之　伏願　殿下　體生物之心　思同胞之理　仁以恤民　欽以愼刑　皆本純誠　不事文飾　以順天道[131]而來福祥矣

其六曰　正人心　臣聞人心者　天下安危之本也　人心正　則是為是　非為非　而公論行於上　風俗美於下　人心不正　則以是為非　以非為是　而公論不行於上　風俗頹敗於下　國家理亂興衰之源　未有不始於此者也　三代之世　人心正矣　而迨其衰季　亂之以楊墨之說[132]　毀之以蘇張之論[133]　人心始失其正　而尚功利　棄仁義　天下遂大亂矣　西漢之初　人心稍得其正　而失其所以匡直輔翼之方　士皆喜功名　而不尚節義　終成諛佞之習　至於上書頌莽者　四萬餘人[134]　而漢祚中微矣　東京之興[135]　崇節義　厲廉恥　人心始復正矣　及其衰也　朝廷濁亂　而清議凜凜於草野之間[136]　奸雄環視九鼎[137]　而終不敢染指者　伊誰之力歟　自是以下　歷代興廢[138]　莫不以是　考之前史　灼然可徵　蓋人心之邪正　由於教化之得失　教化明　則人皆向善慕義　而人心正矣　教化不明　則人皆趨利去義　而人心不正矣　恭惟我　朝　立三綱[139]　張四維[140]　教養有道　節義可觀　及　殿下承統　撥亂反正[141]　士習一新　人心一正　以直躬正論[142]為榮　以同流合汙為恥[143]　以學古飾行為高[144]　以趨時干祿為鄙[145]　是時朝廷清明　風俗丕變　天理明　而人欲不至肆矣　不幸朝政變更　人心始亂　不知是之為是　不知非之為非　士習日趨於卑污　風俗遂極於頹弊　於是正氣消於上　而陰邪長於下矣　奸兇畜無君之心　專擅自恣　而舉朝風靡　甚或趨附恐後　而不知其非　人心之不正甚矣　士節之頹靡極矣[146]　若復遲之以數年　其不至於上書頌德乎　人心失正[147]　而士節不立　士節既失　而風俗遂毀　有不可救者　鄉無孝睦之風　人多淫辟之刑　至有賊恩敗倫　逆天滅理之事　或發於簪纓之下[148]　或起於士人之家　有不忍言者　其所以傷和召災者　亦未必不由於是也　嗚呼　人心風俗　國家之元氣　元氣消耗命脉其能緜遠乎　言之可為痛哭　不知宵旰憂勞　亦嘗有及於此耶　今者朝廷更化　聖治維新　宜思所以元氣　以壽國脉　立教化　以惇天叙之典　振綱維　以明民彝之重[149]　則人心正　而風俗庶復變矣　宗社生靈長久[150]之道　實在於是　而世多忽焉　惟　聖明　深思遠慮　而留意焉

其七曰　廣言路　臣聞古之治天下

朝有進善之旌[一五一]　誹謗之木　所以通治道　而來諫者也　孔子稱舜之大智曰[一五二]　好問而好察邇言[一五三]

隱惡而揚善　執其兩端[一五四]　用其中於民　蓋天下之理無窮　而人之所見　亦多不同　故雖聖智之君　亦必廣迎衆論　博採羣言　參同異

察可否　擇其中而用之　古昔聖帝明王之治　正大光明　如青天白日　無少瑕翳者　用此道也　唐太宗[一五五]　詔中書門下[一五六]　互相規正　務

求至當　戒勿雷同[一五七]　其亦有見於此歟　蓋良藥　必合甘辛寒熱而一之　故相助相制　而能已疾　美味　必合酸醎甘苦而一之　故乃

和乃平　而能悅口　若必取其同　而去其異者　則比如以水和水　將焉用之　臣竊見頃者之弊　朝廷無大中至公之道　而有偏陂好

惡之私[一五八]　言之合者則進之　言之違者　則斥之　言之同者則悅之　言之異者則怒之　同己爲正　異己爲邪　士林多唯唯諾諾之態　朝

著無謇謇諤諤之風[一五九]　大小相和　遂成雷同　奸宄資之　罔上行私　迷國亂政　而上獨不知　是時人皆有仗馬之戒[一六〇]　誰復辨指鹿之非[一六一]

雷同之禍　至是極矣　今者朝廷復清　政治更張　宜革曩時之習　以新清明之治　乃者侍從進言　有乖時議[一六三]　便至被斥而補外　言職

無氣節　被彈於公論　反疑其潛布腹心　朝野慄慄　以言爲戒　忠言讜論[一六四]　世不復聞　易曰　惟君子爲能通天下之[一六二]

志　自古不通下情　而能善其治者　未之有也　伏願　殿下　建中和之極　消偏黨之習　取人無間於親疏　而惟視其人之邪正　聽言

不嫌於異同　而唯察其言之是非　曰可曰否　可否相濟　而務合於理　曰是曰非　是非相參　而要歸於中　則嘉言罔攸伏　而公道賴

以立　壅蔽之患無自生　而蕩蕩平平之治[一六五]　庶復見矣　惟　聖明留念焉

其八曰　戒侈欲　臣聞恭儉者　壽福之源　侈欲者　危亡之本　自古帝王　積德累仁　垂裕後昆者[一六六]　未有不始於恭儉　而其後嗣之[一六七]

不能持守　以至亡身滅宗者　亦未有不由於奢縱矣　蓋人主　清心恭己　務自儉約　則嗜欲薄[一六八]　而心慮靜　內有清純之樂　外無戕賊

之累　可以養性　可以養德　而自然澤及於物　此壽命之源　而福祿之基也　如不能然　而逸欲一萌　不能防制　則非惟侈用傷財

害及於民　心志蕩而嗜欲無節　戕生伐性　亂政敗度　卒至喪亡必矣　自古人君　善始者多　克終者少　蓋以處崇高之位　極富貴之

奉　自非有誠正之功　修齊之實　未有不流於奢縱者　侈欲之端　始於細微　其終難遏　故舜造漆器　諫者十人[一六九]　紂造象箸[一七〇]　箕子憂

之　蓋欲防之於微也　舜能受諫而止　此所以爲聖　紂不能納諫而縱欲　此所以亡滅　是非萬世之鑑乎　臣伏見　殿下　始初清明

務崇節儉　享國既久　侈意漸啓　宮庭器玩　頗尚靡麗　王子第宅　務極宏侈　遂致浮費無節　而民困於引徵[一七一]　營繕不休　而卒疲於

勞役　高譽廣袖[一七二]　慕傚益甚　士大夫　服飾居第飲食　爭尚侈靡　恥居人後　奢侈之習　日新而月異　財匱民窮　實由於此　古語云

奢侈之費　甚於天災　可不反求其所由來　而思所以節拙耶　周書曰　文王卑服[一七三]　即康功田功[一七四]　又曰　文王不敢盤于遊田　以庶邦惟

正之供 厥享國五十年 楊雄言 孝文躬服節儉 而後宮賤玳瑁[175] 是以玉衡正[176] 而太階平[177] 蓋人主能約己以澤物 則身安而體舒 人悅而天佑 故斯有永年之效 而又致太階之平 然則其崇侈害民者 獲譴於天必矣 伊尹曰 愼乃儉德 惟懷永圖 易曰 天地節而四時成 節以制度 不傷財 不害民 殿下 克己節欲 崇儉去奢 法天地之節 省用度之繁 以固邦本 以享天心 夫所謂欲者 不必沉溺[178] 意有所向 即爲欲矣 蓋意之所向 不知自檢 即沉溺之漸也 故程子言 人主當防未萌之欲 此言眞格心愼德之要 惟聖明其深味之

其九曰 修軍政 衛國安民 兵爲最急[179] 無虞之世 尤不可緩 古之聖王 治不忘亂 安不忘危[180] 克詰於閑暇之日[181] 張皇於緩急之[182]際 此所謂有備 而無患者也 蓋軍政之務 在於選將帥 訓士卒 廣儲蓄 利甲兵 修城堡 五者而已 而軍政之本 則又在於和與信也 人心不和 衆志不信 雖有兵百萬 何益於用 孟子曰 天時不如地利[183] 地利不如人和[184][185] 孔子去兵食而存信 曰人無信不立[186] 吳子曰 不和於國 不可以出軍 不和於軍 不可以決勝 尉繚子曰 上無疑令[187] 則衆不二聽 上無疑事 則衆不二志[188] 未有不信其心 而能得其力者也 未有不得其力 而能致其死戰者也 然則古之聖賢良將 亦未嘗不以和與信 爲固國用兵之本也 然所以收人心而使之和 一衆志而使之信者 又非智力之可致 要在行先王之政 而盡撫育之道 又必敎之以孝弟 習之以禮義 則民不失仰事俯育之樂 而人皆有親上死長之心 和與信 在其中矣 今者 聖澤尙壅 聖化尙阻 閭巷多愁苦怨痛之聲 士民無忠信禮讓[189]之俗 固已失其軍政之本矣 古之爲將者 有投醪之惠[190] 有吮疽之恩[191] 視士卒如愛子 故可與之俱死 今則不然 割剝之甚 勞役之苦 怨嘗謗讟[192] 有不忍聞 主將視士卒如草芥[193] 士卒視主將如仇讎 又何望其有和與信乎 人心不和 衆志不信 此土崩之勢也 思之可爲寒心 邊境無犬吠之警[194] 而軍卒已極於凋瘵 其咎固在邊將之不撫恤 而求其本 則亦由朝廷規畫之不盡也 蓋步兵役苦於騎兵 而其保有二 水卒役苦於步兵 而其保有一[195] 愈苦而愈單 拓克多端[196] 勢不能堪 一保旣逃 身亦不能存矣 於是責督於隣族 隣族又逃 一卒逋役 一里破產 怨痛極天 有不忍見 此弊臣所目擊[197] 敢以備陳 九重宵旰 寧不惻然於是乎 夫水卒之給保一丁 非祖宗之舊典 踈其番 雖似少紓 單其保 實所難支[198] 所貴王道之大 在於隨時損益 以救世濟民 量加給保 而便其番休豈無其策 何可坐視窮弊之極 而不爲之恤乎 若因循膠固 不復更革以救之 不及十年 步兵水卒 將無孑遺[199] 兵備蕩然 寇賊競起 隣敵竊發 不知國家 將何以處之 至於西北二界[200] 境接野人 備禦尤急 近來凶荒益甚 餓莩相望[201] 朝廷欲施之賑恤 則儲蓄虛竭 欲固其關防 則民卒羸困 邊圉彫虛 至於此極[202] 桀驁之萌 將在朝夕 寧不軫 聖慮乎 蓋聞兩道之民 困於貂鼠皮之貢 而

關西一路 又疲於迎送供億[二〇三] 守宰邊將 不務矜恤 唯恣侵漁[二〇四] 遂致流亡日增 疆場空虛[二〇五] 非細故也 方今撫綏之策 莫急於蠲稅貢

減逋負[二〇六] 以蘇疲氓 選將帥 擇守令 以施惠政 而朝廷之上 又宜明賞罰 信號令 嚴黜陟 示勸懲 屢下惻怛之旨 以慰悅軍民

激厲將士 則庶幾人心和 而衆情信矣 自古天下禍變 起於衆心之離怨 衆心之離怨 起於不順其性 不安其生也 今者民窮財

盡 域內虛耗 國勢危弱至此 所恃者 民心而已矣 臣願朝廷 宜守靜以施仁 務省勞擾不急之事 以盡鎮撫安集之道 則民心定

而邦本不搖矣 固國強兵之要 不外於此 惟 聖明留念焉

其十日 審幾微 書曰 一日二日萬幾[二〇七] 易曰 惟幾也[二〇八][二〇九] 故能成天下之務 蓋幾者 動之微 吉兇之先見者也 天下國家理亂興衰

之端 皆自芒忽毫釐[二一〇] 至於不可禦 故涓涓不塞[二一一] 或至滔天[二一二] 焰焰不滅[二一三] 或至燎原 折勾萌 則百尋之木 不能成矣 忽蟻穴 則千丈

之堤 不能固矣 幾微之不可不審也如是 若昔大猷[二一四] 制治于未亂 保邦于未危 未亂而有亂之漸 未危而有危之兆 此所謂幾也 自

古亂不生於亂 而常生於治之日 危不起於危 而常起於安之日 幾之已藏 人君狃於安富 而莫之察 幾之已著 廷臣持祿愛身

而不敢言 上下偷安 因循苟且[二一五] 駸駸然入於亂亡之域而不悟 此古今之通患也 當今國家之勢 雖若無目前之患 有禍亂之幾 有

可虞者多矣 試以其大者言之 自古邪正之消長 而國家之興亡判焉 人心之離合 而天命之去留由焉 正道長 而邪道消 則天

下泰 而民受其惠 正道消 而邪道長 則天下否 而民被其禍 此人心之所由離合 而天命之去就 亦決於此矣 朝廷

不和 士林冰炭 邪正雜糅[二一六] 而互相消長 數十年間 治日常少 亂日常多 民愁於下 天怒於上 可謂否之極矣 亂極思治 否極泰

來理之必然 今者羣陰消伏 陽德方亨 庶幾泰道之長 而王化復行矣 第慮 聖心未一 或容讒邪之乘隙[二一七] 則反泰為

否 直在呼吸之間 臣常思宋之羣臣 邪正相攻 治亂相雜 及王安石秉政[二一八] 網打忠賢 引進諂佞 敗壞天下 塗炭生

靈 於是人心離 而天意厭矣 幸至元祐之初[二一九] 進老成 黜羣邪 開言路 以通下情 罷新法 以除民害 九年之間 德澤深於天下

而小人怨者亦多 一朝時移事變 羣兇復進 流毒四海 宋室遂亡[二二〇] 前鑑甚昭 可為後戒 大抵衆臣和於朝 則萬民和於野 朝廷協

和 黎庶康樂 豈有是禍 伏願 殿下 徵之於古 驗之於今 炳兇消長之理 審否泰往來之幾 戒之於漸 防之於微 未至而先知

不見而豫圖 則庶幾消患於未萌 弭禍於未形 國家有長治久安之福 而不蹈往轍之覆矣 夫吉兇否泰之幾 雖著於事物 而實源

於人主之心 一念之正 則吉之道 而泰之所由是也 一念之邪 則兇之道 而否之所由來也 人主誠能深思遠覽 反己靜觀 每勤

於念慮之微 深省於萌動之初 察天理人欲之分 致擴充遏絕之功 則方寸之間 陽明勝 而陰濁消矣 本體清明 志氣如神 於天

下之事　幾無不照　微無不燭　陰邪無自而長　禍亂何由而作乎　故曰　正其本　萬事理　差之毫釐　謬以千里　惟　聖明深念焉

凡此十者　皆不可緩　而其綱在於　殿下之心　殿下之心　清明純一　無一念之差　無一息之間　上以對越天命　下以表正家邦

則十目自無不張　而治道畢矣　是非易而不難　簡而不煩者乎　乾以易知　坤以簡能　天地之理　易簡而已矣　聖人以　一心之易簡

而合天地之易簡　自身而家而國而天下　凡有修為舉措　明白坦易　莫非易知易從之事　可久可大之業　而無復有暗昧傾險　勞擾

繁雜之事　亂于治矣　而害于治矣　如不能得此道　而規規於智術　察察於細務　而欲以為治　則心愈勞　而事愈乖　綱已失　而目已

棄矣　臣始以不息二字為　殿下勉　繼以易簡二字　為　殿下獻　殿下誠能持不息之心　而盡易簡之道　兢兢業業　無怠無荒　以至

於悠久　則可以端冕凝旒於穆清之上　不勞心力　而萬化循其軌　萬物得其所　垂衣熙皞之治　復見於今日矣　豈獨應天消禍於一

世而已　亦可以貽謨燕翼　而垂裕無疆矣　伏願　殿下留神焉　昔朱熹言於　孝宗曰　日月逾邁　如川之流　一往而不復返　嗚呼今

日　亦　殿下愛惜時日　自強不息　修德格天　不可失之幾會也　故臣敢竭素蘊如此　臣之所論　雖若迂緩　皆本帝王之道　無非治

體之要　儻蒙　聖慈　萬幾之暇　時賜省覽　未必無補於　聖治之萬一　王世子三朝之際　又特宣示　使之留心　萬世太平之原　亦在

於是　臣不勝惓惓　然臣見近世言者　鮮見採納　而多取禍故　中外有識　咸以括囊保位為明哲　危言盡忠為癡漢　臣亦非不知緘

嘿可以全身遠謗　言發必致招尤速禍　第念臣以愚劣　遭遇　聖明　曾無絲髮　有裨　聖世　而叨冒祿位　以至於此　聖恩如天　報

效無階　七載畎畝　常歎有懷而莫達　三侍經幄　又抒情素而未盡　身在江湖　心馳魏闕　不勝愛君憂國之誠　敢冒萬死　剖瀝肺肝

以效野人芹曝之獻　誠激於衷　言不知裁　伏惟　殿下　哀其忠欵　而赦其狂僭　臣不勝萬幸　臣無任激切屏營之至　謹昧死以聞

晦齋 李先生의 行狀

先生의 姓은 李氏요 諱는 迪인데 뒤에 中宗께서 命令하여 彦字를 더 붙였다。字는 復古이며、 스스로 晦齋라 號하였는데 또 紫溪翁이라고도 하였다。 그 先代는 驪州사람이니 鄕貢進士 世貞의 後孫이다。中間에 迎日에 옮겼다가 다시 慶州 良佐村으로 옮겼다。高祖의 諱는 權이니 벼슬은 副司直이고、曾祖의 諱는 崇禮이니 兵曹叅判을 贈職하였고、祖의 諱는 壽會이니 訓鍊院 叅軍인데 吏曹判書를 贈職하였고、考(父)[1]의 諱는 蕃이니 成均生員인데 議政府左贊成을 贈職하였고、 妣(母)는 貞敬夫人 孫氏이니 精忠出氣敵愾功臣 鷄川君 昭의 女이다。先生은 弘治(明 孝宗의 年號)辛亥年(成宗二十二年—一四九一)에 誕生했는데 날 때부터 資質이 異常하였다。九歲에 父를 여의었다。 점점 長成하매 學問에 힘쓰고 글을 잘했으며 또한 科擧의 業에도 通達하였다。正德(明 武宗의 年號) 癸酉年(中宗八年)에 生員試에 合格하고 甲戌年(中宗九年) 別科[2] 朴世熹의 榜에 文科에 오르니 나이 二十四歲이었다。 權知校書舘副正字[3]로써 本府(慶州) 敎官에 任命되고 이내 들어가서 正字가 되었으며、戊寅年(中宗十三年)에는 著作이 되었다。 叅軍公(祖父)이 別世하거늘 先生은 承重喪으로 喪中에 있으면서 禮制를 매우 謹守하였다。 喪服을 벗으매 博士에 陞進되었다。 辛巳年

(中宗十六年)에 弘文館 博士 侍講院說書로 任命되었다가 薦擧되어 吏曹佐郎이 되었고 甲申年(中宗十九年)에는 外職을 원하여 仁同縣監이 되었다. 丙戌年(中宗二十一年)에는 司憲府持平으로써 불려 들어와서 吏曹正郎으로 옮겼다가 掌令으로 任命되었다. 己丑年(中宗二十四年)에는 成均館司成에서 外職으로 나가 密陽府使가 되었는데 백성을 다스리고 吏屬을 거느림에 작고 큰 일이 모두 條理와 法度가 있으니 吏屬은 나쁜 짓을 禁止하고 백성들은 善政을 思念하였다. 庚寅年(中宗二十五年)에 불려 들어와서 司諫院司諫이 되었다. 이 때 金安老[4]가 오랫 동안 屛黜되어 있었는데 朝廷에서는 다시 引進해 쓰기를 의논하면서 「東宮(世子)이 孤單하니 마땅히 이 사람(金安老)이 輔佐해야만 될 것이라」 하였다. 대개 金安老의 아들 延城尉(金禧)가 公主에게 장가 들었으므로 東宮에게 有力한 때문이었다. 이말을 主唱한 이는 正言 蔡無擇[5]이었으니 無擇은 安老의 妻黨이므로 이로써 安老는 要路를 얻는 터전이 마련되었다. 大司憲 沈彦光[6] 등이 그 말에 따라 附同하니 온 朝廷이 모두 따라가는지라 先生은 홀로 그 不可함을 力說하여 蔡無擇과 意見이 合致되지 않았다. 無擇은 正言 벼슬이 更迭되었는데 衆人의 評判은 도리어 先生이 異論을 낸다고 非難함으로 先生은 司藝로 左遷되었다. 先生은 어느 날 沈彦慶[7] 兄弟에게 들리니 彦光은 「司藝는 어찌 金安老가 小人임을 압니까」 하거늘 先生은 「安老가 慶州府尹으로 있을 때에 그 마음 가짐과 일 처리함을 자세히 보니 참으로 小人의 情狀이었읍니다. 이 사람이 제 소원을 이루게 되면 반드시 나라를 그르칠 것입니다」 하였다. 彦慶은 「安老가 비록 들어 오더라도 어찌 權柄으로써 맡기겠는가. 다만 東宮만 도울 뿐이지요」 하거늘 先生은 「그렇지 않읍니다. 저 사람이 만약 들어온다면 얼마 안가서 반드시 國權[8]을 쥐고 제 마음대로 用事할 것이니 누가 감히 그를 막을 사람이 있으리요. 또 東宮은 一國 臣民이 모두 囑望하는 바인데 어찌 金安老가 들어와야만 편안하겠읍니까」 하니 彦光은 怒하여 일어나 가버렸다. 이에 朝廷에 宣言하기를 「李某(李彦迪)가 朝廷에 있으면 金安老는 들어오지 못할 것이라」 하고 드디어 先生을 論劾하여 벼슬을 그만두고 田里에 돌아가게 하였다. 金安老가 이미 들어오매 先生이 自己를 攻擊했다는 말을 듣고도 또한 그다지 怒하지는 않았다. 어느 사람이 賂物로써 벼슬을 求하는 자가 있거늘 安老는 그 사람에게 이르기를 절대로 李某(李彦迪)에게 이 일을 알게 해서는 안된다」 하였다. 丁酉年(中宗三十二年) 겨울에 金安老가 敗하여 죽으매 中宗께서 先生의 忠直함을 생각하여 맨 먼저 復職시켜 掌樂院 僉正으로 삼았다가 宗簿寺로 옮기

고、玉堂(弘文館)으로 들어가서 校理、應敎가 되었다가 中書(議政府)로 옮겨서 檢詳을 거쳐 舍人이 되고、軍器寺正에 任命되었다가 이내 直提學으로써 陞進되어 兵曹叅知가 되었다. 조금 뒤에 外職으로 나가서 全州府尹이 되었는데 한 해 동안에 全州 境內가 잘 다스려졌으므로 그 府의 백성들이 碑를 세워서 先生의 德을 稱頌하였다. 先生은 비록 어버이가 늙으신 관계로 外職을 願하였지만 임금을 사랑하고 나라 일을 걱정하는 생각은 일찌기 하루라도 마음 속에 잊혀질 수가 없었다. 때 마침 災異로 因하여 直言을 求하거늘 先生은 이에 數千言의 疏를 올렸다. 그 疏는 綱領이 하나이니 「君主의 心術」이라 하였고、條目이 열 개이니 「家政을 嚴格히 할 것」、「國本을 培養할 것」、「朝廷을 바룰 것」、「用舍를 愼重히 할 것」、「天道를 順應할 것」、「人心을 바룰 것」、「言路를 넓힐 것」、「侈欲을 경계할 것」、「軍政을 整修할 것」、「幾微를 審察할 것」이라 하였다. 말한 바가 모두 君心을 바로잡고 時務를 施行하며 謀謨를 啓沃하여 그 忠讜을 다하지 않은 것이 없었으므로 中宗大王께서 매우 獎歎하여 「옛날의 眞德秀도 이 보다 낫지는 못했을 것이라」하였다. 즉시 命令하여 東宮과 外朝(朝廷)에 傳示하고 特旨로서 嘉善大夫(從二品)로 陞進시키고 조금 뒤에 兵曹叅判兼 世子左副賓客에 任命하였다. 先生은 「만약 이 말이 採用된다면 多幸이겠아오며 드디어 외람된 褒賞까지 있게 됨은 감히 감당할 수 없읍니다」하고 글을 올려 간곡히 사양하였으나 임금께서는 허락하지 않았다. 이에 禮曹叅判、成均舘大司成、司憲府大司憲 兼世子左副賓客、弘文舘 副提學을 歷任하였다. 辛丑年(中宗三十六年) 가을에 資憲大夫(正二品)로 陞進되고 弘文舘에 있으면서 또 疏를 올려 聖學의 本末과 時政의 得失을 남김 없이 陳述하였다. 漢城府判尹이 되었는데 이내 正憲大夫(正二品)로 加資되고 議政府右叅贊에서 吏曹判書로 옮겼다가 다시 叅贊、大司憲、刑・禮曹判書、右叅贊이 되었다. 癸卯年(中宗三十八年)에 外職을 願하여 安東府使가 되니 司諫院에서 啓請하여 挽留시키는지라、先生은 母夫人께서 老病으로 鄕里에 계시므로 멀리 떠나서 벼슬할 수 없다는 이유로써 여러 번 情曲을 陳述하여 돌아가 奉養하기를 願하니 임금께서 慰諭하시기를 「그대의 말이 지극히 간절하지만 그대의 進退는 國事에 관계가 있으므로 許可하지 않는다」하고 本道(慶尙道)에 命令하여 母夫人에게 食物을 題給하도록 하고、또 母夫人을 모시고 서울로 오도록 指示하시니 先生은 더욱 惶恐 感激하여 外職을 더욱 强請하였다. 朝廷에서도 마지 못하여 本道(慶尙道)監司로 任命하여 조금이라도 그 소원을 이루도록 하였다. 甲辰年(中宗三十九年)에 漢城府判尹으로써 左副賓客을 兼職했는데 때 마침 病으로 辭職하였다. 十一月에 中宗께서 昇遐하였는데[一○] 또한 大闕에 가서 哭하

지 못하고 밤낮으로 격정하고 슬퍼하매 病이 더욱 심하였다. 仁宗께서 即位하매 맨 먼저 召命은 내려 乙巳年 正月

에 議政府 右贊成으로 任命하거늘 先生은 다시 글을 올려 病으로 辭職하였다. 임금께서는 敎旨를 내려 간곡히 이르

기를「往年에 先王께서 그대의 疏를 보이시므로 내가 진실로 歎服하였으며 또 書筵에서 講說함을 듣고 내가 그대

에게 留意한 적이 오래 되었으니 어찌[一一] 贊成벼슬에 적합하지 않으리요」하고 이내 藥物을 주면서 病을 調攝하여 오도

록 하였다. 閏月과 三月에 연달아 辭職하여도 오히려 許可하지 않았다. 초 여름에 와서 病이 조금 差度가 있어 비

로소 朝廷에 나아갔다. 이 때 先生은 兩朝(中宗·仁宗)의 知遇의 隆崇함에 감격하여 스스로 病을 무릅쓰고[一二] 한번 나

아갔으니 대개 장차 일할 수 있었던 것이나 仁宗께서 오랫동안 病患으로 政事를 보살피지 못하시매 나라의 숨은 격

정은 말할 수 없는 것이 있었다. 先生은 일찌기 領議政 尹仁鏡에게 私的으로 말하기를「지금 主上께서는 世子가 없[一三]

고 大君은 나이 어리니 어찌 일찍 建議하여 大君을 世弟로 册封하여 國本(世子)을 定하지 않읍니까」하니 仁鏡은[一四]

「公의 말이 至當합니다. 다만 지금 山陵(中宗의 陵)을 겨우 畢役하였고 詔使(明國의 使臣)의 올 期日도 臨迫했으니 마[一五][一六]

어느 여가에 이 일을 하겠읍니까」하였다. 七月에 仁宗께서 昇遐하시고 지금 임금(明宗)께서 王位를 계승하시니[一七]

땅히 王大妃의 垂簾聽政하는 儀式을 舉行해야. 될 것이므로 百官이 賓廳에서 會議하였다. 尹仁鏡은「지금 大王大妃(文

定王后)와 王大妃가 계시니 두 분 중에 어느 분이 마땅히 政事를 보살펴야 되겠읍니까」하니 左右가 말 없이 잠잠한

지라 先生은「옛날 宋나라 哲宗때에 太皇太后가 함께 政事를 보살폈으니 예전의 例가 있으므로 疑問을 가질 것은 없[一八]

으며, 또 어찌 嫂, 叔이 殿上에 함께 않는 이치가 있으리요. 지금은 다만 垂簾聽政하는 儀制만 決定할 뿐입니다

하니 이로 말미암아 朝廷에서 다른 議論은 없어졌다. 처음으로 經筵을 開催하거늘 先生은 入參하여 임금의 음성이[一九]

분명하심을 듣고 기뻐서 눈물이 흐름을 깨닫지 못하였다. 물러 와서 春秋館에 나아가니 柳仁淑은「主上께서 讀書하

심이 어떠합디까」하고 묻거늘 先生은「主上의 資質이 英明하여 讀書하는데 글자 한 자도 틀림이 없으니 宗社와 臣

民의 福인 것입니다. 八月에 政府書啓 十條를 올렸으니 一條는 慈殿(大王大妃)께서 임금의 資質을 잘 導養

해 주시기를 請하였고, 二條는 經筵官을 널리 選任하여 상시 그들과 더불어 講論 遊處하여 임금의 學問을 向上케

함을 請하였으며、三條는 임금께서 大行大王(仁宗)[二〇]에게는 子息된 道理도 있고 臣下된 道理도 있으니 喪禮에 精誠을 다하지 않아서는 안될 것이라 하였고、四條는 宮禁을 嚴重히 하고 戚里를 防杜할 것을 請하였으며、五條는 宮人을 愼重히 選擇할 것을 請하였으며、六條는 特旨를 쓰지 말도록 請하였으며、七條는 判付를[二一] 쓰지 말도록 請하였으며、八條는 承政院의 職責은 王命을 出納하는데 誠實히 할 것이니 內旨가 적합하지 못한 것이 있으면 封하여 돌려 보내도록 할 것이라 하였고、九條는 宮中과 府中(政府)은 마땅히 一體가 되어야만 될 것이니 私門을 열지 말아서 平明한 政治를 밝히도록 청하였으며、十條는 大行大王(仁宗)의 學問의 效果로서 公道가 크게 행했으므로 至治를 우러러 바랐으나 갑자기 이러한 罔極(罔極之痛)에 이르렀읍니다. 지금 主上께서 位를 계승하시매 國人들은 大行大王(仁宗)에게 期待하는 것으로써 主上에게 期待하게 됨으로 그 기틀이 매우 重要하니 兩殿(文定王后、明宗)[二二]께서는 留神(留念)하시기를 바라옵니다」하였다。대개는 모두 先生의 筆定한 것이었다。조금 뒤에 장차 尹任[二三] 등의 罪를 다스리고자 하여 兩殿(文定王后、明宗)이 함께 忠順堂에 臨御하고 密旨로서 宰臣을 引見하였다。이 때 임금의 위엄이 대단했으므로 사람들이 감히 조금도 그 뜻을 거스리지 못하였다。先生은 나아가 말하기를「臣下의 義理는 마땅히 제가 섬기는데에 專心할 것이니 그 때에 있어서 大行王(仁宗)에게 專心한 것을 어찌 큰 罪를 주겠읍니까。또한 일을 擧行하려면 마땅히 顯明하게 해야 될 것이니 그렇지 않으면 士林들이 不當하게 禍를 당할 사람이 많아 질 것입니다」하였다. 이 말을 들은 자는 목을 움츠렸으나 先生은 두려워하는 氣色이 없었다。尹仁鏡은 狀啓하기를「當初에 垂簾聽政을 論議할 때에 李彦迪은 臣에게 어느 분이 마땅히 政事를 보살펴야 되겠느냐고 하기에 臣은 慈殿(大王大妃)께서 마땅히 政事를 보살펴야 된다고 대답했읍니다」하였다。先生은 자기 位次가 조금 멀었기 때문에 다만 自己 이름을 들어 말함을 듣고 마음 속으로 의심했는데 나와서 注書日記를 取하여 보고 그 誣啓한 사실을 조사해 알았으나 또 尹仁鏡이 重罪를 얻지 않게 할려고 이에 書啓하기를「仁鏡의 말은 반드시 이와 같지는 않을 것이니 아마 注書記錄의 잘못된 것일 것입니다」하였다。임금께서 그 單子를 賓廳에 내려 보내니 仁鏡은 얼굴 빛이 변하여 대답하지 못하고 다만 左議政 洪彦弼[二四]에게만 付託하였다。洪彦弼은 狀啓하기를「忠順堂이 장소가 비좁아서 記注官이 進退하는데 불편했으니 이것은 반드시 注書의 잘못 들은 까닭일 것입니다」하거늘 先生도 또한 다시 辨明하지 않았다。이 달에 忠

順堂에 入侍했던 宰臣 樞臣을 錄功하여 靖難衛社功臣이란 稱號를 주거늘 先生은 굳이 사양해 말하기를 「어찌 功이 없으면서도 부당히 功臣 稱號를 받아 國典(國法)을 紊亂하겠읍니까」하였으나 들어 주지 않았다. 丙午年(明宗元年) 봄에 劄子를 올리되 「先賢의 말에 君主의 德을 成就시킴은 그 責任이 經筵에 있다 하니 臣은 이 職責을 외람히 맡았으므로 밤 낮으로 責任을 감내하지 못할까 걱정하였읍니다. 삼가 先儒 程頤의 格言, 至論이 聖德(君主의 德)에 도움이 있고 今日에 施行할만한 것을 取하여 條目別로 記錄하여 드리오니 이것은 모두 幼主를 輔導하는데 切要한 말입니다. 殿下께서 진실로 능히 깊히 믿으시고 이를 行하신다면 그 聖功(君主의 工夫)에 도움됨이 어찌 적다고 하겠읍니까. 臣은 또 생각하건대 輔養이 道는 그 講磨 規箴함은 진실로 經筵에 있사오나 宮中에 있을 적에 保護 敎諭하는 도움은 오로지 慈殿(大王大妃)에게 있사오니 마땅히 主上께서 세 번 朝見할 즈음에 學問을 근실히 하고 大臣을 공경하고 諫諍을 聽納하시고 正人을 親近하고 邪侫을 疎遠히 하고 天命을 敬畏하고 民隱(民苦)을 救恤하는 등의 일로써 상시 諄諄히 勉諭하시고 또 반드시 봄을 닦고 德을 向上 시킴으로써 根本을 삼고 視、聽、言、動을 한결 같이 禮節에 따라 하여 기필코 옛날의 聖帝 明王으로써 模範을 삼게 한다면 聖德이 날로 向上되어 宗社의 한이 없는 福이 될 것입니다」하였다. 三月에 글을 올려 어버이를 歸省한다 하고 장차 떠날 적에 劄子를 올리되 「王者는 마음을 바루어 朝廷을 바루고, 朝廷을 바루어 百官을 바루고 百官을 바루어 萬民을 바루게 되는데 마음을 바루는 要領은 學問을 講究하여 이치를 밝히고 賢臣을 親하고 邪人을 멀리 할 뿐입니다. 聖賢의 訓誨에 沉潛하여 義理의 根源을 窮究하면 마음 속에 天理가 날로 밝아지고 人欲은 날로 消滅될 것이며, 賢臣을 親近하고 邪侫을 疎遠하면 薰陶 匡救의 利益이 있음으로써 修養과 學問이 作輟 無常하게 될 격정은 없을 것입니다」하였다. 그가 君父에게 期待한 것이 더욱 深切하였지만, 그러나 當時의 冰炭같은 形勢로서는 또한 서로 용납할 수 없는 것이 있었다. 이미 故鄕에 돌아가매 세 번이나 글을 올려 辭職하기를 원했으므로 이에 遞職하여 判中樞府事로 삼았다. 이 때에 禮官이 임금 계신 곳에도 慈殿과 같이 垂簾하기를 請한지라 先生은 이 말을 듣고 劄子를 올리되 「君主는 南쪽을 向하여 政事를 보살피게 되니 마땅히 太陽이 中天에 떠올라 萬物에 두루 비치는 것 처럼 할 것입니다. 하물며 卽位한 처음에 있어 群臣들은 淸光(임금의 얼굴)을 한 번 뵈옵기가 소원인데 이제 正殿에 臨御하면서도 天顔(임금의 얼굴)을 막아 가리운다면 어쩌 衆人의 心情이 疑阻되지 않겠읍니까. 宋王朝의 儀制는 대개 皇帝가 政事를 보살피면 侍臣은 모두 앉아 있고 經筵의 講官은 서서 있었으며, 皇帝는 太后와 더불어 東西로 서로 對坐하게 되어 서로의 距離가 매우 가깝게 된 까닭으로 皇帝의 자리도 또한 簾內에 있게 되었읍니다. 우리 王朝의 禮制는 侍臣과 講官들은 모두 俯伏해 있고 비록 史官일지라도 또한 감히 우러러 보지 못하게 되었던 것입니다. 하필 殿下에게도 같이 簾障을 설치 할 必要가 있겠읍니까. 疑慈殿(大王大妃)께서 같이 殿上에 臨御하실 때에는 다만 忠順堂에서, 面對하는 儀制대로 한다면 지금에 行하여도 疑惑됨이 없으며 後世에 남겨도 可히 模範이 될 것입니다」하였다. 이 때에 朝廷의 議論이 洶洶하여 誣陷함이 드디어 先生에게 미치었다. 秋九月에 李芑[25]등은 狀啓하기를「李彦迪은 邪論에 疑惑되어 世子에게 諂附하고 中宗을 背叛했으므로 書上十條는 君主의 手足을 묶은 것이었으며 柳仁淑과 서로 結托하여 逆賊을 救解한 말이 많이 있읍니다. 臣은 그 전에 臟吏의 女壻인 관계로써 顯達한 벼슬은 할 수 없었는데 李彦迪은 大司憲이 되었을 때에 비로소 解除시켜 주었으니 臣에게는 恩惠가 있지마는 지금 臣은 나라를 위하여 사사일을 돌볼 수 없으므로 감히 아뢰옵니다」하였으며 大司憲 尹元衡[26]과 持平 陳復昌[27] 등이 잇달아 말하게 되니 이에 官爵을 削奪하였다. 丁未年(明宗二年)九月에 無賴子가 이름을 숨기고 나라를 誹謗한 變이 있었으므로 乙巳 諸人에게도 크게 罪를 加하게 되었으니 先生도 또한 그 中에 包含되어 江界府(平安道)에 安置하게 되었다. 대체 先生은 三、朝(中宗、仁宗、明宗)[28]에 벼슬하여 進退한 마음 자취가 日、星처럼 밝았으며、 言論 疏劄도 君主를 道理에 引導하여 忠誠 懇惻함으로써 始終이 一致하여 조금의 缺點될 일이 없었음에도 마침내 罪를 免하지 못한 것은 다른 것이 아니었다. 처음에 先生이 慶尙道에 있을 때、都事 李天啓[29]가 持平벼슬로써 大闕에 불려 갈 적에 先生에게 請하기를「듣자오니 지금 政丞을 뽑는데 衆人의 評判이 모두 李芑에게 돌아간다 하니 어떻습니까」하거늘 先生은「그 사람은 마음이 陰險하니 政丞의 자리에 두어서는 안될 것이라」하였다. 조금 뒤에 李芑는 과연 政丞이 되었으나 兩司(司憲府、司諫院)에서 그를 論劾하여 벼슬을 그만 두게 하니 李芑는 그 이유를 듣고 깊이 憾情을 품었다. 이 때에 와서 李芑는 元勳으로써 國政을 맡아 用事하게 되는데 先生은 그와 더불어 朝廷에 같이 있게 되니 그와 서로 矛盾(衝突)이 되었다. 어느날 先生은 院相[30]으로써 入直하였는데 注書를 불러 啓草에 쓰기를「모든 罪人들은 마땅히 罪에 복종함을 기다려 罪를 論定할 것인데 近日에는 三省(議

政府、司憲府、義禁府)에서 鞫問할 적에 刑杖을 過用함으로써 자레 죽는 이가 많게 되니 부당하게 죽고 원통하게 죽은 이가 있을 것입니다. 바라옵건대 校正杖을[三二] 使用하여 罪人의 實情을 파악한 뒤에 罪를 論定할 것입니다」하였다。그 이튿날 李芑는 들어와서 啓草를 보고 성을 내면서 「제가 刑杖이 제 무릎 위에 떨어질가 봐 두려워하는구나」하였다. 더구나 尹仁鏡은 그 전의 不和한 것으로써 도리어 先生에게 憾情을 품게 되고 尹元衡은 先生이 일찌기 自己를 救援한 말이 있었던 관계로써 先生에게 交接하고자 하여도 先生은 딱 끊고 來往하지 않으니 이로 말미암아 깊이 원한을 품었다. 三人의 憾情이 서로 合勢되매 그들은 中傷 陰害하고자 하여 진실로 있는 힘을 다했던 것이며, 하물며 一時의 姦慝한 무리들이 善人을 誣陷하고 現職 政丞에게 阿諂함으로써 自己利益만을 탐내는 이가 주위에 둘러 있었던 것임에랴. 대개 先生의 持守한 바는 모두 저들의 두려워한 바이므로 저들이 今日에 得志한 (金光準이 私憾을 품고 中傷시킨 힘이 많았다) 것은 실로 先生이 平昔에 君上을 위하여 깊이 걱정하고 힘껏 防止하는 것이었으니, 先生이 忠誠으로써 罪를 얻게 된 것은 무엇이 怪異하겠으며 先生에게도 또 무엇이 恨이 되리요. 귀양간다는 命令을 듣고 온 집안이 號泣하였으나 先生은 飮食, 言笑함이 平時와 같았다. 이에 付托하기를 「大夫人을 잘 모셔 奉養하여라. 皇天이 굽어 보시는데 나는 얼마 안가서 돌아 올 것이라」하였다. 先生이 謫所에 가신 이듬해 戊申年(明宗三年)에 大夫人께서 別世하시니 이것이 先生의 終天之痛이[三三] 되었으며, 先生은 본래 寒疾이 있었으므로 이 때에 와서 사람들은 더욱 危殆롭게 여겼다. 이에 남긴 衣服으로써 神位를 베풀어 놓고 朝夕으로 통곡하여 몸이 파리해지면서 三年喪을 마쳤으나 오히려 몸에는 아무 탈이 없었으니 어찌 神明이 扶護함이 있어서 그렇게 된 것이 아니리요. 그는 困境과 憂患에 處하여 스스로 安定함이 있었으므로 學問을 向上하고 글을 著述하여 그 工夫를 中止하지 않았으며 새벽에 일어나서 終日토록 自强不息하였다. 그 几案上에 自戒의 辭를 쓰되 「나는 날마다 내 몸을 세 번 살피는데 하늘을 섬김에 未盡한 점이 있는가. 君親을 섬김에 誠實하지 못한 점이 있는가. 마음 가짐이 바르지 못한 점이 있는가」하였다. 어느날 御史 李無疆이 뜻밖에 빨리 달려서 들어오니 府中이 놀라면서 「좋지 않은[三四] 일이 있을 것이라」하였으나 先生은 얼굴빛을 변하지 않고 衣冠을 整齊히 하고 앉아서 글만 보았으니 그는 順境과 逆境을 한결같이 보고 死生, 窮厄으로써 平素의 志操를 변하지 않음이 이와 같았다. 癸丑年(明宗八年)十一月에 病으로써 그곳에서 別世하니 享年이 六十三歲

이었다. 甲寅年(明宗九年)에 慶州로 返柩하여 十一月 甲辰에 興海郡南 達田里의 禱陰山에 장사 지냈으니 先山에 같이 장사하기 위한 것이다. 그 전에 先生의 先考府君은 少時부터 儒學으로써 이름이 들리었다. 일찍기 本道(慶尙道)의 夏課에 壯元하게 되니 成宗께서 그 詩, 賦를 칭찬하여 불러 보시고 衣物을 下賜하시며, 國學(成均舘)[35]에 남아서 배우도록 하였다. 뒤에 鄕里에 돌아와서 날로 後生을 訓育하는 것으로써 일삼았으니 先生은 비록 직접 敎訓을 받지 못했었지만 그 家業은 진실로 所自來가 있었던 것이다. 孫夫人은 賢哲하고 識慮가 있어 慈愛함으로써 敎督을 늦추지는 않았다. 이미 舅氏인 吏曹判書 孫仲暾[36]에게 가서 배우게 하고, 또 貧窮을 무릅쓰고 遠近地方에 學資를 대어 주어 工夫시켰다. 先生은 英悟함이 남보다 뛰어나고 天資는 道에 가까워서 다만 經, 史만을 通達할 뿐 아니라 時俗의 글도 熟習하여 힘쓰지 않고도 일찍 成就하였다. 이에 時俗의 學問 밖에 이른 바 「自己를 위하는 學問」이 있음을 알고 그것을 求하고자 하였다. 비록 名門의 스승에게 從遊하여 受業한 적은 볼 수 없었으나 그러나 道는 性에 갖추어져 있고 그 學說은 簡册에 具備되어 있으니 진실로 능히 뜻만 篤實하다면 얻지 못하는 이치가 없을 것이라 생각하여 이에 體履를 講明하고 致知, 誠意의 地(곳)에 用力하였다. 사람된 품이 安重 端詳하고 본래 高趣가 있어, 어릴 적부터 여러 사람과 같이 學業을 익힐 때에 어느 사람이 그 옆에서 희롱하고 떠들어도 못들은 척 하였다. 나이 二十七歲에 五箴을 지었으니 畏天, 養心, 敬身, 改過, 篤志이었다. 三十歲에 또 立箴을 지었으니 그 말은 모두 옛날 聖賢의 몸소 實行하고 마음으로 自得한 切要의 뜻이었다. 그 日用 動靜의 사이에 操存 省察하고, 隱居[37]時하는 즈음에 懲忿窒欲하고 遷善改過한 것은 진실로 이미 實踐한 바이므로 空言은 아닌 것이다. 그가 벼슬을 그만 두고 돌아와서는 慶州 西北 紫玉山中에 살 곳을 가려 정하였다. 그 곳의 巖壑이 珍奇하고[38] 시냇물이 맑은 것을 사랑하여 집을 지어 居處하면서 그 堂의 名稱을 獨樂堂이라 하였다. 松竹과 花草를 더 심으고 날마다 그 사이에 散策 吟詠하여 세상 일을 謝絶하고 一室에 端坐하여 圖書 속에서 硏究하고 생각하여 靜 中에서 하는 工夫가 그 전 때도 더욱 깊고 또 專一하여졌다. 그런 뒤에야 그 전에 듣기만 하고 깊히 이해되지 못한 것도 이제야 마음 속으로 세밀히 이해되고 親切히 徵驗한듯 하였다. 冲恬의 志趣로써 涵養하고 오랜 歲月을 쌓았으므로 性理學에 潜心하여 聖賢의 進德 修業하는 方法을 遵行하고, 高明한 이치를 探究하여 鳶飛 魚躍하는 造化流行의 神妙함을 즐겼었다. 그 볼 수 있는 行實을 살핀다면 그 父母를 섬김은 愛敬에 敦篤하여 뜻을 받들어 기쁘게 하고 居處를 보살피고 飮食을[三九] 만드는 節次에도 정성을 다하지 않은 적이 없었으며, 단 하나 뿐인 아우 彦适에게도 그를 사랑하여 手足처럼 지내었다.[四〇] 집을 다스림도 法이 있어 집안이 엄숙하였으니 奴僕들은 공손하고 宗戚 鄕黨에게도 撫恤 接待함이 모두 道理에 적합하였다. 祖先을 祭祀지내는 禮節은 誠敬을 힘써 다했으며, 특히 그 관계로 一書를 編輯하여 「奉先雜儀」라 名稱하였다. 이미 古今의 禮를 參酌하여 禮文을 定하고 또 禮記등 書에 記載된 孝子 慈孫들의 竭誠 齋祭한 글을 收錄하여 觀省하고 奉行하였다. 특히 定力이 있어 비록 창졸한 경우일지라도 조급한 말과 당황한 氣色이 없었으며 靜正한 태도로서 自己 몸을 가졌었다. 그가 全州에 있을 적에 節日을 맞이하여 俗戱를 베풀었는데, 監司 金公 正國은 正人이[四一] 었음에도 往往히 돌아보고 웃기까지 하였으나 先生은 超然히 못본 척 하였다. 그는 玉堂(弘文館)에 入直할 적에 혹시 同僚와 終日토록 相對해 있어도 전연 말이 없었으니 대개 持敬 工夫가 깊은 때문이었고, 꾸며서 그렇게 한 것은 아니었다. 身心 性情에 根本하여 家鄕 邦國에 實行하였으니 이른 바 「體와 用이 兼備해 있는 學問」으로써 옛 것을 遵循하여 지금 일에 推及하고 孝를 옮겨서 忠을 하는 것이었다. 그런 까닭으로 그가 朝廷에 있어도 그 進退와 建議함이 그처럼 光明 正大하였던 것이다. 말은 입밖에 나오지 않는듯 하고 몸은 옷을 이겨내지 못한 듯 하여도 그 姦邪를 물리치고 危疑를 決定하는 경우에는 용감히 나아가 두려워함이 없었으므로 비록 孟賁、夏育같은 勇士일지라도[四二] 그 뜻을 빼앗을 수는 없었다. 要컨대 그 言論 風旨는 족히 勸講에 對備하여 君主의 職을 輔佐할만 했으니 그 마음은 懇懇하여 상시 내 임금을 堯舜같은 임금으로 만들고 내 백성을 堯舜時代 백성으로 만든다는 것으로써 自己 任務로 삼았던 것이다. 그런 까닭으로 그는 遷謫(귀양살이)中에서도 오히려 지극한 忠誠心을 이기지 못하여 일찌기 易經의 進德 修業의 뜻을 取하여 이를 敷衍해 八規를 만들어 마음 속으로 忠誠을 바치려고 하였으니 비록 그 때의 義理로서 될 수 없으므로 進獻하지는 못했지만, 그의 平素에 쌓아 두었던 誠心은 더욱 볼 수 있었다. 그러나 先生은 그 當時에 있어서도 이미 自己를 깊히[四三] 숨겼던 까닭으로 사람들이 그가 有道한 분인 줄은 아는 이가 없었다. 滉의 不肖로서도 일찌기 先生의[四四] 堂上에 올라 얼굴[四五] 모습을 바라다 보았지만, 또한 흐리멍덩하여 깨닫지 못했으므로 능히 이(道)로써 깊히 質問하여 啓發됨이 없었다. 十數年 以來로 病들어 山林에 居하면서 書册[四六] 속에 조금 본 것이 있는 듯 하나 도리켜 보건대 아무데도 依歸할 곳이 없으니 그런 뒤에야 慨然히 先生의 사람된 품을 想起 思慕하지 않을 수 없었다. 지난 해에 先生의 庶子 全仁이 나에게 와서 先生의 纂修한[47] 諸書를 보이더니 近日에 全仁이 또 그 아들 浚을 보내어 그 收集한 先生의 詩、文、誌、銘과 官職을 歷任한 始末이며 言行 事實 등으로써 거듭 와서 나에게 보였다. 滉은 삼가히 받아서 읽고 反覆 參究하여 옛날 聖賢의 말로써 그 當否를 質正해 보고, 이에 비로소 先生의 出處 大節과 忠孝가 一致함도 모두 根本한 바가 있었음을 알게 되었다. 先生은 귀양간 곳에서 「大學章句補遺」、「續或問」、「求仁錄」을 짓고 또 「中庸九經衍義」를 지었으니 미처 成書하지는 못했으나 힘은 더욱 많이 들였다.

이 三書(大學章句補遺、求仁錄、中庸九經衍義)는 可히 先生의 學問을 볼 수 있는 것인데 그 精詣한 見識과 獨得한 妙理는 忘機堂 曺漢輔와 더불어 無極 太極을 辯論한 書四、五篇에 가장 잘 나타나 있다. 그 書에 있는 말은 儒道의 本源을 闡明하고 異端(老・佛)의 邪說을 辯駁하여 精微(理)를 貫通하고 上下(天・人)를 洞徹하여 純粹히 한결 같이 正道에서 나온 말이었으니 그 뜻을 깊히 玩味(尋繹)하여 보면 宋나라 諸儒의 남긴 말이 아닌 것이 없으며 그 考亭(朱子)에게 얻은 것이 더욱 많았었다. 아! 우리 朝鮮은 옛날에 仁賢의 敎化를 입기는 했으나 그 學은 傳함이 없었다. 高麗의 末期에서 本朝(李朝)에 이르기까지 豪傑의[50] 士로서 이 道에 뜻을 두기도 하고 세상에서도 또한 이 名稱(道學者)으로써 그들에게 돌려졌던 이가 없지는 않았으나 그러나 그 當時를 상고해 보면 거개 明誠의 實을 다하지 못하였고[48]、後世를 따져 보아도 또한 淵源의 明徵이 없으므로 後世의 學者들에게 尋逐할 바가 없이 되어 지금까지 깜깜한 형편이었다. 우리 先生처럼 스승의 傳授한 곳이 없었음에도 自己 스스로 이 學에 奮起하여 闇然히[49] 날로 나타남으로써 德이 行에 符合하고 炳然히 著述이[52] 나옴으로써 말이 後世에 傳하게 된 분은 朝鮮에서는 찾아 보아도 그와 같은 이가 적을 것이다. 讒臣이 朝廷에 있으므로 좋은 行跡을[51] 겨우 짧은 동안에 誣陷하였지마는[53] 善道는 사람마다 行할 수 있으므로 모두 높은 德을 우러러 구름처럼 일어날 것이니 先生의 德業行跡을 어찌 記述하여 세상에 傳하지 않으리요. 滉은 昧陋하고 見聞이 없으므로 족히 이 責任을 맡을 수 없음을 깊히 알겠지마는, 다만(先生을)、景仰 尊慕하는[54] 마음이 능히 그치지 않는 점이 있는 것으로써 감히 全仁의 請으로 因하여 외람되히 이를 採集하고、

序次하여 後日의 知德 能言하는 君子를 기다려 證據를 삼아 裁擇함이 있다면 多幸이 되겠다. 先生의 內子(夫人)[55] 貞敬夫人을 封爵한 朴氏는 宣務郞 崇阜의 女인데 不幸히 아들이 없으므로 從弟 經歷 通의 아들 應仁[56]으로 後嗣로 삼았다. 庶子 한 사람이 있으니 즉 全仁이고, 一女는 시집가지 않았다. 全仁이 二子를 낳았으니 浚과 淳이다. 全仁은 詩、書를 읽고 義方을 알며、玉山의 別業(別莊)은 全仁이 받들어 지킨다고 한다.

嘉靖四十五年(明宗二十一年)丙寅年 冬十月乙亥에 後學 嘉善大夫 前工曹參判 眞城李滉은 삼가 行狀을 쓴다.

晦齋李先生行狀

先生姓李氏 諱迪 後 中廟命加彦字 字復古 自號晦齋 又號紫溪翁 其先驪州人 鄉貢進士世貞之後 中移于迎日 復遷于慶州良佐村 高祖諱權 副司直 曾祖諱崇禮 贈兵曹參判 祖諱壽會 訓鍊院參軍 贈吏曹判書 考諱蕃 成均生員 贈議政府左贊成 妣貞敬夫人孫氏 精忠出氣敵愾功臣雞川君昭之女[1] 先生生于弘治辛亥 生有異質 九歲而孤 稍長 力學能文 旁通舉業 正德癸酉 中生員試 甲戌別舉朴世熹榜登第[2] 年二十四矣 權知校書館副正字[3] 差本府敎官 尋入爲正字 戊寅 爲著作 參軍公歿 先生承重居憂制甚謹 服闋 陞博士 辛巳 選授弘文館博士 侍講院說書 用薦爲吏曹佐郎 甲申 乞外爲仁同縣監 丙戌 以司憲府持平召還 轉吏曹正郎 除掌令 己丑 由成均館司成 出爲密陽府使 臨民御吏 細大皆有條法 吏戢民懷 庚寅 召入爲司諫院司諫 時金安老[4] 久在屏黜 朝廷方議復引用 以爲 東宮孤單 須此人爲之羽翼 蓋安老子延城尉 尙公主 於東宮爲有力也 倡此說者 正言蔡無擇[5] 安老妻黨 以此安老得路之地 大司憲沈彦光等 隨聲和附 舉朝靡然 先生獨力言其不可 與無擇不合 無擇攙正言 而物論旋嘗 先生立異 左遷爲司藝 先生一日 過沈彦慶[6] 彦光曰 司藝何以知安老之爲小人乎 先生曰 安老尹東京時 熟觀其處心行事 眞小人情狀也 此人得志 誤國必矣 彦慶曰 雖入豈授以權柄乎 但欲爲 東宮地耳 先生曰 不然 彼若入 非久必秉國鈞[8] 專擅用事 誰敢有禦之者 且 東宮 一國臣民所共屬意 何待安老而後安耶 彦光怒起去 乃宣言

于朝曰 李某在朝 安老不得入矣 遂劾罷歸田里 安老既至 聞先生攻已語 亦不甚怒 慶人有以賄求官者 安老謂其人曰 愼勿令李某知之也 丁酉冬 安老敗死 中廟思先生忠直 首命敘復 爲掌樂僉正 遷宗薄 入玉堂爲校理應敎 轉中書 由檢詳 至舍人除軍器寺正 俄以直提學 陞秩爲兵曹叅知 已而出尹全州 歲中府境大治 其民立碑以頌德 先生雖以親老乞郡 其愛君憂國之念 未嘗一日而忘于懷 會因災異求言 乃上疏數千言 其疏 爲綱者一 曰人主心術 爲目者十 曰嚴家政 曰養國本 曰正朝廷 曰愼用舍 曰順天道 曰正人心 曰廣言路 曰戒侈欲 曰審幾微 所言無非格君心措時務 啓沃謀謨 極其忠讜 中宗大王 深加獎歎 曰 古之眞德秀 無以過也 即命傳示東宮 以及外朝 特旨陞嘉善 俄拜兵曹叅判 兼 世子右副賓客 先生以爲如蒙採言則幸矣 遂有僭賞 非所敢當 上箋懇辭 上不許 於是歷禮曹叅判 成均館大司成 司憲府大司憲 兼 世子左副賓客 弘文館副提學 在館又上疏 極陳聖學本末 時政得失 辛丑秋 陞資憲 判漢城府 尋加正憲議政府右叅贊 轉吏曹判書 再爲叅贊大憲刑禮曹判書右叅贊 求出爲安東府使 諫院啓留之 先生以母夫人老病在鄉 不可以暌離遠宦 累陳情恫 乞歸養 上慰諭之曰 卿辭至切 進退有關 故不允 命本道題給母食物 又諭令將母來京 先生益爲之惶恐感激 請外愈力 朝廷不得已 除爲太道監司 俾以少遂其情 甲辰 判漢城府 兼左副賓客 會病乞辭 十一月 中宗昇遐 亦未赴臨 日夜憂恫 病益重 仁宗即阼 首降召命 乙巳正月 擢爲議政府右叅贊 先生再上狀辭病 上下旨敦諭 若曰 往年 先王賜觀卿疏 固已歎服 且於書筵 聞講說 予爲卿留意久矣 豈不合貳公乎 仍賜藥物令調以來 閏月及三月 連辭猶不允 至夏初 病稍間 始克造朝 時先生感 兩[12]朝知遇之隆 自力一行 蓋將以有爲也 而 仁廟不豫日久 曠不視事 國之隱憂 有不可勝言者矣 先生嘗私謂領議政尹仁鏡[13]曰 當今 主上無嗣 大君年幼 何不早建白 封爲世弟 以定國本乎[14] 仁鏡曰 公言當矣 但今 山陵纔畢[15] 詔使臨迫 何暇及此 七月 仁廟昇退 今 上嗣服當擧垂簾之儀[16] 百官會議賓廳[17] 仁鏡曰 今有大王大妃王大妃何 殿當聽政乎 左右默然 先生曰 昔宋哲宗時太皇太后 同聽政 自有古例 不須疑問 且安有嫂叔同御殿之理乎 今但定垂簾儀制耳[18] 由是朝無他議 始開經筵 先生入叅 伏聞 玉音琅然[19] 不覺喜淚下 退詣春秋館 柳仁淑問 先生曰 聖質英明 讀書無一字差誤[20] 宗社臣民之福也 八月 政府書啓十條 一請 慈殿善導養 聖質 二請博選經筵官[21] 恒與之講論遊處 以進 聖學 三 殿下於 大行大王 有子道 有臣道 喪禮不可不盡誠孝 四 請嚴宮禁 防戚里 五請愼擇宮人 六 請勿用特旨 七 請勿用判付[22] 八 政院職 出納惟允 內旨有不合 許令封還 九 宮中府中 當爲一體 請勿開私門 以昭平明之理[23] 十 言 大行大王 學問之效 公道大行 人顯至治 奄至斯

極 今 上嗣緒 國人方以望於 大行大王者 望於 殿下 其機甚重 願 兩殿留神焉 大率皆先生筆定也 已而將治尹任等罪 兩[三二]

殿同御忠順堂 密旨引見宰臣 時 天威震赫 人莫敢少拂 先生進曰 人臣之義 當專於所事 當彼時 專心於 大行王者 豈宜深[三三]

罪 且舉事當顯明 不然恐士林多有橫罹禍者 聞者縮頸 而先生無懼色 尹仁鏡啓曰 當初議垂簾時 李彦迪問臣 何殿當聽政

乎 臣答以慈殿當聽政 先生位稍遠 但聞其學已名 心疑之 出取注書日記 檢得其誣啓之實[二三] 然又不欲尹得重罪 乃

仁鏡之言 必不如是 恐注書記錄之誤也 上下其單賓廳 仁鏡失色 無以對 但囑左相洪彦弼[二四] 彦弼啓曰 忠順堂狹隘 不便於記

注官進退 此必注書誤聞之故也 先生亦不復辨明焉 是月 錄入侍忠順堂宰樞 賜靖難衛社功臣之號 先生力辭 以爲豈可無功

而濫受 以紊王典乎 不聽 丙午春 入劄云 先賢之言曰 君德成就 責經筵 臣忝是職 日夜懼無以稱塞 謹取先儒程頤格言至論

有裨於 聖德 而可施於今日者 條錄以獻 此皆輔導幼主切要之言 殿下誠能深信 而力行之 則其有補於聖功 豈云小哉 臣又

念輔養之道 其講劘規箴 固在於經筵 至於在宮中保護敎諭之益 則專在於 慈殿 宜於 主上三朝之際 常諄諄勉諭 以勤學問

敬大臣 納諫諍 近正人 遠邪佞 畏天命 恤民隱等事 而又必以修身進德爲本 視聽言動 一循乎禮 期以古之聖帝明王爲法則

聖德日就 爲 宗社無疆之福矣 三月 呈辭省親 將行進劄云 王者正心 以正朝廷 正百官 以正萬民 正心之

要 在於講學明理 親賢遠邪而已 沉潛聖賢之訓 窮格義理之源 則方寸之間 天理日明 人欲日消 親賢臣 遠邪佞 則有薰陶

匡救之益 而無一曝十寒之患云 其所望於君父者 益深功矣 然而當時氷炭之勢 實亦有難相容者 既歸 三上章乞辭職 乃命遞

爲判中樞府事 于時 禮官 請於 當宁幷垂簾 先生聞之上劄云 人君南面而聽治 當如大明麗天 萬物畢照 況在臨政之初 臺

臣思得一望 淸光 今乃御殿 而障蔽 天顔 豈不致羣情之疑阻乎 宋朝之儀 蓋以皇帝聽政 侍臣皆坐 經筵講官立 而皇帝與

太后 東西相對 相距密近 故 帝座亦在於簾內 我朝之禮 侍臣與講官 皆俯伏 雖史官 亦莫敢仰視 何必於 殿下 並設簾障

乎 至於 慈殿同御殿之時 只得如忠順堂面對之儀 行於今而無惑 垂諸後而可法矣 是時朝論洶洶 謾讕逐及於先生 秋九月

李芑啓曰 彦迪惑於邪論 諂附 世子 背叛 中宗 書上十條 縶人主手足 與柳仁淑交結 多有營救逆賊之言 臣往以賊吏女婿[二五]

不得爲顯職 彦迪爲大憲時 始解之 於臣有恩 今臣爲國 不計私 敢啓 大憲尹元衡[二六] 持平陳復昌等繼之[二七] 乃削奪勳爵 丁未九[二八]

月 有無賴子匿名 謗國之變 因以大加罪乙巳諸人 先生亦在其中 江界府安置 夫以先生委質 三朝 進退心跡[二九] 昭如日星 而

言論疎劄 務引當道 忠誠懇惻 終始一致 無一毫可疵 而終至不免者 無他焉 初先生 在慶尙日 都事李天啓 以持平召赴闕

請於先生曰 聞今卜相 物論皆歸於李芑 何如 先生曰 其人陰險 不可以置相位 已而李果相 而兩司劾罷之 李聞其故 深銜

之 至是 李以元勳 當國用事 先生與之同朝 動與為矛盾 一日 先生以院相入直[三〇] 召注書書啓曰 凡罪人 當取服定罪 近日三

省訊鞫 過用刑杖者 徑殞者多 恐有橫冤 欲望用校正杖 得情然後定罪 翌日 芑入見啓草 忿然曰 渠恐杖落渠膝故耶 加以

仁鏡用前讞 反有嗛於先生 元衡以先生嘗有救己之言 屢欲納交 先生絕不往 由是深恨焉 三憾合勢 其謀欲中害 固不遺餘

力矣 芣乎一時姦憸之徒 誣善類 阿時相 以饞己利者 相環也[三一] 按金光準挾私憾 中傷之力居多 凡先生所守 皆彼之所畏 彼輩今日之得志 寔先

生平昔 為君上深憂 而力防之者 先生之以忠獲罪 何足怪哉 聞謫命 學家號泣 先生飲食言笑如平時

乃屬之曰 好侍養大夫人 皇天在上 吾不久當還矣 先生至謫所之明年戊申 大夫人下世 是則先生終天之痛[三二] 而先生素有寒疾

至是 人益危之 乃以遺衣服設位 朝夕攀號毀感 以盡三年 猶無恙 豈非有所扶護而然者歟 其處困行患 有以自安 進學著書

不輟其功 未明而起 乾乾夕惕 其几案上 書自戒之辭曰 吾日三省吾身 事天有未盡歟 為君親有未誠歟[三四] 持心有未正歟 一日

御史李無疆[三三] 不意疾馳而入 一府驚怕 以為有不善意 先生不為動 正衣冠 坐而看書 其一視夷險 不以死生窮厄 易素操如此

君 蚤歲以儒聞 嘗魁本道夏課 成宗嘉其詩賦 召見賜衣物 俾留國學學焉[三六] 日以訓後生為事 先生雖不逮趨庭之訓[三五]

其家業 固有所自來矣 孫夫人 賢有識慮 不以慈愛弛教督之方 既令就學於舅氏孫吏判仲暾 又撥貧窶 資給遠邇 先生英

悟出人 天資近道 不唯通經史 習時文 不勞而早成 乃於俗學之外 知有所謂為己之學 而欲求之 雖未見有名門之師 從遊而

受業 然謂道備於吾性 而其說具在方冊 苟能篤志 無不得之理 於是講明體履 用力於致知誠意之地 為人安重端詳 雅有高

趣 自少羣居肄業 或有嬉戲喧呶於其側 若無聞焉 年二十一 而作五箴 畏天也 養心也 敬身也 改過也 篤志也 三十 而又

作立箴 其言皆聖賢躬行心得切要之旨 其操存省察於日用動靜之間 懲窒遷改於遵養時晦之際[三七] 固已實有所事而非空言也 其

罷歸也 卜地於州西北紫玉山中 愛其巖壑瓌奇[三八] 溪潭潔清 築室而居之 名其堂曰獨樂 盆樹以松竹花卉 日嘯咏釣遊於其間

謝絕世故 端坐一室 左右圖書 研精覃思 靜中下功夫 比之前時 尤深且專一 然後向來有聞 而未甚契者 始若心融而神會

親切而有驗焉 養以沖恬之趣 積以歲月之久 潛神性理 遵聖賢進修之方 玩心高明 樂鳶魚流行之妙 夷考其可見之行 其事

親也 篤於愛敬 而承順悅豫 溫凊瀄灪[三九] 靡不曲盡 一弟彥适[四〇] 與之友于 如手如足 治家有法 門庭肅然 奴僕謹恭 宗戚鄉黨

撫待各得其宜　祭先之禮　務盡誠敬　特爲之編輯一書　名曰奉先雜儀　既叅酌古今　以定禮文　又裒錄禮記等書所載孝子慈孫竭

誠齋祭之文　以觀省而奉行焉　大有定力　雖遇倉卒　未嘗有疾言遽色　靜正自持　其在全州　遇節日　張俗戲　監司金公正國正[四一]

人也　往往猶不免顧笑　先生超然如如無見也　其直玉堂　或與同僚　終日相對無言　蓋持敬功深　非矯而爲之　本之於身心性情　而

行之於家鄉邦國　所謂有體有用之學　述古而推今　移孝以爲忠者也　故其立乎本朝也　言若不出口

體若不勝衣　至其斥姦邪定危疑　直前無畏　雖賁育莫之奪也　要之其言論風旨　尤足以備勸講而補袞職　其心懇懇焉　常以堯舜[四二]

君民之責自任　故其在遷謫　猶不勝其拳拳之忠　嘗取易經進德修業之義　衍而爲八規　志欲獻忠　雖以時義之不可　而莫之進[四三]

其素所蓄積　益可見矣　然而先生在當時　既深自韜晦　故人未有知其爲有道者　滉之不肖　固嘗獲登龍門　而望芝宇矣　亦懵然莫[四四][四五]

覺　不能以是深叩而有發焉　十數年來　病廢林居　若有窺覘於塵蠹間　顧無所依歸而考問　然後未嘗不慨然想慕乎先生之爲人[四六]

頃年　先生庶子全仁　來示先生所纂修諸書　近全仁　又遣其子浚　以其所裒集先生詩文誌銘及歷官首末　言行事實　重來示滉[四七]

謹受而伏讀之　反覆叅究　質之以古聖賢之言　於是始知先生之於道學　其求之如此其切也　其行之如此其

正也　而凡先生之出處大節　忠孝一致　皆有所本也　先生在謫所　作大學章句補遺　續或問　求仁錄　又修中庸九經衍義　衍義

未及成書　而用力尤深　此三書者　可以見先生之學　而其精詣之見　獨得之妙　最在於與曺忘機漢輔　論無極太極書四五篇也

其書之言　闢吾道之本源　關異端之邪說　貫精微　徹上下　粹然一出於正　深玩其義　莫非有宋諸儒之緒餘　而其得於考亭者

爲尤多也　嗚呼　我東國　古被仁賢之化　而其學無傳焉　麗氏之末　以及本朝　非無豪傑之士　有志此道　而世亦以此名歸之者

然考之當時　則率未盡明誠之實　稱之後世　則又罔有淵源之徵　使後之學者　無所尋逐　以至于今泯泯也　若吾先生　無援受之[四八][五〇]

處　而自奮於斯學　闇然日章　而德符於行　炳然筆出　而言垂於後者　求之東方　殆鮮有其倫矣　青蠅止樊　僅能誣芳躅於電往[四九][五一]

中原采菽　學將仰高山而雲興　則先生之德業行跡　胡可無記述以傳於世乎　而滉極知昧陋無聞　不足以任是責矣　徒以景仰[五三][五二][五四]

慕之心　有不能自己者　敢因全仁之請　而僭爲之掇拾序次　以俟他日知德能言之君子　有所據而裁　幸焉爾　先生內子封貞敬夫[五七][五六][五五]

人朴氏　宣務郎崇阜之女　不幸無嗣　以從弟經歷通之子應仁爲後　有庶子一人　即全仁　一女未行　全仁生二子　曰浚　曰淳　全

仁習詩書　知義方　玉山別業　全仁奉守云　嘉靖四十五年歲在丙寅冬十月乙亥　後學嘉善大夫前工曹叅判眞城李滉謹狀

神道碑銘

一

明나라 朝鮮國 故 行職 崇政大夫 議政府左贊成、贈職 大匡輔國崇祿大夫 議政府領議政 兼領經筵弘文館藝文館

春秋館觀象監事

文元公 晦齋李先生의 神道碑銘 序文도 있음

明宗二十年에 權奸을 放黜하고 政化를 크게 改革하여 耆宿、英俊을 登用하고 罪過를 有赦하였다。乙巳年(乙巳士

禍)以後로 竄謫의 名簿에 있던 이를 혹은 叙用하고 혹은 遷職시켰으며、이미 죽은 이는 官職을 回復시켰다。故議政

府左贊成 晦齋先生 李公은 直道를 씀으로써 斥逐되어 別世하였는데 대개 十三年 뒤에 이제사 復官하는 列에 參與케

되었다。道가 隆平하매 聖治(임금의 政治)가 날로 새로와져서 數年동안에 奸邪를 除去하고 能否를 甄別한 것이 진

실로 그 最善을 쓰지 않음이 없었으나、하늘이 도우지 않아서 明宗의 昇遐하심이 빨랐으니 臣民의 哀痛함은 어찌 다

함이 있으리오。지금 임금(宣祖)께서 即位하신 初에 능히 先志를 계승하고 크게 至道를 恢弘시켰으니 山陵(明宗의

陵)을 畢役하매 먼저 鴻恩을 均露시켜 그 다못 釋放하여 官使에 對備시켰다。經筵에 자주 臨御하여

聖學을 힘써 講明함으로써 더욱 當世의 政務를 諮問하게 되니 이에 선비의 鬱結되어 抱負있는 이도 모두 머리를 들

고 所懷를 吐露하여 幽隱한 것도 通達되지 않음이 없었다。이로 말미암아 公의 道德 文章의 아름다움도 또한 임금

의 귀에 들리게 되어 드디어 遺書를 搜求하라는 命令이 있었다。조금 뒤에 朝廷의 議論대로 公에게 領議政을 贈職

하고 文元이라 諡號하고 또 命令하여 明宗廟庭에 配享시켰으니 아! 公의 道는 또한 一世에 조금 나타나게 된 것이다。公의 諱는 彦迪、字는 復古이며 스스로 晦齋라 號하였다。初名은 迪인데 中宗께서 彦字를 더 붙이게 하였다。家系는 驪州에서 나왔는데 뒤에 慶州 良佐村으로 옮겨졌었다。曾祖의 諱는 崇禮이니 兵曹參判을 贈職하였고、祖의 諱는 壽會이니 訓鍊院參軍인데 吏曹判書를 贈職하였고、考(父)의 諱는 蕃이니 成均生員인데 左贊成을 贈職하였고、妣(母)는 貞敬夫人 孫氏이니 鷄川君 昭의 女이다。公은 날 때부터 資質이 異常했으며、九歲에 父를 여의었다。點點 長成하매 學問에 힘쓰고 글을 잘 지었다。中宗八年 癸酉(明 武宗・正德十年)에 生員試에 合格하고、明年 甲戌年(中宗九年)에 文科에 올라 校書館副正字를 權知했다가 이내 들어와서 正字가 되었으며 벼슬을 옮겨 著作에 이르렀다。參軍公(祖父)이 別世하거늘 公은 承重喪으로써 喪을 마쳤다。博士에 陞進되고 弘文館博士、侍講院說書、成均舘典籍、兵・吏 兩曹의 佐郎으로 옮겼다。外職을 원하여 仁同縣監에 任命되었으나 겨우 二年만에 불려와서 司憲府持平이 되고 兵・吏正郎을 거쳐 文學(世子侍講院의 從五品職)으로 옮기고、掌令과 輔德(世子侍講院의 從三品職)으로 옮겼다。中宗二十四年 己丑(明 世宗 嘉靖八年)에 外職으로 나가 密陽府使가 되어 백성을 다스리고 吏屬을 거느림이 모두 條理와 法度가 있으니 나쁜 짓을 禁止하고 백성은 善政을 思念하였다。한 해 뒤에 司諫院의 司諫으로 불려 들어 왔다。이 때 朝廷의 議論은 金安老를 引用하여 東宮(世子)를 補佐하고자 했으니、대개 安老의 아들(金禧)이 公主에게 장가가서 東宮에게 親近한 까닭이었다。그 말을 主唱한 자는 正言 蔡無擇이었으니、大司憲 沈彦光 등이 그 말에 따라 附同하니 온 朝廷이 죽 따라가는지라、公은 홀로 그 不可함을 力說하여 無擇 등과 議論이 合致되지 않았다。無擇은 正言벼슬이 更迭되었으나、外人의 異議를 낸다고 非難했으므로 司藝로 左遷되었다。沈彦光은 公에게 묻기를、「李君은 어찌 金安老가 小人인 줄을 압니까」하거늘、公은 「安老가 慶州府尹으로 있을 때에 그 마음가짐과 일 처리함을 보니 小人이었던 것이다。이 사람이 뜻대로 된다면 반드시 國家를 그르칠 것입니다」하였다。或人은 「安老가 비록 들어 오더라도 어찌 權柄으로써 맡기리오、다만 東宮만 도울뿐이지요」하거늘、公은 「그렇지 않습니다。저 사람이 만약 國權을 쥐고 제 마음대로 用事할 것이니 누가 감히 그를 막겠읍니까。또 東宮은 一國 臣民이 다 囑望하는 바인데 어찌 安老가 도와야만 편안하겠읍니까」하니、沈彦光은

怒하여 가버렸다。 드디어 公을 論劾하여 벼슬을 그만 두고 田里에 돌아가게 하였다。 그 뒤 七年만에 金安老가 敗死

하매 임금께서 公의 忠直함을 생각하여 불러와서 弘文館副校理로 삼았다가 校理、應敎로 옮기고、議政府檢詳에 任

命되었다가 舍人으로 옮기고、直提學에 任命되었다가 兵曹參知로 陞進되었다。 戊戌年(中宗三十三年) 겨울에 全州

府尹으로 나가서 한 해 동안에 全州 境內가 잘 다스려졌다。 公은 비록 어버이를 奉養하기 위하여 外職을 희망했지

만 나라를 걱정하는 마음은 일찌기 하루라도 잊지는 않았다。 때 마침 災異로 因하여 直言을 求하거늘 이에 數千言

의 疏를 올렸으니 陳述한 바가 모두 君心을 바로잡고 時務를 施行하여 謀謨를 啓沃하여 그 忠謹을 다하지 않은 것

이 없었다。 임금께서 매우 獎歎하여 東宮과 外朝(朝廷)에 傳示하여 褒賞까지 있게 됨은 감

子右副賓客에 任命하였다。 公은 「만약 이 말이 採用된다면 多幸이겠사오며 드디어 외람된 兵曹參判 兼世

히 감당할 수 없읍니다」하고 글을 올려 간곡히 사양하였으나 위에서 許諾하지 않았다。 禮曹參判、成均館大司成、司

憲府大司憲을 歷任하고、弘文館副提學에 任命되었다。 또 疏를 올려 聖學의 本末과 時政의 得失을 남김없이 陳述하

였다。 辛丑年(中宗三十六年) 가을에 資憲大夫(正二品)로 陞進되고 漢城府判尹이 되었는데 이내 正憲大夫(正二品)로

加資되고 議政府右參贊으로서 同知成均을 兼하고 吏、刑、禮曹判書로 옮겼다가 다시 大司憲、右參贊이 되었다。 外

職을 원하여 安東府使가 되니 諫院이 啓請 挽留시켜 이내 參贊 兼弘文館提學이 되었다。 公은 母夫人께서 老病하므

로 멀리 떠나 있을 수 없다는 이유로써 여러번 돌아가 奉養하기를 원했으나 임금께서 慰諭하시고 許可하지 않았으

며、또 母夫人을 모시고 서울로 오도록 指示하시니 公은 더욱 惶恐하여 外職을 더욱 強請하여 드디어 本道(慶尙道)

監司로 나갔다。 甲辰年(中宗三十九年) 八月에 漢城判尹으로서 左副賓客을 兼職했는데 때 마침 病으로 辭職하였다。

仁宗이 卽位하매 불러와서 右贊成에 任命되었다가 左贊成으로 옮기고 知經筵事를 兼職하였다。 公은 다시 病으로써

辭職하니 임금께서 數旨를 내려 간곡히 타이르시고 이내 藥物을 下賜하거늘 公은 다시 固辭했으나 許可하지 않았

다。 病이 조금 瘥度가 있으므로 비로소 朝廷에 나아갔다。 公은 兩朝(中宗、仁宗)의 知遇의 隆崇함에 감격하여 스스

로 病을 무릅쓰고 한번 나갔으니 대개 일하고자 한 것이었으나、仁宗께서 오랫동안 病患에 계시니 나라의 숨은 겨

정은 말할 수 없는 것이 있었다。 公은 領議政 尹仁鏡에게 私的으로 말하기를 「지금 主上께서 世子가 없고 大君은

나이 어리니 어찌 일찍 建議하여 大君을 世弟로 册封하여 國本(世子)을 定하지 않습니까」하니、 仁鏡은 公의 말을 옳게 여기면서도 능히 그 말을 쓰지 않았다. 乙巳年(仁宗元年)七月에 仁宗이 昇遐하고 明宗이 王位를 계승하매 마땅히 王大妃가 垂簾聽政하는 儀式을 擧行해야 될 것이므로 百官이 會議하였다. 尹仁鏡은「지금 大王大妃(文定王后)와 王大妃(仁宗의 后)가 계시니 어느 분이 마땅히 政事를 보살펴야 되겠는가」하니、 左右가 말이 없이 잠잠하거늘 公은、「옛날 宋哲宗 때에 太皇太后가 함께 政事를 보살폈으니 예전의 例가 있으므로 疑問을 가질 것은 없으며 지금은 다만 垂簾聽政하는 儀制만 決定할 뿐인 것이라」하니 議論은 드디어 決定되었다. 八月에 政府書啓 十條를 올렸으니、 一條는 慈殿(大王大妃)께서 임금의 資質을 잘 導養해 주시기를 請하였고、 二條는 經筵官을 널리 選任하여 상시 그들과 더불어 講論 咨問하여 임금의 學問을 成就할 것을 請하였고、 三條는 임금께서 大行王(仁宗)에게 子息된 道理도 있고 臣下된 道理도 있으니 喪禮에 誠孝를 다하지 않아서는 안될 것이라 하였고、 四條는 宮禁을 嚴重히 하고 戚里를 防杜할 것을 請하였으며、 五條는 宮人을 愼重히 選擇할 것을 請하였으며、 六條는 特旨를 쓰지 말도록 請하였으며、 七條는 判付를 쓰지 말도록 請하였으며、 八條는 承政院의 職責은 王命을 出納하는데 誠實히 할 것이니 內旨가 適合하지 못한 것이 있으면 封하여 돌려 보낼 것이라 하였고、 九條는 宮中과 府中(政府)은 마땅히 一體가 되어야만 될 것이니 私門을 열지 말아서 平明한 政治를 밝히도록 請하였으며、 十條는 大行王(仁宗)은 學問의 效果로서 公道가 크게 行했으므로 사람들이 至治를 우러러 바랐으나 갑자기 이러한 罔極(罔極之痛)에 이르렀으니다. 지금 主上께서 位를 계승하시매 國人들은 大行王(仁宗)에게 期待하는 것으로써 主上에게 期待하게 되므로 그 기틀이 매우 重要하니 兩殿(文定王后와 明宗)께서는 留神(留念)하시기를 바라옵니다」하였으니、 대개 公의 筆定한 것이었다. 처음에 尹元衡은 尹任과 怨仇가 이미 깊어졌는데 林百齡[8]과 李芑는 그 心腹이 되어 士林을 傾陷하여 그 奸邪를 成就시키고자 하였다. 元衡은 密旨라 핑계하고 臺諫을 꾀어서 尹任을 치게 하니 臺諫이 따르지 않거늘 李芑 등은 閤門에 나아가서 아뢰고자 하였다. 兩殿(文定王后와 明宗)께서 즉시 忠順堂에 함께 臨御하고 宰臣 樞臣을 들어오게 하여 장차 尹任 등의 罪를 加하려 했는데、 이 때 임금의 위엄이 대단했으므로 사람들이 감히 조금도 그 뜻을 거스리지 못하였다. 公은 조용히 말하기를、「臣下의 義理는 마땅히 제가 섬기는 데에 專心할 것이니 그 때에 있어서 大

行王(仁宗)에게 專心한 것을 어찌 큰 罪를 주겠읍니까. 또 일을 學行하려면 마땅히 顯明하게 해야 될 것이니 그렇지 않으면 士林들이 不當하게 禍를 당할 사람이 많아질 것입니다. 이 말을 들은 이는 목을 움츠렸으나 公은 氣色이 두려워하지 않았다. 조금 뒤에 李芑 등은 功을 錄하고 衛社功臣이라 稱號했으며, 그 날에 入侍한 宰臣 樞臣을 아울러 錄功했으므로 公도 또한 參與하게 되었다. 公은 군이 사양하면서, 「어찌 功이 없으면서도 功臣 稱號를 부당하게 받아 國典(國法)을 紊亂하리오」하였으나 들어 주지 않았다. 丙午年(明宗元年)봄에 劄子를 올리되, 「先賢의 말에 君主의 德을 成就시킴은 그 責任이 經筵에 있다 하니 臣은 이 職責을 외람히 맡았으므로 책임을 감내하지 못할까 격정했읍니다. 삼가 先賢의 格言 至論이 聖德(君主의 德)에 도움이 있고, 今日에 施行할만한 것을 取하여 條目別로 記錄하여 드리오니 殿下께서 진실로 능히 깊히 믿으시고 힘써 이를 行하신다면 그 聖功(君主의 工夫)에 도움됨이 어찌 작다고 하겠읍니까」하였다. 조금 뒤에 장차 母夫人을 뵈오러 갈 새 또 劄子를 올려, 「學問을 講究하고 義理를 밝이며, 賢人을 親近하고 邪侫을 멀리하도록」請하였으니 그가 君父에게 期待한 것이 더욱 深切하였지만 그러나 冰炭같은 形勢는 실로 서로 容納하기 어려운 것이 있었다. 이미 故鄕에 돌아가매 세 번이나 글을 올려 辭職하기를 원했으므로 이에 遞職하여 判中樞府事로 삼았다. 數月 뒤에 李芑는 狀啓하되, 「李彦迪은 世子에게 諂附하고 中宗을 背叛했으므로 書啓 十條는 君主의 手足을 묶은 것이었으며, 柳仁淑과 서로 結托하여 逆賊을 救解한 말이 많이 있었읍니다. 彦迪은 臣에게 恩惠가 있지마는 臣은 지금 나라를 위하여 사사일을 돌불 수 없으므로 감히 아뢰옵니다」하였다. 兩司(司憲府, 司諫院)에서 잇달아 이를 論하여 이에 勳爵을 削奪하였다. 丁未年(明宗二年) 九月에 良才驛의 誹謗한 글로 因하여 乙巳 諸人에게 罪를 加하게 되니, 公도 또한 江界府(平安道)에 安置하게 되었다. 家人들은 귀양간다는 命令을 듣고 서로 號泣하였으나 公은 泰然히 平日과 같았다. 家人에게 付托하기를, 「大夫人을 잘 奉養하여라. 皇天이 굽어 보시는데 나는 얼마안가서 돌아올 것이라」하였다. 明年에 大夫人께서 別世하시거늘 公은 남긴 衣服으로써 神位를 베풀어 놓고 朝夕으로 통곡하여 몸이 파리해지면서도 三年喪을 마치었다. 公은 窮厄中에 있으면서도 스스로 安定함이 있었으므로 學問을 講究하고 글을 著述하여 그 工夫를 中止하지 않았다. 새벽에 일어나서 終日토록 自强不息하였다. 几案 사이에 自戒의 辭를 쓰되, 「나는 날마다 내 몸을 세 번 살피는데 하늘을 섬김이 未盡

함이 있는가. 君親을 섬김이 誠實하지 못한 점이 있는가. 마음 가짐이 바르지 못한 점이 있는가」하였다. 갑자기 衛命官(御使)이 빨리 달려와서 城에 들어오니 온 府中이 놀라면서、「좋지 않은 일이 있을 것이라」하였으나 公은 얼[九]굴빛을 변하지 않고 바로 앉아서 글만 보았으니、그는 生과 死를 한결같이 보고 平素의 志操를 변하지 않음이 이와 같았다. 癸丑年(明宗八年)十一月 乙丑日에 病으로써 別世하니 享年이 六十三歲이었다. 그 전에 公의 先府君은 少時에 儒學으로 이름이 들렸었다. 일찌기 木道(慶尙道)의 夏課에 壯元하매 成宗은 그 詞、賦를 칭찬하여 불러 보시고 農物을 下賜하시며、國學(成均館)에 남아서 배우도록 하였다. 뒤에 鄕里에 돌아와서 날로 後生을 訓育하는 것으로써 일삼았으니 公은 비록 직접 敎訓을 받지 못하였지만 그 家業은 진실로 所自來가 있었던 것이다. 孫婦人도 또한 賢哲하고 識慮가 있어 慈愛함으로써 敎督을 늦추지는 않았었다. 이미 舅氏 孫四宰 仲暾에게 가서 배우게 하고、또 貧窮을 무릅쓰고 遠近地方에 學資를 대어 주었다. 公은 天資가 道에 가까웁고 英悟함은 남보다 뛰어나서 이에 時俗의 學問 밖에 이른 바、「自己를 위하는 學問」이 있음을 알고 그것을 求하고자 하여 體履를 講明하고 致知誠意의 地(곳)에 用力하였다. 나이 二十七歲에 五箴을 짓고、三十歲에 또 立箴을 지었으니 그 말은 모두 옛날 聖賢의 切要한 뜻이므로、대개 操存 省察하고 懲忿、窒欲、遷善、改過한 것이 실로 이미 實踐한 바이며 空言은 아닌 것이다. 그가 벼슬을 그만 두고 돌아와서는 紫玉山中에 집을 지어서 一室에 靜坐하여 圖書 속에서 硏究하고 생각하여 이미 工夫가 專一하고 歲月이 오래됨으로써 所見도 비로소 더욱 親切하여졌다. 어버이를 섬길 즈음에는 사랑과 공경이 모두 지극하여 居處를 보살피고 飮食을 만드는 節次에도 또한 정성을 다하지 않은 적이 없었으며、祖先을 祭祀지내는 禮節도 그 誠心을 다하기에 힘썼고、아우 彦适과도 友愛가 더욱 敦篤하였다. 집을 다스림이 法度가 있고、사람을 接待함에 禮節로써 하며、宗族을 撫恤하고 僮僕을 거느림에도 모두 그 道理에 合當하였다. 사람된 품이 安重端詳하고 본래 高趣가 있어 終日토록 말 없이 잠잠하니 사람들은 능히 그 마음 언저리를 엿볼 수가 없었다. 그가 朝廷에 있을 적엔 建議 施行함이 正大 光明하고、그 言論 風旨는 족히 勸講에 對備하여 君主의 職을 補佐할만 했으며、姦邪를 물리치고 危疑를 決定하는 경우에는 용감히 나아가 두려워함이 없었으니 비록 孟賁、夏育같은 勇士일지라도 그 뜻을 빼앗을 수는 없었다. 그러나 公은 이미 自己를 깊이 숨겼던 까닭으로 사람들이 그가 有道한 분인 줄을 아는 이가 없었다. 著述은 「奉先雜儀」, 「求仁錄」, 「進修八規」, 「大學章句補遺」, 「續或問」이 있고, 또 「中庸九經衍義」를 編修하여 미처 成書하지는 못했으며 「文集」 若干卷이 있다. 公의 配四 貞敬夫人 朴氏는 宣務郎 崇阜의 女인데 아들이 없었으므로 從弟 經歷 通의 아들 應仁으로써 後嗣를 삼아 지금 松羅道察訪이 되었다. 庶子 一人은 全仁이고 女가 一人이 있다. 全仁이 二子를 낳았으니 浚과 淳이다. 全仁은 詩, 書를 읽고 義方을 알며, 그 아들을 敎誨하여 또한 모두 立身하게 하였다 한다. 公의 葬事지낼 적엔 미처 墓道에 表하지 못했지마는 德業의 빛남은 스스로 掩蔽할 수 없으므로 一時 褒大의 恩典은 실로 人心이 思慕하여 그칠 수 없는 데서 나온 것이니, 公의 道는 오래될수록 더욱 나타나게 된 것을 可히 알겠다. 退溪 李先生은 일찍 公의 行狀을 지으면서, 「우리 朝鮮은 옛날에 仁賢의 敎化를 입기는 했으나 그 學은 傳함이 없었다. 高麗의 末期에서 本朝(李朝)에 이르기까지 豪傑의 士로서 이 道에 뜻을 두기도 하고 세상에서도 또한 이 名稱(道學者)으로서 그들에게 돌려졌던 이가 없지는 않았으나, 그러나 그 當時를 상고해 보면 거개 明誠의 實을 다하지 못하였고, 後世를 따져 보아도 또한 淵源의 明徵이 없으므로 後世의 學者들에게 尋逐할 바가 없이 되어 지금까지 캄캄한 형편이었다. 우리 先生처럼 스승의 傳授한 곳이 없었음에도 自己로 이 學에 奮起하여 闇然히 날로 빛남으로써 德이 行에 符合하고, 炳然히 著述이 나옴으로써 말이 後世에 傳하게 된 분은 朝鮮에서는 찾아보아도 그와 같은 이가 적을 것이라」하였으니, 이것은 公의 道에 對하여 깊이 알고 이를 잘 表現한 것이라 할 수 있겠다. 庶子 全仁이 또 碑에 새길 말을 退溪先生에게 求하고자하니 先生은(公의) 盛德을 稱述함이 마땅히 한 사람의 손에서 모두 나와서는 안된다는 이유로써 드디어 大升에게 命令하시었다. 大升은 이를 사양했으나 되지 않았으므로 마음 속으로 어렵게 여겼었다. 그 간에 또한 往復 詳訂한 뒤에 決定된 것이 있으므로 이로써 오랫 동안 成就시키지 못하였다. 지금은 先生(退溪)께서도 이미 別世하시고 察訪(應仁)의 使伻이 와서 碑石이 具備되었다고 告하므로 이에 감히 다시 사양하지 못하고, 삼가 行狀을 依據하고 官職을 歷任한 序次를 아울러 상고하여 그 큰 것만 取하여 이를 著錄하고 銘을 붙이게 된다. 銘은 이러하다.

上帝는 顯命이 있어, 사람에게 性을 주었다. 性의 四德(仁, 義, 禮, 智)은 실로 사람마다 가진 것이다. 氣와 質에 가리워져서、性은 이로 말미암아 잃게 된다。學으로써 回復하면、그 性은 같게 된다。아! 우리 公은、이 一方에 誕生하시었었다。氣는 寬厚하면서도 莊重하고、德은 渾然하면서도 剛直하였다。처음부터 學을 알아、몸을 닦고 踐履에 힘을 썼다。부지런히 充養하여、잘 自己에게 간직하였다。집에서는 孝를 다하고、나라에서는 忠을 다했다。遠하기도 하고 近하기도 하매、道는 汙隆[2]을 兼該하였다。一時에는 毁訾되었지마는、萬世에는 光彩가 있다。遺書를 搜求하고 官職을 褒贈하며、廟廷(明宗廟廷)에 配享하여 洋洋[3]하였다。이것이 先王(明宗)의 뜻인데、우리 임금(宣祖)께서 받드셨다。無窮한 來世에 刻示하매、우리 道가 興隆할 것이다。

通政大夫 前成均舘大司成知製敎 奇大升은 撰述한다。

[1]有明朝鮮國故行崇政大夫議政府左贊成贈大匡輔國崇祿大夫議政府領議政兼領經筵弘文館藝文館春秋館觀象監事文元公晦齋李先生神道碑銘並序

明宗之二十年 放黜權奸 大更政化 延登耆俊 宥釋罪過 自乙巳以後 在擯竄之籍者 或叙或移 而已死者 命復官 故議政府左贊成晦齋先生李公 用直道被斥以歿 蓋十有三年 而始與復官之列 道際隆平 聖治日新 數年之間 其所以滌蕩甄別[2]者 固將無所不用其極 而天之降割[3] 禮陟斯遽[4] 臣民之慟 曷有窮乎 今 上嗣位之初 克述 先志 丕恢至道 山陵訖 首霈鴻恩 盡釋其未盡釋者 以備官使[5] 勤御經筵 懋講聖學 益咨當世之務 于時 士之蠻屈有懷者[6] 咸得以印首吐露 無幽隱之不達 由是 公之道德文章之懿 亦得徹聞於黈纊之下[7] 遂有搜求遺書之命 俄用廷議 贈公領議政 諡曰文元 又命配享 明宗廟庭 嗚呼 公之道 亦庶乎小白於一世也 公諱彦迪 字復古 自號晦齋 初名迪 中廟命加彦字 系出驪州 後遷慶州良佐村 曾祖諱崇禮 贈兵曹判書 祖諱壽會 訓鍊院叅軍 贈吏曹判書 考諱蕃 成均生員 贈左贊成 妣貞敬夫人孫氏 雞川君昭之女 公生有異質 九歲而孤 稍長 力學能文 正德癸酉 中生員 明年甲戌登第 權知校書館副正子 尋入爲眞 轉至著作 叅軍公卒 公持重終喪 服闋 選弘文館博士 侍講院說書 成均館典籍 兵吏兩曹佐郎 請外授仁同縣監 僅二期 召爲司憲府持平 歷兵吏正郎 改文學 遷掌令輔德 嘉靖己丑 出爲密陽府使 臨民御吏 皆有條法 吏戢而民懷之 歲餘 以司諫院司諫召還 時朝論 欲引金安老 用

以羽翼 東宮 蓋安老子 尙 公主 於 東宮親暱故也 倡其說者 正言蔡無擇 而大司憲沈彥光等 隨聲和附 舉朝靡然 公獨力言

其不可 與無擇議不合 無擇搤正言 遞爲司藝 彥光問公曰 李君何以知金某爲小人乎 公曰 安老尹東京

時 觀其處心行事 眞小人也 此人得志 必誤國家 或曰 安老雖入 豈授以柄 第欲爲 東宮地耳 公曰 不然 彼若入來 必秉國

鈞 專擅用事 誰敢過之 且 東宮 一國民所共屬意 何待安老而後安乎 彥光怒而去 遂劾公罷歸田里 後七年 安老敗死 公

思公忠直 召爲弘文館副校理 轉校理應敎 除議政府檢詳 遷舍人 拜直提學 陞兵曹叅知 戊戌冬 出尹全州 歲中一境大治 上

雖爲養乞外 憂國之心 未嘗一日而忘 會因災異求言 乃上疏數千言 所陳 無非格君心措時務 啓沃謀議 非所敢當 上深加獎

歎 命傳示東宮及外朝 就增其秩 俄拜兵曹叅判 兼 世子右副賓客 公以爲如蒙採言則幸矣 而遂有僭賞 上箋懇辭

不許 歷禮曹叅判 成均館大司成 司憲府大司憲 除弘文館副提學 又上疏 極陳聖學本末時政得失 辛丑秋 陞資憲 判漢城府

尋加正憲 爲議政府右叅贊 兼同知成均 轉吏刑禮曹判書 再爲大司憲 右叅贊 求出爲安東府使 諫院請留 仍爲叅贊 兼弘文

提學 公以母夫人老病 不加遠離 累乞歸養 上慰諭不允 又令將母來京 公益惶恐 請外愈力 遂出爲本道監司 甲辰八月 授

漢城判尹 兼左副賓客 會病乞辭 仁宗即位 召拜右叅成 轉左賛成 兼知經筵事 下旨 敦諭 仍賜藥物 公復固辭

猶不允 病間 始克造朝 公感兩朝知遇之隆 自力一行 蓋欲以有爲 而 仁宗 弗豫日久 國家隱憂有不加言者 公私謂領議政

尹仁鏡曰 當今 主上無嗣 大君年幼 何不早建白 以定國本乎 仁鏡然公言 而不能用 乙巳七月 仁宗昇遐 明宗承

序 當學垂簾儀 百官會議 仁鏡曰 今有 大王大妃 王大妃 何殿當聽政乎 左右默然 公曰 昔宋哲宗時 太皇太后同聽政 自有

古例 不須疑問 今但定垂簾儀制耳 議遂定 八月 政府書啓十條 一 請 慈殿善導養 聖質 二 請博選經筵官 恒與之講論咨

問 成就 聖學 三 殿下於大行王 有子道 有臣道 喪禮不加不盡誠孝 四 請嚴宮禁 防戚里 五 請愼擇宮人 六 請勿用特旨

七 請勿用判付 八 政院職 出納惟允 內旨有不合 許令封還 九 宮中府中 當爲一體 請勿開私門 以昭平明之理 十 言大行

王 學問之效 公道大行 人顒至治 奄至斯極 今 上嗣緖 國人方以望於 大行王者 望於 殿下 其機甚重 願 兩殿留神焉 大

率公所筆定也 初尹元衡與尹任 怨仇已深 而林百齡李芑 爲其心腹 謀欲傾覆士林 以濟其奸 元衡託密旨 誘臺諫使擊尹任

臺諫不從 芑等詣閤門 欲有所啓 兩殿即同御忠順堂 引入宰樞 將加尹任等罪 時 天威震赫 人莫敢少忤 公從容言曰 人臣

之義 當專於所事 當彼時 專心於 大行王者 豈宜深罪 且舉事當顯明 不然恐士林多罹禍 聞者縮頸 而公色不懾 既而 芑等

錄功 號曰衛社 併錄其日入侍宰樞 公亦與焉 公力辭 以爲豈可無功而濫受 以紊王典 不聽 丙午春 入對曰 先賢有言 君德

成就 責經筵 臣忝是職 懼無以稱塞 謹取先賢格言至論 有裨於 聖德 而加施於今日者 條錄以獻 殿下誠能深信 而力行之

則其爲 聖功之助 豈小哉 已而 將省親 又入劄 乞講學明理 親賢遠邪 其所望於君父者 益深切矣 然而氷炭之勢 實有難相

容者 既歸 三上章乞辭 遞爲判中樞 居數月 李芑啓曰 彥迪諂附 世子 背叛 中宗 書啓十條 繫人主手足 與柳仁淑交結 多

有營救逆賊之言 彥迪於臣有恩 臣今爲國不計私 敢以聞 兩司繼論之 乃削奪勳爵 丁未九月 因良才驛誹書 加罪乙巳諸人 嘗書自戒

公亦江界府安置 家人聞謫命 相與號泣 公怡然如平日 屬家人曰 善奉養大夫人 皇天在上 吾不久當還矣 明年 大夫人下世

公用遺衣服設位 朝夕攀號毀戚 以盡三年 公在窮厄 有以自安 講學著書 不輟其功 未明而起 乾乾夕惕 几案間 嘗書自戒

之辭曰 吾日三省吾身 事天有未盡歟 爲君親有未正歟 持心有未誠歟 忽有衛命官 疾驅入城 一府驚怖 謂有不善意 公不爲

動 正坐看書 其一視死生 不易素操如此 癸丑十一月乙丑 以疾終 享年六十三 甲寅春 返櫬于慶州 十一月甲辰 窆于興海

郡南達田里禱陰山先塋之次 始公之先府君 蚤歲以儒聞 嘗魁本道夏課 成廟嘉其詞賦 召見賜衣物 俾留國學焉 後歸鄉里

日以訓後生爲事 公雖不逮庭之訓 而其家業 固有所自 孫夫人 又賢有識慮 不以慈愛而弛敎督 旣令就學于舅氏孫四宰仲

暾 又撥貧窶 資給遠邇 公天資近道 英悟出人 乃於俗學之外 知有所謂爲己之學 而欲求之 講明體履 用力於致知誠之地

年二十七 而作五箴 三十 而又作立箴 其言皆古聖賢切要之旨 蓋於操存省察懲窒遷改 實有所事 非空言也 其罷歸也 築室於

紫玉山中 靜坐一室 左右圖書 研精覃思 旣專且久 而所見 始益親切焉 事親之際 愛敬兼至 溫凊滫瀡 亦無不盡 而祭先之

禮 務極其誠 與弟彥适 友悌尤篤 治家有法 接人以禮 撫宗族 馭僮僕 咸得其宜 爲人安重端詳 雅有高趣 默然終日 人莫

能窺其際 其在朝廷 論建施爲 正大光明 其言論風旨 固足以備勸講而補袞職 至於斥姦邪 定危疑 直前無畏 雖賁育 莫之

奪也 然公旣深自韜晦 故人未有知其爲有道者也 所著有奉先雜儀 求仁錄 進修八規 大學章句補遺 續或問 又修中庸九經

衍義 而未及成書 文集若干卷 公配貞敬夫人朴氏 宜務郎崇阜之女 無子 以從弟經歷通之子應仁爲後 今爲松羅道察訪 庶

子一人全仁 女一人 全仁生二子 曰浚 曰淳 全仁習詩書 知義方 敎誨其子 亦皆有立云 公之葬也 不及表于墓道 而德業之

光 自不加掩 一時褒大之典 實出於人心之不容已 公之道 愈久而彌彰者 蓋加知也 退溪李先生 嘗狀公之行而曰 我東國

古被仁賢之化 而其學無傳 麗氏之末 以及本朝 非無豪傑之士 有志此道 而世亦以此名歸之者 然考之當時 率未盡明誠之

實 稱之後世 又罔有淵源之徵 使後之學者 無所尋逐 以至于今泯泯也 若吾先生 無授受之處 而自奮於斯學 闇然日章 而德符於行 炳然筆出 而言垂于後者 求之東方 殆鮮有其倫矣[10] 此其於公之道 可謂深知而善言之也 庶子全仁 又欲求篆碑之辭于退溪先生 先生以稱述盛德 不當專出一人 遂以命大升 大升辭不獲命 而心竊重之 其間 亦有往復詳訂 而後定者 是以久不克就 今先生既歿 而察訪伻來 告以碑具 乃不敢更辭 謹據官序次 剟其大者著之 而系以銘 銘曰

帝有顯命 畀人以性 性之四德 實維人秉 蔽氣與質 性由以失 學以反之 其性則一 嗟惟我公 生此一方 氣寬而莊 德渾而剛 爰初知學 愼修懋履 亹亹充養 善有諸已 入則盡孝 出而移忠 亦遠亦近 道該汙隆[11] 一時之詬 萬世之光 搜書褒贈 配廷洋洋[12] 先王志 維我 后承 刻示無窮 吾道侯興

通政大夫前成均館大司成知製敎奇大升撰

(一) 有明——明나라를 이름이니 李朝時代 우리 나라와 明나라는 外交儀禮上 主從關係에 있으므로 文字의 머리에 有明이란 文句를 쓰게 된 것임

(二) 滌蕩——더러운 것을 除去한다는 말이니, 즉 奸凶을 除去한다는 뜻임。(晋書) 心滌蕩而無累

(三) 降割——降害와 같은 말임。(書經) 天降害于我家

(四) 禮陟——昇遐와 같은 뜻임

(五) 官使——官職을 맡겨 使用한다는 말임。(漢書) 可得而官使也

(六) 鬱屈——鬱結과 같은 말임。(韓愈、詩) 鬱屈尚不平

(七) 黈纊——옛날의 冕旒冠 制度에 탄환만한 黃色의 솜을 양편 귀 가에 드리워서 不意의 말을 妄聞하지 않게 한다는 것이니 즉 黈纊充耳 所以塞聰

(八) 林百齡——字는 仁順, 號는 槐馬이니 善山 사람이다。中宗十四年 己卯에 文科에 올라 벼슬이 累進하여 判書에 이르렀다。中宗仁宗이 昇遐하고 明宗이 即位하매 百齡은 드디어 李芑 등과 謀議하여 不測한 말로써 罪를 構成하여 乙巳士禍를 일으켜 士林을 殺害하였다。그 功으로써 崇善府院君에 封하고 죽은 뒤에 文忠이란 諡號까지 얻었으나, 宣祖 初年에 官爵을 追削하였다。(然藜室記述・朝野輯要)

(九) 衔命官——奉命出使하는 官員이란 말이니, 즉 御使를 이른

(一〇) 奇大升——(一五二七~一五七二) 字는 明彦、號는 高峰이니 幸州사람이다。中宗二十二年 丁亥(一五二七)에 生하였다。明宗十三年 戊午에 文科에 올라 史局에 들어가서 注書가 되었다。李樑에게 거슬리어 黜職되었으나, 李樑이 敗한 뒤에 任命되었다。典籍、校理、獻納을 거쳐서 宣祖朝에 直提學、大司成、大司諫을 歷任하고 벼슬을 그만 두고 돌아왔다。뒤에 工曹參議、大司諫으로 任命하였으나 病으로써 나아가지 못하고 宣祖五年 壬申(一五七二)에 四十六歲로서 卒하였다。判書를 贈職하고 文憲이라 諡號하였다。大升은 古今에 博通하고 典故에 精練하였으며, 退溪 李滉과 義理를 辯論하여 처음에는 서로 抵捂되는 점이 있었으나, 晚年에는 退溪도 그 말을 많이 따랐다。著述은 論思錄、文集 등이 있다。

(一一) 汙隆——隆替、盛衰와 같은 말임。(庾信、詩) 馳輪有盈缺 人道亦汙隆

(一二) 洋洋——流動 充滿의 뜻임。(中庸) 使天下之人 齋明盛服 以承祭祀 洋洋乎如在其上 如在其左右

(海東名臣錄)

晦齋先生 仰慕撰文

內容	撰筆者芳名
行狀	退溪 李滉
恭書御礼 館學諸生疏後	西厓 柳成龍
大學章句補遺序	正祖大王御製祭文二通
神道碑文	高峰 奇大升
墓誌銘遺稿跋	白沙 李恒福
玉山書院記文集跋 年譜後記	草堂 許曄
大學章句補遺跋	穌齋 盧守愼
文集跋	眉巖 柳希椿
仁宗御礼跋	碧梧 李時發

內容	撰筆者芳名
書院祭文	碧梧 李時發
太極問辨序	漢陰 李德馨
太極問辨序	象村 申欽
華山書院碑文	月沙 李廷龜
全州府善政碑文	尤庵 宋時烈
江界府祠廟記	（府尹）朴承宗
玉山書院額筆	嘯皋 朴承任
玉山書院額筆	鵝溪 李山海
無邊樓額筆	秋史 金正喜
求仁堂額筆	石峰 韓濩
四山五臺筆	石峰 韓濩
龍湫	退溪 李滉
元朝五箴	退溪 李滉
	退溪 李滉

晦齋先生 配享書院

書院名	所在地	創建年度	奉享位	賜額年度
川谷書院	星州	一五二六	程子、朱子、晦齋外三位	一五五三"一六〇七
氷溪書院	義城	一五五六	慕齋、晦齋、西厓外二位	一五七六
玉山書院	慶州	一五七二	晦齋	一五七三
仁山書院	忠南牙山	一六一〇	李朝五賢 外 五位	
熙川書院	熙川	一五七六	晦齋	一五七六
景賢祠	江界	一五七六	晦齋、退溪	一六〇五
南江書院	盈德	一六〇五	晦齋、圭庵	一六五八
華山書院	驪州	一五七八		
沂川書院	全州	一五八〇	慕齋、晦齋外六位	一五八二
景賢書院	羅州	一五八三	五賢外鶴峰	一六〇七
道南書院	尙州	一六〇六	圃隱、晦齋外六位	一六七七
曲江書院	興海	一六〇七	晦齋外一位	
鷗江書院	蔚山	一六七九	圃隱、晦齋	
觀瀾書院	慈仁	一六六〇	晦齋	
道山書院	居昌	一六六一	晦齋外三位	
鶴山書院	清河	一六九二	晦齋	一六九四
盤龜書院	彥陽	一七一二	圃隱、晦齋 寒岡	一六六二

陞廡十八賢

諡號	諱	號	貫鄕	西紀(生)	西紀(卒)
弘儒候	薛聰	聰智	慶州	六五五	七〇四
文昌候	崔致遠	孤雲	慶州	八五七	
文成公	安珦	晦軒	順興	一二四三	一三〇六
文忠公	鄭夢周	圃隱	迎日	一三三七	一三九二
文獻公	鄭汝昌	一蠹	河東	一四五〇	一五〇四
文敬公	金宏弼	寒暄堂	瑞興	一四五四	一五〇四
文正公	趙光祖	靜庵	漢陽	一四八二	一五一九
文元公	李彦迪	晦齋	驪州	一四九一	一五五三
文純公	李滉	退溪	眞城	一五〇一	一五七〇
文正公	金麟厚	河西	蔚山	一五一〇	一五六〇
文簡公	成渾	牛溪	昌寧	一五三五	一五九八
文成公	李珥	栗谷	德水	一五三六	一五八四
文烈公	趙憲	重峯	白川	一五四四	一五九二
文元公	金長生	沙溪	光山	一五四八	一六三一
文敬公	金集	愼獨齋	光山	一五七四	一六五六
文正公	宋時烈	尤庵	恩津	一六〇七	一六八九
文正公	宋浚吉	同春堂	恩津	一六〇六	一六七二
文純公	朴世采	玄石	潘南	一六三二	一六九五

· 저자 ·

이지경
（李志慶）

· 약 력 ·

1961. 3. 4 玉山書院마을 출생
회재 이언적의 15대 후손

청주사범대학 일반사회교육과 수석졸업(1985)
한국외국어대학교 정치외교학과 대학원 정치학석사(1992)
동국대학교 정치학과 대학원 정치학박사(1999)

해군학사(O.C.S 76차) 장교(1985.04-1990.07.31 : 해군대위전역)
해군 2함대사령관 전속부관, 해군군수사령부(비서실근무)
해군본부 해군의장대 중대장 근무(대통령 의장대행사 담당)
한국정치학회 상임이사(2005), 한국지방정치학회 부회장, 아태정치학회 섭외
이사(2005), 한국정치학회 충청지회 섭외이사(2005), 21세기정치학회 섭외이
사, 한국정치정보학회 이사, 한국동양정치사상사학회 정회원, 한국학중앙연구
원 『세종의 국가경영』 연구교수(2004.09.01-2005.08.31)
동양정치사상, 한국정치사상사, 한국정치, 한국정치사, 남북한정치(북한학),
조선왕조 사림 정치사상에 관심을 가지고 있으며, 고려대학교, 경상대학교,
충북대학교, 서원대학교, 청주대학교, 주성대학에서 정치학 강의(1992-현재)
2005.09.01-현재: 고려대학교 북한학연구소 연구조교수

· 주요논저 ·

「(태종, 세종, 김종직, 정여창, 조식, 조광조, 이언적, 이황)의 정치사상연구」
『한국정치의 쟁점과 과제』 (공저)
『한국정치사상사』 (공저)
『세종의 국가경영』 (공저)
외 다수

Homepage : http://cafe.daum.net/mujeekae

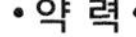

회재 이언적의 정치사상

- 초판 인쇄 | 2006년 1월 10일
- 초판 발행 | 2006년 1월 15일

- 지 은 이 | 이지경
- 펴 낸 이 | 채종준
- 펴 낸 곳 | 한국학술정보㈜
  경기도 파주시 교하읍 문발리 526-2
  파주출판문화정보산업단지
  전화 031) 908-3181(대표) · 팩스 031) 908-3189
  홈페이지 http://www.kstudy.com
  e-mail(e-Book사업부) ebook@kstudy.com

- 등 록 | 제일산-115호.(2000. 6. 19)
- 가 격 | 29,000원

ISBN 89-534-4435-7 93150 (Paper Book)
     89-534-4436-5 98150 (e-Book)